Stephan Wilczek

Aktive elektronische Dokumente
in Telekooperationsumgebungen

T0233959

GABLER EDITION WISSENSCHAFT

Informationsmanagement und Computer Aided Team

Herausgegeben von Professor Dr. Helmut Krcmar

Die Schriftenreihe präsentiert Ergebnisse der betriebswirtschaftlichen Forschung im Themenfeld der Wirtschaftsinformatik. Das Zusammenwirken von Informations- und Kommunikationstechnologien
mit Wettbewerb, Organisation und Menschen wird von umfassenden
Änderungen gekennzeichnet. Die Schriftenreihe greift diese Fragen
auf und stellt neue Erkenntnisse aus Theorie und Praxis sowie an-
wendungsorientierte Konzepte und Modelle zur Diskussion.

Stephan Wilczek

Aktive elektronische Dokumente in Telekooperationsumgebungen

Konzept und Einsatzmöglichkeiten am
Beispiel elektronischer Patientenakten

Mit einem Geleitwort von Prof. Dr. Helmut Krcmar

GABLER EDITION WISSENSCHAFT

Bibliografische Information Der Deutschen Nationalbibliothek
Die Deutsche Nationalbibliothek verzeichnet diese Publikation in der
Deutschen Nationalbibliografie; detaillierte bibliografische Daten sind im Internet über
<http://dnb.d-nb.de> abrufbar.

Dissertation Universität Hohenheim, 2007

D 100

1. Auflage 2008

Alle Rechte vorbehalten
© Betriebswirtschaftlicher Verlag Dr. Th. Gabler I GWV Fachverlage GmbH, Wiesbaden 2008

Lektorat: Frauke Schindler / Anita Wilke

Der Gabler Verlag ist ein Unternehmen von Springer Science+Business Media.
www.gabler.de

Umschlaggestaltung: Regine Zimmer, Dipl.-Designerin, Frankfurt/Main
Gedruckt auf säurefreiem und chlorfrei gebleichtem Papier
Printed in Germany

ISBN 978-3-8350-0880-9

Geleitwort

Effiziente Kooperationsprozesse bilden den Kern vieler Wertschöpfungsketten und sind die Voraussetzung für ihren betriebswirtschaftlichen Erfolg. Dabei bilden Materialien, die von mehreren Personen gleichzeitig oder sukzessive bearbeitet werden, die Arbeitsgrundlage, sowohl der Produkterstellung als auch der Kooperationsprozesse selbst. Bisherige Konzepte zur Unterstützung bei der Nutzung solcher Materialien fokussieren lediglich auf ihre Darstellung und betrachten sie dabei als passive Dokumente.

Die Arbeit greift den Gedanken des gemeinsamen Materials auf und entwickelt ein Konzept aktiver Dokumente. Der Autor geht davon aus, dass Dokumente bzw. Materialien in Kooperationsprozessen nicht nur passive, sondern auch aktive Eigenschaften besitzen sollten. Damit können Dokumente sowohl auf der Basis ihrer Inhalte als auch aufgrund von Änderungen in ihrem Kontext Aktionen auslösen. Am Beispiel der elektronischen Patientenakte demonstriert er, wie aktive Dokumente Kooperationsprozesse im Krankenhaus unterstützen können. Auf diesen Ergebnissen basierend wird eine Gesamtarchitektur entworfen, die zeigt, dass die gewählten Technologien die Grundlage einer flexiblen und erweiterbaren Plattform für elektronische Patientenakten als aktive Dokumente bilden können.

Vor dem Hintergrund der Einführung einer elektronischen Gesundheitskarte in Deutschland und dem Aufbau einer adäquaten technischen Infrastruktur bietet die Arbeit, auch mit den genutzten (Open Source) Technologien wie Eclipse RCP, Rich Server Platform, OSGi und Web Services, einen interessanten Beitrag zur aktuellen Diskussion.

Ich wünsche der Arbeit die ihr gebührende, weite Verbreitung.

Prof. Dr. Helmut Krcmar

Inhaltsverzeichnis

Abbildungen

Tabellen

Quellcode-Beispiele

Abkürzungen

AJAX...Asynchronous Javascript and XML
AK..Aktive Komponente
API .... Application Programming Interface
AWT... Abstract Window Toolkit
BDSG .... Bundesdatenschutzgesetz
BIP.. Bruttoinlandsprodukt
CCOW..Clinical Context Object Workgroup
CMA...Context Management Architecture
CORBA .... Common Object Request Broker Architecture)
CPM ....Critical Path Methode
CSCW.. Computer Supported Cooperative Work
CSDGM..Content Standard for Digital Geospatial Metadata
CSS...Cascading Style Sheet
CT.. Computertomographie
DAML-OIL ....DARPA Agent Markup Language- Ontology Inference Layer
DCMES .... Dublin Core Metadata Element Set
DICOM...Digital Imaging and Communications in Medicine
DIIOP ....Domino Inter-ORB Protocol
DIMDI........................... Deutsches Institut für Medizinische Dokumentation und Information
DMS .... Document Management System
DRG .... Diagnostic Related Groups
EAI .... Enterprise Application Integration
EHR...Electronic Health Record
EJB ....Enterprise Java Bean
ePA .... elektronische Patientenakte
ERP...Enterprise Resource Planning
ESB..Enterprise Service Bus
FOP...Formatting Objects Processor
GALEN ....Generalised Architecture for Language, Encyclopaedias
.... and Nomenclatures in Medicine
GEHR... Good Electronic Healthcare Record
GTK..GIMP Toolkit
GUI...Graphical User Interface
HL7...Health Level 7
HTML..Hyper Text Markup Language
HTTP.. Hypertext Transfer Protocol
HTTP/S.. Hypertext Transfer Protocol/Secured

ICD .... International Statistical Classification of Diseases Injuries and Causes of Death
IDE ....Integrated Development Environment
ISO .... International Organization for Standardization
IT ....Informationstechnologie
J2EE ....Java 2 Enterprise Edition
JAAS .... Java Authentication and Authorization Service
Java EE..Java 2 Platform Enterprise Edition
JCE ....Java Cryptography Extension
JDBC...Java Database Connectivity
JDT...Java Development Toolkit
JFC ....Java Foundation Classes
JNLP..Java Native Launch Protocol
JPEG / JPG ....Joint Photographic Experts Group
JRE ....Java Runtime Environment
JSF...Java Server Faces
JWS .... Java Web Start
JWSDP ....Java Web Services Developer Pack
KI..Künstliche Intelligenz
KIS ....Krankenhausinformationssystem
LDAP .... Lightweight Directory Access Protocol
LOINC.. Logical Observations Identifiers Names Codes
MOD... Magneto-optical Disk
MOM... Message-oriented Middleware
MTA... Medizinisch-technische Assistentin bzw. Assistent
MTRA ....Medizinisch-technische Radiologieassistentin bzw. Assistent
MVC...Model View Controller
NDA .... Needs Driven Approach
NMR.. Nuclear Magnetic Resonance
O/R .... Object/Relational
ODF..Open Document Format
OMG..Object Management Group
ORB...Object Request Broker
OSGi..Open Services Gateway initiative
OWL...Web Ontology Language
PA...Patientenakte
PACS..Picture Archiving and Communications System
PDA...Personal Digital Assistent
PDF..Portable Document Format
PKI ....Public Key Infrastructure

RCP .... Rich Client Platform
RDF .... Resource Description Framework
RDF-S...Resource Description Framework Schema
RFID... Radio Frequency Identification
RIS...Radiologieinformationssystem
RMI .... Remote Method Invocation
RPC .... Remote Procedure Call
SGML.. Standard Generalized Markup Language
SNOMED / CT............................ Systematized NOmenclature of MEDicine / Clinical Terms
SOA.. Serviceorientierte Architektur
SOAP.. Simple Object Access Protocol
SQL .... Structured Query Language
SWT ....Standard Widget Toolkit
TCP/IP......................................Transmission Control Protocol/Internet Protocol (IP)
TPM.. Transaction Processing Monitors
UMLS.. Unified Medical Language System
URI ....Uniform Resource Identifier
W3C .... World Wide Web Consortium
WHO ....World Health Organization
WSDL...Web Services Description Language
WSS4J .... Web Services Security for Java
XML ....Extended Markup Language
XSL .... eXtensible Stylesheet Language
XSLT... extensible Stylesheet Language Transformations

1 Einführung

Effiziente Kooperationsprozesse stehen im Kern einer Vielzahl von Wertschöpfungsketten und sind eine Grundlage für deren betriebswirtschaftlichen Erfolg. Kooperationsprozesse benötigen in der Regel Material, über das sich die Kooperationspartner austauschen und koordinieren. Dieses Material ist seit einiger Zeit Gegenstand der Forschung und besitzt durch seinen Transfer in die digitale Welt ein großes Potential für die effizientere Unterstützung kooperativer Tätigkeiten, das noch nicht annährend ausgeschöpft ist. Mit dem Konzept „Aktives Dokument" als digitales Material für den Kooperationsprozess versucht diese Arbeit, einige dieser Potentiale erfolgreich zu nutzen.

Nach einer Diskussion der grundlegenden Begriffe und Forschungsfelder wird das Konzept zunächst theoriebasiert entwickelt, wobei die Potentiale des Konzeptes evaluiert werden und die Spezifikation von Details praxisnah in einer bestimmten Domäne erfolgt. Die Ergebnisse sind die Basis für einen im Rahmen dieser Arbeit entwickelten Prototypen, dessen Gesamtarchitektur und relevante Einzelaspekte vorgestellt und kritisch diskutiert werden.

Mit dem Gesundheitswesen als spezifische Domäne liegt der Fokus dieser Arbeit auf einer der kooperations- und informationsintensivsten Branchen in Deutschland. Allerdings sind dabei die geplante Einführung der elektronischen Gesundheitskarte und die zukünftige Etablierung einer dafür notwendigen IT Infrastruktur im deutschen Gesundheitswesen längst überfällige Aktivitäten, um im ersten Schritt den sicheren Datenaustausch zwischen den Beteiligten in der Bundesrepublik flächendeckend zu ermöglichen. Informationstechnologie als strategischer Faktor konzentriert sich im Gesundheitswesen schon seit langem nicht mehr ausschließlich auf administrative Prozesse sondern steht synonym für die Unterstützung von Geschäftsprozessen, Transparenz, Effizienzsteigerung, Integration und eine verbesserte Patientenversorgung. So zeigt diese Arbeit auch Möglichkeiten und Potentiale auf, die erst nach einer erfolgreichen digitalen inter- und intrasektoralen Vernetzung der Branche in einigen Jahren realisiert werden können.

In den folgenden Abschnitten werden zunächst Ausgangsüberlegung und Motivation der Arbeit erläutert. Anschließend wird die Zielsetzung der Arbeit mit den daraus resultierenden Forschungsfragen vorgestellt und die Vorgehensweise der Arbeit diskutiert. Nach einer wissenschaftstheoretischen Einordnung schließt ein kommentierter Aufbau der Arbeit das Kapitel ab.

1.1 Ausgangsüberlegung und Motivation

Im Zentrum kooperativer Arbeitsprozesse stehen in der Regel Arbeitsmaterialien (bspw. Akten, Dokumente, Präsentationen, Pläne), die von mehreren Personen gleichzeitig oder sukzessive bearbeitet werden. Die am Kooperationsprozess beteiligten Personen kommunizieren mit Hilfe dieser Arbeitsmaterialien untereinander und koordinieren sich über diese Materialien. Dokumente werden dabei zumeist als passive Träger von Informationen betrachtet. Das von

Schrage (Schrage 1990) eingeführte Konzept des „shared space" und das von Schwabe (Schwabe 1995) und Zerbe (Zerbe 2000) darauf basierende *gemeinsame Material* in Kooperationsszenarien legen die Vermutung nahe, dass Dokumente bzw. Materialien, die in Kooperationsprozessen Verwendung finden, nicht nur passive sondern auch gleichzeitig aktive Eigenschaften besitzen sollten.

Bei aktiven Eigenschaften eines Dokuments handelt es sich im Rahmen dieser Arbeit um Eigenschaften, die dem Dokument die Möglichkeit geben, aktiv und in Abhängigkeit von verschiedenen Benutzungsszenarien geeignete Dienste anzubieten, in verschiedene Umgebungen zu migrieren und dabei kontextsensitiv agieren bzw. reagieren zu können. Begriffe wie „Aktivität" und „Kontext" sind dabei im Rahmen dieser Arbeit zu spezifizieren. Es wird versucht, Material weniger als passives Objekt zu betrachten, das im Rahmen einer definierten Workflowspezifikation (fixer oder flexibler Workflow) automatisch zu einzelnen Kooperationspartnern gelangt und von diesen (auch gemeinsam) bearbeitet wird, sondern es wird im Sinne der Metapher des „mobilen Agenten" als selbständige, proaktive Einheit betrachtet, die in der Lage ist, für die Erfüllung einer bestimmten Aufgabe selbständig Teilaufgaben abzuarbeiten und Dienste aktiv zu verrichten. Die Schwerpunkte liegen dabei auf der kontextabhängigen Darstellung von gespeicherten Informationen, der Migration in andere Umgebungen und der Selbstreflektion. Aktive Dokumente werden insbesondere von „mobilen Agenten" abgegrenzt, da in der großen Autonomie mobiler Agenten erhebliche Probleme vermutet werden.

Die Kooperation heterogener Benutzergruppen auf Basis eines gemeinsamen Materials wird insbesondere im Krankenhaus vermutet, wo dem Kooperationsprozess eine gemeinsame Patientenakte, d.h. ein den Patienten repräsentierendes Dokument oder eine Dokumentensammlung zugrunde liegt.

Aus der Vielzahl der Möglichkeiten in Bezug auf Alternativen, Auswahl und Integration aktiver Komponenten in Verbindung mit elektronischen Dokumenten sollen in dieser Arbeit am Beispiel der Domäne Krankenhaus bzw. der Kooperation im Rahmen eines Pflegeprozesses im Krankenhaus Bereiche herausgearbeitet werden, in denen eine kontextsensitive aktive Unterstützung durch das Dokument für die Benutzer nutzbringend erscheint und technisch realisierbar ist.

Gerade bei mobilen Agentensystemen gibt es eine Vielzahl von hoch spezialisierten Systemen, die bis heute keine Praxisrelevanz bzw. größere Verbreitung besitzen. Bei der prototypischen Umsetzung von Aspekten des im Rahmen dieser Arbeit entwickelten Telekooperationssystems für aktive Dokumente sollen daher Basiskomponenten zum Einsatz kommen, die sich bereits im Markt bewährt haben und die als Open Source Software im Quellcode zur Verfügung stehen.

1.2 Zielsetzung und Vorgehensweise

Ziel der vorliegenden Arbeit ist die Entwicklung, prototypische Realisierung und Bewertung des neuartigen Konzeptes „Aktives Dokument" vor dem Hintergrund einer geeignet erscheinenden Domäne für die Unterstützung kooperativer Arbeit. Das Vorgehen des Forschungsvorhabens wird durch die folgenden drei Forschungsfragen strukturiert. Die entsprechende Struktur spiegelt sich auch in der Gliederung der Arbeit wieder, die in Kapitel 1.4 erläutert wird.

Forschungsfrage 1: Was ist ein Aktives Dokument für die Unterstützung kooperativer Arbeit?

Zur Beantwortung dieser Fragen müssen zunächst Grundlagen unter Einbeziehung der als geeignet erscheinenden Domäne *Gesundheitswesen* aufgearbeitet werden. Anhand von Forschungsprojekten und Beispielen aus der Medizin wird in die Thematik Informations- und Wissensrepräsentation mit den Schwerpunkten Ontologie und Kontext eingeführt. Anschließend erfolgt eine Aufarbeitung der Konzepte *Gemeinsames Material, Kontext* und *Dokumente.* Die Betrachtung digitaler Dokumente als gemeinsames Material in der Telekooperation leitet über in die Spezifikation und Abgrenzung des Konzeptes *Aktive Dokumente.* Dazu werden zunächst geeignete Ansätze aus unterschiedlichen Bereichen diskutiert und basierend darauf Aktive Dokumente, u.a. durch die Erarbeitung von Kernanforderungen, spezifiziert. Nach einer Diskussion der notwendigen elementaren Dienste und Elemente einer Telekooperationsumgebung als Umgebung für Aktive Dokumente erfolgt die Aufbereitung von Beispielszenarien für die Unterstützung kooperativer Arbeit durch Aktive Dokumente. Diese Szenarien dienen als Anhaltspunkte für die Untersuchungen innerhalb der Domäne *Gesundheitswesen* und werden im Rahmen der folgenden Forschungsfrage 2 konkretisiert.

Forschungsfrage 2: Wie können kooperative Aufgabenstellungen aus der Praxis durch den Einsatz Aktiver Dokumente unterstützt werden?

Als Anwendungsdomäne, bei der unterschiedliche Personengruppen mit einem Informationspool arbeiten müssen, der von einer Vielzahl Personen sequentiell oder parallel gespeist wird, wird im Rahmen dieser Arbeit der Bereich Gesundheitswesen, speziell die patientenbezogene Informationslogistik im Krankenhaus, betrachtet. Dabei liegt der Schwerpunkt auf der elektronischen Patientenakte als digitale Repräsentation des Patienten. Zunächst erfolgt hierzu eine Einführung in den Problembereich der elektronischen Patientenakte und deren Umfeld. Darauf aufbauend erfolgt die Darstellung und Analyse von zwei Fallstudien aus der Domäne mit einer materialzentrierten Sicht unter Berücksichtigung der Eigenschaften und Potentiale Aktiver Dokumente. Die vorher erarbeiteten Beispielszenarien bieten einen gedanklichen Rahmen für die Arbeit im Feld: Den abstrakten Eigenschaften des Aktiven Dokuments lassen sich hier konkrete Anforderungen aus der Domäne zuordnen. Ergebnis sind konkrete Aufgabenstellungen und partielle Lösungsskizzen für den Einsatz Aktiver Dokumente zur Unterstützung kooperativer Tätigkeiten.

Forschungsfrage 3: Mit welchen technischen Komponenten lassen sich die mit Aktiven Dokumenten verbundenen Konzepte umsetzen?

Auf Basis der Aufgabenstellungen und der partiellen Lösungsskizzen kann ein Architekturvorschlag für ein Gesamtsystem erarbeitet werden. Dafür müssen zunächst Grundideen zur konkreten Umsetzung Aktiver Dokumente diskutiert und in einem Gesamtarchitekturvorschlag konsolidiert werden. Mit dem Fokus auf wichtigen Einzelaspekten kann anschließend eine kritische Auswahl geeigneter Basistechnologien und Frameworks für die Umsetzung des Architekturvorschlags realisiert werden.

Nach Auswahl der Technologien erfolgt die Umsetzung der Gesamtarchitektur durch experimentelles Prototyping. Dabei werden die partiellen Lösungsskizzen mit Hilfe der gewählten Technologie in einer Gesamtarchitektur prototypisch umgesetzt. Durch eine kritische Betrachtung und Bewertung des Prototyping-Prozesses und seiner Ergebnisse können Aussagen in Bezug auf das Konzept und seine Umsetzbarkeit mit den gewählten Technologien abgeleitet werden.

Abschließend werden die Teilergebnisse, die sich aus der Beantwortung der Forschungsfragen ergeben, zu einer Bewertung des Gesamtkonzeptes, seiner Nutzenpotentiale und Grenzen zusammengefasst.

1.3 Wissenschaftstheoretische Einordnung

Der der Wirtschaftsinformatik zugrunde liegende Untersuchungsgegenstand „Informations- und Kommunikationssysteme in Wirtschaft und Verwaltung" (Frank 1998) korrespondiert mit dem Erkenntnisziel, terminologische Bezugsrahmen, Theorien und Modelle bereitzustellen, die geeignet sind, die Wirtschaftlichkeit des Entwurfs, der systemtechnischen und organisatorischen Implementierung sowie der Nutzung solcher Systeme zu fördern. Das Spektrum reicht dabei von Ansätzen mit Nähe zur betriebswirtschaftlichen Organisationslehre bis hin zu ingenieurwissenschaftlichen bzw. formalwissenschaftlichen Ansätzen. Dabei wird die Grenze zur angewandten Informatik deutlich überschritten (Frank 1998).

Die Durchführung der Fallstudien folgt einem explorativen Forschungsdesign, bei denen theoretisch geleitete Fragen an die Realität zum Fortschrittsmedium erklärt werden (Kubicek 1977). Die theoretisch geleiteten Fragen führen dabei über ein entsprechend angelegtes Forschungsdesign zur Gewinnung von Erfahrungswissen, wobei Forschung als Lernprozess begriffen wird. Die von Kubicek angeführte „iterative Heuristik" scheint dabei geeignet, Verständnis und Beherrschung der zu untersuchenden komplexen Problemstellung unter den Bedingungen eines geringen Erkenntnisstandes zu verbessern.

Das anschließend angewandte Verfahren des Prototypenbaus ist eine in der Informatik etablierte Methode, u.a. für den Nachweis der Machbarkeit der technischen Umsetzung von Teilspezifikationen oder Architekturmodellen (vgl. Bischofberger / Pomberger 1992, 17; Spitta 1993). Im Prototypenbau wird - neben Demonstrationsmustern für die Projektakquise und funktionslosen Oberflächenprototypen - zwischen *explorativen* Prototypen, *evolutionären* und *experimentellen* Prototypen unterschieden (Floyd 1984). Die drei letztgenannten Arten sind funktionale Prototypen, mit denen ausgewählte Aspekte des Zielsystems realisiert werden. *Explorative Prototypen* werden verwendet, um möglichst alle Anforderungen für das spätere System spezifizieren zu können. Beim Bau *evolutionärer Prototypen* wird ein iterativer Prozess beschritten, bei dem am Anfang ein erster Prototyp entwickelt und dieser anschließend von einer Gruppe späterer Benutzer evaluiert wird. Die sich aus der Evaluation ergebenden neuen Anforderungen, Änderungswünsche und Fehler dienen als Grundlage für die Weiter- bzw. Neuentwicklung eines weiteren Prototyps, der dann wieder evaluiert wird. Dieser Prozess kann solange wiederholt werden, bis die Software für den Einsatz beim Nutzer brauchbar erscheint und in einem Pilotsystem zum Einsatz kommt (Floyd 1984). *Experimentelle Prototypen* dienen dagegen zur Klärung der technischen Umsetzung der Anforderungen an das System:

> *„The goal of experimental prototyping is to achieve a concise specification of the components which form the system architecture. Its purpose is to experimentally validate the suitability of system component specifications, architecture models, and ideas for solutions for individual system components. [...] Activities toward the realization of prototypes of a planned system of parts thereof are primarily carried out by the software developers, not by later users. Experimental prototyping is an approach that supports system and component design. Naturally experimentation plays an important role in exploratory prototyping as well."*
> (Bischofberger / Pomberger 1992, 17)

Der experimentelle Prototyp kann dabei von einer partiellen Funktionssimulation ausgesuchter Aspekte des Systems bis hin zu einer voll funktionsfähigen Simulation des Systems reichen. Meist deckt er jedoch das grundsätzliche Gerüst und die Struktur des Systems ab und der Entwickler kann hier geplante Teilkomponenten des Systems miteinander verknüpfen und evaluieren (Mayhew / Dearnley 1987; Tate 1990).

Die Schwierigkeiten des Prototyping-Ansatzes zeigen sich insbesondere in kommerziellen Softwareprojekten. Aufgrund des Zeitdrucks wird hier oft ein einmaliger „Wegwerfprototyp" zur Basis der weiteren Entwicklung erklärt, was zu Qualitätsproblemen führen kann (Davis 1992). Auch kann es zu großen Problemen beim Management und Controlling des Designprozesses führen, da neue Anforderungen erst während der Protyping-Phase generiert werden (Alavi 1984, 558).

Arbeiten im Bereich der so genannten „Design Patterns" spielen mittlerweile eine wichtige Rolle im explorativen Softwaredesign. Software-Designer determinieren und interpretieren Anforderungen auf der Basis eigener Erfahrungen mit ähnlichen Designproblemen und Domänen. Die Idee wurde aus dem Bereich der Architektur übernommen, wo Christoph Alexander schreibt:

> „Each pattern describes a problem which occurs over and over again in our environment, and then describes the core of the solution to that problem, in such a way that you can use this solution a million times over, without ever doing it the same way twice."
>
> (Alexander et al. 1977, 10)

Gamma et. al. (Gamma et al. 1995) haben diese Idee in die Objekt-orientierte Softwareentwicklung übertragen und mit ihrem Buch das Standardwerk für diesen Ansatz vorgelegt. Je nach Bereich und Granularität lassen sich Patterns in Bezug auf die Eigenschaft einzelner Objekte (bspw. Singleton-Pattern (Gamma et al. 1995, 127ff.)) bis hin zu komplexen Objekt-Beziehungsstrukturen in Architekturrahmen finden (bspw. Business Tier Patterns in J2EE-Umgebungen (Alur / Crupi / Malks 2001, 246ff.)). Patterns stellen dabei ein vorgefertigtes „Erfahrungs-Repository" zur Verfügung, in dem ein Designer Muster oder Vorlagen zur Lösung von generellen Design-Problemen findet und diese für seinen Kontext anpassen kann.

Im Rahmen dieser Arbeit wird versucht, durch Modifikation und Kombination bewährter und neu entwickelter Komponenten bzw. Technologien die abgeleiteten Anforderungen möglichst optimal durch einen experimentellen Prototypen zu unterstützen. Dabei wird dort, wo es möglich und geeignet erscheint, auf vorhandene Design-Patterns und Best-Practice-Ansätze zurückgegriffen, um den Prototypen auf die Kernfragen der Machbarkeit und die Eignung bzw. mögliche Integration von Komponenten zu fokussieren. Der Schwerpunkt der Arbeit liegt somit aufgrund der Neuartigkeit und der damit verbundenen technischen Herausforderungen auf den experimentellen Ergebnissen des Prototyping-Prozesses.

McDermid definiert *Software Engineering* als

> "[...] a science and art of specifying, designing, implementing and evolving – with economy, timeliness and elegance – programs, documentation and operating procedures whereby computers can be made useful to man."
>
> (McDermid 1993, 2)

Diese Definition enthält sowohl eine Beschreibung des zu produzierenden Artefaktes wie auch eine Hervorhebung von Aspekten des Herstellungsprozesses. Schefe führt hierzu an, dass die Doppelheit von Wissenschaft – im Sinne einer Naturwissenschaft wie der Physik – und Kunst – als besondere Fertigkeit der Herstellung unter Randbedingungen – die Ingenieurstätigkeiten im Allgemeinen kennzeichnet (vgl. Schefe 1999, 122). Die Erkenntnissituation des Softwaretechnikers ist somit nicht mit der eines Naturwissenschaftlers vergleichbar. Wenngleich ein Wissenschaftsverständnis im Begriff „Computing Science" die Informatik als Teildisziplin der Mathematik erscheinen lässt, so hat sich dieses Verständnis in der Wirtschaftsinformatik nicht durchgesetzt. Informatik wird hier eher als Gestaltungswissenschaft angesehen und bezieht sich auf eine Wissenschaftsauffassung, die Theorieansätze und Vorgehensweisen aus den Humanwissenschaften mit einbezieht, eine Beziehung zur Gebrauchskunst in anderen Bereichen herstellt und auch eine sozial-politische Dimension der Informatik anerkennt, da die Entwicklung und Einführung von Informatiksystemen erhebliche Veränderungen für die beteiligten Menschen bedeuten (vgl. Floyd / Klaeren 1999, Kapitel 5.5). Floyd (Floyd 1992) versteht Softwareentwicklung als Realitätskonstruktion bei der die Beteiligten mit einem Geflecht von Wahlmöglichkeiten umgehen und Unterscheidungen bzw. Entscheidungen treffen müssen. In diesem Designraum verknüpfen sich Anwendungswelt, formale Methodenwelt und technische Realisierungswelt. Software-Design verlangt häufig partielle Lösungen auf unterschiedlichen Abstraktionsebenen und macht den Prozess nicht-deterministisch. Der damit einhergehende Methodenpluralismus wird auch mit Feyerabends Konstruktivismus und seinem „anything goes"-Postulat verknüpft (McPhee 1996, 41) und heftig kritisiert (Snelting 1998). Es scheint allerdings, dass sich, ähnlich wie von Kuhn in den Naturwissenschaften beobachtet (Kuhn 1996), im Software-Engineering auch Paradigmen entwickeln und mit der Zeit von neuen Paradigmen abgelöst werden. Das zurzeit vorherrschende Paradigma im Bereich Software-Engineering schließt die Objektorientierung unter Verwendung etablierter Design-Patterns ein und findet auch in dieser Arbeit ihre Anwendung.

1.4 Aufbau der Arbeit

Der Aufbau der Arbeit leitet sich aus der in Kapitel 1.2 erläuterten Vorgehensweise ab. Abbildung 1 gibt einen grafischen Überblick, stellt den Bezug der Inhalte dieser Arbeit zu den Forschungsfragen her und ordnet gleichzeitig die einzelnen Kapitel den entsprechenden Inhalten bzw. Forschungsfragen zu.

Die Diskussion wichtiger Konzepte und die Definition von Begriffen schaffen im nachfolgenden Kapitel 2 die Grundlagen für die Spezifikation des Konzeptes *Aktives Dokument* und die Generierung vermuteter Szenarien für den Einsatz *Aktiver Dokumente* in Kapitel 3, mit der die Forschungsfrage 1 nach den Unterstützungsbereichen eines Aktiven Dokuments für kooperative Arbeit beantwortet wird.

Nach einer Einführung in die Domäne *Gesundheitswesen* mit Schwerpunkt auf der elektronische Patientenakte in Kapitel 4 gilt es, mit Hilfe von zwei Fallstudien im Krankenhaus die vermuteten Szenarien auf ihre Praxisrelevanz zu überprüfen und auf Basis des im Rahmen der Forschungsfrage 1 aufgezeigten Potentials ggf. zu verändern bzw. zu ergänzen. Ergebnis von Kapitel 5 sind dann die im Gesamtsystem bzw. im Prototyp umzusetzenden Aufgabenstellungen bzw. Szenarien, die sich aus den Fallstudien bzw. aus der theoretischen Betrachtung der Domäne ableiten und die Forschungsfrage 2 nach den kooperativen Aufgabenstellungen aus der Praxis beantworten.

Die Forschungsfrage 3 nach den technischen Komponenten zur Umsetzung des Konzeptes beantworten Kapitel 6 und Kapitel 7. In Kapitel 6 erfolgen die Skizzierung der Architektur eines Gesamtsystems und eine Diskussion der dafür relevanten Basistechnologien und Frameworks. Nach einer Entscheidung über die Technologiekomponenten wird das Gesamtsystem am Beispiel der in Kapitel 5 erarbeiteten Aufgabenstellungen und Lösungsskizzen in Kapitel 7 prototypisch umgesetzt. Eine kritische Betrachtung und Bewertung des Prototyping-Prozesses und seiner Ergebnisse leitet Aussagen in Bezug auf das Konzept und seine Umsetzbarkeit mit den gewählten Technologien ab und fasst die Ergebnisse zur Beantwortung von Forschungsfrage 3 zusammen.

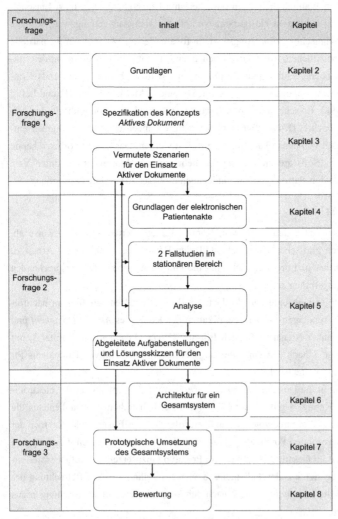

Abbildung 1: Aufbau der Arbeit: Forschungsfragen, Inhalte und Kapitel
(Quelle: eigene Darstellung)

Kapitel 8 schließlich fasst die Ergebnisse der Arbeit zusammen und gibt Hinweise auf interessante Fragestellungen, die im Rahmen dieser Ausarbeitungen nur angerissen, aber nicht vertieft werden konnten.

2 Grundlagen

Neben anderen Möglichkeiten, die mit dem Konzept *Aktiver Dokumente* realisiert werden können, wird in der Nutzung von Kontexten ein Potential für die bessere Unterstützung kooperativer Tätigkeiten vermutet. Die Anreicherung von Daten mit Kontextinformation aus der Zeit der Datengenerierung lassen eine leichtere und sicherere Interpretation der Daten für spätere Nutzer zu, aktuelle Kontextinformationen aus der Umgebung des Benutzers können für die Unterstützung der Arbeit des Benutzers herangezogen und auf verschiedene Arten genutzt werden. Das Konzept *Kontext* ist allerdings extrem schwer zu fassen und bedarf einer ausführlichen Diskussion. Eng verbunden mit dem Konzept *Kontext* ist auch das Konzept *Ontologie*, das eine Grundlage für die Repräsentation von Information und, je nach Interpretation des Begriffes, *Wissen* darstellt. Die Speicherung und Verarbeitung von Kontext bedarf dabei immer einer Ontologie.

Die Repräsentation und Verarbeitung von Information und insbesondere die Beschäftigung mit Ontologien und Kontexten haben in der Medizin eine lange Tradition. So werden im Folgenden Ordnungssysteme in der Medizin vorgestellt und der Bezug zu Ontologien hergestellt. Die Konzepte *Ontologie* und *Kontext* werden eingeführt und die Nutzug dieser Konzepte wird am Beispiel aktueller Projekte aus der Medizin (OpenEHR, GEHR) erläutert.

Im zweiten Teil dieses Kapitels wird zunächst das Konzept *gemeinsames Material* eingeführt. Die implizite bzw. explizite Nutzung von Kontext scheint dabei für gemeinsame Arbeit und gemeinsames Material zwingend. Die Konzepte *Dokument* und *digitales Dokument* werden anschließend abgegrenzt und es erfolgt die Betrachtung von *digitalen Dokumenten* als gemeinsames Material. Mit der Betrachtung gemeinsamer Materialien bzw. digitaler Dokumente im Rahmen von Telekooperation schließt das Kapitel im Hinblick auf die elektronische Nutzung von digitalen Dokumenten innerhalb von Telekooperationssystemen zur Unterstützung von kooperativer Arbeit.

2.1 Informations- und Wissensrepräsentation

Ausgangspunkt einer medizinischen Entscheidung sind die über eine klinische Situation vorliegenden, zumeist patientenbezogenen Informationen (Spreckelsen / Spitzer 2002, 106). Wissen entstammt in der Medizin zu einem großen Teil aus klinischen Beobachtungen und Erfahrungen (sog. *Erfahrungswissen;* zum Lernprozess in der Medizin siehe (Clancey 1995)). Daneben wird in zunehmendem Masse biophysikalisches und biochemisches *Modellwissen* im Rahmen der klinischen Entscheidungsfindung eingesetzt. Aufgrund der Komplexität lassen sich biochemische Kausalketten allerdings nur selten vollständig beschreiben, aus denen sich sämtliche diagnostische Kriterien oder indizierte Therapien herleiten ließen. Unsicherheit und Unschärfe charakterisieren daher medizinisches Fachwissen und erschweren die maschinelle Erfassung und Verarbeitung erheblich (sog. *unsicheres Wissen*). Die Medizin repräsentiert eine extrem umfangreiche und komplexe Domäne mit sozialer und politischer Dimension. Herausforderungen in dieser Domäne ergeben sich aus der Informationskomplexität, die sich aus der zugrunde liegenden Komplexität der biologischen Sachverhalte ergibt. Rector stellt dazu fest:

> *"Not only is medicine big, it is open-ended: [...] in breadth, because new information is always being discovered or becoming relevant. [...] in depth, because finer-grained detail is always being discovered or becoming relevant. [...] in complexity, because new relationships are always being discovered or becoming relevant."*
>
> (Rector 1999, 239)

Medizinischer Fortschritt, steigende Anforderungen der Patienten und eine damit verbundene hohe Innovationsdynamik sorgen für kurze Produktlebenszyklen, wobei die gesammelten medizinischen Informationen über einen Patienten ihm trotzdem lebenslang unter Beachtung komplexer Anforderungen an Datenschutz und Datensicherheit zur Verfügung stehen sollten. Daneben stehen meist nur schwer formalisierbare Anforderungen unterschiedlicher Benutzergruppen.

Innerhalb dieser extrem wissensintensiven Domäne mit ebensolchen Dienstleistungen versucht die elektronische Patientenakte (ePA), zielgerichtet Informationen und Wissen zeit- und standortübergreifend zu speichern und zur Verfügung zu stellen. Beale spricht in Bezug auf die Aufgabe, die eine ePA zu lösen hat, in Anlehnung an Rittel und Webber (Rittel / Weber 1973, 155f.) von einem „wicked problem", das sich der Möglichkeit einer automatisierten Analyse mit klar definierten Schritten entzieht (im Gegensatz zu einem "tamed problem").

Neben Ansätzen, medizinische Informationen geeignet zu systematisieren und zu repräsentieren war es die Medizin, in der die ersten Expertensysteme wie MYCIN (Shortliffe et al. 1973) dazu verwendet wurden, auf Basis einer unvollständigen Wissensbasis und vager Aussagen dem Benutzer dennoch eine Entscheidungsunterstützung zu liefern. Hybride Ansätze, die quantitative und qualitative Verfahren miteinander verbinden, können dabei dem Entscheidungsträger eine Entscheidungshilfe bieten. Die Verfahren benötigen jedoch immer für die Berechnung einer spezifischen Fallantwort sowohl Informationen über den Patienten als auch klinische Daten sowie medizinisches Wissen.

Die Repräsentation von Informationen bzw. Wissen in einem Computersystem setzt das Vorhandensein einer Abbildungsvorschrift bzw. eines Modells voraus. Für ein Computersystem sind nur die Sachverhalte relevant, die auch repräsentiert werden können:

> *"[...] what 'exists' is that which can be represented"*
> (Gruber 1993a, 199)

Terminologien, semantische Netze und der umfassende Begriff *Ontologie* sind dabei Konzepte, die aufeinander aufbauen können und auf einem Kontinuum der Organisation von Wissen von „weniger organisiert" (Terminologien) hin zu „mehr organisiert" (Ontologie, die semantisches Netz erweitert) eingeordnet werden (Bodenreider 2001, 4ff.).

Terminologien dienen in erster Linie dazu, einen Rahmen für die Benennung von Begriffen und Konzepten zur Verfügung zu stellen. Das Ziel semantischer Netze geht darüber hinaus und versucht, die Beziehung unterschiedlicher Konzepte und Begriffe untereinander zu erfassen. Dabei kann die einer Terminologie inhärente Hierarchie für die Generierung von Beziehungen in einem semantischen Netz genutzt werden. Für die automatische Generierung semantischer Netze werden daneben häufig natürlichsprachliche Verfahren oder statistische Techniken angewandt, um Konzepte und Begriffe in Beziehung zu setzen. In einer Ontologie wird festgelegt, welche Konzepte wie bei der Repräsentation von Wissen zum Einsatz kommen dürfen. Damit sind Terminologien und semantische Netze spezielle Ontologien, denn auch sie definieren explizit die zu benutzenden Repräsentationselemente und die Regeln für deren Benutzung. Auf Ontologien wird in Kapitel 2.1.2 ausführlicher eingegangen.

Innerhalb keiner anderen Domäne neben der Medizin existiert wohl eine ähnlich große Anzahl verschiedener Ansätze und Modelle, um domänenspezifische Informationen bzw. domänenspezifisches Wissen zu repräsentieren. Für einen Überblick wird im Folgenden kurz eine mögliche Klassifikation von Ordnungssystemen vorgestellt. Basierend auf dieser Klassifikation werden anschließend beispielhaft drei der bekanntesten Ordnungssysteme vorgestellt.

2.1.1 Ordnungssysteme

Um Begriffe anhand definierter Kriterien und Regeln zu systematisieren, mit natürlichsprachlichen Ausdrücken in Beziehung setzen und damit elektronisch verarbeitbar machen zu können bedarf es eines Begriffsystems bzw. Ordnungssystems. Aussagen können so in *Begriffe* zerlegt und diese nach semantischen Achsen (Dimensionen, Facetten) geordnet werden (Zaiß et al. 2002, 63). Innerhalb von Ordnungssystemen können ähnliche Begriffe mit einem klassenbildenden Merkmal zu Oberbegriffen oder *Klassen* zusammengefasst werden. Begriffe und Klassen können *Kategorien* (voneinander unabhängigen, semantischen Bezugssystemen) zugeordnet werden, die im Ordnungssystem semantische Achsen bilden, so dass Begriffe bspw. in der Medizin einer „anatomisch-topographischen Achse" oder einer „morphologischen Achse" zugeordnet werden können. Innerhalb dieser Achsen können die Begriffe in mehrstufigen Hierarchien aus Ober- und Unterbegriffen zueinander in *Relation* gesetzt werden. Neben der Nutzung von Hierarchien können die Begriffe auch durch klassifizierte Relationen miteinander verbunden werden. Das führt zu semantischen Netzen: gerichteten Graphen, in dem die Knoten einzelne Begriffe und die gerichteten Kanten Relationen repräsentieren (vgl. hierzu etwa (Quillian 1968), (Brachman 1979), (Sowa 1999)). Bei der Struktur von Ordnungssystemen unterscheidet man mono- bzw. uniaxiale Systeme von multiaxialen Systemen. Innerhalb von monoaxialen Systemen findet lediglich eine Achse Verwendung, die den Gegenstandsbereich vom Allgemeinen zum Besonderen durch Hinzufügen jeweils eines weiteren Unterscheidungsmerkmals ordnet. In multiaxialen Systemen können Begriffe und Klassen jeweils Kriterien auf mehreren Achsen gleichzeitig zugeordnet werden. Multiaxiale

Systeme erlauben dadurch zwar eine sehr differenzierte Kodierung, haben aber den Nachteil, dass inkonsistente und redundante Zuordnungen nur schwer verhindert werden können. Insbesondere in der Medizin finden sich etablierte Ordnungssysteme. Aus der eben geführten Diskussion werden im Folgenden drei der bekanntesten medizinischen Ordnungsansätze kurz vorgestellt, wobei ICD mit einem monoaxialen Ansatz, SNOMED mit einem multiaxialen Ansatz und UMLS mit einem semantischen Netz arbeitet. Obwohl für die konkrete Realisierung in der Medizin meist eine pragmatische Herangehensweise im Vordergrund stand (Zaiß et al. 2002, 63) bedarf es dennoch einer elektronischen Unterstützung, um mit diesen Ordnungssystemen in der Praxis effizient arbeiten zu können. Je komplexer und umfangreicher sich ein System dem Arzt darstellt, desto weniger wird es sich in der Praxis durchsetzen können und umso mehr und bessere elektronische Unterstützung ist bei Eingabe und Darstellung der Informationen vom System zu leisten.

2.1.1.1 Internationale Klassifikation der Krankheiten (ICD)

Die Internationale Klassifikation der Krankheiten, Verletzungen und Todesursachen (ICD: International Statistical Classification of Diseases, Injuries and Causes of Death) ist die umfassendste, weltweit akzeptierte und verwendete medizinische Klassifikation und betrifft im Wesentlichen Diagnosen, Symptome und Verletzungen (vgl. Klar / Graubner 1997). Sie ist 1893 als Internationales Todesursachenverzeichnis entstanden, wird seit der 6. Revision (1948) von der WHO weiterentwickelt und seitdem auch zunehmend für die Dokumentation und Statistik der Morbidität eingesetzt. Dieses drückt sich in der Namenserweiterung „Internationales Verzeichnis der Krankheiten und Todesursachen" aus.

Die 1992 veröffentlichte ICD-10 auf Basis der Ergebnisse der 10. Revisionskonferenz von 1989 stellt die aktuelle Version dar und wird in Deutschland auch als Grundlage für die Abrechnung von stationären und ambulanten Leistungen und für die Krankenhausdiagnosestatistik eingesetzt.

Die ICD-10 ist im Prinzip eine monohierarchische vier- bis fünfstellige Klassifikationen (d. h. mit vier und z. T. fünf Hierarchiestufen), deren einziges Bezugssystem (Achse) von Kapitel zu Kapitel und gelegentlich auch innerhalb eines Kapitels wechseln kann. So sind einige Kapitel vorzugsweise nach der Topographie, andere nach der Ursache und wieder andere nach dem Alter gegliedert. Die Klassen und Subklassen werden nach medizinisch-wissenschaftlichen Kriterien, aber auch nach Krankheitshäufigkeiten gebildet, indem Krankheiten geringer Prävalenz zusammengefasst werden und bei hohen Prävalenzen, wie z. B. dem Diabetes mellitus, sogar bis zur 5. Stufe fein untergliedert wird. Um die Klassifikationskriterien einzuhalten, sind diverse Klassifikationsregeln, wie z. B. Ein- und Ausschlusshinweise oder Sammelklassen (wie „...ohne nähere Angabe" und „...an sonstigen nicht näher bezeichneten Lokalisationen") in die ICD eingebracht worden.

Da die ICD als monoaxiales Ordnungssystem nicht mehrere Bezugssysteme zugleich repräsentieren kann, wurde für wichtige Diagnosen, insbesondere für Infektionskrankheiten mit
lokaler Manifestation, die Möglichkeit der Kreuz-Stern-Doppelklassifikation als spezielle
Regel eingeführt, wobei die ursachenbezogene Notation ein Kreuz (+) und die lokalisations-
bezogene Notation einen Stern (*) angefügt bekommt und beide Klassen in der Regel aufeinander verweisen. Falls nur eine einzige Notation für eine derartige Krankheit mit der Möglichkeit zur Doppelklassifikation angegeben werden kann, ist die ursachenorientierte Kreuz-
notation zu wählen. Demnach ist z. B. eine tuberkulöse Meningitis in der ICD-10 als Infekti-
onskrankheit mit A17.0+ und nicht bei den entzündlichen Erkrankungen des zentralen Ner-
vensystems als G01* zu verschlüsseln, wo sie ebenfalls aufgeführt ist.

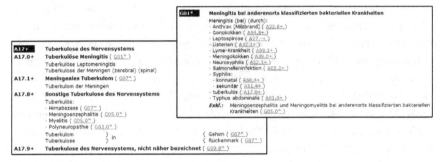

Abbildung 2: ICD-10 (Ausschnitt aus der deutschen Online-Version)
(Quelle: (DIMDI 2004))

Die ICD-10 besteht nicht nur aus einem systematischen Verzeichnis (Band I) mit den Vor-
zugsbezeichnungen der Krankheiten und ihren Notationen in hierarchischer Anordnung, sondern auch aus einem alphabetischen Verzeichnis (Band III), das neben den Vorzugsbezeich-
nungen auch Synonyme und verwandte Bezeichnungen alphabetisch sortiert und mit Notationen versehen enthält. Dieser alphabetische Teil der Klassifikation hat nomenklatorische und
terminologische Funktionen und erleichtert die praktische Kodierarbeit. Weiter gehören zur
ICD ausführliche Regeln zur Kodierung (als separater Band II), besonders zur Auswahl des
Grundleidens für die unikausale Todesursachenstatistik (bei Multimorbidität) und zur Morbi-
ditätskodierung.

Für den Kliniker sind die Einteilungen von Krankheiten in Stadien, Schweregrade, Klassen,
Typen oder ähnliches von großer Wichtigkeit, die in der ICD meist keine Entsprechung finden. Eine Zusammenstellung derartiger Einteilungen (Gerber / Wicki 1995), von denen die
TNM-Klassifikation der Onkologie (vgl. Hermanek et al. 1993) als die bekannteste gilt, ist für
eine aussagekräftige klinische Dokumentation hilfreich.

Das Deutsche Institut für Medizinische Dokumentation und Information (DIMDI) hat eine
deutsche ICD-Übersetzung entwickelt und dabei den Standard erweitert und modifiziert

(ICD-10-GM, GM = German Modification) (DIMDI 2004). Neben dem Einsatz veralteter Versionen in anderen Ländern (so wird in den USA bspw. für Krankenhausbehandlungen ICD-9 eingesetzt) bestehen auch in Deutschland weiterhin kleine Unterschiede in den Versionen für den ambulanten und den stationären Bereich (Höß / Müller 2004, S. 22). Zur Unterstützung der Verschlüsselung kommt in Deutschland ein auf Initiative des Zentralinstituts für die kassenärztliche Versorgung erstellter Diagnosethesaurus zum Einsatz: Es enthält den aktuellen und klinisch gebräuchlichen Wortschatz und bildet diesen mit Hilfe der ICD-10 ab.

2.1.1.2 Systematisierte Nomenklatur der Medizin (SNOMED)

SNOMED (Systematized NOmenclature of MEDicine) erschien 1975 in einer Testversion (SNOMED I) in den USA und wurde in einer wesentlich erweiterten Form auf der Grundlage der SNOMED II (1979, Update 1982, siehe auch (Côté / Rothwell / Palotay 1993)) in deutscher Sprache herausgegeben (Wingert 1984). Mit SNOMED wurde erstmals eine geordnete mehrdimensionale medizinische Nomenklatur vorgelegt (Price / Spackman 2000). Die Dimensionen/Hierarchien/Achsen sind weitgehend hierarchisch aufgebaut. Das den semantischen Bezugssystemen zugrunde liegende Aussagemodell lautet: Prozedur (P) wegen morphologischer Veränderungen (M) mit Funktionsstörung (F), bedingt durch ein ätiologisches Agens (E) an einer Lokalisation (T) und verursacht durch Ausübung eines Berufs (J), zusammenfassend bezeichnet als Krankheit (D). Leiner et. al. (Leiner et al. 1999) veranschaulichen die Nutzung von SNOMED mit folgendem Beispiel:

> *Ein Schiffskoch (→ J53150) wird mit den Symptomen Fieber (→ F03003) [...] als Notfall in ein Krankenhaus aufgenommen (→ P00300). Dort wird eine akute Entzündung (→ M41000) des Magens (→ T63000) [...], hervorgerufen durch Salmonella cholerae-suis (→ E16010), diagnostiziert und die Diagnose Gastroenteritis paratyphosa (→ D01550) gestellt.*

Die manuelle SNOMED-Nutzung ist wegen der komplexen Indizes nicht einfach: EDV-Programme bieten hierzu aber wesentliche Hilfen. SNOMED ist vor allem für wissenschaftliche Auswertungen gut geeignet und aufgrund der multiaxialen Struktur ist es leicht möglich, in einer mittels SNOMED indexierten Patientendatenbank alle Entzündungen, Neubildungen und/oder Operationen eines bestimmten Organs zu selektieren. Die detaillierte Verschlüsselung nach SNOMED stellt deshalb für klinische Dokumentationen eine ideale Ergänzung zu den klassifizierenden Verschlüsselungen nach ICD, OPS-301 u. ä. dar.

SNOMED CT (Systematized NOmenclature of MEDicine / Clinical Terms) ist eine Weiterentwicklung vom College of American Pathologists mit über 361.000 Konzepten und dem umfassendsten klinischen Vokabular. Es wird komplementär zur Terminologie LOINC (Logical Observations Identifiers, Names, Codes) benutzt, einer weiteren klinischen Terminologie für Labortests und Laborresultate (Medicine, United States National Libary of). Jedes eigenständige medizinische Objekt wird in SNOMED CT als Konzept (*Clinical Term*) definiert, wobei jedes Konzept einer oder mehrerer von 18 Hierarchien (Achsen) zugeordnet ist und eine unterschiedliche Granularität aufweisen kann (Dudeck 2004).

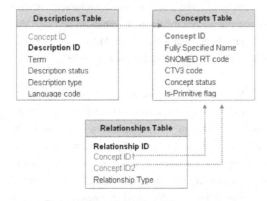

Abbildung 3: Beschreibung, Konzept und Beziehung in SNOMED
(Quelle: (Dudeck 2004))

Zwischen den Konzepten werden Beziehungen definiert, wobei „IS-A"-Beziehungen Konzepte innerhalb einer einzelnen Achse verbinden und Attribut-Beziehungen Konzepte auf verschiedenen Achsen verbinden.

2.1.1.3 Unified Medical Language System (UMLS)

Auf Basis eines semantischen Netzwerkes vereinigt das Unified Medical Language System (UMLS), ein Langzeitprojekt der U.S. National Library of Medicine, etwa 100 heterogene begriffliche Ordnungssysteme und medizinische Nomenklaturen in zurzeit 15 Sprachen (zu Details siehe (United States National Library of Medicine 2004) und (Information 2005)). Es enthält medizinische Begriffe und semantische Beziehungen zwischen diesen Begriffen. Die Nutzung des semantischen Netzwerkes erlaubt es, neben anderen Ordnungssystemen, ICD und SNOMED in UMLS darzustellen. Die Ordnungssysteme stehen so im UMLS zunächst nebeneinander: UMLS bietet darüber hinaus aber Technologien und Komponenten, um Begriffe aus den verschiedenen Ordnungssystemen miteinander zu verbinden (Humphreys / Lindberg 1993).

Die verschiedenen begrifflichen Ordnungssysteme werden semantisch angereichert und UMLS hilft so, konzeptuelle Links zwischen Benutzeranfragen und relevanten Fachinformationen zu erstellen und heterogene Online-Informationssysteme besser zu erschließen.

Um das zu erreichen, umfasst das UMLS drei verschiedenen Informationskomponenten: den Metathesaurus, das semantische Netzwerk und das Specialist Lexicon. Diese Komponenten werden mit einer Reihe von Werkzeugen, u.a. Administrationswerkzeugen und lexikalischen Tools, distribuiert.

Der Metathesaurus ist eine aus den elektronischen Versionen einer Vielzahl von Ordnungs-systemen gespeiste multi-linguale Begriffsdatenbank mit medizinischen und biologischen Konzepten, ihren unterschiedlichen Benennungen und Beziehungen untereinander. Alterna-tive Namen und Sichten auf gleiche Konzepte werden miteinander verbunden und über sinn-volle Beziehungen verknüpft. Durch die Zuordnung aller Konzepte im Metathesaurus zu min-destens einem semantischen Typ aus dem semantischen Netzwerk wird eine konsistente Ka-tegorisierung möglich gemacht.

Alle Informationen über spezifische Konzepte werden im Metathesaurus gehalten. Das se-mantische Netzwerk verwaltet die Kategorien bzw. semantischen Typen (aktuell: 135) und Beziehungen (aktuell: 54) zwischen diesen Elementen. Die semantischen Typen sind dabei die Knoten im Netzwerk während die Beziehungen die Kanten des Netzes darstellen.

Viele der verwendeten Begriffe werden zugleich im Specialist Lexikon verwaltet. Lexikali-sche Werkzeuge dienen in Verbindung mit diesem Lexikon dazu, Begriffe zu normalisieren und bspw. Ausprägungen eines Wortes (Synonyme, verschiedene Schreibweisen, Fälle, For-men etc.) mit der normalisierten Form zu verbinden.

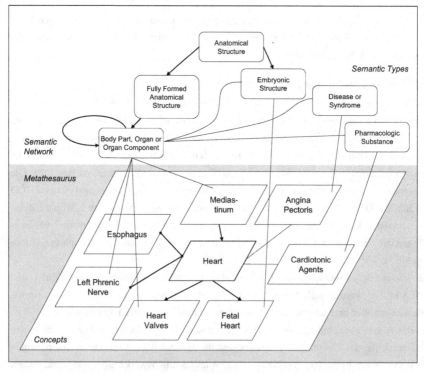

Abbildung 4: Beziehung zwischen verschiedenen Ebenen in UMLS
(Quelle: (Tilley / Willis 2004, 47))

UMLS führt mit den Komponenten die Bezeichnungen aus den Einzelvokabularien zu einem konzeptbasierten Metathesaurus zusammen, verknüpft sie in einem semantischen Netzwerk und versucht, mit Hilfe eines linguistischen Lexikons zusammen mit Sprachverarbeitungsroutinen gleiche Begriffe zu identifizieren.

Durch die verwendeten Komponenten und die Vielzahl der eingebundenen Ordnungssysteme ist UMLS eines der mächtigsten Ordnungssysteme in der Medizin und durch die Verwendung einer Vielzahl von semantischen Typen und Beziehungsarten in einem semantischen Netz auch eines der flexibelsten mit einer Integration der beiden vorgenannten Systeme ICD und SNOMED.

2.1.2 Ontologien und Kontexte

Mit einer expliziten Definition von Repräsentationselementen und Regeln für deren Benutzung sind die am Beispiel vorgestellten Terminologien und semantischen Netze spezielle Ontologien. *Ontologie* ist ein fundamentales Konzept für die Repräsentation von Wissen und die Explikation von Kontext und wird im Folgenden diskutiert. Neben dem grundlegenden Konzept werden mit den Ergebnissen des GEHR- bzw. OpenEHR-Projekt praxisnahe Ontologien aus der Medizin vorgestellt.

Aktive Dokumente sollen in der Lage sein, Kontextinformationen zu erfassen, zu speichern und verarbeiten. Was aber sind *Kontextinformationen*? Im Folgenden wird dazu das Konzept *Kontext*, wieder mit einem praxisnahen Bezug zur Medizin, eingeführt und die notwendige Verbindung zu einer Ontologie erläutert. Gerade die gewählten Beispiele zeigen, dass insbesondere das Konzept *Kontext* für ein Anwendungsgebiet sehr spezifisch interpretiert werden kann. Mit der Modellierung und Explikation von Ontologien und der Verarbeitung von Kontexten beschäftigen sich die anschließenden Unterkapitel, wobei insbesondere in Kapitel 2.1.4 abweichende Interpretationen, insbesondere pragmatische Ansätze aus dem Bereich des Ubiquitous Computing, vorgestellt werden.

2.1.2.1 Das Konzept *Ontologie*

Jedes Ordnungssystem, in dem formale Vereinbarungen über die in der Domäne verwendeten Begriffe getroffen werden, kann als *Ontologie*[1] bezeichnet werden. Gruber (siehe (Gruber 1993b) und (Gruber 1993a)) bezeichnet mit Ontologie eine „explizite formale Spezifikation einer gemeinsamen Konzeptualisierung" (orig.: *shared conceptualization*). Eine Ontologie beschreibt damit einen Wissensbereich mit Hilfe einer standardisierenden Terminologie sowie Beziehungen und ggf. Ableitungsregeln zwischen den dort definierten Begriffen. Das gemeinsame Vokabular ist in der Regel in Form einer Taxonomie gegeben, die als Ausgangs-

---

[1] ontos, griechisch: das Seiende, Ontologie: die Lehre vom Seienden. Ontologie ist ein überlieferter Begriff aus der Philosophie und steht dort für die Lehre vom Sein - genauer: von den Möglichkeiten und Bedingungen des Seienden -, ist also eng verwandt mit der Erkenntnistheorie, die sich mit den Möglichkeiten und Grenzen menschlichen Wahrnehmens und Erkennens auseinander setzt.

elemente (*modelling primitives*) Klassen, Relationen, Funktionen und Axiome enthält (vgl. Hesse 2002).

Chandrasekaran et. al. beschreiben zwei Ebenen (*core ontologies* and *peripheral ontologies* (dazu auch van Heijst / Schreiber / Wielinga 1997)), mit Hilfe derer die ontologische Analyse einer Domäne durchgeführt werden kann (Chandrasekaran / Josephson / Benjamins 1998). Auf der ersten Ebene werden die Basiskonzepte identifiziert, um über alle Instanzen der Domäne reden zu können. Als Beispiel für die Domäne *klinische Medizin* würden hier grundlegende Begriffe und Konzepte aus den Bereichen Anatomie, Pharmakologie, Biochemie etc. identifiziert. Begriffe aus den oben genannten Ordnungssystemen wie ICD und SNOMED lassen sich hier abbilden, UMLS bildet diese Ebene mit Hilfe des Metathesaurus ab (siehe Abbildung 4). Auf der zweiten Ebene unterscheidet man die Domäne *klinische Medizin* in verschiedene Typen oder Sichtweisen und bezieht sich bei jeder Sichtweise auf eine dafür definierte Menge von zusätzlichen Konzepten, Bedingungen und erweiterten Typen auf Basis der ersten Ebene. So kann auf zweiter Ebene bspw. das Konzept *Blutdruck* für die Sichtweise *innere Medizin* als eine Zusammenstellung von zwei Druckwerten des Blutes (systolisch und diastolisch) mit Einheit, Wertgrenzen etc. definiert werden. Das Gesamtkonzept *Blutdruck* (als Spezialkonzept der *inneren Medizin* mit Definition, Bedingungen etc.) ergänzt die Ontologie der übergreifenden Domäne *klinische Medizin* für die Sichtweise *innere Medizin*.

2.1.2.2   Ontologien am Beispiel der Medizin

Das australische Projekt GEHR (*Good Electronic Healthcare Record*) hat sich für die elektronische Patientenakte eingehend mit Wissensstrukturen in der klinischen Praxis beschäftigt und identifiziert auch mehrere Ebenen einer gemeinsamen Ontologie (Beale / Goodchild / Heard 2002). Auf unterster Ebene (Level 0) beschreibt GEHR ebenfalls *modelling primitives* bzw. eine *core ontology*, also grundlegende Begriffe und Konzepte:

> *"Level 0 contains the knowledge of processes and entities [which] constitute the generally accepted facts of the domain – things which are true about all instances of entities [...] or processes [...]."*

Als eine der wenigen Domänen besitzt die Medizin mit den in Kapitel 2.1.1 vorgestellten Ordnungssystemen Domänenwissen in elektronisch verarbeitbarer Form, welches auf dieser Ebene integriert werden kann.

Die zweite Ebene, oben beschrieben als *peripherel ontology*, wird im GEHR-Projekt in fünf weitere Ebenen (Level 1 bis Level 5) aufgeteilt. Aus der weiteren Beschreibung wird klar, dass sich die GEHR-Forscher an den Anforderungen aus der klinischen Praxis orientiert haben und es schaffen, das abstrakte Konzept *Ontologie* entlang verschiedener Nutzungsszenarien einer elektronischen Patientenakte hinreichend zu konkretisieren.

Konzepte auf *Level 1* sind Zusammenstellungen (*compositions*) von Level 0-Elementen in einfachen Strukturen. Jede dieser Strukturen repräsentiert dabei eine bestimmte Nutzung von

Level 0-Elementen. Beispiel ist hierfür das Konzept *Blutdruck*, dass sich bspw. aus zwei Messwerten (einer Messung gemäß der ersten Phase nach Korotkoff (systolischer Wert) und einer Messung gemäß der fünften Phase nach Korotkoff (diastolischer Wert)) und weiteren Umgebungsparametern (Position des Patienten: liegend/sitzend/stehend etc.) zusammensetzen kann. Die grundlegenden Elemente sind dabei Level-0-Elemente und können einem Ordnungssystem wie SNOMED entnommen sein. Abbildung 5 skizziert diesen Zusammenhang anhand eines fiktiven Ordnungssystems.

GEHR beschreibt auf *Level 2* Konzepte, mit denen Informationen organisiert werden. Diese Organisation lehnt sich an Dokumentations- und Berichtsstrukturen, die sich in der Domäne etabliert haben („according to norms of practice"). Die Überschriften und Teilüberschriften einzelner Dokumenttypen können in Organisationsstrukturen überführt werden, die wiederum Elemente aus Level 1 zusammenfassen. Die Überschriften „Subjektives Befinden", „Objektive Befunde", „Assessment" (Differenzialdiagnose und Einschätzung des Verlaufs, der Gefährdung) und „Plan der Behandlung" der problemorientierten Dokumentation (*SOAP*) geben bspw. eine solche Organisationsstruktur vor (dazu ausführlich: Bates / Berger / Mühlhauser 1989). Elemente der Struktur können auf Teile anderer Strukturen verweisen, so dass neben einer hierarchischen Struktur (die in der Praxis häufig zu finden ist) auch eine Netzstruktur möglich ist.

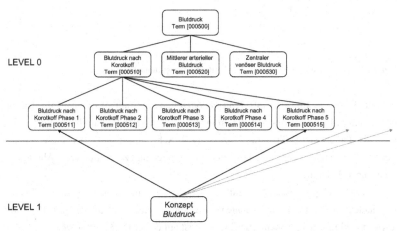

Abbildung 5: Fiktives Ordnungssystem (Level 0) und Konzept *Blutdruck* (Level 1)
(Quelle: Beale (2002))

Level 3 bezieht sich auf so genannten Arbeitseinheiten (*units of work*) und bildet eine logische Zusammenfassung in Bezug auf klinische Aktivitäten am und für den Patienten sowie in Bezug auf Hauptwissenskategorien. Auf Level 3 werden alle Informationen zusammengefasst, die innerhalb einer „klinischen Session" bzw. einer einzelnen Begegnung mit dem Patienten erfasst, übermittelt oder reflektiert werden.

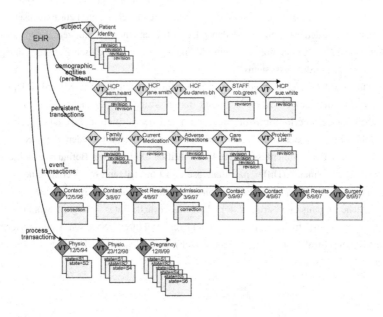

Abbildung 6: Versionierte Ansicht der Patientenakte (EHR) mit Transaktions-Objekten
(Quelle: Beale 1999, 18)

GEHR beschreibt solche Einheiten als *Transaktionen* („atomic unit of clinical information acquisition") und teilt diese in persistente Informationsobjekte (z.B. Familienhistorie) und Ereignisse (z.B. Patientenkontakt) bzw. Prozesse (z.B. Schwangerschaft). Auf dieser Ebene wird vorgeschlagen, Transaktionen als Einheiten zu signieren und zu versionieren. Abbildung 6 zeigt eine solche Struktur.

Auf *Level 4* werden alle Transaktionen entlang der Historie klinischer Ereignisse in Bezug auf den Patienten als elektronische Patientenakte gruppiert und zusammengefasst. Die Einteilung bspw. in „klinische Episoden" oder Prozesse ist auf dieser Ebene vorgesehen.

Level 5 schließlich bezieht sich auf die Selektion und die Zusammenstellung von Informationen für die Kommunikation mit anderen Benutzern. Auswertungen und Extrakte stellen beispielhaft Konzepte auf dieser Ebene dar. Tabelle 1 stellt zusammenfassend die ontologischen Ebenen dar.

Level	Bedeutung	Ausgedrückt durch	Beispiele
0 principles	Terminologien und Vokabular; Fakten, wahr für alle Instanzen und alle Nutzungsszenarien	Semantische Terminologienetzwerke	Textbücher, SNOMED, GALEN
1 descriptive	Kleinste, abgeschlossene Beschreibung eines bestimmten Phänomens	Zusammenstellung von Elementen aus Level 0	Konzept „Blutdruck" Medikamentenreihenfolge
2 organising	Strukturkonzept gemäß etablierter Dokumentations- und Berichtsstrukturen	Hierarchische Struktur, Organisation von Elementen aus Level 1	Überschriften der problemorientierten Dokumentation
3 unit of work	Logische Zusammenfassung in Bezug auf klinische Aktivitäten	Zusammenstellung von Konzepten aus Level 2	Transaktionen, Problemliste, Patientenkontakt
4 historical	Konzepte für die Informationssammlung über große Zeiträume (gesamtes Leben)	Auflistung von Konzepten aus Level 3	Elektronische Patientenakte
5 communication	Zusammenstellung von Informationen für die Übertragung	Extrakt aus Informationen von Level 4	Extrakt aus Patientenakte

Tabelle 1: Ergebnis der ontologischen Analyse für die klinische Medizin
(Quelle: GEHR / openEHR)

Die hier vorgestellten 5 ontologischen Ebenen aus GEHR finden sich in ähnlicher Form in den Architekturen der Projekte bzw. verbreiteten Standards openEHR (The openEHR Foundation 2006), CEN 13606 (ISO 2006) und HL7 v3 (HL7 2007).

2.1.2.3   Das Konzept *Kontext*

Alles in dieser Welt ereignet sich in einem spezifischen Kontext. So deutet der Begriff *Kontext* zunächst auf ein sehr vages Konzept hin. Zwar nähert man sich seit 1995 auf verschiedenen Konferenzen und Workshops dem Begriff, eine klare Definition des Begriffes fehlt allerdings. Die Definitionen reichen von „Annahmen, unter der eine Aussage wahr oder falsch ist" (Cavalcanti 1993) über „eine Menge von Präferenzen und/oder Ansichten" (Cahour / Karsenty 1993) bis hin zu „Charakteristika einer Situation und Ziel der Anwendung von Wissen" (Bastien 1992). In den meisten Ansätzen werden zur Erreichung eines bestimmten Ziels (bspw. Lösung einer Aufgabe, automatische Erkennung des Inhalt eines Textes) Informationen mit einbezogen, die nicht explizit Gegenstand der Betrachtung sind.

Sowa (Sowa 1999, 274f.) führt einige widersprüchliche Definitionen des Begriffes auf die Mehrdeutigkeit des Wortes zurück. Die Hauptbedeutung des Wortes sieht er in der Linguistik, wo Kontext ein Textstück beschreibt, in das ein Wort oder eine Phrase eingebettet ist („[...] a section of linguistic text or discourse that surrounds some word or phrase of interest") . Die abgeleitete Bedeutung des Wortes steht dagegen für Situation, Umwelt, Domäne, Hintergrund bzw. Milieu, in der die Entität oder das Thema der Betrachtung eingebunden sind.

Kontext war und ist damit insbesondere Forschungsgegenstand der Sprachwissenschaften und wurde von der KI (künstliche Intelligenz), die sich unter anderem mit dem maschinellen Verstehen natürlicher Sprache (insbesondere innerhalb der Computerlinguistik) auseinandersetzt, als ein hilfreiches Konzept aufgegriffen. Eine sehr gute Abgrenzung zwischen *Kontext* in natürlicher Sprache und in KI geben Akman und Surav (vgl. Akman / Surav 1997).

Ausgehend von Crystal (Crystal 1997) und Blackburn (Blackburn 1994) setzt sich in der Linguistik Kontext aus den Lauten zusammen, die eine bestimmte betrachtete Einheit umgeben und ihre Bedeutung und ihren grammatischen Sinn beeinflussen können. Mit einer syntaktischen, semantischen und pragmatischen Funktionsebene von Kontext (vgl. Sowa 1999, 275) fügt Blackburn allerdings dazu, dass Kontext sich auch bezieht auf

> *"the wider situation, either of the speaker or of the surroundings, that may play a part in determining the significance of saying."*

Barwise und Perry (Barwise / Perry 1983) haben versucht, der unendlich großen Komplexität der realen Welt mit der Theorie einer Situationssemantik zu begegnen. Hierbei setzen sie die Bedeutung eines Satzes in Beziehung zu einem kleinen räumlichen und zeitlichen Ausschnitt der Welt. Dieser Ausschnitt enthält Personen und Dinge mit ihren Aktionen und ihrer Kommunikation, wobei der Ausschnitt imaginär oder real sein kann und in der Vergangenheit, der Gegenwart oder der Zukunft liegt. Diese Situationssemantik stellt eine Theorie des Informationsflusses dar: von Situationen in der Welt zu Sprechern, die sich in diesen Situationen befinden und darüber reden, zu Hörern, die das Gesprochene unter Einbeziehung der Situation interpretieren und daraufhin reagieren. Dieser Informationsfluss gibt den Beteiligten die Möglichkeit, abstrakte Sprachsymbole erfolgreich der physischen Welt zuzuordnen. Ohne diese Möglichkeit könnten die Beteiligten die Symbole nicht an die reale Welt „binden" (engl.: *to ground*):

> *"...the speaker expresses a **concept** of an **object** by a **symbol**, which the listener interprets by an equivalent concept 'or perhaps a more developed one'."*

In diesem Sinn hat Spezifikation eines Kontexts für Leech den Effekt der Verengung der kommunikativen Möglichkeiten einer Nachricht (Leech 1981):

- *"elimination of certain ambiguities or multiple meanings*
- *clarifications of the referent of deictics and definite descriptions*
- *supplying of information which the writer has omitted*
- *interpretation of tense*
- *determination of the scope of quantifiers"*

Diese „Verengung der Möglichkeiten" durch Informationen aus dem physischen bzw. mentalen Umfeld in einer Situation wird durch Brézillon (Brézillon 1999) auf einer abstrakteren

Ebene diskutiert. So sieht er Kontext als einen gemeinsamen Wissensraum, auf den die Teilnehmer einer Interaktion zugreifen können und der von ihnen genutzt wird. Zu diesem Wissen gehören beispielsweise gemeinsame Erinnerungen an vorherige Interaktionen (vgl. hierzu die Ausführungen zum Gruppengedächtnis bei Schwabe (Schwabe 1995)) bzw. die jetzige Interaktion, der Wissensstand aller Partizipierenden oder einige wenige Dinge, auf die sich die aktuelle Interaktion gerade fokussieren mag. Andere Elemente kommen aus der jeweils betrachteten Domäne (bspw. technische Restriktionen, aktuelle Aufgabe), den Interagierenden (bspw. persönliche Ziele, Annahmen, Werte) oder der Umgebung (bspw. Organisationswissen). Kontext bezieht sich dabei auch auf den Fokus der Aufmerksamkeit: Maskery und Meads (Maskery / Meads 1992) definieren diesen Fokus als *unmittelbaren Kontext*, der eine Teilmenge aus dem *gemeinsamen Kontext* darstellt, der sich zwischen den Interagierenden aufbaut.

Eine große Schwierigkeit ergibt sich bei dem Versuch, die relevanten Attribute eines Kontextes zu spezifizieren. Das liegt insbesondere daran, dass es eine unendliche Zahl von Umgebungsparametern („all possible worlds") gibt, die in Bezug auf eine Aufgabe und ein Ziel relevant werden können. A priori mag ein Umweltparameter wie die Lufttemperatur des Raumes bei einer Diskussion keine Rolle spielen. Die explizite Erfassung dieses Parameters mag aber für den späteren Leser des Diskussionsprotokolls ein deutlicher Hinweis darauf sein, warum die Sitzung bei 44 Grad Celsius nach extrem kurzer Zeit beendet worden ist.

Aus der Forschungsrichtung des *mobile Computing* kommen pragmatische Ansätze, sich dem Konzept *Kontext* zu nähern. Im Rahmen des *context-aware computings* bezieht sich Kontext auf die physikalische und soziale Situation, in die computergestützte Geräte eingebettet sind (vgl. (Want et al. 1995), (Weiser 1991), (Harter et al. 2002)). Diese Ansätze entsprechen der von Brézillon beschriebenen „Ingenieursicht", die von einem abgeschlossenen Zustandsraum ausgeht, in dem Probleme gelöst werden. Es existieren nur eine diskrete Anzahl von Zuständen mit einer definierten Anzahl von Parametern, die erfasst werden können, wobei in der Praxis neben dem statischen Aspekt eine dynamische Komponente hinzukommt, da sich der Kontext während der Lösung eines Problems durch die Handlung selbst verändern kann. Man geht davon aus, den statischen Teil in einer Wissensbasis a priori vom Designer oder Editor speichern lassen zu können, der dynamische Teil aber nicht vorhersehbar ist. So teilt Schilit (vgl. Schilit / Adams / Want 1994) Kontext in drei Kategorien, die von Chen und Kotz (Chen, G. / Kotz 2000) um den Faktor Zeit ergänzt werden:

- Computing Context (Netzwerkverbindung, Kommunikationskosten, Bandbreite und räumlich nahe Ressourcen wie Drucker, Monitore und Workstations)
- Benutzer Kontext (Benutzerprofil, Ort, räumlich nahe Personen, aktuelle soziale Situation)

- Physikalischer Kontext (Lichtverhältnisse, Geräuschpegel, Verkehrslage, Temperatur)
- Zeitlicher Kontext (Tageszeit, Datum, Jahreszeit)

Der Zeit-Kontext lässt es insbesondere zu, Aktivitäten über einen Zeitraum hinweg zu speichern, so dass eine Kontext-Historie entsteht.

Kontext erlaubt es zu bestimmen, welches Wissen in Erwägung gezogen wird, was die Bedingungen und Grenzen für die Anwendung dieses Wissens sind und wenn es zum Einsatz kommen sollte. Kontexte sind damit *anpassbare Filter*, um in einer gegebenen Situation die richtige Bedeutung zu finden und auf eine minimale Anzahl von Informationseinheiten und essentielle Funktionen zu fokussieren, die für eine aktuelle Aufgabe nötig sind (vgl. (Bastien 1992) und (Barthe 1991) in (Brézillon 1999)). Das Ziel von kontextverarbeitenden Geräten im Bereich *mobile computing* ist in diesem Zusammenhang die Sammlung und zielgerichtete Nutzung von Informationen aus dem Kontext, um dem Benutzer Services anbieten bzw. Services anpassen zu können, die in der speziellen Situation dem Nutzer bei der Verrichtung seiner Aufgabe einen Mehrwert bieten.

2.1.2.4 Kontexte am Beispiel der Medizin

Die Projekte GEHR und openEHR identifizieren die folgenden Kontexte bei der Arbeit des Mediziners (vgl. Beale / Goodchild / Heard 2002):

- Den Informationsgenerierungskontext, bei der Aktivitäten (wie das Messen von Werten oder das Erstellen einer Diagnose) einzelne Informationseinheiten erzeugen.
- Der Kontext einer klinischen Sitzung, wie bspw. einer Untersuchung, in der sich mehrere Aktivitäten ereignen.
- Den Kontext eines Benutzers, der mit einem Computersystem agiert, mit dem eine elektronische Patientenakte verwaltet wird.

Jeder dieser Kontexte kann mit einer Anzahl von Attributen beschrieben werden, die die Fragen nach dem „Wer", „Was", „Wann", „Wo" und „Warum" klären und helfen, dass die spätere Abfrage der Informationen auch gleiche Interpretationen zulässt bzw. den Interpretationsspielraum hinreichend einengt. Abbildung 7 zeigt eine Übersicht der im Rahmen der Projekte GEHR und *openEHR* identifizierten und kategorisierten Kontexte mit einem Beispiel:

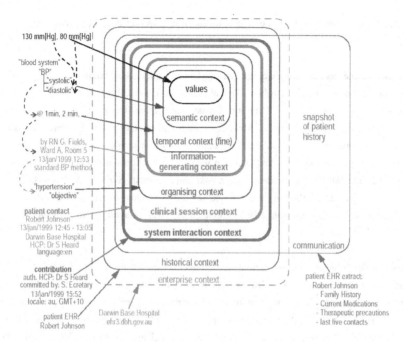

Abbildung 7: Identifizierte Kontexte
(Quelle: Beale / Goodchild / Heard 2002)

Das vorgestellte Modell lehnt sich stark an den klinischen Alltag an und schlägt eine Struktur vor, bei der Informationen auf einzelnen Ebenen aggregiert werden. Dabei wird vorgeschlagen, dass für jede Ebene der Datenaggregation ein vorbestimmter Typ von Kontext mit beschreibbaren Parametern existiert, was der oben beschriebenen Ingenieurssicht entspricht. Die Speicherung der Parameterwerte (und die damit einhergehende Beschreibung des jeweiligen Kontextes, in dem die Datenaggregation typischerweise stattfindet) ergänzen die „Rohdaten", um ex post eine möglichst eindeutige Interpretation dieser Daten zu ermöglichen.

Die Situation, in der Informationen generiert werden, findet in einem Kontext statt, in dem Daten zu einem bestimmten Zeitpunkt durch die Aktivität eines Menschen oder einer Maschine erzeugt werden. Folgende Attribute beschreiben diesen **Informationsgenerierungskontext**:

- *Subjekt*: Über welche Person werden die Daten gewonnen (Inhaber der Akte, Organspender, Familienmitglied)
- *Subjekt_Beziehung*: In welcher Beziehung steht das Subjekt zum Inhaber der Akte
- *Informationserzeuger*: Die Partei, die die Daten erzeugt.
- *Zeit*: Zeitpunkt der Informationserzeugung

- *Grund*: Hinweis auf eine Leitlinie oder anderen Grund, warum die Daten gesammelt wurden.

Auf dieser Ebene bedingt die jeweilige Art der Daten weitere Kontextattribute: Empirische Daten können bspw. um die Attribute *Ort* (wo fand die Beobachtung statt?) und *Protokoll* (Methode, die bei der Datenerhebung zum Einsatz kam) ergänzt werden. Nicht-Empirische Daten dagegen umfassen Aussagen, Meinungen oder Interpretationen und können mit dem Attribut *Konfidenzwert* (als subjektives Maß dafür, wie sicher sich der Informationserzeuger bei dem Beitrag ist) ergänzt werden. Daneben werden Instruktionen als Datenart mit den zusätzlichen Kontextattributen *Ausführungszeitpunkt* und *Status* (im Sinne eines State-Machine-Modelles) ergänzt. Die Erfassung eines Prozesses mit Attributen wie bspw. *Ziel, Aktionen,* und *Resultaten* erscheint für ganze Behandlungspläne zwar sinnvoll, wird im Rahmen von OpenEHR aber kritisch diskutiert.

Im Kontext der Informationsgenerierung werden noch keine Aussagen über den Inhalt selbst gemacht. Der Inhalt besteht zunächst aus Daten, die mit semantischen und zeitlichen Kontextinformationen angereichert werden können. Messdaten werden so dem Körpersystem zugeordnet, wobei für diese Zuordnung meist eine hierarchische Form gewählt wird. Der Messwert „120 mm[Hg]" wird erst mit der Kontextinformation „Bludruck/systolisch" sinnvoll. Für die Strukturierung semantischer Information wird im Projekt OpenEHR insbesondere auf die Datentypen Einzelwert, Liste, Baum und Tabelle zurückgegriffen. Jedem Wert innerhalb einer semantischen Struktur muss zudem in einer zeitlichen Kontextinformation ein Zeitpunkt oder ein Zeitintervall zugeordnet werden können, wann er Gültigkeit besitzt bzw. besaß. Hierbei können einzelne Zeitpunkte oder Zeitserien („alle 2 Minuten innerhalb von 14 Minuten") Berücksichtigung finden, wobei die Repräsentation von Zeit einen eigenen Problembereich darstellt (vgl. hierzu etwa (Theodoulidis / Loucopoulos 1991) oder (Schreiber 1994)).

Informationen werden im Rahmen von Aktivitäten erzeugt, die innerhalb einer klinischen Sitzung ablaufen. Diese Sitzung ist umfassender zu verstehen und es kann sich dabei sowohl um einen Patientenkontakt mit dem Arzt als auch um eine Blutuntersuchung in der Pathologie durch einen Laboranten handeln. Attribute des **Sitzungskontextes** sind bspw. der *klinische Agent* (Person, die die klinische Aktivität durchführt, z.B. Arzt, Krankenschwester, Pfleger) oder der *Ort* an dem die Sitzung stattfand. Informationen werden dabei vor Ablage in die Patientenakte vom Autor in der Regel strukturiert. Vordefinierte Ablagesysteme helfen dabei und stellen „Navigationshilfen" durch die Akte dar. Dabei gibt es einige weit akzeptierte Standards für die Strukturierung in einzelnen Fachgebieten. Abhängig von der jeweiligen Situation (Notfall, Routine) bzw. den jeweiligen institutionellen Vorgaben/Standards weichen diese Strukturierungen allerdings voneinander ab. Innerhalb eines **Informationsstrukturie-rungskontextes** können spezifische Sichten auf die Akte definiert werden, so dass die Kontextinformation hier für eine Einordnung der jeweiligen Informationseinheit genutzt werden kann. So kann eine Informationseinheit z.B. sowohl einem Organ (bei einer Strukturierung der Akte nach Organen) als auch einem System (bei einer Strukturierung nach Atmungssystem, Verdauungssystem etc.) zugeordnet werden.

Die Interaktion des Nutzers mit dem Computersystem selbst stellt einen wichtigen eigenen Kontext dar. Dieser **Systeminteraktionskontext** wird durch Attribute wie *Systembenutzer* (Person, die die Daten in das System einpflegt), *Sprache* (in welcher Sprache kommuniziert der Benutzer mit dem System) und *Umgebungsparameter* (lokale Zeit, Zeitzone, Ort) definiert. Der **historische Kontext** bezieht sich auf Änderungen von Datensätzen in der Patientenakte über die Zeit. Bei der Akte als eine Kumulation von Änderungen über die Zeit ist es wichtig sicherzustellen, dass aktualisierte Informationen, die andere Informationen ersetzen, in der gleichen Sprache mit gleichen Zugriffsrechten etc. hinzugefügt werden. Das erweist sich in der Praxis als äußerst komplexes Problem und bedarf bei Änderungen dem Hinzufügen einer Kontextinformation, aus welchem Grund die Information wann von wem geändert wurde.

Ein **Kommunikationskontext** beschreibt die Situation, in der Informationen aus einer Patientenakte extrahiert und das Extrakt an andere Systeme gesendet wird. Neben einer Spezifikation des *Senders* und des *Empfängers* können die den Export *autorisierende Stelle* sowie der *Transfergrund* spezifiziert werden. Daneben hält der **Unternehmenskontext** detaillierte Informationen über die Institution vor, in dem die klinischen Aktivitäten stattfinden und die Akte bspw. in einem Krankenhausinformationssystem (KIS) gepflegt wird.

Die hier vorgestellten Kontexte finden sich in den Datenmodellen des Projektes *openEHR* wieder. Allerdings garantieren sie weder eine Eindeutigkeit noch eine Redundanzfreiheit in Bezug auf Kontexte, was der obigen Erläuterung in Bezug auf Kontexte entspricht. So werden sich beispielsweise gleiche Informationen im Informationsgenerierungskontext und im historischen Kontext finden, wobei der historische Kontext ex post bei anderen Problemstellungen hinzugezogen wird.

2.1.2.5 Kontextmanager als Adapter zwischen verschiedenen Kontexten

Kontextmanager dienen dazu, Informationen von einem Kontext in einen Metakontext und von dort wieder in einen Spezialkontext zu überführen. Insbesondere bei n zu betrachtenden Applikationen müssten sonst für die individuelle Kommunikation von jeder Applikation mit jeder anderen

$$\frac{n*(n-1)}{2}$$

Adapter realisiert werden. Bei Nutzung eines Kontextmanagers genügt es dagegen, lediglich n Adapter (Applikation X_n ⇔ Kontextmanager) zu realisieren.

Als Teil der HL7-Initiative hat das technische Komitee der Clinical Context Object Workgroup (CCOW) eine modulare Architektur für den Austausch medizinischer Informationen zwischen verschiedenen Applikationen entwickelt (HL7 Australia 2006). CCOW's Context Management Architecture (CMA) basiert auf der Idee, dass gemeinsame Kontexte zwischen Anwendungen durch die Identifikation verschiedener Objekte wie „Patient" oder Konzepte wie „Arztvisite" hergestellt werden können und basiert auf einer sehr pragmatischen Betrachtung von Kontext. Hierbei werden die aktiven Objekte, Masken bzw. Ansichten unterschiedlicher Anwendungen, die der Nutzer parallel geöffnet hält, anhand der aktivierten Objekte synchronisiert.

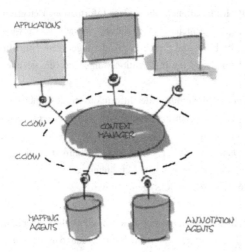

Abbildung 8: Context Management Architecture (CMA) der CCOW
(Quelle: HL7 Australia 2006)

Der Kern der Architektur besteht aus drei verschiedenen Komponententypen: Anwendungen, einem Kontext-Manager, der die Applikationen koordiniert und synchronisiert und Mapping-Agenten, die die verschiedenen synonymen Objekte und Konzepte der realen Welt bzw. der Applikationen identifizieren können. Die Architektur beschreibt Rollen und Verantwortungen für jede Komponente und schreibt verschiedene Interfaces für die gemeinsame Kommunikation vor. Die Implementierung dieser Interfaces ist applikationsspezifisch.

Im Beispiel wählt der Nutzer einen speziellen Kontext, bspw. einen Patientenkontext in einem speziellen Programm aus. Die Applikation gibt die Information „setze Patientenkontext" an den Kontextmanager weiter, der diese Information, bspw. mit einer Patienten-ID, an die anderen laufenden Applikationen weitergibt. Diese sollten dann unmittelbar zu einem Kontext wechseln, der den aktuellen Patienten im Fokus hat.

Die CMA arbeitet mit definierten Kontext-Objekten, die den eingebundenen Applikationen bekannt sein müssen. Das jeweilige Kontext-Objekt der spezifischen Applikation wird so mit einem Objekt einer gemeinsam definierten Menge von Kontextobjekten verbunden.

Vorteil dieses Ansatzes ist, dass Applikationen jeweils nur Interfaces für die definierten Kontextobjekte bereitstellen müssen. Eine Bereitstellung von Interfaces für verschiedene Kontexte in Abhängigkeit von Applikationen entfällt damit. Sollten zwei Applikationen aber mit individuellen Kontextobjekten arbeiten, so müssen diese Objekte entweder der gemeinsam definierten Menge hinzugefügt werden oder die Applikationen müssen sich direkt austauschen.

2.1.2.6 Die Verbindung von Kontext und Ontologie

Jede Information hat bei der Repräsentation von Wissen nur Bedeutung innerhalb einer bestimmten Situation oder eines bestimmten Kontextes. Um Wissen über räumliche und zeitliche Abstände hinweg speichern und erfolgreich wieder abrufen zu können, bedarf es möglichst einer Mitspeicherung des entsprechenden Kontextes.

Für eine erfolgreichen Transfer von Informationen zwischen verschiedenen Kontexten werden zwei gegensätzliche Ansätze diskutiert: McCarthy, der grundlegende Arbeiten in Bezug auf die Formalisierung von Kontexten veröffentlich hat (McCarthy, J. 1993), schlägt einen Ansatz der *Dekontextualisierung* vor, während Edmondson und Meech (Edmondson / Meech 1993) den Ansatz einer *Kontextualisierung* verfolgen.

Bei der Dekontextualisierung wird die formale Beziehung zwischen Kontexten ausgenutzt und die Möglichkeit geschaffen, eine Information aus einem spezialisierteren Kontext in einen generelleren Kontext (der den anderen Kontext als Teilmenge besitzt) zu transferieren. Da hierfür Kontexte formal beschrieben und die Beziehung „ist Teilmenge von" definiert sein muss, bietet sich dieser Ansatz nur bedingt in praxisnahen Situationen an. Eher eignet sich hier der Prozess der „Kontextualisierung": Information wird als der Prozess des Kontextualisierens von Daten verstanden. Dieser Prozess benötigt Daten aus der direkten Situation, der Historie der Daten (bspw. was ging einem Wort in einem Text oder einem Ausspruch voraus) und dem Wissen, das der Empfänger bereits besitzt (bspw. mentales Modell, allgemeines Wissen). Kontext setzt sich danach zusammen aus relevanten Umgebungsdaten, die vom Empfänger benötigt werden, um aus den direkten Daten möglichst die vom Absender intendierte Information mit entsprechender Bedeutung ableiten zu können (im Sinne des Ansatzes von Barwise und Perry (vgl. Barwise / Perry 1983)). Edmonson und Meech geben das Beispiel eines Piloten, der, abhängig vom jeweiligen Kontext (Start, Landung, normaler Flug, Turbulenzen) aus hunderten von Datenquellen in Form von Anzeigeinstrumenten nur wenige Daten zu Informationen transformiert.

Um die Kosten der Kommunikation zu reduzieren, sollten sich Sender und Empfänger bei den übertragenen Begriffen und der Beschreibung des Kontextes auf ein gemeinsames Vokabular bzw. eine gemeinsame Ontologie einigen. Ansonsten bedarf es einer weiteren Kommunikationsebene, auf der die Bedeutung der benutzten Begriffe definiert wird, wobei diese Definition möglicherweise rekursiv eine weitere Kommunikationsebene voraussetzt. Zur Vermeidung einer endlosen Rekursion bedarf es auf einer möglichst niedrigen Ebene dieser gemeinsamen Begriffswelt, damit die Partner eine möglichst eindeutige und gleiche Interpretation der ausgetauschten Symbole und Konzepte leisten können.

Ein Kontext muss somit auf der Basis einer gemeinsamen Ontologie beschrieben werden, damit beide Partner die Kontextinformationen und damit auch die Informationen selber richtig verarbeiten können.

2.1.3 Modellierung und Explikation von Ontologien

In Bezug auf Datenbanken versteht man unter einem konzeptionellen Schema eine vollständige, formale, konzeptionelle Beschreibung der statischen Strukturen einer Datenbank (Balzert 1996, 732). Ein Entity-Relationship-Diagramm oder ein Klassendiagramm innerhalb der Unified Modeling Language (UML) kann diese konzeptionelle Beschreibung leisten. Ein konzeptionelles Schema ist eine von vielen möglichen und für die Lösung der Aufgabenstellung möglichst geeignete formale Konzeptionalisierung der Welt. Es spezifiziert dabei Bedingungen (*constraints*), die in allen Datenbanken, die auf diesem Schema aufbauen, eingehalten werden müssen. Abstrahiert man von Datenbanken, so kann man im Rahmen dieser Arbeit eine Ontologie als ein konzeptionelles Schema auffassen, das mit Hilfe eines geeigneten konzeptionellen Datenmodells (einer Ontologiesprache) beschrieben wird. Konzeptionelle bzw. ontologische Modellierung beschäftigt sich mit der Frage, wie man in einer deklarativen und wieder verwendbaren Weise Informationen der Domäne, das genutzte Vokabular und Bedingungen, wie bspw. die zwingende Abhängigkeit zwischen zwei Konzepten, abbilden kann (Franconi 2002). Dabei kann die Ontologiesprache einfach sein und nur Konzepte enthalten, basierend auf Frames mit Konzepten und Eigenschaften arbeiten oder mit Hilfe von Logik die Ontologie beschreiben.

Für die relationale Datenmodellierung stellen Entity-Relationship-Modelle, für die objektorientierte Datenmodellierung UML bzw. ODMG spezielle Ontologiesprachen dar. In jüngerer Zeit haben sich daneben weitere Ontologiesprachen herausgebildet: Insbesondere im Rahmen der Forschung über autonome Agenten und in Bezug auf das semantische Netz wurden auf Basis der Extensible Markup Language (XML) Ontologiesprachen wie RDF und RDF-S zu DAML+OIL weiterentwickelt (W3C 2007). Im Rahmen des Projektes OpenEHR wird der Einsatz von so genannten „Archetypen" vorgeschlagen, die mit Hilfe einer „Archetype Definition Language" (ADL) spezifiziert werden (Beale 2002). Nach einer kurzen Erläuterung der

Grundlagen von XML Schema folgt eine Skizzierung und Differenzierung der einzelnen Ansätze.

2.1.3.1   XML und XML Schema

XML (Extensible Markup Language) ist ein von SGML (ISO 8879, vgl. Goldfarb 1991) ab-
geleitetes einfaches und flexibles Textformat. Ursprünglich entwickelt für das industrielle
elektronische Publizieren von Texten spielt XML mittlerweile eine der wichtigsten Rollen
beim Austausch elektronischer Daten zwischen verschiedenen Systemen (XML 2007).

XML Dokumente bestehen aus Blöcken, so genannten „Entities", die Zeichendaten („charac-
ter data") oder Markup-Informationen enthalten. Markup-Informationen definieren das Spei-
cherlayout und die logische Struktur des Dokumentes.

Bei der Benennung der Markup-Elemente und bei der Definition der Struktur, in der die Markup-Elemente verwendet werden können, ist man unter Beachtung der zugrunde liegenden
Syntax frei (im Fall der Syntax-Konformität spricht man von einem „wohlgeformten" Dokument). Folgendes Beispiel zeigt ein solches wohlgeformtes XML-Dokument:

```
<?xml version="1.0" encoding="UTF-8"?>
<Patientenakte>
     <Status>nicht entlassen</Status>
</Patientenakte>
```

Abbildung 9: Wohlgeformtes XML-Dokument
(Quelle: eigene Darstellung)

Neben der einfachen XML-Syntax lassen sich auf einem höheren Abstraktionslevel Bedingungen für die Dokumentenstruktur und den Dokumenteninhalt formulieren. Für die Spezifikation solcher Bedingungen und damit für die Beschreibung ganzer Klassen von Dokumenten
werden so genannte Schemata mit dazugehörigen Schematasprachen verwendet. Document
Type Definition (DTD), als älterer Ansatz, setzt dabei noch auf ein proprietäres Format während die zeitlich nachfolgenden Ansätze XML selbst als Format nutzen. Eine Klasse von
XML-Dokumenten wird so mit Hilfe von Schemata beschrieben: Ein XML-Dokument, das
die in der Grammatik definierten Regeln erfüllt, bezeichnet man, zusätzlich zur Wohlge-
formtheit, als „valide".

XML Schema erweitert die Ausdrucksmöglichkeiten von DTD erheblich. So bietet XML
Schema Möglichkeiten, den Inhalt von Elementen und Attributen mittels regulären Ausdrücken oder Vorauswahlen zu beschränken. Ein Beispiel dafür gibt das folgende XML Schema,
gegen das sich das XML-Dokument in Abbildung 9 validieren ließe:

```
<?xml version="1.0" encoding="UTF-8"?>
<xs:schema xmlns:xs="http://www.w3.org/2001/XMLSchema"
  elementFormDefault="qualified">
  <xs:element name="Patientenakte">
    <xs:complexType>
      <xs:sequence>
        <xs:element name="Status">
          <xs:simpleType>
            <xs:restriction base="xs:string">
              <xs:enumeration value="nicht entlassen"/>
              <xs:enumeration value="entlassen"/>
            </xs:restriction>
          </xs:simpleType>
        </xs:element>
      </xs:sequence>
    </xs:complexType>
  </xs:element>
</xs:schema>
```

Abbildung 10: Beispiel für XML Schema
(Quelle: eigene Darstellung)

Neuere Metasprachen wie RELAX NG oder DSD entwickeln sich immer mehr zu eigenständigen Programmiersprachen mit Kontrollstrukturen wie if-then-else-Blöcken oder while-
do-Schleifen. Die in XML formulierten „Programme" können dann zur Validierung eines
XML-Dokuments ausgeführt werden.

Metasprachen bzw. Standards wie DTD, XML-Schema, RELAX NG oder DSD können im
weitesten Sinne als Ontologiesprachen betrachtet werden, mit denen ein konzeptionelles
Schema, also eine Ontologie im entsprechenden Umfang, aufgebaut werden kann.

Für die Zerlegung eines Dokuments in geeignete Teile, die Speicherung von Informationen
über diese Teile, die Herstellung von Assoziationen zwischen diesen Teilen und die Speicherung von Informationen in Bezug auf die einzelne Assoziation sind Metasprachen auf dieser
Ebene nicht geeignet. Für die Abbildung dieser Konzepte werden im Folgenden die beiden
Ansätze RDF und Topic Maps vorgestellt.

2.1.3.2   RDF und RDF-S

Das Resource Description Framework (RDF) (Brickley / Guha 1999) wurde vom W3C im
Februar 1999 als Empfehlung verabschiedet und stellt ein Rahmenwerk (*Framework*) für die
Beschreibung von Ressourcen dar. Standardmäßig können die in RDF formulierten Aussagen
in XML serialisiert werden, so dass valides XML für die Speicherung von in RDF formulierten Sätzen verwendet wird.

RDF basiert auf der Idee, beliebige Ressourcen mit eindeutigen Bezeichnern (URI = Uniform
Resource Identifiers) zu identifizieren und mit Hilfe von Eigenschaften und Eigen-
schaftswerten zu beschreiben. Als Ressource kommt dabei jedes beliebige Objekt in Frage,
dass sich elektronisch repräsentieren lässt und dem eine URI zugewiesen werden kann. Einzelne Web-Seiten, Dokumente, Teile von Dokumenten aber auch ein Artikel in einem Web-
shop können als Ressourcen mit einer URI identifiziert und beschrieben werden.

Mit RDF können Beziehungen zwischen den einzelnen Ressourcen mittels Sätzen formuliert
werden, die sich aus Subjekt, Prädikat und Objekt zusammensetzen. Durch Reifikation (etwa:

Vergegenständlichung) kann ein Satz selber als Ressource in einem weiteren Satz verwendet werden, so dass Aussagen über Aussagen getroffen werden können. Abbildung 11 zeigt diesen Sachverhalt, der die Aussage über den Pflegevorgang näher beschreibt.

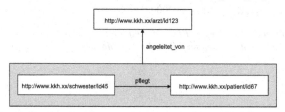

Abbildung 11: Reifikation
(Quelle: eigene Darstellung)

Der oben dargestellte Sachverhalt kann mit Hilfe von RDF im XML-Format dargestellt werden (siehe Abbildung 12).

```
<?xml version='1.0' encoding='ISO-8859-1'?>
<rdf:RDF xmlns:rdf="http://www.w3.org/1999/02/22-rdf-syntax-ns#"
    xmlns="http://www.imedic.de/wilczek/example.rdf#">

    <rdf:Property rdf:ID="pflegt"/>
    <rdf:Description rdf:about="http://www.kkh.de/schwester/id45">
        <pflegt rdf:resource="http://www.kkh.de/patient/id67"/>
    </rdf:Description>
    <rdf:Statement>
        <rdf:subject rdf:resource="http://www.kkh.de/schwester/id45"/>
        <rdf:predicate rdf:resource="#pflegt"/>
        <rdf:object rdf:resource="http://www.kkh.de/patient/id#67"/>
        <angeleitetVon rdf:resource="http://www.kkh.de/arzt/id#123"/>
    </rdf:Statement>
</rdf:RDF>
```

Abbildung 12: Abbildung der Aussage mit Hilfe von RDF
(Quelle: eigene Darstellung)

Ebenso wie Schemata Klassen von XML-Dokumenten beschreiben (XML Schema), indem sie Bedingungen in Bezug auf Struktur und Inhalt festlegen, können auch Klassen von RDF-Dokumenten mit Hilfe der Schema-Sprache RDF Schema (RDF-S) beschrieben werden. RDF-S erlaubt bspw. die Beschreibung von Klassen und Eigenschaften sowie die Festlegung einer Hierarchie von Klassen und Eigenschaften. RDF-S lässt aber nicht die Formulierung von Restriktionen bzgl. der Zuordnung zu einer Klasse zu: So kann bspw. in RDF-S nicht formuliert werden, dass ein Objekt *nicht* zu zwei bestimmten Klassen *gleichzeitig* gehören kann (ein Lebewesen bspw. nicht gleichzeitig Mensch *und* Tier sein darf).

RDF-S wird für die Formulierung des Basisvokabulars einer Domäne als ausreichend empfunden, für die Darstellung komplexer Beziehungsstrukturen und Restriktionen werden aber
die in DAML+OIL bzw. OWL definierten Erweiterungen von RDF-S empfohlen (o. V.
2005). Broekstra et. al. merken hierzu an (Broekstra et al. 2000, 1):

> *"Formal semantics for the primitives defined in RDF Schema are not provided, and the*
> *expressivity of these primitives is not enough for full-fledged ontological modelling and*
> *reasoning."*

2.1.3.3   DAML+OIL und OWL

Im Zuge der Forschungsaktivitäten für die automatisierte Klassifizierung von Ressourcen, im
speziellen Fall von Internet-Ressourcen wie Web-Seiten, entwickelte die Defense Advanced
Research Projects Agency (DARPA) in Zusammenarbeit mit dem W3C und unter Verwendung der Forschungsergebnisse aus dem europäischen On-To-Knowledge-Projekt die Sprache
DAML+OIL (DARPA Agent Markup Language + Ontology Inference Layer) als eine Erweiterung von RDF, um die oben angesprochenen Restriktionen in Bezug auf die Expressivität
zu umgehen (siehe Hendler / McGuinness 2000, zu OIL: Fensel et al. 2000, zur Spezifikation
von DAML+OIL: Horrocks / van Harmelen / Patel-Schneider 2002).

Basierend auf DAML+OIL entwarf die Web Ontology Working Group des W3C-Konsortiums die *Web Ontology Language* OWL (Connolly 2004). OWL deckt nahezu alle Aspekte
von DAML+OIL ab und stellt für das W3C die grundlegende Technologie für das Semantic
Web dar (vgl. Berners-Lee / Hendler / Lassila 2001; Miller et al. 2005).

DAML+OIL und OWL lassen komplexe Aussagen über Eigenschaften von Klassen und die
Beziehungen zwischen Klassen zu. Neben der in RDF-S möglichen Hierarchie von Eigenschaften erlaubt OWL die Definition von transitiven, symmetrischen und funktionalen Eigenschaften und ermöglicht es, inverse Eigenschaften zu definieren. Neben Daten als Werte für
Eigenschaften lässt OWL auch Instanzen von Klassen zu (so genannte „object properties"). Je
nach Komplexität der Aufgabenstellung bietet OWL die Nutzung von einer der drei Syntax-
Klassen OWL Lite, OWL DL und OWL Full an. OWL Full umfasst dabei den kompletten
Sprachumfang von OWL DL und erweitert diesen während OWL DL den Sprachumfang von
OWL Lite komplett erfasst und erweitert. Modelle auf Basis von OWL Lite und OWL DL
lassen sich automatisiert, bspw. im Hinblick auf Inkonsistenzen, untersuchen. Bei Modellen
auf Basis von OWL Full kann dies aufgrund der Sprachmächtigkeit nicht garantiert werden
(Horridge 2004).

2.1.3.4   Weitere Ansätze und Zusammenfassung

Neben den vorgestellten Sprachen gibt es weitere Modellierungssprachen, die aufgrund ihrer
Verbreitung (Topic Maps) bzw. ihrer spezifischen Ausrichtung auf die Bereiche Objektorientierung (OCL) bzw. Medizin (ADL) im Rahmen dieser Arbeit Erwähnung finden.

Bevor diese Ansätze kurz vorgestellt werden, fasst Tabelle 2 abschließend die Eigenschaften der zuvor vorgestellten Sprachen im Vergleich zusammen.

	XML DTD	XML Schema	DAML+OIL	RDF-S	OWL
Gebundene Listen			✓	✓	✓
Bedingungen für Kardinalitäten	✓	✓	✓		✓
Klassenausdrücke			✓		✓
Datentypen		✓	✓	?	✓
Definierte Klassen			✓		✓
Aufzählungen	✓	✓	✓		✓
Gleichheit			✓		✓
Erweiterbarkeit			✓	✓	✓
Formale Semantik			✓	✓	✓
Vererbung			✓	✓	✓
Inferenz			✓		✓
Lokale Restriktionen			✓		✓
Qualifizierte Bedingungen			✓		
Reifikation			✓	✓	✓

Tabelle 2: Eigenschaften von XML, DAML+OIL, RDF-S und OWL im Vergleich
(Quelle: eigene Darstellung)

Der Topic Map-Ansatz ist im Vergleich zu OWL ein älterer Ansatz, dessen Anfänge in die frühen 90er Jahre reichen und der 2000 bzw. 2001 (XTM) zu einem ISO Standard (ISO 13250) wurde. Topic Maps wurden für die Indizierung von Informationsbeständen entwickelt. Hauptziel war dabei die Ermöglichung einer effizienten Suche. Das Kernelement einer Topic Map ist das einzelne *topic*. Ein *topic* ist ein Objekt, welches ein Element der jeweiligen Domäne repräsentiert („reifiziert"). Ein *topic* besitzt eine eigene Identität und zwei *topic*-Elemente mit der gleichen Identität müssen nach Definition auch dasselbe Objekt in der realen Welt repräsentieren, wodurch eine Migration mehrerer Topic Maps realisiert werden kann. Neben dieser Identität besitzen *topic*-Elemente Namen, Vorkommen (*occurences*) und Rollen, die sie in Assoziationen besitzen können. Topic Maps lassen sich zwar in RDF bzw. OWL überführen (Garshol 2003), durch ihre Historie existieren aber in der Praxis eine Anzahl von Werkzeugen, die speziell für die Abbildung von Ontologien mit Topic Maps bzw. dem zugrunde liegenden XTM-Format entwickelt wurden. Für die Formulierung von Bedingungen für Instanzen des generierten Modells steht die Sprache TMCL (Topic Map Constrain Language) zur Verfügung. Das von Topic Maps zur Verfügung gestellte Konzept *scope* stellt im Rahmen dieser Arbeit einen interessanten Ansatz dar, um Kontext-Parameter in das Modell einfließen zu lassen und wird im folgenden Kapitel 2.1.4 nochmals aufgegriffen.

Neben den vorgestellten Alternativen zielen Sprachen wie die Object Constrain Language (OCL, vgl. Object Management Group 2006) oder die Archetype Definition Language (ADL) (vgl. Beale 2002) auf die Formalisierung von Wissen in Form von Bedingungen bei der Instantiierung von (objektorientierten) Modellen (bspw. in UML) ab. In diesen Zusammenhang lassen sich auch objektorientierte (OO)-Bibliotheken wie die STL (Standard Template Library) oder das Konzept der Design Patterns für die Formalisierung von Wissen einordnen.

ADL wurde im medizinischen Bereich für die Formalisierung von Konzepten entwickelt und stellt so genannte *Archetypen* zur Verfügung, mit Hilfe derer Bedingungen für Objektstrukturen bzw. für die Inhalte von Attributen formuliert werden können. In ADL lässt sich mit einem Archetyp formulieren, dass sich das Konzept „Blutdruck" immer aus zwei Objekten „systolischer Blutdruck" und „diastolischer Blutdruck" zusammensetzen muss, wobei sich Werte der Objektattribute (Werte für den jeweiligen Blutdruck in mm/hg) bspw. nur in definierten Grenzen bewegen dürfen. Je nach Kontext können andere Archetypen zur Abbildung eines Blutdrucks Verwendung finden: Im optimalen Fall lassen sich auf entsprechendem Meta-Level Transformationsregeln für die Transformation von einem Archetyp in einen anderen definieren, so dass man mit diesem „Wissen" die konkreten Werte einer vorhandenen Objektstruktur eines Archetypen in die Objektstruktur eines anderen Archetypen transformieren kann.

	RDF-Familie	XTM-Familie	OO-Familie
Ontologien	OWL (DAML+OIL) RDF-S	TMCL	ADL, OCL, STL, Design Patterns
Datenmodelle	RDF	Topic Maps	UML
Syntax	RDF/XML	XTM, HyTM, LTM	Java, C++, Eiffel

Tabelle 3: Einteilung der Modellierungssprachen bzw. -ansätze für die Explikation von Ontologien
(Quelle: eigene Darstellung, in Anlehnung an Garshol 2003)

Tabelle 3 stellt die angeführten Modellierungssprachen bzw. -ansätze in einer vereinfachten Matrix nebeneinander und teilt sie in drei Familien auf. Neben den hier genannten Ansätzen existiert eine Vielzahl weiterer Ansätze, um Ontologien zu explizieren.

2.1.4   Verarbeitung von Kontexten

Kontexte können auf Basis von Ontologien erfasst und verarbeitet werden. Die oben beschriebenen Ontologiesprachen lassen sich daher auch für die Verarbeitung von Kontexten nutzen. Vor einer Abbildung von Kontexten mit Hilfe einer Ontologiesprache bedarf es im Folgenden noch einer Untersuchung im Hinblick auf eine mögliche Operationalisierung und auf pragmatische Nutzungsmöglichkeiten des Konzeptes in Informationssystemen.

2.1.4.1 Kontexte und Metadaten

Metadaten sind im Sinne des Begriffs lediglich „Daten über Daten", werden aber im Informationsmanagement als strukturierte Daten über digitale (und nicht-digitale) Ressourcen verstanden (Day 2001). Metadaten dienen dazu, Ressourcen mit Zusatzinformationen auszustatten, so dass weitere Operationen (bspw. eine Kategorisierung oder eine digitale Unterschriftenprüfung) automatisiert durchgeführt werden können. Klassisches Beispiel für Metadaten sind Buchkarten in Büchern, auf denen Informationen über die Bücher stehen. Bei digitalen Ressourcen existieren neben relativ simplen Formaten, wie dem *Dublin Core Metadata Element Set* (DCMES, vgl. Dublincore (2006)), bspw. die detaillierteren Header der *Text Encoding Initiative* (TEI, vgl. TEI-C (2006)) und hoch spezialisierte Formaten wie der *Content Standard for Digital Geospatial Metadata* (CSDGM, vgl. FGDC (2006)).

Eine Einigung über das Format von Metadaten und die zugrunde liegende Ontologie wird im Rahmen der Bestrebungen hin zu einem „semantischen Web" von der W3C koordiniert (Miller et al. 2005):

> *"The Semantic Web is an extension of the current web in which information is given well-defined meaning, better enabling computers and people to work in cooperation."*
> *(Berners-Lee / Hendler / Lassila 2001)*

Insbesondere die oben beschriebenen Sprachen RDF, RDF-S und OWL haben sich dabei als Beschreibungssprachen für Metadaten durchgesetzt.

Beschreibt man einen Informationsgenerierungskontext, so handelt es sich hierbei auch um „Metadaten", mit deren Hilfe das Umfeld des Informationsgenerierungsaktes näher beschrieben wird. Die Grundfrage, wann Daten zu Metadaten werden und umgekehrt, ist genau so wie die Frage, ob bestimmte Informationen den Kontext einer Situation oder die Situation selbst beschreiben, abhängig vom Ziel der Repräsentation im Einzelfall zu beantworten. Wie oben kann man Typen von Situationen für die Patientenakte definieren und für diese Typen spezifische Kontexte festlegen und mit Attributen beschreiben. Das alles in der Hoffnung, dass diese Definition zum Zeitpunkt der Informationsspeicherung die Erfassung derjenigen Parameter erlaubt, die zum (späteren) Zeitpunkt des Informationsretrivals auch eine hinreichende Beschreibung der Daten zulässt. Da der Kontext einer Situation in der realen Welt eine unendliche Anzahl von Parametern besitzt, ist die Erfassung aller Parameter unmöglich. Empirisch kann lediglich ex post gezeigt werden, ob bestimmte Parameter häufiger nachgefragt werden bzw. zu einer signifikant besseren Interpretation der Daten führen. Die ausschließliche Erfassung dieser Parameter muss im ersten Schritt genügen, eine Erweiterung der Kontextbeschreibung um weitere Parameter aber jederzeit möglich sein.

2.1.4.2   Kontexte im Ubiquitous Computing

Instanzen verschiedener Kontexte werden in der Literatur nach verschiedenen Dimensionen klassifiziert. Bei Gustavsen (Gustavsen 2002) und Prekop (Prekop / Burnett 2003) werden die Dimensionen „extern" und „intern" eingeführt, während in Hofer (Hofer et al. 2003) die Dimensionen mit „physisch" und „logisch" abgegrenzt werden. Die externe (physische) Dimension bezeichnet Kontextparameter, die mit Hardware-Sensoren (Ort, Licht, Schall, Bewegung, Temperatur, Luftdruck etc.) gemessen werden können während die interne (logische) Dimension durch den Benutzer selbst oder durch die Interaktionen des Benutzers mit dem System definiert wird (Ziele des Benutzers, Gefühlslage, Arbeitsaufgaben, Geschäftsprozesse etc.). Dey und Abowd (Dey, A. K. / Abowd, G. D. 2000) unterscheiden bei der Arbeit mit Kontexten drei verschiedene Entitäten: Lokationen (Räume, Gebäude, etc.), Menschen (Individuen, Gruppen) und Dinge (physische Objekte, Computerkomponenten etc.). Jede dieser Entitäten kann mit verschiedenen Attributen beschrieben werden, die vier Hauptkategorien zugeordnet werden können: Identität (jede Entität besitzt einen eindeutigen Bezeichner), Lokation (die Position einer Entität, nähe zu anderen Entitäten etc.), Status (intrinsische Eigenschaften eines Objektes wie bspw. Temperatur und Lichtverhältnisse für einen Raum oder gleichzeitig laufende Prozesse in einem Device) und Zeit (im Sinne eines Zeitstempels zur Kennzeichnung einer Situation, bspw. für eine spätere zeitliche Reihung).

Um die dargestellten Informationen zu speichern, benötigt es eines Kontextmodells. Auch im Ubiquitous Computing wird auf die oben beschriebenen Ontologiesprachen RDF (vgl. Korpipää et al. 2003) und OWL (vgl. Gu et al. 2004; Chen, H. / Finin / Anupam 2004) für die Modellierung von Kontexten zurück gegriffen. Eine einzelne, atomare Kontextinformation wird dabei durch einen Reihe von Attributen beschrieben, von denen Typ (bspw. „Temperatur") und Wert (bspw. „20° C") offensichtlich sind. Darüber hinaus werden u.a. Zeitstempel, eine erweiterte Beschreibung, die Informationsquelle (bspw. ID des Sensors) und der Zuverlässigkeitsgrad der Information erfasst (vgl. Baldauf / Dustdar 2004).

2.1.4.3   Aktuelle, zeitpunktbezogene Kontextinformationen

Zeitpunktbezogene Kontextinformationen werden aus dem aktuellen Status des Systems bzw. der Umgebung abgeleitet. Diese Informationen beziehen sich auf die aktuelle Tätigkeit des Nutzers und auf aktuelle System- bzw. Umgebungsparameter und sind eine *Momentaufnahme* der aktuellen Situation. Zu einem bestimmten Zeitpunkt wird erfasst, auf welche Werkzeuge der Nutzer gerade zugreift, welchen Wert ein bestimmter Sensor liefert, welche Personen sich in der Arbeitsumgebung befinden etc. Aus diesen Schnappschüssen der aktuellen Situationen können Einzelparameter oder Parameterkombinationen abgefragt und zur Analyse des aktuellen Kontextes herangezogen werden. So mag die Auswahl eines bestimmten Werkzeuges in Kombination mit einer anderen Aktion des Arztes auf eine Situation hindeuten, bei der der Arzt auf eine Darstellung der aktuellen Medikation angewiesen ist. Getriggert durch die Änderung eines Kontextparameters kann ihm dann die entsprechende Sicht auf Basis einer Regel angeboten werden. Selbst bei diesem einfachen Beispiel zeigt sich allerdings, dass die ausschließliche Berücksichtigung aktueller Parameter in den meisten Fällen nicht ausreichend ist. Vielmehr deuten gerade die Änderungen von Parametern im Zeitablauf auf eine Kontextänderung hin und mögen einen Trigger für eine Aktion darstellen. Um derartige Vergleiche zu realisieren wird eine Kontexthistorie benötigt, die zumindest den letzten aktuellen Parametersatz verfügbar macht.

2.1.4.4 Historische, zeitraumbezogene Kontextinformationen

Präferenzen des Benutzers können entweder explizit von diesem eingegeben, aus seinen Rollen bzw. seinem Benutzerprofil abgeleitet oder aber, ähnlich wie es adaptive Systeme versuchen, aus der Nutzungshistorie des Benutzers berechnet werden. Die Änderungen der Kontexte, in dem ein Material bearbeitet wird, über die Zeit und die Speicherung dieser Informationen können Aufschluss über die geeignete Verwendung des Materials geben und wichtige Hinweise auf eine Nutzung des Materials im aktuellen Kontext geben. Neben der Kontexthistorie des Materials können eine Kontexthistorie des Nutzers oder eine Kontexthistorie des Systems ebenfalls wichtige Hinweise für die richtige Interpretation aktueller Kontextparameter liefern. Dem Material, dem Nutzer und dem einzelnen System können solche Kontexthistorien beigefügt und bei der Interpretation aktueller Kontextparameter hilfreich sein. So lassen sich aus den bisherigen Orten des Materials und den Personen, die mit dem Material in einer bestimmten Zeitabfolge gearbeitet haben, abhängig vom Materialinhalt gute Anhaltspunkte ableiten: So kann der aktuelle Nutzer rasch einen Überblick bekommen, in welchen Kontexten die Kollegen auf das Dokument zugegriffen haben. Entsprechend kann er auf Basis bestimmter Präferenzen Regeln einrichten. Bspw. kann er die Dokumente automatisch priorisieren, die bestimmte Kollegen bearbeitet hatten oder die in einem bestimmten Kontext zur Diskussion vorlagen.

Neben der Trennung in zeitpunkt- und zeitraumbezogene Informationen lassen sich Kontextinformationen in beliebige weitere, nicht überschneidungsfreie Kategorien wie bspw. in statische und dynamische, explizite und implizite oder fein- und grobgranulare Informationsbestände gliedern.

2.1.4.5 Ansätze zur Explikation von Kontext

Mit Hilfe der oben dargestellten Ontologiesprachen lassen sich Konzepte mit Eigenschaften und untereinander vorhandenen Beziehungen beschreiben. Zudem können mit Hilfe der oben dargestellten Sprachen mögliche Abhängigkeiten und Restriktionen in Bezug auf Klassen, Eigenschaften und Beziehungen abgebildet werden.

Insbesondere bei der Spezifikation von Topic Maps wird eine vereinfachte Betrachtung von Kontexten explizit durch das Konzept *scope* unterstützt. Durch die Spezifikation eines oder mehrerer *scope*-Elemente (Geltungsbereiche) kann definiert werden, ob ein Name, ein Vorkommen (*occurrence*) oder eine Rolle innerhalb einer Assoziation Gültigkeit besitzt. Innerhalb von RDF bspw. kann diese Semantik nur durch die Reifikation eines Ausdrucks abgebildet werden, der dann als Subjekt in einem neuen Ausdruck verwendet wird, dessen Geltungsbereich durch ein Schema beschrieben wird (Pepper 2000).

Der Grundidee des *scope* folgend bietet sich für die Beschreibung eines Kontextes mit Hilfe einer gewählten Ontologiesprache die Definition einer Klasse Kontext an, deren Instanzen einem einzelnen Informationsobjekt bzw. einer Gruppe von Informationsobjekten zugeordnet werden können. Sofern Beziehungen zwischen Objekten selber als Objekt abgebildet werden, kann auch entsprechenden Beziehungen dieses Objekt zugeordnet werden. Die generische Klasse Kontext bildet dabei die Oberklasse einer Hierarchie von spezifischen Subklassen, die in der Lage sind, vordefinierte Kontexttypen zu beschreiben. Objekte der Klasse Kontext (und damit alle Subklassen) können auf andere Kontexte referenzieren und diese erweitern bzw. einschränken. Ähnlich Ansätze finden sich auch im OpenEHR Projekt, wo Beale vorschlägt, die oben erwähnten Kontexte durch entsprechende Objektklassen abzubilden. Eine objektorientierte Modellierung von Kontexten als Objekte erster Klasse schlagen auch Hofer et. al (Hofer et al. 2003, 297) vor. Abbildung 13 zeigt den im Projekt „Hydrogen" gewählten Ansatz.

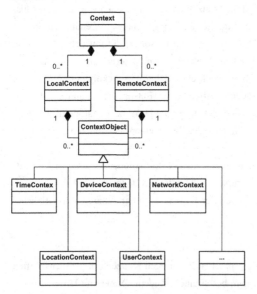

Abbildung 13: Objektorientierte Modellierung von Kontexten im Projekt „Hydrogen"
(Quelle: nach Hofer et al. 2003, 297)

Analog zu oben näher beschriebenen Kontexten in der Medizin lassen sich alle Informationsobjekte, die zu einem bestimmten Zeitpunkt von einem Behandler erzeugt werden, zusammenfassen. Diese Zusammenfassung Z kann selbst durch ein Objekt repräsentiert werden und durch die Zuordnung eines weiteren Objekts vom Typ Informationsgenerierungskontext näher spezifiziert werden. Die spezielle Instanz enthält dabei Attribute als Metadaten für Z, die das Umfeld bei der Informationsgenerierung beschreiben. Neben definierten Attributen erlaubt die Verlinkung zu anderen Objekten eine offene und erweiterungsfähige Beschreibung von Kontexten.

Z kann auf einer höheren Aggregierungstufe mit anderen Objekten, bspw. im Rahmen einer strukturierten Ablage, erneut zusammengefasst werden. Auch der Kontext dieser neuen Zusammenfassung ließe sich, je nach Aggregierungstufe, bspw. mit einem Objekt vom Typ Informationstrukturierungskontext beschreiben.

Der Vergleich von Kontextobjekten, bspw. für die Einschätzung, ob ein bestimmter Kontext mit einem anderen Kontext vergleichbar ist, wird im Rahmen dieser Arbeit nur für hinreichend definierte Kontextarten untersucht. Da zwei Kontexte beliebige Parameter umfassen können (siehe Kapitel 2.1.4 ff.) wird ein automatischer Vergleich von beliebigen Kontexten nahezu unmöglich. Erst bei der Definition möglicher Parameter und Wertebereiche bzw. Strukturen können Vergleichsoperatoren und Vergleichsmaße definiert werden. Die Automatisierung der Klassifikation von generellen Kontexten wird im Rahmen dieser Arbeit nicht verfolgt: Dagegen werden die Beschreibung verschiedener Kontexte durch entsprechende Parameter, die Abbildung dieser Kontexte und die sinnvolle Nutzung dieser Information auf Basis der Fallstudien angestrebt.

2.1.4.6 Nutzung von Kontext

In ihrer Übersicht über kontextsensitive Systeme gruppieren Dey und Abowd (Dey, A. K. / Abowd, G. D. 2000) Funktionen, die Kontext-Informationen nutzen, in drei Kategorien:

In der ersten Kategorie wird auf Anwendungen Bezug genommen, die dem Nutzer direkt und „online" Kontextinformationen zeigen oder bei denen aktuelle Kontextinformationen für eine geeignete Anzeige von Informationen, Handlungsvorschlägen oder passenden Funktionen genutzt werden. Zu diesen Anwendungen zählen bspw. kommerzielle Anwendungen, die einem Autofahrer seine gegenwärtige Position und aktuell nahe gelegene Sehenswürdigkeiten, Hotels etc. anzeigen (vgl. Abowd et al. 1997; Bederson 1995; Davies et al. 1997; Feiner et al. 1997; McCarthy, J. F. / Anagost 2000), Anwendungen, die mobilen Benutzern in der Nähe befindliche Drucker anbieten (Schilit / Adams / Want 1994) oder Anwendungen, die Informationen über andere Personen in der jeweiligen Umgebung bereitstellen (Schmidt / Takaluoma / Mäntyjärvi 2000).

Die zweite Kategorie beschreibt Systeme, die bei einem Kontextwechsel oder abhängig von Kontextparametern automatisch einen Dienst ausführen bzw. das System für den Benutzer umkonfigurieren. Ein erstes Beispiel dafür, wenn auch heute trivial, war das Teleport-System, bei dem der Benutzer nach Anmeldung an eine Workstation immer die gleiche Arbeitsumgebung vorfindet (Want et al. 1992), Navigationssysteme, die die Fahrtanweisungen nach einer falsch genommenen Abfahrt neu berechnen oder Geräte, die den Benutzern bei Aufenthalt an spezifischen Orten an bestimmte Dinge erinnern (vgl. Beigl 2000; Marmasse / Schmandt 2000).

In der dritten Kategorie werden aktuell verfügbare Kontext-Parameter für die spätere Verarbeitung an die erfassten Informationen gebunden. So werden Beobachtungen, die in einem Zoologiesystem erfasst werden, mit genauen Ortsdaten und dem Beobachtungszeitpunkt abgespeichert (Pascoe / Ryan 1998). In den Projekten Time-Machine Computing (Rekimoto 1999) und Placeless Documents (Dourish, P. et al. 2000) speichern die Systeme Kontextinformationen zusammen mit Dateien ab, um eine spätere Suche zu erleichtern. Komplexere Anwendungen sind "memory augmentation applications" wie Forget-Me-Not (Lamming / Flynn 1994) oder das Projekt "Remembrance Agent" (Rhodes 1997).

Gerade innerhalb einer verteilten Telekooperationsumgebung kommt der dritten Applikationsgruppe eine besondere Relevanz zu. Funktionen der ersten und zweiten Gruppe lassen sich darüber hinaus mit gespeicherten Kontextinformationen verbinden und erlauben so bspw. in der ersten Gruppe die automatische Anzeige bereits erfasster Informationen bei einer aktuell ähnlichen Untersuchung oder in der zweiten Gruppe immer gleiche Anordnung von Bildschirmelementen für den Nutzer auf Basis seiner historischen Präferenzen.

In den Systemen, die von (Salber / Dey / Abowd 1999) oder (Hofer et al. 2003) vorgestellt werden, wird für die Verarbeitung von Kontextinformationen eine Abstraktionsschicht vorgeschlagen. Diese kann aus *Kontext-Providern* mit standardisierten Schnittstellen bestehen: Kontext-Provider aggregieren die von Sensoren und anderen Quellen erfassten Kontextparameter, führen eine Vorverarbeitung durch und stellen sie dem System in standardisierter Form zur Verfügung.

2.1.4.7 Nutzung von Kontext in der Medizin

Neben den stark auf die Datenmodellierung ausgerichteten Kontext-Betrachtungen aus dem Projekt *OpenEHR* in Kapitel 2.1.2.4 und der applikationsspezifischen Betrachtung von Kontexten im Projekt CCOW in Kapitel 2.1.2.5 kommen aus dem *mobile computing*, wie oben beschrieben, pragmatische Ansätze für die Betrachtung von Kontexten. Bardram (Bardram 2004) beschäftigt sich ausführlich mit der Nutzung von Kontextinformationen am Krankenbett, in dem er eine Aktivitätszone um das Krankenbett definiert, die mit Hilfe von RFIDs den Ein- und Austritt von Pflegekräften registriert. Daneben führt er ein Gerät am Krankenbett ein, das Informationen über den aktuellen Patienten und Umgebungsinformationen erfasst und verarbeitet (Zustand des Patienten, Art der Behandlung, Personen im Bereich des Bettes etc.). Dieses Gerät kommuniziert mit einer computergestützten Medikationsbox und einer kontextverarbeitenden ePA, die die Informationen für den jeweiligen Nutzer am Bett (Schwester, Pflegerin, Ärztin, Patient) aufbereitet. Bardram kommt bei seiner Analyse in Bezug auf Kontext zu folgenden Schlüssen (vgl. Bardram 2004, 1576f.):

- *Kontext-Verarbeitung hilft beim Design von Benutzeroberflächen.* Insbesondere bei der Navigation in großen, semistrukturierten Datenbeständen wie einem ePA-System ist es für den Benutzer hilfreich, wenn das System den Kontext einschätzen kann, in welchem der Benutzer die Informationen abfragt und hier Unterstützung leistet. Das kann bspw. durch eine automatische Navigation zum betreffenden Patienten oder bei der Verabreichung einer Medikation direkt zum Medikationsbereich erfolgen.

- *Kontext ist mehr als die Information über den Ort.* Innerhalb der Medizin subsumiert Kontext nicht nur Informationen in Bezug auf den jeweiligen Ort des Akteurs. Eine Krankenschwester kann die Medikation auch räumlich getrennt vom Patienten dokumentieren während bspw. ein Arzt mit Kollegen die endgültige Befundung auch ohne den Patienten vornehmen kann.

- *Der digitale Kontext ist ein wichtiger Anhaltspunkt.* Für die Ableitung eines Benutzungskontextes kann die jeweilige Nutzung anderer Computerprogramme hilfreich sein.

- *Physikalische Dinge geben Hinweise auf den Kontext.* Behandlung und Pflege des Patienten bedürfen einer großen Menge physikalischer Arbeitsobjekte, die nicht digitalisiert werden können. Der Einsatz dieser Objekte kann aber Hinweise auf den jeweiligen Arbeitskontext geben. Wenn ein Mediziner Röntgenbilder heraussucht oder eine Krankenschwester die Medikamente des Patienten überprüft, so lassen sich aus diesen Handlungen entsprechende Kontexte ableiten und die Akte kann entsprechende Zusatzinformationen aufbereiten.

- *Kontextverarbeitung kann nur Handlungsvorschläge generieren.* Die Ableitungen, die ein Programm aufgrund von Kontextinformationen machen kann, werden sich niemals sicher mit den geplanten Handlungen einer Person zur Deckung bringen lassen. Das System kann lediglich wahrscheinliche Handlungsalternativen bewerten und versuchen, dem Benutzer adäquate Alternativen in einer benutzerfreundlichen Art vorzuschlagen.

2.2 Gemeinsames Material, Kontext und Dokumente

Als Basis der Konzeptentwicklung Aktiver Dokumente wird in den folgenden Unterkapiteln schrittweise ein digitales Dokument als gemeinsames Material im Zentrum der Telekooperation entwickelt. Die im Zuge dieser Entwicklung benötigten Begriffe wie *Kooperation, gemeinsames Material, Dokument* und *digitales Dokument* werden dabei erläutert und zueinander in Beziehung gesetzt.

2.2.1 Kooperation und gemeinsames Material

Kommunikation bezeichnet den Austauschprozess von Informationen zwischen Menschen, zwischen Menschen und Maschinen und zwischen Maschinen zum Zwecke der Verständigung (Krcmar 2004). Erweiterte Definitionen des Begriffes finden sich in anderen Wissenschaften (bspw. *Biokommunikation* als Prozess innerhalb lebender Organismen bei Mae-Wan / Popp / Warnke 1994). Das im Rahmen dieser Arbeit erarbeitete Konzept *Aktives Dokument* bietet sowohl eine Maschine-Mensch-Schnittstelle zur Kommunikation mit dem Benutzer als auch eine Maschine-Maschine-Schnittstelle zur Kommunikation mit anderen Prozessen bzw. der jeweiligen (digitalen) Umgebung.

Ferner wird ein Aktives Dokument zum Träger von Informationen im Austauschprozess zwischen Menschen und ist durch Aktive Komponenten in der Lage, diesen Prozess auf verschiedene Arten zu unterstützen.

Für den Kommunikationsprozess sind verschiedene Modelle entwickelt worden, von denen das bekannteste das *Sender-Empfänger-Modell* der Informationstheorie von Shannon/Weaver ist (Shannon / Weaver 1949). Es geht davon aus, dass eine Nachricht von einem Sender zunächst codiert, über einen Kanal zu einem Empfänger übertragen und dort vom Empfänger dekodiert wird. Das Modell bezieht sich auf den reinen Nachrichtentransport und wird bspw. von McGuire (McGuire 1981) um Attribute (*output factors*) beim Empfänger wie Aufmerksamkeit, Begreifen oder Sympathie (*liking*) erweitert. Auf Basis neuerer biologischer Erkenntnisse grenzt sich ein dem radikalen Konstruktivismus zurechenbares Modell ebenfalls vom Modell des reinen Nachrichtentransports ab (vgl. Herrmann 2001, 15ff.): Das menschliche Gehirn konstruiert sich die Vorstellung über seine Umgebung nach der Maßgabe des eigenen Erkenntnisapparates. Sender und Empfänger verstehen damit das Übertragene immer nur vor dem Hintergrund ihres jeweils eigenen, inneren Kontextes, der voneinander abweicht. Um Störungen in der Kommunikation zu vermeiden und effizient kommunizieren zu können, bedarf es eines möglichst deckungsgleichen inneren Kontextes zwischen Sender und Empfänger in Bezug auf das Übertragene. Für eine weitergehende Auseinandersetzung mit dem Begriff Kontext sei auf die Kapitel 2.1.4 ff. verwiesen.

Eine einheitliche Definition des Begriffes Kooperation (aus dem lat. *cooperare*: mitarbeiten, mitwirken) hat sich im wissenschaftlichen Sprachgebrauch bislang nicht durchgesetzt (für eine Übersicht über verschiedenen Verständnisse des Begriffes Kooperation vgl. Sandholzer 1990, 13f.; Wunderer, Rolf / Grunwald / Moldenhauer 1980, 53f.; Zerbe 2000, 28ff.). Im Kern der Ansätze steht das Zusammenwirken unterschiedlicher Akteure, wobei diese Akteure ganze Unternehmen (vgl. Blohm 1980), Organisationseinheiten (vgl. Reiß 1995) aber auch Einzelpersonen sein können. Während innerhalb der Betriebswirtschaftslehre einige Autoren Kooperation nur mit unternehmensübergreifenden Prozessen verbinden (Allianzen, Joint Ventures etc. vgl. Blohm 1980) werden unter organisationstheoretischer Perspektive auch unternehmensinterne Phänomene untersucht (vgl. Braun 1991; Wunderer, R. 1991).

Die CSCW-Forschung bezieht den Begriff auf die Zusammenarbeit von Personen. Wenn auch hier dem Begriff unterschiedliche Bedeutungen beigemessen werden (Bannon / Schmidt 1991) wird ein von allen Kooperationspartnern verfolgtes *gemeinsames Ziel* (bspw. die Erstellung eines Berichtes) als wichtiges, mit unter konstituierendes Merkmal der Kooperation angesehen. Allerdings wird die Verfolgung individueller Ziele nicht prinzipiell ausgeschlossen und Kooperationen angeführt, wo ein Akteur zur Erreichung des Zieles eines anderen Akteurs (sowie umgekehrt) beiträgt und beide Ziele nichts miteinander gemeinsam haben (Herrmann 2001, 24).

Neben dem gemeinsamen Kooperationsziel werden von Herrmann *Vertrauen, explizite Koordination* und *gemeinsames Material* angeführt (Herrmann 2001, 24ff), wobei auf *Koordination* und *gemeinsames Material* im Anschluss näher eingegangen wird:

- Kooperationspartner haben *Vertrauen*, dass der Beitrag des jeweils anderen mit den eigenen Interessen vereinbar ist: Interaktionen, bei denen die Gesamtheit der aufeinander bezogenen Handlungen nicht mit den wechselseitigen Interessen der beteiligten Akteure vereinbar ist, werden als konkurrierende Interaktionen bezeichnet. Kooperation grenzt sich davon durch das Vorhandensein einer gemeinsamen Vetrauensbasis zwischen den Interagierenden ab.

- *Explizite Koordination* lässt auf das Vorliegen eines gemeinsamen Plans schließen, der die Zusammenarbeit, insbesondere die Delegation von Arbeitsschritten regelt. Falls dieser Plan nicht explizit vorliegt, sollte zumindest den Interagierenden die Tatsache, dass sie kooperieren, bewusst sein.

- *Gemeinsames Material*, als vorgegebene oder künstlich geschaffene Entität, die das Zusammenarbeiten vermittelt oder ermöglicht, deutet darüber hinaus auf eine Kooperation der beteiligten Partner hin. Diese Entitäten können in verschiedenen Funktionen auftreten, bspw. als gemeinsam gepflegte Ressource zur Unterstützung der Arbeit oder als Bezugspunkt, der die Interaktion fokussiert.

Kooperation bedarf demnach in der Regel einer expliziten *Koordination*. Koordination wird innerhalb der CSCW-Forschung verstanden als „Management von Abhängigkeiten zwischen Aktivitäten um ein Ziel zu erreichen" („the act of managing interdependencies between activities performed to achieve a goal" (Malone / Crowston 1990, 361)). Koordination gestaltet die Abhängigkeiten zwischen Zielen, Aktivitäten und Akteuren und muss den Kooperationspartnern Fragen u.a. in Bezug auf Ziele, Vorbedingungen, logische Abhängigkeiten zwischen Tätigkeiten, beteiligte Akteure und Ressourcen beantworten können (Herrmann 2001, 25). Eine Beantwortung dieser Fragen bedarf wiederum einer Kommunikation der Kooperationspartner untereinander, wobei natürlich auch die Kommunikation selbst (bspw. mit der Beantwortung der Frage „Wer kommuniziert wann mit wem über was?") koordiniert werden kann und muss. Auch in den Ausführungen von Bornschein-Grass (1995) wird Kommunikation und Koordination als konstituierend für Kooperation angesehen, so dass sich folgende Darstellung ergibt:

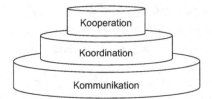

Abbildung 14: Abhängigkeit zwischen Kooperation, Koordination und Kommunikation
(Quelle: eigene Darstellung)

Wie oben angemerkt wird bei Shannon und Weaver (Shannon / Weaver 1949) beim gegenseitigen Informationsaustausch im Rahmen einer gemeinsamen Kommunikation lediglich Information über einen Kanal vom Sender zum Empfänger transportiert. Kommunikation an sich hat dabei keine persistenzschaffende Eigenschaft (Zerbe 2000, 197), die die Information über die Zeit des Austausches hinweg außerhalb der mentalen Speicher der Beteiligten erhält. Ohne elektronische Hilfsmittel wie bspw. einer E-Mail-Archivierung kann weder der Sender noch der Empfänger nachträglich auf die ausgetauschte Information zugreifen. Die kommunizierte Information als Modell befindet sich so „[...] nur in den Köpfen der Kommunizierenden" (Steinmüller 1993, 43). Durch die Verwendung eines *gemeinsamen Materials* wird diese Persistenz hergestellt und erlaubt den Kooperationspartnern auf Basis einer gemeinsam vorliegenden und ggf. gemeinsam bearbeitbaren Entität zu kommunizieren. Für Schrage (Schrage 1990, 98) wird das in der Zusammenarbeit entwickelte gemeinsame Modell in einem *gemeinsamen Raum* („shared space", „gemeinsames Artefakt" bei Keil-Slawik 1992, 168, „gemeinsames externes Gedächtnis" bei Floyd 1992) explizit gemacht. Schrage geht von einer besonderen Nützlichkeit des Materials aus, wenn das Modell aus unterschiedlichen Perspektiven (visuell, strukturell, etc.) betrachtet werden kann. Danach ergeben sich in Anlehnung an die Ergebnisse von Zerbe (Zerbe 2000, 198ff.) folgende Eigenschaften für gemeinsames Material:

- Ein gültiger Informationsstand
- Öffentlichkeit des Materials, ggf. in einem gemeinsamen Raum
- Manipulierbarkeit des Materials
- Bearbeitbarkeit durch (elektronische) Werkzeuge
- Überbrückung von Raum und Zeit
- Regelung der Informationszugänge
- Repräsentation verschiedener Sichten, ggf. auch in Form von unterschiedlichen gegenständlichen Perspektiven (visuell, haptisch, akustisch)

Komplementär wird der Begriff des „Werkzeugs" als ein Arbeitsmittel gesehen, mit dem der Anwender in einer bestimmten Arbeitssituation das Material (den Arbeitsgegenstand) bearbeitet. Das Werkzeug verändert ein Material oder sondiert seinen Zustand. Zusammen mit dem gemeinsamen Material müssen allen Benutzern des Materials geeignete Werkzeuge zur

Materialbearbeitung zur Verfügung gestellt werden. Abhängig von den Rechten am Material kann der Benutzer dann mit Hilfe der Werkzeuge das Material in geeigneter Form ansehen bzw. Änderungen am Material durchführen.

Zur Beschreibung einer Aufgabe in Form von Metaphern reichen die Begriffe „Material" und „Werkzeug" allerdings nicht aus. „Automaten" repräsentieren vom Benutzer gestartete Prozesse, die ein vordefiniertes Arbeitsergebnis ohne weiteren Benutzereingriff produzieren (Lilienthal / Züllighoven 1997).

Die Arbeiten von Lilienthal und Züllighoven (Lilienthal / Züllighoven 1997) sowie Schwabe (Schwabe / Krcmar 1996) leiten in Bezug auf kooperative Arbeit folgende Eigenschaften ab:

- Die Beteiligten kooperieren durch den Austausch von Materialien oder durch das Ablegen von Materialien in speziellen Ablageorten.

- Der beobachtete Ablauf der Aktivitäten ist in der Regel nicht fest. Es lassen sich zwar Routineabläufe beschreiben, die Beteiligten weichen aber in vielen Fällen davon ab.

- Bei aufeinander folgenden Aktivitäten innerhalb von Kooperationsprozessen hat die Person mit dem Zugriff auf das Material auch Kontrolle über den Prozess.

Lilienthal (Lilienthal / Züllighoven 1997) führt neben dem Material den Begriff des „Prozessmusters" ein. Ein Prozessmuster ist die Beschreibung von Arbeitsschritten und beteiligten Personen bzw. Rollen für das Material in Bezug auf eine kooperative Aufgabe. Prozessmuster beschreiben den Standardablauf innerhalb der betrachteten Organisationseinheit für eine kooperative Aufgabe. Prozessmuster werden instantiiert und einem Material bzw. einem Materialbündel angehängt, womit das Prozessmuster selbst zu gemeinsamem Material wird. Die Beschreibung des spezifischen Arbeitsablaufs findet sich so als Instanz eines Prozessmusters (*Workflow-Instanz*) angehängt an ein gemeinsames Dokument (ähnlich einem Umlaufzettel mit Anweisungen) und kann vom Bearbeiter des Materials, so dieser die Berechtigung dazu hat, mit entsprechenden Werkzeugen angepasst werden. Arbeitsprozesse lassen sich so mit Hilfe von gemeinsamem Material aktiv und passiv koordinieren.

2.2.2 Nutzung von Kontext für gemeinsames Material

Die Informationsgenerierung findet zu einem Zeitpunkt in einem Kontext statt und manifestiert sich in einem gemeinsamen Material, auf das dann andere Personen zu einem anderen, meist späteren Zeitpunkt in einem anderen Kontext zugreifen. Sender und Empfänger verstehen, wie oben ausgeführt, das Übertragene immer nur vor dem Hintergrund ihres jeweils eigenen, inneren Kontextes, der voneinander abweicht. Um Störungen in der Kommunikation zu vermeiden und effizient kommunizieren zu können, bedarf es eines möglichst deckungsgleichen inneren Kontextes zwischen Sender und Empfänger in Bezug auf das Übertragene. Inwieweit ist es möglich, bei der Informationsgenerierung gewisse Informationen aus dem

Kontext heraus abzuspeichern und im Falle der Informationsnutzung wieder zielgerichtet einzusetzen um eine bessere Überdeckung des Sender- und Empfängerkontextes herstellen zu können? In Kapitel 2.1.2.3 wird Kontext als *anpassbarer Filter* beschrieben, um in einer gegebenen Situation die richtige Bedeutung zu finden und auf eine minimale Anzahl von Informationseinheiten und essentielle Funktionen zu fokussieren, die für eine aktuelle Aufgabe nötig sind. Kapitel 2.1.2.4 beschreibt einen pragmatischen Ansatz in Bezug auf medizinische Kontexte: Der Agent, der gemeinsames Material erzeugt (in diesem Fall einen Teil der Patientenakte), wird bei der Eingabe bestimmter Informationen nach spezifischen Zusatzinformationen (bspw. ob ein Wert im Liegen oder im Stehen gemessen wurde) aus seinem Kontext gefragt. Teile dieser Information (bspw. Parameter aus der physikalischen Welt) können natürlich auch durch entsprechende Sensoren automatisch erfasst werden. Ebenso lassen sich andere Kontext-Parameter zum Zeitpunkt der Dateneingabe aus Datenbanken rekonstruieren (welche anderen Kollegen hatten Dienst, gab es andere besondere Vorfälle vor, während und nach der Informationsgenerierung etc.).

Diese Informationen können zum späteren Zeitpunkt der Informationsnutzung, ggf. auch für einen anderen Benutzer, hilfreich werden. Im pragmatischen Ansatz kann jede Zusatzinformation für den späteren Benutzer bei der Auswertung der Information nützlich sein. Ein grundlegendes Problem besteht aber darin, dass man niemals zum Zeitpunkt der Informationsgenerierung und -speicherung absehen kann, in welchem Kontext die Information wieder genutzt werden wird. Die Speicherung *aller* Kontextinformation aus dem Quellkontext ist, wie in Kapitel 2.1.2.3 ausgeführt, nicht möglich. Somit erscheint es sinnvoll, für bestimmte Informationsobjekte die Zusatzinformationen zu speichern (ggf. auch automatisch) die in *typischen* Verwendungskontexten für diese Materialien zur besseren Entscheidungsfindung herangezogen werden können. Im Falle der Patientenakte als gemeinsames Material gibt es, wie in Kapitel 2.1.2.4 angemerkt, eine Reihe von typischen Verwendungskontexten für Materialien und hier scheint es auch eingeschränkt möglich, sowohl wichtige Parameter aus dem Kontext der Informationsgenerierung wie aus dem Kontext der Informationsnutzung automatisch zu erheben und zielgerichtet zu nutzen. Gerade die in Kapitel 2.1.4.7 beschriebenen unterschiedlichen Kontexte der Information sind dafür geeignet.

In gut organisierten Arbeitsprozessen wissen die Mitarbeiter in der Regel, welche Zusatzinformationen die Kollegen benötigen, um die Information richtig einschätzen zu können und geben diese durch schriftliche Vermerke, persönliche Briefings o.ä. auch weiter. Bei politisch motivierten Handlungen wird natürlich auch bewusst darauf verzichtet, die Zusatzinformationen mitzuliefern oder es wird ein falscher Kontext für die Information angegeben: „Nein, die Anhänge brauchen Sie nicht durchzuarbeiten…" (obwohl in den entsprechenden Anhängen die entscheidenden Informationen stehen).

Die Speicherung ausgewählter Kontext-Informationen bei der Informationsgenerierung und die Verarbeitung dieser Information bei der Informationsnutzug des gemeinsamen Materials kann dazu beitragen, einen möglichst deckungsgleichen inneren Kontext zwischen Sender und Empfänger in Bezug auf das gemeinsame Material herzustellen bzw. unterstützt den Empfänger bei der Interpretation der Informationen. Im Rahmen der Arbeit wird versucht, geeignete Kontextinformationen im Rahmen eines Prototyps bei Informationsspeicherung und Informationsnutzung in Bezug auf gemeinsames Material zu verarbeiten.

Die Art der Daten, die durch physikalische Sensoren im Rahmen der Arbeit mit dem Dokument erfasst werden, werden unter dem Begriff *short term factors* subsumiert. Daneben gibt es eine Historie der Nutzung, eine Historie der Kontextdaten bzw. ihrer Veränderung und persönliche Präferenzen des Nutzers, die in seinem Profildokument gespeichert werden. Diese Daten lassen sich unter dem Begriff *long term factors* zusammenfassen. Beide Datenmengen beziehen sich dabei auf den Nutzungskontext des *aktuellen* Benutzers.

Daneben kann das Dokument (Meta-)Informationen enthalten, die den Kontext bei der Informationsgenerierung beschreiben, d.h. den Nutzungskontext eines *vorherigen* Benutzers abzubilden versuchen, der die Daten erfasst hat.

Für den Nutzer kann exemplarisch in zwei Phasen auf diese Kontexte im Zuge der Dokumentbereitstellung zugegriffen werden: Zum einen in der Entscheidung, *welche* Informationen für den Benutzer aufbereitet werden (aktive Inhaltsauswahl), zum anderen in der Entscheidung, wie die Informationen aufbereitet werden (aktive Präsentationsstrukturierung bzw. -layouting). Abbildung 15 fasst mögliche Quellen aktueller und historischer Kontextinformation und den Einfluss bei der Auswahl bzw. der Strukturierung der Inhalte zusammen. Kurzfristige Faktoren sind dabei ableitbar aus aktuellen Sensorinformationen der physikalischen und virtuellen Arbeitsumgebung (welche Werkzeuge werden aktuell eingesetzt, welche anderen Dokumente werden bearbeitet etc.), langfristige Faktoren beziehen sich bspw. auf Informationen, die im Profil des Nutzers abgespeichert sind.

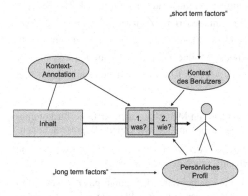

Abbildung 15: Quellen für Kontext-Information und Phasen der Informationsbereitstellung
(Quelle: eigene Darstellung)

Die Umgebung muss in Verbindung mit dem Dokument in der Lage sein, aus diesen Informationen einen Mehrwert für den Benutzer zu erzeugen und ihm aufgrund der Kontextinformationen geeignete Vorschläge in Bezug auf Informationsauswahl, Strukturierung bzw. Layout unterbreiten können.

2.2.3 Dokumente und digitale Dokumente

Papierbasierte Dokumente stehen in der betrachteten Domäne im Mittelpunkt der Zusammenarbeit. Im Folgenden wird zunächst das facettenreiche Konzept *Dokument* beschrieben und der Begriff des *digitalen Dokuments* eingeführt. Digitale Dokumente benötigen digitale Umgebungen bzw. Informationssysteme, damit Benutzer mit ihnen interagieren können. Die Verwendung digitaler Dokumente als gemeinsames Material für die Kooperation schließt die Betrachtung ab und leitet über zu dem Konzept des *Aktiven Dokuments*.

2.2.3.1 Dokument

Der Begriff Dokument (aus dem lateinischen Wort *documentum* für „beweisende Urkunde") bezeichnet im alltäglichen Sprachgebrauch eine (auch mehrseitige) textorientierte Aufzeichnung (vornehmlich auf Papier), die einen Sachverhalt in nachprüfbarer Weise beschreibt. Die Einführung von Begriffen wie „digitales Dokument" oder „Dokumentenmanagementsystem" lässt allerdings die Assoziation mit einem offiziellen, vom Notar beurkundeten Schriftstück in den Hintergrund treten und wirft die Frage auf, was sich unter dem Begriff „Dokument", respektive einem „digitalen Dokument" subsumieren lässt.

Papierbasierte Dokumente liefern in der Regel einen *Inhalt* (bspw. Buchstaben, Bilder, Wortzwischenräume, Interpunktionszeichen) in einem bestimmten *Format* (bspw. Typographie, Layout). Die Rekonstruktion von Struktur und intendierter Aussage des Autors erfolgt beim Leser unter Rückgriff auf Sprachverständnis und kulturelles Wissen um die Verwendung von Formatmerkmalen, wobei die Rekonstruktion nie völlig eindeutig erfolgen kann (Brüggemann-Klein, 2003). Dokumente entspringen dem Bedarf nach einer kommunikativen Ressource, die stabil ist und externalisiert werden kann. Das Gesagte ist flüchtig und immateriell, während das Geschriebene fixiert ist und anderen Teilnehmern über Raum und Zeit hinweg zur Verfügung gestellt werden kann. Für Levy (Levy 1988) haben Dokumente damit drei Charakteristika:

- *Kommunikative Artefakte.* Dokumente werden von Menschen in erster Linie für kommunikative Zwecke verwendet – es handelt sich dabei um bewusst kreierte Repräsentationen.

- *Externalisierbar und öffentlich.* Dokumente können vom Autor externalisiert werden und unabhängig von ihrem Verfasser anderen zugänglich gemacht werden.

- *Stabil oder (relativ) permanent:* Um als eine gemeinsame Ressource genutzt werden zu können, müssen sie, z.B. im Gegensatz zu Aktionen, eine Stabilität über die Zeit und den Raum hinweg aufweisen.

Papierbasierte Dokumente erfüllen diese Eigenschaften und haben sich seit Jahrhunderten in verschiedenen Kulturen bewährt und diese maßgeblich beeinflusst. In den letzten zwanzig Jahren wurde zwar mit der Ankündigung des „papierlosen, digitalen Büros" die Abkehr vom papierbasierten Dokument wieder und wieder angekündigt, Untersuchungsergebnisse und Statistiken lassen aber auf einen Mehrverbrauch an Papier verursacht *durch* die Nutzung neuer Medien schließen (Olsen 1994; Liu / Stork 2000). Der Wechsel vom „Drucken-Kopieren-Verteilen"- hin zu einem „Verteilen-Ansehen-Drucken"-Paradigma mit persönlichen Arbeitsplatzdruckern ist dafür mitentscheidend. Liu und Stork (Liu / Stork 2000) halten das einfache Annotieren von Papier und die leichte Handhabung (bspw. das gleichzeitige Ausbreiten von mehreren Dokumenten auf dem Schreibtisch) für Herausforderungen an neue Technologien. Glaubwürdigkeit, Greifbarkeit, einfache Nutzung, Portabilität und die Kompatibilität mit bildverarbeitenden Bürogeräten (wie Faxgerät, Drucker und Scanner) werden von ihnen als Hauptgründe für die weitere Nutzung von papierbasierten Dokumenten gesehen.

Buckland (Buckland 1997) geht mit seiner Betrachtung von Dokumenten auf die Arbeiten von Otlet (Otlet 1934) und Briet (Briet 1951) zurück und zitiert damit eine alte Diskussion, die vor der Hintergrund digitaler Dokumente wieder aktuell wird. Otlet erweitert die Definition der *Dokumentalisten*, die Dokumente als „beliebige Aufzeichnungen menschlicher Gedanken" („any expression of human thought" in Buckland 1997) sahen. Grafische und textuelle Aufzeichnungen sind für ihn zwar Repräsentationen von Ideen oder Objekten, aber auch die *Objekte selber* können als „Dokumente" betrachtet werden, wenn man durch die Beobachtung dieser Objekte informiert wird. In diesem Sinne können Objekte in der Natur, Erklärungsmodelle, Lernspiele oder Kunstwerke als Dokumente betrachtet werden. Angelehnt daran ist auch die Definition des „International Institute for Intellectual Cooperation" (zitiert in Buckland 1997):

> *„Dokument ist jeder Gegenstand, der zur Belehrung, zum Studium oder zur Beweisführung dienen kann, z.B. Handschriften, Drucke, graphische oder bildliche Darstellungen, usw."*

Briet erweitert diesen Ansatz, indem sie ein Dokument als physischen oder symbolischen Nachweis für ein Faktum betrachtet. Buckland leitet daraus ab, dass Dokumentation eher den Zugang zu Nachweisen als den Zugang zu Text impliziert. Dieser funktionale Ansatz betont die Eigenschaft, eine Dokumentationsfunktion zu besitzen, wobei die physische Form des Dokuments in den Hintergrund rückt. Diese *funktionale Sicht* auf Dokumente bekommt insbesondere bei fortschreitender Digitalisierung Relevanz, wo jeder Gegenstand letztendlich als eine Folge von Bits auf einem Datenträger gespeichert wird und die physikalische Form bei der Definition eines Dokuments irrelevant wird.

2.2.3.2   Digitales Dokument

Als eine der Haupteigenschaften traditioneller Dokumente wird insbesondere die Stabilität des Dokuments angesehen (Bolter 1991). Auf die Oberfläche eines Mediums werden Zeichen aufgebracht um damit stabil über Zeit und Raum hinweg anderen Personen die Möglichkeit zu geben, das gleiche Bild zu sehen und möglichst einen Zugang zur gleichen Bedeutung zu erlangen.

Schamber (Schamber 1996) bezeichnet die traditionelle Sicht auf Dokumente mit dem Begriff *Dokument als Buch*, welches ihr ungeeignet für die Betrachtung digitaler Dokumente erscheint. Sie diskutiert Eigenschaften elektronischer Dokumente in Unterscheidung zu gedruckten Dokumenten (interne und externe Verlinkbarkeit, inhärente Durchsuchbarkeit, unendliche Replizierbarkeit, einfache Manipulierbarkeit, leichte Transformierbarkeit und sofortige Transportierbarkeit) und betont die funktionale Sicht auf Dokumente. Schamber betont dabei die Prozessorientierung im Gegensatz zu einer Informationsorientierung und stellt das Ziel eines Dokumentes in den Vordergrund, dem Benutzer Zugriff auf Informationen zu geben, die dazu beitragen, seine Arbeit zu verrichten. Mit Fokus dieser Arbeit auf digitalen Dokumenten wird primär ihrer funktionsorientierten Sicht gefolgt (Schamber 1996):

> *"A unit ... consisting of dynamic, flexible, nonlinear content, represented as a set of linked information items, stored in one or more physical media or networked sites; created and used by one or more individuals in the facilitation of some process or project."*

In einer pragmatischen Sichtweise beschreiben Borghoff et. al. (2003) ein digitales Dokument bestehend aus

> *"[...] dem digitalen Dokumenteninhalt und den zum Dokument gehörigen Metadaten. Der digitale Dokumenteninhalt ist dabei als ein Strom von Zeichen eines endlichen Zeichensatzes A codiert. [...] Die Metadaten sind als Folge eines (Basis-)Zeichensatzes B codiert. Die Zeichensätze können, müssen aber nicht übereinstimmen. Die Struktur der Metadaten und der zugrunde liegende Zeichensatz B sind archivabhängig festgelegt."*

Die Autoren betonen bei digitalen Dokumenten insbesondere in Bezug auf die Langzeitarchivierung die Abhängigkeit von einer Archivierungssoftware, um die Daten später wieder auswerten und für einen Menschen bzw. eine Maschine aufbereiten zu können. Mit dem vorgestellten Ansatz Aktiver Dokumente wird die Trennlinie zwischen Dokument und Archivierungssoftware zwar verschoben, die Abhängigkeit des Dokumentes von einer entsprechenden Umgebung ist aber auf einer anderen Ebene weiterhin vorhanden und wird im folgenden unter den Konzepten „Informationssystem" und „Telekooperationsumgebung" subsumiert.

Die Einführung digitaler Dokumente mit Trennung zwischen Inhalt, Struktur und Darstellung scheint die oben angesprochene Stabilität über Zeit und Raum hinweg aufzubrechen (Bolter 1991), bietet aber zugleich eine Anzahl neuer Möglichkeiten. Durch die Digitalisierung der Dokumentinformation wird es möglich, eine klare Trennung der Ebenen Inhalt, Struktur und

Darstellung/Format vorzunehmen. Muss man in der Regel bspw. bei Druckerzeugnissen aus Inhalt und Dokumentenformat die Struktur erschließen, kann man bei digitalen Dokumenten mit der gemeinsamen Speicherung individuell auswertbarer Inhalt- und Strukturinformationen dem Anwender flexible Darstellungen anbieten, die seinen persönlichen Anforderungen in Bezug auf Schriftgröße, Farbe, Formatierung etc. entsprechen. Gerade die neueren, XML-basierten Ansätze für die Verwaltung von Textdokumenten bieten eine Vielzahl von Möglichkeiten, Inhalt, Struktur und Darstellung klar voneinander zu trennen und zudem Meta-Informationen (zu Metadaten siehe insbesondere Kapitel 2.1.4.1) in Bezug auf Inhalt, Struktur und Darstellung zusammen mit dem Dokument abzulegen.

Digitale Dokumente können einfach geändert werden. Beispielsweise werden interaktive Dokumente mit jedem Gebrauch verändert und Hypertext-Dokumente können von verschiedenen Lesern in beliebiger Reihenfolge navigiert werden. Das gibt Anlass zu der Vermutung, dass eines der wichtigsten Dokumenteigenschaften, nämlich die Stabilität über die Zeit hinweg, bei digitalen Artefakten nicht mehr gegeben ist. Levy (Levy 1994) argumentiert ausführlich, dass sich sowohl bei traditionellen als auch bei digitalen Dokumenten sowohl stabile als auch nicht-stabile Elemente finden lassen und führt dazu das Konzept des *Genres* ein. Ein Genre definiert, wie das Dokument abhängig von Erwartungen und Erfahrungen des Lesers genutzt wird. Der Leser erwartet bspw. bei einer Zeitung, dass die Größe einer Kopfzeile auf die Wichtigkeit der Nachricht schließen lässt oder dass ein technisches Handbuch anders aufgebaut und anders gelesen wird als ein Roman.

Neue Technologien ermöglichen neue Genre und für ein Genre entwickelt sich bei Autoren und Lesern der jeweiligen Dokumente auch eine stabile Vorstellung über verwendete Elemente und Lesart. Mittlerweile hat sich so bspw. eine klare Vorstellung darüber entwickelt, wie ein Dokument (Eintrag) in einem Forum normalerweise aussieht und wie dieses im Kontext anderer Dokumente im Forum zu lesen ist. Somit hat sich bereits heute eine neue Form der Dokumentstabilität herausgebildet.

Das in dieser Arbeit betrachtete Material liegt aus einer Vielzahl von Gründen (juristisch, organisatorisch etc.) in der überwiegenden Zahl der Fälle heute in nicht-digitaler, d.h. papierbasierter Form vor und so sind alle Partner im Kooperationsprozess mit dem papierbasierten Medium vertraut. Ziel des in dieser Arbeit beschriebenen Gesamtsystems ist die erfolgreiche Unterstützung von Arbeitsprozessen, wobei, wie in den nächsten Abschnitten dargelegt wird, dem Dokument wesentlich mehr zukommt als nur die Funktion der reinen Bereitstellung von passiven Informationen. Trotz der Entfernung von der physischen Form des Dokumentes wird es dennoch von Bedeutung sein, etablierte Eigenschaften aus der physischen Welt in die digitale Welt zu überführen. Strukturen wie beispielsweise Seiten, Titel und Abschnitte oder die Möglichkeit des Vor- und Zurückblätterns mögen für den Benutzer eine große Hilfe sein und sollten vom System erwartungskonform unterstützt werden.

Neben Überführung des papierbasierten Dokuments mit möglichst vielen der vorhandenen Attribute und Eigenschaften in die elektronische Welt eröffnet ein digitales Dokument, speziell das „Aktive Dokument", eine Anzahl neuer Möglichkeiten in Bezug auf Dynamik und Interaktion. Für die untersuchte Domäne werden ausgewählte Eigenschaften anhand eines Szenarios diskutiert, gegebenenfalls angepasst oder überarbeitet und im Rahmen eines Prototypen umgesetzt.

2.2.3.3   Digitale Dokumente und Informationssysteme

Informationssysteme sind soziotechnische Mensch-Maschinen-Systeme, die menschliche und maschinelle Komponenten umfassen und für die optimale Bereitstellung von Information und Kommunikation nach wirtschaftlichen Kriterien eingesetzt werden (Krcmar 2004).

Digitale Dokumente sind in der Regel in Informationssysteme eingebunden und werden mit Hilfe dieser Informationssysteme gelesen, editiert und verwaltet. Häufig kommt es dabei vor, dass die Dokumente Informationen enthalten, die nur von speziellen Informationssystemen gelesen werden können, was eine gegenseitige Abhängigkeit spezieller Dokumente und Systeme verursacht. Im Rahmen der Standardisierungsbemühungen, bspw. initiiert duch die W3C oder die Open Source Bewegung, wird dieses Problem allerdings offensiv angegangen und mittlerweile setzen sich für Textdokumente die XML-basierten Formate ODF (Open Document Format) und Microsoft's Office OpenXML sowie das binäre PDF-Format als Formate für jeweils verschiedene Einsatzbereiche durch.

Digitale Dokumente sind, wie oben angedeutet, in der Regel dennoch von speziellen Programmen abhängig, die dem Benutzer das Dokument für die Ansicht auf dem Bildschirm oder einem anderen Medium aufbereiten, Werkzeuge für die Bearbeitung zur Verfügung stellen und es verwalten.

Den Benutzerschnittstellen der meisten Informationssysteme liegt dabei die Metapher des klassischen Dokuments bzw. Formulars zugrunde. Ein Benutzer bekommt bspw. die elektronischen Informationen in klassischer Dokumentformatierung angezeigt, er kann einzelne Formularseiten elektronisch „durchblättern" und ausfüllen, legt Dateien als Dokumente in elektronische Aktenordner ab und findet im Office-Bereich in Textverarbeitungsprogrammen „Dokumente" und in Tabellenkalkulationen „Arbeitsblätter" und „Arbeitsmappen" wieder. Anwender finden bekannte Elemente aus der papierbasierten Welt wieder und sollen in die Lage versetzt werden, mit Hilfe von Analogieschlüssen das System intuitiv zu bedienen.

In nahezu allen Organisationen existiert neben dem in den Informationssystemen digital abgelegten Informationsbestand zeitgleich ein papierbasierter Informationsbestand und damit auch ein papierbasiertes Informationssystem. Die Synchronisation beider Bestände erfordert einen großen zeitlichen und monetären Aufwand, der durch das in Kapitel 2.2.3.1 angeführte Paradigma „Verteilen-Ansehen-Drucken" noch erheblich verstärkt wird. Dokumente mit gleichem Inhalt werden an unterschiedlichen Stellen ausgedruckt und dezentral mit wichtigen

Informationen annotiert und abgelegt, wobei diese Informationen in der Regel nicht mehr den Weg zurück in die digitale Welt finden. Die Dualität zeigt sich deutlich, indem auf der einen Seite versucht wird, durch Dokument-Management-Systeme (DMS) papierbasierte Dokumente einzuscannen und ausschließlich digital verfügbar zu machen, auf der anderen Seite aber eine komfortable Druckfunktionalität (z.b. in Verbindung mit Reporting-Funktionen) zu einem kritischen Faktor bei der Auswahl von digitalen Systemen oder Systemkomponenten wird.

2.2.3.4 Digitale Dokumente als gemeinsames Material

Viele der für gemeinsames Material identifizierten Eigenschaften wie bspw. die Bearbeitbarkeit durch (elektronische) Werkzeuge, die Manipulierbarkeit des Materials oder die Überbrückung von Raum und Zeit werden durch digitale Dokumente weit besser unterstützt als durch anderen Dokumentformen wie bspw. Papierdokumente oder materielle Artefakte. So stehen in den Arbeiten von Zerbe (Zerbe 2000), Schwabe (Schwabe 1995) und Najda (Najda 2001) bezogen auf gemeinsames Material in der Regel Formen des digitalen Dokuments, sei es ein elektronischer Projektbereicht, eine digitale Meeting-Agenda oder eine elektronische Folienpräsentation, im Mittelpunkt der Betrachtung.

Allerdings wird auch eine Vielzahl der beschriebenen Eigenschaften erst von der jeweiligen Umgebung bzw. vom Informationssystem, mit dem die Dokumente verwaltet werden, zur Verfügung gestellt. Die Regelung der Informationszugänge für die Dokumente regelt ein Dateisystem oder ein Dokumenten-Management-System, die Repräsentation verschiedener Sichten auf das Dokument wird erst durch eine spezielle Funktion des verwaltenden Informationssystems ermöglicht.

Die Entkopplung der Funktionen und Werkzeuge, die die Verwendung digitaler Dokumente als gemeinsames Material für die Kooperation ermöglichen, von dem umgebenden Informationssystem und die Integration dieser Eigenschaften in das digitale Dokument ist ein Schritt zur Bereitstellung autonomer, gemeinsamer Materialien für die Zusammenarbeit und bietet eine Anzahl verschiedener Optionen, die im folgenden Konzept eines *Aktiven Dokuments* als Erweiterung des digitalen Dokuments beschrieben und untersucht werden.

2.2.4 Materialzentrierter Ansatz der Telekooperation

Reichwald et. al. (1998, 65) definieren Telekooperation als „die mediengestützte arbeitsteilige Leistungserstellung zwischen verteilten Aufgabenträgern, Organisationseinheiten und/oder Organisationen". Telearbeit, Telemanagement und Teleleistungen können als drei Dimensionen der Telekooperation mit einer zugrunde liegenden Infrastruktur für die Telekooperation unterschieden werden (Reichwald / Möslein 1996, 692). Telearbeit bezieht sich auf die verteilte mediengestützte Aufgabenbewältigung, Telemanagement auf die Aufgabenkoordination und Teleleistung auf die resultierende Leistung, den Markt für diese Leistung und die Abnehmer.

Während in standortgebundenen Organisationen die beteiligten Akteure bei der arbeitsteiligen Leistungserstellung vorrangig direkt kooperieren, findet entfernte Zusammenarbeit in erster Linie medienunterstützt statt. *Telekooperation* bezeichnet alle Formen dieser medienunterstützten arbeitsteiligen Leistungserstellung und verweist so auf die Besonderheiten standortverteilter und standortunabhängiger Organisations- und Arbeitsformen. Krcmar und Schwabe (Krcmar / Schwabe 1998) geben einen Überblick über mögliche Einsatzszenarien der Telekooperation: Bei personenbezogenen Zweipunkt- und Multipunktszenarien verbinden sich mehrere Personen gleichzeitig miteinander. Die Arbeit kann zwar auf Basis von Persistenz schaffendem Material stattfinden, der Einsatz von Werkzeugen der Gruppenarbeit wie Telefon- oder Videoconferencing setzt dieses aber nicht zwingend voraus. Anders dagegen bei Szenarien mit virtuellen Räumen oder bei Geschäftsprozessen: Hier benötigen die Beteiligten, die zu unterschiedlicher Zeit in den Prozess eingebunden sind, Persistenz schaffendes Material, um Informationen über die Zeit mit anderen Beteiligten teilen zu können.

Erfordernis für gemeinsames Material	zur gleichen Zeit	zu unterschiedlichen Zeiten
Am gleichen Ort	Nicht zwingend digital / nicht digital	i.d.R. zwingend digital / nicht digital
an unterschiedlichen Orten	Nicht zwingend digital (verteilt)	i.d.R. zwingend digital (verteilt)

Abbildung 16: Erfordernis für gemeinsames Material nach Ort und Zeit
(Quelle: nach Johansen 1988, 44)

Telekooperationsszenarien werden in der Praxis in den meisten Fällen um ein oder mehrere gemeinsame Materialien herum aufgebaut: Ein oder mehrere zu bearbeitende oder zu besprechende Dokumente liegen auf einem zentralen Server oder werden von den Kooperationspartnern über E-Mail/http/ftp/Fax ausgetauscht. Auf Basis dieser gemeinsam vorliegenden Materialien erfolgt anschließend die synchrone Besprechung der Dokumente über Telefon/ICQ-Chat oder die asynchrone Kommentierung/Weiterverarbeitung der Dokumente durch einzelne Kooperationspartner. Gemeinsames Material wird hier zum *Enabler* bzw. rückt in den Kern der Telekooperation, wobei gemeinsames Material in der Regel in Form digitaler Dokumente vorliegt.

3 Aktive Dokumente und Telekooperationsumgebungen

Die Idee, elektronische Dokumente mit ausführbaren und programmierbaren Komponenten zu verbinden, liegt in der einen oder anderen Form seit Einführung elektronischer Dokumenten-verarbeitungssysteme vor. Im Folgenden wird ein kurzer Abriss über die Entwicklung elektronischer Dokumente mit Fokus auf dieses Konzept gegeben. Anschließend folgt die Diskussion der Metapher des „Agenten", die selbständig agierende Einheiten mit einer Verbindung aus ausführbaren Komponenten und Inhalt vorsieht. Agententechnologie hat nach ihrem Boom Mitte der neunziger Jahre (siehe dazu bspw. die Anzahl von Artikeln unter dem Suchbegriff „mobile agents" bei citeseer (2005)) bis heute, von einer Reihe exzellenter Forschungsprototypen abgesehen, keine hinreichend standardisierte und ausgereifte Plattform mit weiter Verbreitung hervorgebracht und stellt weiterhin nur schwer zu lösende Herausforderungen an die Entwicklung (vgl. Vigna 2004). Dennoch birgt diese Forschungsrichtung neben einer fundierten wissenschaftlichen Basis eine Anzahl verschiedener Konzepte, die im Rahmen dieser Arbeit zielgerichtet Verwendung finden. Es wird sich zeigen, dass die Konzepte *Aktives Dokument* und *Agent* nicht überschneidungsfrei sind.

Die anschließend vorgestellte Konzeption für ein *Aktives Dokument* verbindet Ansätze der beiden vorgestellten Forschungsrichtungen und versucht, im Hinblick auf die betrachtete Domäne ausgewählte und nutzbringend erscheinende Eigenschaften zu diskutieren, zu kategorisieren und hinreichend genau zu spezifizieren.

3.1 Konzepte und Ansätze für Aktive Dokumente

Der Begriff „aktives Dokument" bzw. wird in verschiedenen Veröffentlichungen verwendet (bspw. in Dourish, Paul et al. 2000; Werle et al. 2001; Chang / Znati 2001; Microsoft Corporation 2003) und ist nicht eindeutig definiert. Allen Arbeiten liegt das Grundverständnis eines digitalen Dokumentes im oben definierten Sinn zugrunde, das Attribut „aktiv" wird jedoch von den einzelnen Autoren mit unterschiedlichen Eigenschaften bzw. einem Bündel von Eigenschaften belegt. Mit „aktiv" (Gegenteil: „passiv") werden im Sprachgebrauch Eigenschaften wie „tätig", „wirksam", „rührig" oder bspw. in der Chemie die starke Reaktionsfähigkeit eines Stoffes verbunden. Die Eigenschaft „aktiv" bezeichnet ein Tätigkeitsverlangen, der in diesem Fall von einem Dokument ausgeht. Die Spanne bis hin zu einem digitalen Dokument, das ein Tätigkeitsverlangen besitzt und in die Lage ist, Aktionen eigenständig und reflektierend durchzuführen, ist in der Literatur allerdings relativ breit:

Sauvola und Kauniskangas (Sauvola / Kauniskangas 1999) sehen bereits ein um eine Anzahl strukturierter und hierarchiestiftender Attribute angereichertes Dokument als „aktiv" an. Ähnlich wird auch in den Ansätzen von Voelker (Voelker / Bershad 1994) die Anreicherung um spezifische Metainformationen als ausreichend angesehen, um ein Dokument als „aktiv" bezeichnen zu können. Die Aktivität geht in diesen Ansätzen allerdings immer von der jeweiligen Umgebung aus, die die Metainformationen ausliest und entsprechende Aktionen veranlasst.

Wird das Dokument im Rahmen der objektorientierten Analyse und des objektorientierten Designs (siehe Kapitel 3.1.2) betrachtet, so können diese Metainformationen als Eigenschaften des Objektes betrachtet werden, die von außerhalb des Objektes gelesen und möglicherweise auch verändert werden können. Eine solche direkte Manipulation von Eigenschaften wird im Rahmen des objektorientierten Designs allerdings nur in Ausnahmefällen zugelassen und normalerweise über Schnittstellen, die vom Objekt zur Verfügung gestellt werden, realisiert. In diesem Sinn bezeichnet Microsoft mit „aktiven Dokumenten" eine Erweiterung der OLE-Compound Document Technology, wobei die Dokumente als Objekte angesehen werden, die in Bezug auf ihre Darstellung in verschiedenen Anwendungen applikationsspezifische Schnittstellen zur Verfügung stellen. Beispielsweise garantieren zwei verschiedene Schnittstellen, dass ein entsprechendes Dokument im Internet Explorer und in Microsoft Word auf ähnliche Art angezeigt werden kann (Microsoft Corporation 2003). Neben den passiven Eigenschaften verfügen aktive Dokumente hier auch über Schnittstellen bzw. Methoden, die von der Umgebung aufgerufen werden können.

Ahonen et. al. (Ahonen et al. 1996) beziehen sich in ihrer Arbeit auf Dokumente, die auf Manipulation durch den Benutzer (Öffnen des Dokuments, Scrollen des Inhalts) mit vorher definierten Aktionen reagieren und diese Methoden mit sich führen können. Damit führt das Dokument neben den Metainformationen in Bezug auf den Inhalt zusätzliche Eigenschaften mit sich, die den Zustand eines Dokuments zu einem Zeitpunkt definieren. Auch hier wird allerdings davon ausgegangen, dass das Dokument lediglich auf externe Manipulationen reagiert, selbst aber nicht von sich aus agiert.

LaMarca et. al. (LaMarca et al. 1999) beschreiben eine Infrastruktur mit „aktiven" Eigenschaften, in der das Dokument selbst zum Akteur wird. Das Dokument unterstützt dabei Koordinationsfunktionen und kann, abhängig von Umgebungsparametern, die es aktiv auslesen kann, Aktionen selbständig ausführen. Dieser Ansatz wird auch in der vorliegenden Arbeit verfolgt, in der ein Dokument, abhängig von seinem Inhalt und Umgebungsparametern, bestimmte auf den Kontext abgestimmte Dienste anbieten, aber auch in bestimmten Situationen, abhängig von den Restriktionen der Laufzeitumgebung, aktiv einen Prozess starten kann. Diese Grundidee, die auch Werle et. al. (2001) in ihrer Architektur aufgreifen, ist eng verknüpft mit Ansätzen aus der Agententechnologie, speziell mit Ansätzen für mobile Agenten. Das Dokument wird von Werle et. al. als „mobiler Agent" gesehen, der die Dokumentinhalte als „Nutzlast" mit sich führt, in andere Umgebungen migriert und im Auftrage des Nutzers auf Basis der Inhalte verschiedene Leistungen anbietet und selbständig ausführt. Die Betrachtung des Dokuments als reaktiver, proaktiver und autonomer Agent ist zwar nahe liegend, führt aber bei konsequenter Betrachtung zu einer Reihe von nur äußerst schwer bzw. nicht zu lösenden Problemen.

Ciancarini und Bompani (vgl. Ciancarini / Tolksdorf / Zambonelli 2002; Bompani / Ciancarini / Vitali 1999) schlagen in ihren Arbeiten XML-basierte Ansätze vor, um eine enge Integration der Dokumentinhalte mit aktiven Komponenten technisch zu gewährleisten, folgen dabei aber bewusst nicht dem Aktivitätsansatz aus der Agententechnologie sondern führen in ihrem Konzept aktive Komponenten auf technischer Ebene mit Dokumentinhalten zusammen.

Im Folgenden werden neben der mobilen Agententechnologie verschiedene relevante Ansätze aus dem Bereich der Informationstechnologie kritisch diskutiert, um aus diesen Ansätzen ein dieser Arbeit zugrunde liegendes Verständnis für aktive Dokumente herauszuarbeiten.

3.1.1 Entwurfsmetaphern und Werkzeug-Automat-Material-Ansatz

Züllighoven et. al. (vgl. (Bürkle / Gryczan / Züllighoven 1995; Bäumer et al. 1997) nutzen die Begriffe „Werkzeug", „Automat" und „Material" (WAM-Ansatz) als zentrale Entwurfsmetaphern ihrer objektorientierten Softwareentwicklungsmethode. Material verstehen die Autoren dabei als Arbeitsgegenstand im Rahmen einer Aufgabenerledigung. Materialien lassen sich in bestimmter Weise bearbeiten, also verändern oder sondieren, was mit „Werkzeugen" geschieht während „Automaten" vom Benutzer gestartete Prozesse repräsentieren.

Eine Entwurfsmetapher ist für die Autoren eine „bildhafte Vorstellung, die sowohl fachlich als auch technisch konstruktiv interpretiert werden kann" (Gryczan / Wiegand / Züllighoven 1997, 19). Durch die Verwendung der Metaphern sehen sie den Zusammenhang zwischen den inhaltlichen Vorstellungen der Benutzer mit den konkreten Gestaltungsideen der Systementwickler verstärkt und konkretisiert. Die Überführung des Materialbegriffs durch den Entwickler in ein abstraktes Modell folgt schlüssig dem objektorientierten Paradigma: Technisch wird eine Materialklasse durch Operationen zur Veränderung und Sondierung des Zustands von Objekten der Klasse definiert (Gryczan / Wiegand / Züllighoven 1997). Da der hier verwendete Materialbegriff eng mit dem in dieser Arbeit diskutierten Begriff des gemeinsamen Materials (siehe Kapitel 2.2 ff.) verwandt ist, bilden die Konzepte Objekt und Objektorientierung den Ausgangspunkt der folgenden Diskussion, in der weitere Ansätze und Aspekte für die Spezifikation Aktiver Dokumente vorgestellt werden.

3.1.2 Objekte und Objektorientierung

Die Begriffe „Objekt" und „Objektorientierung" manifestierten sich Anfang der siebziger Jahre in den unterschiedlichen Informatik-Bereichen System-Simulation (Dahl / Myhrhaug / Nygaard 1970), Betriebssysteme (Hoare 1974), Datenabstraktion (Liskov et al. 1977) und künstliche Intelligenz (Minsky 1975). In diesen Bereichen wurde versucht, der Komplexität eines Software-Systems durch die Verwendung abstrakter Komponenten, so genannter „Objekte", zu begegnen. Die verschiedenen Bereiche, aus denen unterschiedliche Ideen in die Entwicklung des objektorientierten Paradigmas einflossen, zeigt die folgende Abbildung (in Anlehnung an Capretz 2003, 2):

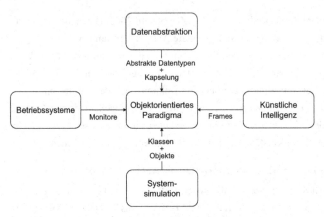

Abbildung 17: Einflüsse auf das objektorientierte Paradigma
(Quelle: eigene Darstellung in Anlehnung an Capretz 2003)

Die gemeinsame Charakteristik dieser Ideen war, dass ein Objekt eine logische oder physika-lische Entität darstellt, die in sich abgeschlossen ist. Obwohl Simula schon Objektklassen pro-pagierte (Dahl / Myhrhaug / Nygaard 1970), war die von Simula und Lisp stark beeinflusste Sprache Smalltalk 1972 die erste Sprache, die die Objektorientierung bekannt machte (Goldberg, A. / Robson 1983). Verbreitet ist das Verständnis von Wegner (Wegner 1987), der Objektorientierung mit den drei Konzepten „Objekt", „Klasse" und „Vererbung" verbindet:

- *Objekte* als autonome Einheiten, die einen Zustand haben und auf Nachrichten reagie-ren können
- *Klassen*, die Objekte anhand von Attributen und Methoden zu Gruppen zusammenfas-sen
- *Vererbung*, um Klassen mit gleichen Eigenschaften zu klassifizieren

Das Objekt als zentraler Begriff des objektorientierten Paradigmas ist eine Kapselung von geschützten Daten mit vom Objekt zur Verfügung gestellten Methoden, die mit diesen Daten arbeiten können. Mit diesem Verständnis haben sich für die Entwicklung von Softwaresyste-men Methodologien für den Lebenszyklus von Software entwickelt, die vor der objektorien-tierten Programmierung eine objektorientierte Analyse (OOA) und ein objektorientiertes De-sign (OOD) vorsehen (siehe hierzu Rumbaugh et. al. (1999) und Booch (1991)). In der heute zum de facto Standard gewordenen Unified Modeling Language (UML, aktuell in der Version 2.0, Spezifikationen unter http://www.omg.org) begannen Booch, Rumbaugh und Jacobson 1994, ihre verschiedenen Ansätze und Notationen zu vereinigen (Booch / Rumbaugh / Jacob-son 1999).

3.1.3 Komponenten

Bei der Entwicklung großer und komplexer Softwaresysteme liegt die Idee nahe, das Gesamtsystem in kleinere abgeschlossene Einheiten aufzuspalten, die dann unabhängig voneinander entwickelt und getestet werden können. Neben einer Aufspaltung des Systems in kleinere Einheiten, was eines erheblichen Aufwandes und sehr viel Erfahrung in der Konzeptionsphase bedarf, werden Eigenschaften wie *cohesion* (deutsch: Kohäsion, Bindekraft) und *coupling* (deutsch: Kopplung, Ankopplung) der Einheiten relevant. *cohesion* charakterisiert dabei, inwieweit einzelnen Einheiten die explizite Verantwortung für einzelne Aufgaben gegeben wird, während *coupling* ein Maß für die Abhängigkeit einer Einheit von anderen Einheiten ist. Gutes Systemdesign strebt an, die Verantwortung für möglichst jede Aufgabe explizit einer einzelnen Einheit zuzuweisen (*high cohesion*), die ihre Aufgabe möglichst unabhängig von anderen Einheiten durchführen kann (*loose coupling* oder *low coupling*).

Größere Entwicklungseinheiten im Rahmen der Softwareentwicklung, die unabhängig produziert, akquiriert und eingesetzt werden und in einem System, evtl. zusammen mit anderen Einheiten, interagierend ein funktionierendes Gesamtsystem bilden können, werden als *Komponenten* bezeichnet (Szyperski 1998). Hopkins sieht Komponenten als

> *"[...] a physical packaging of executable software with a well-defined and published interface."*
> (Hopkins 2000, 27)

Eine klare und einheitliche Abgrenzung von Objekten und Komponenten lässt sich in der Literatur allerdings nicht finden: Allen und Frost sehen Komponenten kritisch als

> *"[...] a new way of presenting objects to the market"* (Allen / Frost 1998, xi),

wobei im Markt eine Abgrenzung zwischen Komponenten und Objekten stattfindet: Hurwitz (Hurwitz 1998) unterscheidet hier zwischen "fine-grained components" und "coarse-grained components": Die Unterscheidung von "fine-grained components" zu Objekten ist dabei fließend. Diese Art von Komponenten hat einen starken Technologiefokus, findet sich in Entwicklungsumgebungen und bietet dem Entwickler die Möglichkeit, seine Anwendung aus bestehenden Teilelementen (bei graphischen Entwicklungsumgebungen auch per "drag-and-drop" aus einer visuellen Komponenten-Bibliothek) zusammenzusetzen. Objekteigenschaften wie Vererbung, Kapselung und Spezialisierung werden von diesen Komponenten unterstützt. "Coarse-grained components" dagegen werden vom Benutzer häufig als "Blackbox" genutzt. Die Komponente kapselt einen in sich abgeschlossenen Service, fokussiert auf die Unterstützung eines Geschäftsprozesses und erlaubt keine weitere Vererbung. Auch erhält der Entwickler bei diesen Komponenten, die ihm nur als kompilierte Einheit vorliegen können, in der Regel keinen Einblick in die Implementierung. Für diese Art von Komponenten hat sich insbesondere im Bereich der ERP-Systeme ein eigener Markt entwickelt.

Folgende Punkte charakterisieren den Unterschied zwischen Objekten und Komponenten:

- Objekte sind in der Regel kleinere Einheiten als Komponenten
- Objekte arbeiten meist innerhalb einer Programmiersprache
- Komponenten führen in der Regel ihre Metadaten mit sich, während Objekte extern beschrieben werden
- Komponenten ersetzen traditionelle Programmiermethoden durch die Idee des Zusammenbaus (Assembly)
- Für Objekte wird in der Spezifikation festgelegt, was sie leisten. Für Komponenten müssen zusätzlich die externen Services spezifiziert werden, die die Komponenten für ihre Arbeit benötigen

Die Grenze zu Objekten und zu Agenten wird in der Literatur nicht immer scharf gezogen. Obwohl Szyperski (Szyperski 1998) versucht, Komponenten klar zu definieren und abzugrenzen, wird der Komponentenbegriff häufig auch für einzelne (wenn auch komplexe) Objekte oder Teile von Agenten verwendet.

3.1.4   Mobiler Code und mobile Objekte

Traditionell war die Migration von Code in verteilten Systemen gleichbedeutend mit der Migration ganzer Prozesse: Ein Prozess wurde von einer Maschine auf eine andere Maschine verlagert und dort fortgesetzt bzw. neu gestartet, wobei der Hauptgrund in der Regel in der Steigerung der Systemgesamtperformanz lag: So wurden Prozesse von ausgelasteten Maschinen auf Maschinen mit weniger Auslastung verlagert.

In modernen verteilten und oft sehr heterogenen Systemen innerhalb einer Institution kommt diesem Aspekt allerdings immer weniger Bedeutung zu (vgl. Tanenbaum / Van Steen 2002, 159), wobei institutsübergreifend der Aspekt im „Grid-Computing" wieder aufgegriffen wird. Neben anderen Ressourcen wird hier auch Prozessorzeit der weltweit vernetzten Computer geteilt, um Prozesse aufzuteilen und die Teilprozesse dezentral arbeiten zu lassen (zu den Grundlagen siehe Foster / Kesselman (1999) oder die Ausführungen bei (Grid Computing Information Centre 2006)). So treten oftmals andere Gründe in den Vordergrund, wie bspw. die Minimierung von Netzwerkkommunikation oder qualitative Aspekte. Mit dem Konzept

> „move the computation to the data rather than the data to the computation"
> (Lange / Oshima 1999)

erfolgt die Programmausführung direkt auf oder im gleichen Subnetz wie die Maschine, die die Daten verwaltet. In diesem Fall müssen die Daten zur Auswertung nicht über das Netzwerk transferiert werden sondern der Prozess wird in direkter Nähe der Daten ausgeführt und liefert nur noch Ergebnisse über das Netzwerk zurück.

Fugetta et al. entwickeln in ihrer Arbeit einen ausführlichen und detaillierten Rahmen zur Einordnung der verschiedenen Arten von Code-Migration (Fuggetta / Picco / Vigna 1998). Dazu unterteilen sie einen Prozess in die folgenden drei Segmente:

Programmcode-Segment	Instruktionen, die der Prozess ausführen soll
Ausführungs-Segment	Ausführungs-Status mit privaten Daten, Stack und Programmzähler
Ressourcen-Segment	Referenzen zu externen Ressourcen, die vom Prozess benötigt werden

Tabelle 4: Unterteilung eines Prozesses in Segmente
(Quelle: nach Fuggetta / Picco / Vigna 1998)

Als Minimum für die Mobilität wird der Begriff *schwache Mobilität* (*weak mobility*) einge-führt. Lediglich der Programmcode, ggf. zusammen mit einigen Daten zur Initialisierung, wird hierbei transferiert. Das Programm muss damit immer neu nach Ankunft auf der Zielma-schine initialisiert werden. Anders dagegen bei der *starken Mobilität* (*strong mobility*), wo das Ausführungssegment mit übertragen wird: Der Prozess wird an einem Punkt vollständig erfasst, wobei aktuelles Programmcode-Segment, Ausführungssegment und Ressourcen-Segment (siehe dazu unten) zuerst ausgelesen und anschließend vollständig auf die Zielma-schine übertragen werden (bei Unterbrechung und Weiterführung auf einer anderen Maschine wird von *Process-Migration*, bei anschließender Erzeugung von zwei oder mehr gleichen parallelen Prozessen von *Process-Cloning* gesprochen). Nach dem Transfer kann der Prozess auf der Zielmaschine ab dem Punkt der Erfassung weitergeführt werden. Daneben unterschei-det man zusätzlich, ob der Transfer vom Sender oder vom Empfänger initiiert wurde.

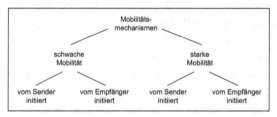

Abbildung 18: Mobilitätsmechanismen
(Quelle: nach Fuggetta / Picco / Vigna 1998)

Die Migration von Ressourcen stellt neben der beschriebenen Migration von Programmcode-Segment und/oder dem Ausführungs-Segment ein eigenes Problem dar. Fugetta et. al. unter-scheiden hier zwischen drei verschiedenen Varianten der Bindung zwischen Ressource und dem Prozess. Bei der stärksten Bindung benötigt der Prozess die eine genau spezifizierte Res-source auf dem System (*binding by identifier*). Eine schwächere Form kommt damit aus, wenn der Prozess mit demselben Wert auskommen würde (*binding by value*) und der schwächsten Form reicht eine Ressource gleichen Typs (*binding by type*). Beim Typ der Res-source kann darüber hinaus unterschieden werden zwischen Ressourcen, die einfach zwischen zwei Maschinen ausgetauscht werden können (*unattached resources*), Ressourcen die nur zu hohen Kosten ausgetauscht werden können (*fastened resources*, wie z.B. lokale Datenbanken) und Ressourcen, die nicht ausgetauscht werden können (*fixed resources*, bspw. ein lokaler Endpunkt einer Kommunikation). Für Ressourcen werden vier unterschiedliche Strategien in Bezug auf die Migration vorgeschlagen:

Strategiename	Erläuterung
Globale Referenz (GRF)	Stelle eine globale Referenz her (zugreifbar auch aus der Zielumgebung)
Transfer (TRF)	Transferiere die Ressource vom Quellsystem zum Zielsystem
Kopie (KOP)	Kopiere die Ressource und übertrage Kopie auf Zielsystem
Neue Bindung (NBD)	Binde den Prozess an den gleichen Typ von Ressource auf dem Zielsystem

Tabelle 5: Migrationsstrategien für Ressourcen
(Quelle: nach Fuggetta / Picco / Vigna 1998)

Eine geeignete Zuordnung von Strategien für die 9 verschiedenen Ressource-Typen als Kombination aus Bindungstyp und Austauschtyp zeigt Tabelle 6:

	unattached	Fastened	fixed
binding by identifier	TRF (oder GREF)	GRF (oder TRF)	GRF
binding by value	KOP (oder TRF, GRF)	GRF (oder KOP)	GRF
binding by type	NBD (oder TRF, KOP)	NBD (oder GRF, KOP)	NBD (oder GRF)

Tabelle 6: Zuordnung von Strategien zu Ressource-Typen
(Quelle: nach Fuggetta / Picco / Vigna 1998)

Wird ein Objekt in einer Applikation instantiiert, so besitzt es ab diesem Zeitpunkt einen Zustand und ist in der Lage, mit seinen implementierten Methoden auf Nachrichten zu reagieren. Der Zustand eines Objekts lässt sich mit den aktuellen Werten der jeweiligen privaten und öffentlichen Member-Variablen beschreiben: Das Objekt kapselt darin seine Daten. Zusätzlich kann der Aufruf einer Objekt-Methode einen Prozess starten, der während seiner Laufzeit gekapselte Daten verändern darf. Unter mobilen Objekten werden Objekte verstanden, die sich von einer Applikation zu einer anderen Applikation, ggf. auf einen anderen Rechner, „bewegen" können (Nelson 1999, 31). Auch hier können verschiedene Arten der Migration unterschieden werden: Überträgt man lediglich den Programmcode so bedeutet das bei Objekten die Übertragung der jeweiligen Objektklasse. Leitet sich das Objekt aus einer oder aus mehreren Klassen ab, benötigt es zusätzlich die Übertragung aller relevanten Methoden und Eigenschaften der relevanten Klassen in der Vererbungshierarchie. Daneben kann man das Ausführungssegment übertragen: Bei mobilen Objekten versteht man darunter aber lediglich die Übertragung der gekapselten Daten. Methoden werden im Sinne einer Transaktion betrachtet, die entweder komplett oder gar nicht ausgeführt wird. Die Übertragung von Prozesszuständen wird damit durch eine Übertragung der gekapselten Daten abgedeckt. Die gekapselten Daten können auch Referenzen auf andere Objekte enthalten, so dass mit einer geeigneten Strategie im Sinne von Tabelle 6 gearbeitet werden muss. Bspw. kann es nötig werden, den gesamten verlinkten Objektbaum mit allen Objektdaten und den Klassenbeschreibungen zu übertragen, um die Objekte auf der Zielmaschine erfolgreich weiterverwenden zu können. Denkt man die Übertragung von Objekten (und nicht nur von Klassen) in einer Architektur an, so ist insbesondere das Ressourcenmanagement der zu übertragenden Objekte zu planen.

Die in der Literatur angeführten Vorteile mobiler Objekte[2] reichen vom Austausch veralteter Objektversionen bis hin zur dynamischen Programmerweiterung während der Laufzeit um neue Funktionalitäten.

Eine Architektur, die mobile Objekte welchen Typs auch immer in Betracht zieht, muss insbesondere einen Fokus auf das Ressourcen-Management der betrachteten Objekte legen. Daneben sind das Versionsmanagement der Objekte sowie eine restriktive Sicherheitspolitik für dynamisch empfangene Objekte wichtige Faktoren bei der Architekturplanung. Eine restriktive Umgebung wird insbesondere bei autonomen mobilen Objekten, so genannten Agenten (siehe unten), relevant.

Computerviren und Computerwürmer nutzen mobilen Code als grundlegendes Konzept. Sie sind selbst-replizierende Programme, die das Ziel haben können, ihren Host zu schädigen und ohne das Wissen der Besitzer Kopien von sich selbst auf andere Hosts zu propagieren und dort zu starten (vgl. Cohen 1987). Das (auch kriminell motivierte) Hauptziel einer Gruppe dieser Programme ist die bewusste Suche und Ausnutzung von Schwachstellen in der jeweiligen Umgebung mit dem Ziel, das System zu beeinträchtigen oder zu beschädigen.

3.1.5 Agenten und mobile Agenten

Unter einem Softwareagenten wird in Anlehnung an Jennings und Woolridge (Jennings / Wooldridge 1998) ein autonomer Prozess verstanden, der in der Lage ist, auf Änderungen in seiner Umgebung zu reagieren und Änderungen in seiner Umgebung zu initiieren. Die Fähigkeiten, selbständig zu agieren und Initiative zu ergreifen, heben einen Agenten von einem Prozess ab. Franklin und Graesser fassen das zusammen

> *"An **autonomous agent** is a system situated within and a part of an environment that senses that environment and acts on it, over time, in pursuit of its own agenda and so as to effect what it senses in the future."* (Franklin / Graesser 1996)

Ein Agent kann dazu mit anderen Agenten und Benutzern in Interaktion treten. Diese immer noch sehr allgemeine Beschreibung charakterisiert eine Vielzahl von unterschiedlichen Systemen, wobei die Marketingabteilungen von Softwareherstellern im Rahmen der New Economy vielen Programmen die Eigenschaft „agentenbasiert" gegeben haben: Dem Kunden wird hier, ähnlich wie bei der Marketing-Nutzung von Konzepten wie „Neuronalen Netzen" oder „genetischen Algorithmen" suggeriert, dass eine Art „intelligente Blackbox" nahezu selbständig eine Vielzahl von Problemen lösen kann.

Tabelle 7 fasst Eigenschaften von Agenten für eine Taxonomie verschiedener Systeme zusammen. Die ersten vier Eigenschaften können dabei als zwingend für alle Agentensysteme angesehen werden (vgl. Tanenbaum / Van Steen 2002).

---

[2] Mobiler Code wird hier zumeist im Zusammenhang mit der Übertragung von Klassen verwendet.

Eigenschaft	Erläuterung	zwingend?
autonom	hat Kontrolle über eigene Aktionen	Ja
reaktiv	reagiert kurzfristig auf Veränderungen in der Umwelt	Ja
proaktiv	initiiert Aktionen, die seine Umwelt beeinflussen	Ja
kommunikativ	kann Informationen mit anderen Agenten (auch Menschen) austauschen	Ja
mobil	Kann selbständig von einem System in ein anderes System migrieren	Nein
kontinuierlich	besitzt einen kontinuierlichen Prozess und hat eine relativ lange Lebensdauer	Nein
adaptiv	lernfähig: ändert sein Verhalten basierend auf früheren Erfahrungen	Nein
flexibel	Aktionen liegen nicht als starres Skript vor	Nein

Tabelle 7: Eigenschaften von Agenten für eine mögliche Taxonomie
(Quelle: nach Tanenbaum / Van Steen (2002) und Franklin / Graesser (1996))

Innerhalb der Agentenforschung werden Agenten anhand von Kombinationen dieser Eigenschaften klassifiziert: So existiert bspw. die Klasse der adaptiven, mobilen Agenten als eine Unterklasse der mobilen Agenten.

Mobile Agenten sind „*...programs that can migrate from host to host in a network, at times and to places of their own choosing*" (Kotz / Gray 1999). Der Zusatz „*own choosing*" deutet auf den Hauptunterschied zu mobilen Objekten hin: Mobile Agenten können autonom, reaktiv und proaktiv agieren.

Es zeigt sich aber, dass insbesondere bei der technischen Realisierung von mobilen Agenten die Trennung zwischen mobilem Code, mobilem Objekt und Agent fließend wird. In einem entsprechenden Rahmen werden mobile Agenten als mobile Objekte mit speziellen Methoden und Scripten realisiert. Insbesondere bei Java-basierten Agentensystemen wird die Trennung aufgehoben, da die Systeme technisch auf die Migration von Objekten angewiesen sind. Trotzdem bleibt es sinnvoll, Agenten gesondert zu betrachten: Stehen bei mobilem Code und bei mobilen Objekten eher die technischen Gesichtspunkte im Vordergrund, so treten bei der Forschung im Agentenumfeld bestimmte Nutzungsszenarien in den Vordergrund. Wenn auch Lange et. al. (Lange / Oshima 1999) schon im Jahr 1999 darauf hinwiesen, das für mobile Agenten keine „Killer-Applikation" existiert und auch heute noch keine erkennbar ist, so können doch ihrer Meinung nach Applikationen in den Gebieten E-Commerce, persönliche Assistenz, verteilte Informationsbeschaffung, Netzwerk-Services, Workflow-Anwendungen und Groupware, Monitoring, Information Dissemination (automatische Update Services und Newsletter) sowie in der parallelen Datenverarbeitung vom Einsatz mobiler Agenten profitieren.

Bis heute konnte sich kein Agentensystem, insbesondere kein Multiagentensystem mit mobilen, autonomen und proaktiven Agenten in der Industrie nachhaltig etablieren. Grundlegende Probleme in Bezug auf Skalierbarkeit und Sicherheit können nur unzureichend gelöst werden (vgl. Roth, V. 2001; Waldo 2001). Ein mobiler Agent, der auf eine Maschine selbst bestimmt migriert, bekommt vom Agentensystem auf dieser Maschine die Kontrolle über einen (eigenen) Prozess zugewiesen mit nachfolgender Allokation von Ressourcen. Dieses Prinzip skaliert nicht bei beschränkten Ressourcen und auch nicht bei einer unvorhergesehen großen Anzahl von Agenten auf der Maschine. Darüber hinaus wird das Migrationsverhalten einer Vielzahl von Agenten in einer komplexen Umgebung in Bezug auf den Ressourcenbedarf extrem schwer planbar. Sicherheit in einem System mit mobilen Agenten bedarf der Implementierung spezieller Sicherheitsprotokolle auf jedem der beteiligten Rechner (siehe bspw. Roth, Volker 2002) oder eines Systems von sich gegenseitig vertrauenden Einheiten (siehe bspw. Tan / Moreau 2001).

Die meisten der existierenden Agentenplattformen sind in Java geschrieben, was Binder und Roth in mit den Worten kommentieren:

"In order to deploy industrial strength mobile agent systems that are robust against various forms of D[enial]o[f]S[ervice] as well as breaches of confidentiality, Java has to evolve from an application level runtime system into a true operating system with proper accounting and application separation capabilities." (Binder / Roth 2002)

Die Entwicklung von Java hin zu einem eigenen Betriebssystem mit den geforderten Eigenschaften ist nicht absehbar und so werden auch in der nahen Zukunft der schwer planbare Ressourcenbedarf und verschiedene Aspekte der Sicherheit einen größeren industriellen Einsatz von mobilen Agentensystemen verhindern.

Trotz der nur schwer zu lösenden Grundprobleme beim Einsatz mobilen Agentensysteme sind im Rahmen der Forschung im Bereich mobiler Agenten eine Reihe von Ansätzen entwickelt worden, die im Folgenden aufgegriffen werden.

Mobile Agenten erlauben es dem Benutzer, die für eine Aufgabe wichtigen Interaktionen mit einem Zielsystem vorzustrukturieren und als Paket zu schnüren, das auf dem Zielsystem wieder entpackt und ausgeführt wird. Der Agent kommuniziert dann lokal mit dem jeweiligen Zielsystem. Mobile Agenten helfen so auch, den Fluss von Rohdaten über das Netzwerk zu minimieren. Das damit verbundene Konzept für agentenbasierte Datenverarbeitung (wie auch bei mobilem Code) wird als einer der Hauptgründe für den Einsatz von Agenten angesehen und von Lange und Oshima treffend zusammengefasst:

„Move the computation to the data rather than the data to the computation"
(Lange / Oshima 1999, 88)

Die Vorbereitung eines geeigneten Paketes für ein abweichendes System, bspw. mit einer Ergänzung um fehlende Komponenten, die bei einer Arbeit auf dem Zielsystem fehlen würden, ist für sich genommen schon ein Ansatz, der gerade bei der Arbeit mit Dokumenten erfolgreich Verwendung finden kann.

Mobile Agenten sind in der Lage, die Umgebung, in der sie zur Ausführung kommen, zu scannen und sich autonom einer veränderten Umgebung anzupassen. Die kontextabhängige Anpassung an das Zielsystem ist ein weiterer Aspekt, der im Rahmen dieser Arbeit weiterverfolgt wird. Auch die damit eng verbundene Proaktivität, also bspw. nach Änderungen des

Kontextes aktiv zu reagieren, wird aufgegriffen. Die vollständige Autonomie einer Komponente mit automatischer Migration erscheint aber aus oben genannten Gründen gerade in Bezug auf Komplexität und Sicherheitsproblemen nicht zielführend.

3.1.6 Service-orientierte Architekturen

Eine Alternative zur Migration autonomer Komponenten bietet die Nutzung dezentral verfügbar gemachter Dienste. Von der Bereitstellung einer Funktion, die über ein Netzwerkprotokoll von einem anderen Rechner aus aufgerufen werden kann, durch RFCs (Remote Function Calls), über plattformspezifische Dienste wie Sun's RMI (Remote Method Invocation) oder Microsoft's DCOM (Distributed Component Object Model) bis hin zu plattformübergreifenden Software-Architekturen wie CORBA (Common Object Request Broker Architecture), die den verteilten Nachrichtenaustausch zwischen Programmen und Objekten standardisieren, existieren eine Vielzahl von Technologien und Standards, die auf unterschiedlichen Ebenen die verteilte Nutzung von Diensten im weitesten Sinne unterstützen.

Service-orientierte Architekturen (SOA) stehen für ein Konzept, das die Nutzung von verteilten Diensten (Services) definiert. Netzwerkknoten stellen dabei anfragenden Teilnehmern bestimmte Dienste in einer standardisierten Form zur Verfügung, die über ein Standard-Protokoll genutzt werden können.

Sowohl mobile Objekte wie auch Agenten lassen sich auf unterschiedlichste Weise mit SOA und Web Services verbinden. Neben der Möglichkeit, dass mobile Objekte und Agenten auf Dienste in SOA-Umgebungen zugreifen, können mobile Objekte oder Agenten auch mit Hilfe von Web Services ausgeliefert werden oder die SOA-Architektur für spezifische Dienste, wie bspw. eigene Directory-Services oder Routing-Dienste, nutzen.

3.1.7 Verteilte Komponenten und Frameworks

Deugo et. al. (1999) unterscheiden die Konzepte Objekt, Komponente und Agent anhand der Kommunikation zwischen den einzelnen Entitäten. Wenn Entitäten in der gleichen Sprache entwickelt werden und die gleiche Sprache für die Kommunikation verwendet wird, geht man von Objekten aus. Werden Entitäten verwendet, die in verschiedenen Sprachen entwickelt worden sind und die einen Sender, einen Empfänger und eine Sprachenservice für den Nachrichtenaustausch verwenden, so spricht man von Komponenten. Hier existiert immer ein Mapping zwischen einer Nachricht und einer korrespondierenden Methode oder Prozedur. Werden Nachrichten dagegen selber zu Objekten erster Klasse, deren Verarbeitung die folgenden Schritte erfordert, spricht man von Agenten:

- Lokalisierung des jeweiligen Empfängers
- Auslieferung der Nachricht
- Entitäten, die auf die Nachricht selbständig reagieren können

Eine komponentenbasierte Entwicklung von Software im Gegensatz zu einem monolithischen Ansatz stellt auch die Verwendung von mobilen Komponenten in Aussicht. Einzelne Komponenten können bei Bedarf aus einem zentralen Repository zur Verfügung gestellt werden bzw. automatisch alte Komponenten beim Nutzer ersetzen.

Um allerdings eine verteiltes Modell zu unterstützen, bei der eine Anzahl von Komponenten miteinander arbeiten und somit auch gekoppelt werden müssen, bedarf es für die Integration einer geeigneten Komponente im einfachen Fall der folgenden Schritte, wobei in SOA für Dienste das gleiche gilt wie für Komponenten:

- Finde die geeignete Komponente
- Verstehe, wie man mit der Komponente kommuniziert
- Stelle die Anfrage an die Komponente, etwas für Dich zu tun
- Übernimm die Resultate der Anfrage von der Komponente

Komponenten können im Gegensatz zu Diensten darüber hinaus aber auch geladen und in die Anwendung migriert werden, so dass die Applikation selbst um die entsprechende Komponente erweitert wird (Edwards / Rodden 2001, 6ff.). Die reibungslose Integration von solchen Komponenten setzt allerdings standardisierte Schnittstellen und Dienste, bspw. für ein Lifecycle-Management einer Komponente (Laden der Komponente, Starten, Pausieren, Stoppen, Entladen), voraus. Je nach Zielplattform müssen die Komponenten daher geeignete und kompatible Schnittstellen selbst bereitstellen, um ohne Probleme migriert werden zu können.

Geeignete Frameworks als wieder verwendbare "semi-complete applications" (vgl. Fayad / Schmidt / Johnson 1997) können in Bezug auf Komponenten diese Schnittstellen und Dienste zur Verfügung stellen. In der Microsoft-Welt stellt das .NET-Framework den Rahmen für die Integration von Komponenten dar. Sun Microsystems propagiert mit der Spezifikation der Java Enterprise Edition (J2EE bzw. Java EE) ein serverseitiges Framework für die Integration von Komponenten, wobei im Rahmen von Serverkomponenten die JMX-Technologie das Management und Monitoring von Serverkomponenten unterstützt. Auf Client-Seite setzt sich in der Java-Welt zur Zeit das OSGi-Framework in Verbindung mit der Eclipse-Umgebung durch, während bspw. die Agenten-Plattformspezifikation der FIPA ausgereifte Rahmenwerke darstellen, deren Grundideen zwar in Produktweiterentwicklungen einfließen, die aber selbst in der Praxis wenig Beachtung finden.

Die Open Source Entwicklungsplattform Eclipse von IBM besitzt zudem ein ausgereiftes Komponentenmanagement auf Basis von OSGi, so dass Komponenten zu neuen Entwicklungstools mit relativ wenig Aufwand zusammengestellt werden können (The Eclipse Foundation 2007). Auch greift hier die Idee von „components on demand", bei der einzelne Komponenten nur bei Bedarf von einer zentralen Quelle gekauft bzw. gemietet und in die Software eingebunden werden.

3.2 Spezifikation und Abgrenzung für Aktive Dokumente

Auf Basis der vorhergehenden Diskussionen werden im Folgenden Kernanforderungen an ein Aktives Dokument formuliert und strukturiert. Aus der vorhergehenden Diskussion zu den Konzepten und Ansätzen für Aktive Dokumente lassen sich folgende Aussagen ableiten:

- Eine kontextabhängige Anpassung mobiler Agenten an das Zielsystem sowie das Scannen der Ausführungsumgebung verbunden mit einer autonomen Anpassung an die Umgebung wird für das Konzept Aktiver Dokumente übernommen. Die damit eng verbundene Proaktivität, bspw. nach Änderungen des Kontextes aktiv zu reagieren, wird ebenfalls aufgegriffen, wobei die vollständige Autonomie einer Komponente mit automatischer Migration wegen der beschriebenen Problematik in Bezug auf Komplexität und Sicherheit nicht weiterverfolgt wird.

- In der Arbeit mit Dokumenten und speziellen, integrierten Datenformaten im Bereich der Medizin kommt der Vorbereitung eines geeigneten Paketes für ein abweichendes Zielsystem, bspw. mit einer Ergänzung um fehlende Verarbeitungskomponenten, eine wichtige Rolle zu. Diese Pakete können in Form verteilter Komponenten vorliegen, deren Dienste über SOA verfügbar gemacht werden oder die direkt mit dem Dokument integriert werden. Neben dem Zugriff Aktiver Dokumente auf Dienste in SOA-Umgebungen, können Aktive Dokumente auch mit Hilfe von Web Services ausgeliefert werden oder die SOA-Architektur für spezifische Dienste, wie bspw. eigene Directory-Services, oder Routing-Dienste nutzen.

- Einzelne Komponenten eines Aktiven Dokuments können im Gegensatz zu Diensten darüber hinaus auch geladen und in die Anwendung migriert werden, so dass die Applikation selbst um die entsprechende Komponente erweitert wird.

- Eine enge Integration der Dokumentinhalte mit aktiven Komponenten wird im Sinne der Arbeiten von Ciancarini und Bompani (vgl. Ciancarini / Tolksdorf / Zambonelli (2002) und Bompani / Ciancarini / Vitali (1999)) angestrebt.

- Inwieweit sich bestehende Frameworks und Technologien wie Sun Microsystems' Java Enterprise Edition (J2EE), Microsoft's .NET oder OSGi für die Realisierung Aktiver Dokumente eignen, wird in den Kapiteln 6.3 ff. diskutiert.

Neben diesen eher technischen Aspekten strukturieren die folgenden Kapitel die inhaltlichen Anforderungen an ein Aktives Dokument und zeigen eine Realisierungsidee auf.

3.2.1 Kernanforderungen an Aktive Dokumente

Im Rahmen dieser Arbeit wird ein Aktives Dokument folgendermaßen definiert:

*Ein **Aktives Dokument** ist ein digitales Dokument, das in der Lage ist, die Anforderungen an gemeinsames Material zur Unterstützung kooperativer Tätigkeiten zu erfüllen. Indem das Dokument selbst zum Akteur werden kann, unterstützt es Koordinationsfunktionen und kann, abhängig von seinem Inhalt und Umgebungsparametern, definierte, auf den Kontext* *abgestimmte Dienste anbieten und, abhängig von den Restriktionen der Laufzeitumgebung, aktiv einen Prozess starten.*

Wie bereits oben erwähnt, sind die Anforderungen an das Aktive Dokument und die Anforderungen an die jeweilige Systemumgebung bzw. Telekooperationsumgebung, in der das Dokument verwaltet wird, nicht überschneidungsfrei. Der Telekooperationsumgebung sollte lediglich die Rolle des *Enablers* mit entsprechenden Diensten zukommen. Für die Strukturierung der Anforderungen werden die in Abbildung 19 gezeigten Bereiche vorgeschlagen. Von der inneren Struktur bzw. Datenrepräsentation hin zur Migration des Dokumentes von einem Ort zu einem anderen Ort werden die Anforderungen nach dem Grad der möglichen Interaktion mit der Umgebung und ihrer Aktivität in die folgenden vier Bereiche gegliedert:

- Interne Datenrepräsentation
- Aktive Komponenten
- Kommunikationswerkzeuge
- Migrationswerkzeuge und Prozessunterstützung

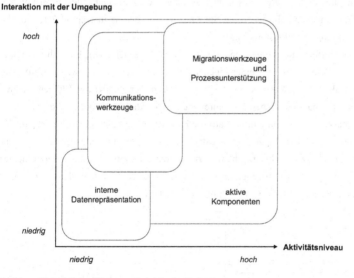

Abbildung 19: Mögliche Gliederungsbereiche der Anforderungen
(Quelle: eigene Darstellung)

Die einzelnen Bereiche sind nicht überschneidungsfrei und stellen eine mögliche Grobstrukturierung der Hauptanforderungen dar. Aktive Komponenten können bspw. zur Kommunikation mit der Umgebung eingesetzt oder Migrationswerkzeuge können durch aktive Komponenten realisiert werden. Ebenso kann bspw. die Unterstützung eines Prozesses die Kommunikation mit dem Nutzer oder anderen Komponenten erfordern.

3.2.1.1 Interne Datenrepräsentation

Aktive Dokumente als Spezialisierung digitaler Dokumente bieten die Möglichkeit zur Trennung von Inhalt und Struktur auf Datenebene und erlauben die rekursive Einbindung von Meta-Informationen auf beliebig vielen Ebenen. Zur Ausschöpfung dieses Potentials bedarf es einer flexiblen und erweiterbaren Datenrepräsentation.

Um die Anforderung nach einer Repräsentation verschiedener Sichten nachzukommen, ist die Möglichkeit einer Strukturierung der Dokumentinformationen auf Ebenen verschiedener Granularität notwendig. Um die Präsentation der Daten in unterschiedlichen Strukturen (bspw. strukturiert in zeitlicher Ordnung oder strukturiert nach inhaltlichen Merkmalen) zu erlauben, müssen die Datenelemente in einer adäquaten Granularität vorliegen. Wenn die feinste Gliederungsstufe lediglich Elemente mit einem Jahresbezug vorsieht, lassen sich monats- oder tagesbezogene Strukturierungen der Elemente nicht realisieren und es können ebenso wenig Metainformationen für diese feinere Gliederungsstruktur abgelegt werden. Zudem bedarf es der Möglichkeit, für jedes Element beliebige Meta-Informationen zu speichern um das Element beliebig vielen Strukturen zuordnen zu können. Die Reifikation von Zuordnungen muss möglich sein, um bei Bedarf Ordnungsstrukturen auf höheren Ebenen anlegen zu können. Dadurch bedarf es einer ähnlich mächtigen Sprache, wie sie bereits in Kapitel 2.1.3 für die Abbildung von Ontologien vorgestellt wurde.

Die Steuerung von Informationszugängen zu den Informationselementen bzw. die Vergabe von Rechten/Rollen kann dabei auf einer eigenen Ebene erfolgen, die je nach Anforderung auf beliebigen Strukturen aufsetzen kann. Im Beispiel wäre der Zugriff auf Elemente bspw. nach inhaltlichen oder nach zeitlichen Strukturen steuerbar. Ähnlich lässt sich die grundsätzliche Manipulierbarkeit des Dokuments bis auf die Elementebene beschreiben. In diesem Zusammenhang können auf beliebiger Ebene natürlich auch Elemente oder ganze Elementstrukturen verschlüsselt bzw. elektronisch signiert werden: So können Teile des Dokumentes nur bestimmten Gruppen zugänglich gemacht werden bzw. die Unversehrtheit von Dokumentteilen oder des gesamten Dokumentes kann garantiert werden.

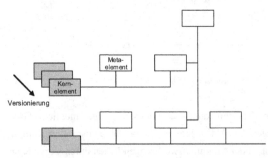

Abbildung 20: Dokumentelemente in gewünschter Granularität mit Metaebenen und Versionierung
(Quelle: eigene Darstellung)

Gemeinsames Material bedarf, wie in 2.2.1 ausgeführt, der Sicherstellung eines gültigen Informationsstandes. Die kooperierenden Partner müssen überprüfen können, ob es sich bei ihrer Version des Dokumentes um einen definierten Stand handelt. Kooperierende Partner benötigen auch einen Zugriff auf die Historie der Bearbeitung.

Neben einer Speicherung der Informationselemente und der Metadaten bedarf es zusätzlich einer Speicherung von Daten für Aktive Komponenten. Das kann von einer Speicherung des eindeutigen Namens einer Aktiven Komponente über Konfigurationsdaten bis hin zu einer Speicherung der gesamten Komponente als Code-Fragment (evtl. bereits compiliert oder als Quellcode) reichen. Tabelle 8 fasst die Anforderungen an ein Aktives Dokument in Bezug auf die interne Datenrepräsentation zusammen:

[AD1.1]	Unterstützung von Elementen beliebiger Granularität
[AD1.2]	Ablage beliebiger Meta-Informationen für jedes Element
[AD1.3]	Flexible und erweiterbare Datenrepräsentation für Trennung von Inhalt und Struktur
[AD1.4]	Rekursive Einbindung von Meta-Informationen auf beliebig vielen Ebenen
[AD1.5]	Reifikation von Zuordnungen und Herstellung semantischer Netze
[AD1.6]	Steuerung von Informationszugängen Vergabe von Rechte/Rollen auf verschiedenen Ebenen
[AD1.7]	Verschlüsselung bzw. elektronische Signatur von Elementen oder Elementstrukturen
[AD1.8]	Zugriff auf aktuellsten Informationsstand bzw. auf Änderungshistorie
[AD1.9]	Speicherung von Daten für Aktive Komponenten

Tabelle 8: Kernanforderungen Aktives Dokument: interne Datenrepräsentation
(Quelle: eigene Darstellung)

3.2.1.2   Aktive Komponenten

Das Ziel, Werkzeuge näher an das Material statt an die Telekooperationsumgebung zu binden und damit die Umgebungsabhängigkeit auf die Dokumentebene zu verschieben wird mit Aktiven Komponenten erreicht. Aktive Komponenten stellen Skripte oder Programme dar, die ausgeführt werden können und auf Daten des Aktiven Dokuments lesenden und schreibenden Zugriff haben können. Aktive Komponenten unterstützen die Aufbereitung der internen Daten (bspw. durch Anlage und Aktualisierung von Indizes), können aber auch mit der Umwelt, d.h. mit der Telekooperationsumgebung bzw. über diese mit dem Anwender oder anderen Komponenten kommunizieren.

In Bezug auf die Aktivität einer Komponente wird die vollständige Autonomie einer Komponente und eine automatische Migration von Dokumenten, wie in Kapitel 3.2 erläutert, aus Komplexitäts- und Sicherheitsgründen nicht erwogen. Dennoch sollten die Komponenten ausführbare Elemente, wie beispielsweise Scripte oder Programmcode, enthalten können und an die Umgebung die Anforderung stellen dürfen, diese Aktiven Elemente auch (evtl. zeitgesteuert) ausführen zu lassen.

geringer Grad der Einbindung   hoher Grad der Einbindung

Abbildung 21: Grade der Einbindung einer Aktiven Komponente in das Dokument
(Quelle: eigene Darstellung)

Hinsichtlich des Grades der Einbindung einer Komponente müssen Aktive Dokumente von einem Verweis auf eine Komponente (die bspw. für die Darstellung bestimmter Informationen optimiert ist) bis hin zur Einbindung von Code und Prozesszuständen das gesamte Spektrum vollständig unterstützen (siehe Abbildung 21).

Aktive Dokumente müssen in Bezug auf die Einbindung von Komponenten flexibel sein. Die Vorbereitung eines Aktiven Dokuments für die Migration in ein anderes System muss die Einbindung bzw. die Entkopplung von Aktiven Komponenten in Abhängigkeit vom Zielsystem erlauben. So wird es möglich, Aktive Dokumente mit Komponenten auszustatten, die auf dem Zielsystem nicht verfügbar sind.

Aktive Komponenten müssen, um das oben angesprochenen Sicherheitsrisiko zu minimieren, signiert werden können und dürfen nur bei positiver Herkunftsprüfung Verwendung finden.

Service-orientierte Architekturen stellen einen interessanten Ansatz für die Entkopplung von Services einzelner Komponenten dar: So kann eine Komponente mit Links zu den jeweiligen Services ausgestattet sein ohne einen der Services selbst implementieren zu müssen. Auch können Service-orientierte Architekturen für die Auslieferung von Komponenten genutzt werden.

[AD2.1]	Lese- und Schreibzugriff auf Daten des Aktiven Dokuments
[AD2.2]	Kommunikation mit der Telekooperationsumgebung, dem Benutzer und anderen Komponenten
[AD2.3]	Unterstützung von Scripting und Programmcode; keine vollständige Autonomie
[AD2.4]	Flexibilität in Bezug auf den Grad der Einbindung und Ablage von Informationen im Aktiven Dokument
[AD2.5]	Flexibilität in Bezug auf die Anzahl und die Art der eingebundenen Komponenten
[AD2.6]	Signierung von Aktiven Komponenten
[AD2.7]	Entkoppelung von Services und Auslieferung von Komponenten ggf. über Service-orientierte Architekturen

Tabelle 9: Kernanforderungen Aktives Dokument: Aktive Komponenten
(Quelle: eigene Darstellung)

3.2.1.3   Kommunikation mit der Umgebung und Kontextsensitivität

Mit Bezug zur Agententechnologie müssen Aktive Dokumente in der Lage sein, ihre Ausführungsumgebung zu scannen und sich autonom den Veränderungen der Umgebung anzupassen. Dazu müssen Aktive Dokumente auf standardisierte Schnittstellen der Umgebung zugreifen können. Ohne eine Unterstützung durch die Ausführungsumgebung, bspw. durch Bereitstellung entsprechender Kontextdaten des Benutzers oder der virtuellen bzw. realen Umgebung des Benutzers, ist das nicht möglich. War bei der Ausführung Aktiver Komponenten nur die Bereitstellung einer Laufzeitumgebung mit Zugriff auf interne Daten des Dokuments nötig, kommt es nun zu einer Abhängigkeit in Bezug auf Dienste, die nur die jeweilige Umgebung bereitstellen kann. Eine Maschine-Mensch- bzw. eine Maschine-Maschine-Schnittstelle muss im Rahmen dieser Arbeit von der jeweiligen Umgebung unterstützt werden, kann aber vom Dokument gestaltet bzw. beeinflusst werden. So kann das Dokument mit einem Benutzer oder einem anderen Service unter Nutzung der bereitgestellten Dienste der Laufzeitumgebung interagieren.

Bei der Auswertung von Kontextinformationen muss das Aktive Dokument in der Lage sein, mit Ontologien zu arbeiten und Begriffe im jeweiligen Kontext richtig zu deuten bzw. darauf zu reagieren. Da eine intelligent herbeigeführte Deckung mit einer unbekannten Ontologie mit heutigem Stand der Technik nicht zufriedenstellend gelöst werden kann, muss die jeweilige Umgebung Übersetzungshilfen bereitstellen, damit das Dokument die jeweiligen Signale der fremden Umgebung richtig deuten kann. So mag das Aktive Dokument die Präferenz eines Benutzers „Ereignisse nach Datum" deuten können, während die Äquivalenz zu der Information „zeitstrahlorientiert" in einer fremden Umgebung nicht automatisch hergestellt werden kann. Die Ausführungsumgebung sollte dazu, wie in Kapitel 2.1.4.6 erläutert, Schnittstellen für den einheitlichen Zugriff auf Kontext-Informationen (über so genannte Kontext-Provider) bereitstellen.

Als einer der wichtigsten Aspekte in Bezug auf die Kommunikation mit dem Benutzer wurde die Unterstützung einer erwartungskonformen Darstellung der Information und eine für den Benutzer nachvollziehbare Analogie zur Papierwelt herausgestellt. Die Stabilität des Dokuments ist dabei eng verbunden mit der Erwartungskonformität des Benutzers und wird durch die Übertragung etablierter Eigenschaften in die digitale Welt unterstützt.

[AD3.1] Zugriff auf standardisierte Schnittstellen der Arbeitsumgebung
[AD3.2] Unterstützung von Maschine-Mensch und Maschine-Maschine-Schnittstelle
[AD3.3] Scan der Ausführungsumgebung und Anpassung an die Umgebung
[AD3.4] Zielgerichtete Auswertung von Kontextinformationen
[AD3.5] Nutzung von Ontologie-Übersetzungsdiensten
[AD3.6] Erwartungskonforme Darstellung der Informationen
[AD3.7] Analogie zur Papierwelt durch Unterstützung etablierter Eigenschaften

Tabelle 10: Kernanforderungen Aktives Dokument: Kommunikation mit der Umgebung und Kontextsensitivität
(Quelle: eigene Darstellung)

3.2.1.4 Prozessunterstützung und Migration

Aktive Dokumente sollen in der Lage sein, Prozesse durch die bedarfsgerechte Bereitstellung des Materials und entsprechender Werkzeuge zu unterstützen. Als Basis für die Prozesssteuerung werden Prozessmuster im Sinne von Kapitel 2.2.1 vorgeschlagen, die als Teile des Aktiven Dokuments gespeichert und damit selbst zu gemeinsamem Material werden können. Für die Bearbeitung und ausführbare Interpretation dieser Prozessmuster bedarf es zum einen geeigneter Komponenten, wobei für diese Aufgabe spezielle Aktive Komponenten bereitgestellt werden können. Zum anderen muss eine Migration des Dokuments in die Arbeitsumgebung des jeweils im nächsten Prozessschritt Verantwortlichen erfolgen. Das geht einher mit der Anforderung, dass gemeinsames Material für die kooperierenden Partner Raum und Zeit überbrückt. Der Austausch von Materialien ist essentiell für eine Kooperation, so dass die Partner gerade *durch* den Austausch von Materialien kooperieren. Aktive Dokumente müssen daher eine Migration in die Arbeitsumgebungen der Kooperationspartner vornehmen können und die Herstellung eines deckungsgleichen Kontextes zwischen Sender und Empfänger unterstützen. Diese Migration kann virtuell vorgenommen werden: So wird dem Benutzer lediglich der Eindruck vermittelt, dass sich das Material in seinem direkten (physikalischen) Einflussbereich, d.h. in seinem Netzwerk oder seinem Computer, befindet. Auch kann die Migration in einer Form vorgenommen werden, dass das Aktive Dokument auf den Computer bzw. in die Umgebung des Benutzers migriert. So wird auch die offline-Bearbeitung durch den Benutzer, bspw. am Laptop, möglich. Der Zugriff durch andere Benutzer bedarf dann einer speziellen Regelung, bspw. einer Benachrichtigung der anderen Teilnehmer.

Da durch die Migration das Dokument an mehreren Orten gleichzeitig vorliegen kann, können mehrere Personen unabhängig voneinander am Dokument arbeiten. Die damit einhergehenden Herausforderungen in Bezug auf eine Synchronisierung der Arbeiten am Dokument bzw. der Merging-Strategien nach verteilter, nicht-synchronisierter Arbeit sind insbesondere Gegenstand von Untersuchungen im Bereich Software Engineering bei der Versionskontrolle (versioning control, vgl. Magnusson / Asklund / Minör (1993) oder Horwitz / Prins / Reps (1989)) und wurden von verschiedenen Autoren auch in den Bereich der CSCW-Forschung, beispielsweise für das kooperative Schreiben von Texten, übertragen (vgl. Lee / Chang / Narayanan (1998)).

Wie oben erwähnt, stellt die Prozessunterstützung bzw. die Migration Aktiver Dokumente erhebliche Anforderungen an die Telekooperationsumgebung, da die Komponenten nicht ohne die Erlaubnis und die Unterstützung der jeweiligen Umgebung eine Migration realisieren können.

[AD4.1]	Bedarfsgerechte Bereitstellung des Materials und entsprechender Werkzeuge zur Unterstützung von Prozessen
[AD4.2]	Speicherung von Prozessmustern im Dokument und Ausführung der Prozessmuster durch Aktive Komponenten
[AD4.3]	Unterstützung virtueller Migration
[AD4.4]	Unterstützung physischer Migration
[AD4.5]	Unterstützung bei der Herstellung eines deckungsgleichen Kontextes nach der Migration
[AD4.6]	Mögliche Integration verschiedener Synchronisierungs- und Merging-Strategien

Tabelle 11: Kernanforderungen Aktives Dokument: Prozessunterstützung und Migration
(Quelle: eigene Darstellung)

3.2.1.5 Anforderungen an die Umgebung

Bei der Diskussion der Kernanforderungen an Aktive Dokumente wird schnell klar, dass die wesentlichen Eigenschaften Aktiver Dokumente nicht ohne die Einbindung in eine geeignete Umgebung umgesetzt werden können. Diese Umgebung dient dem Dokument als Container und stellt die Schnittstellen für Anwender und weitere Systeme zur Verfügung. Darüber hinaus muss die Umgebung Stabilität über die Zeit besitzen, lokal oder zentral dem Benutzer virtuell oder physisch (bspw. auf seinem Laptop, Handy etc.) zur Verfügung stehen und die Migration von Aktiven Dokumenten sowie Komponenten unterstützen. Ebenfalls muss die Umgebung die Integration verschiedener Synchronisations- und Merging-Strategien erlauben. Anforderungen an eine solche (Telekooperations-) Umgebung für Aktive Dokumente werden im folgenden Kapitel 3.3 als Spezialisierung einer allgemeinen Telekooperationsumgebung diskutiert.

3.3 Telekooperationsumgebungen für Aktive Dokumente

Um gemeinsames Material für die Kooperation nutzen zu können benötigen die beteiligten Personen und Systeme eine Infrastruktur, die verschiedene Komponenten und Dienste zur Verfügung stellt, bspw. um den Transport von Daten über räumliche und zeitliche Grenzen hinweg zu gewährleisten oder dem Benutzer einen stabilen (virtuellen) Ort bereitzustellen, wo er das gemeinsame Material finden, anschauen und bearbeiten kann. Aktive Dokumente benötigen darüber hinaus eine Umgebung, in der sie aktiv die oben angesprochenen Dienste erbringen können, d.h. eine bereitgestellte Laufzeitumgebung. Diese Umgebung dient u.a. dem Dokument als Container, unterstützt die Aktiven Komponenten, stellt die Schnittstellen für Benutzer und weitere Systeme zur Verfügung und garantiert dem Dokument die benötigte Stabilität über die Zeit. Darüber hinaus wird in den vorhergehenden Ausführungen von kontextsensitiven Komponenten ein Zugriff auf die Umgebungsparameters des Benutzers gefordert. Kontext-Provider mit geeigneten Schnittstellen müssen durch die Umgebung bereitgestellt werden, um Zugriff auf die jeweils aktuellen Kontextparameter des Benutzers zu erhalten.

3.3.1 Telekooperationsumgebungen

Im betrachteten Krankenhaus-Umfeld unterstützt die Patientenakte die unterschiedlichen Arbeiten der Mitglieder des *health care teams*. Mit ihrer Hilfe werden die einzelnen Aufgaben koordiniert und die Dienstleistungen zu unterschiedlichen Zeiten und an unterschiedlichen Orten (Station, Operationssaal, Rehabilitation) für den Patienten erbracht.

Um die Beteiligten einer räumlich und zeitlich verteilten Arbeit mit gemeinsamem Material zu unterstützen, benötigt jeder Beteiligte Zugang zum Material, im optimalen Fall über geeignete Schnittstellen mit der Möglichkeit zu einer direkten bidirektionalen Interaktion ohne nennenswerte Zeitverzögerung. Die Bidirektionalität erlaubt es, dass Materialkomponenten eine proaktive Rolle übernehmen und dem einzelnen Benutzer über geeignete Kanäle und Medien bei Bedarf Informationen im Push-Verfahren (gegenüber einem Pull-Verfahren, das vom Benutzer angestoßen wird) zukommen lassen können. Die Arbeit mit dem Material geschieht durch den Einsatz elektronischer Werkzeuge, die bspw. das Lesen, Manipulieren oder Löschen von Materialinhalten, auch in Zusammenarbeit mit anderen Benutzern, erlauben. Neben der Unterstützung aktueller Aufgaben lassen sich auch, wie in Kapitel 2.2.1 beschrieben, Arbeitsprozesse mit Hilfe von gemeinsamem Material aktiv und passiv koordinieren.

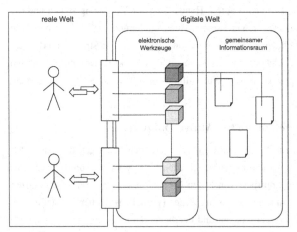

Abbildung 22: Telekooperationsumgebung mit zentralem, gemeinsamem Informationsraum
(Quelle: eigene Darstellung)

Abbildung 22 zeigt schematisch eine Telekooperationsumgebung ohne die explizite Betrachtung Aktiver Dokumente. Die Beteiligten kooperieren mit der Unterstützung elektronischer Werkzeuge entweder direkt (bspw. durch Videokonferenz-Systeme/Telefonkonferenz-Systeme) und/oder über den Zugriff auf gemeinsames Material. Jeder Teilnehmer verbindet sich über ein spezielles Endgerät mit dem gemeinsamen Informationsraum und bekommt über ein Interface elektronische Werkzeuge zur Verfügung gestellt. Material kann mit Werkzeugen in einen gemeinsamen Informationsraum eingestellt werden, es kann anderen Teilnehmern zur

Ansicht oder zur gemeinsamen Bearbeitung bereitgestellt oder auch wieder zurückgezogen bzw. gelöscht werden. Für all diese Aktivitäten benötigen die Teilnehmer spezielle Werkzeuge (z.B. Viewer, Shared Editors, etc.) und Rechte hinsichtlich des gemeinsamen Materials. Eine vollständige Virtualisierung der Arbeitsumgebungen der Teilnehmer wird im Rahmen dieser Arbeit nicht explizit betrachtet: Es wird vorausgesetzt, dass eine Reihe von verteilten und vernetzten Arbeitsstationen für die Teilnehmer existieren. Ein erster Schritt zur kompletten Virtualisierung der Arbeitsumgebungen kann allerdings in Form einer HTTP-Schnittstelle bereitgestellt werden. Im Fall der vollständigen Virtualisierung müsste für den Fall der temporären Nichtverfügbarkeit eines Dokumentes bzw. einer Arbeitsumgebung ein komplexes Netz von stellvertretenden Einheiten („Proxies") für Arbeitsstationen und Aktive Dokumente aufgebaut werden. Verwiesen sei hier auf Lösungsansätze im Bereich des Grid-Computing bzw. auf Ansätze im Bereich der redundanten Datenverarbeitung.

Um die Eigenschaften Aktiver Dokumente gemäß der Anforderungen in Kapitel 3.2.1 optimal unterstützen zu können, muss die Telekooperationsumgebung Bedingungen genügen und Elemente bereitstellen, die im folgenden Kapitel beschrieben werden.

3.3.2 Elemente einer Telekooperationsumgebung für Aktive Dokumente

In der obigen Ausführung wird eine Virtualisierung sowohl in Bezug auf das Material als auch in Bezug auf die Werkzeuge vorgeschlagen. Der Benutzer benötigt in der realen Welt nur noch ein geeignetes Interface, um sich im gemeinsamen Informationsraum bewegen und die Dokumente mit denjenigen ihm dort zur Verfügung gestellten Werkzeugen bearbeiten zu können.

Derartige Szenarien setzen eine ständige Online-Verbindung des Benutzers während der Arbeit voraus und gehen von einer zentralen Bereitstellung der Umgebung und aller Komponenten aus. Ein solches Szenario stellt aber lediglich eine Möglichkeit im Kontinuum dar: Bis hin zur dezentralen Nutzung von Material und Werkzeugen im offline-Betrieb sollten auch Zwischenstufen unterstützt werden, bei denen bspw. das Material lokal vorgehalten wird und die Werkzeuge nur online verfügbar sind bzw. umgekehrt.

Ein Aktives Dokument kann nur in einer spezifischen Umgebung existieren. Neben der Sicherstellung der digitalen Existenz im Arbeitsspeicher oder auf einem Speichermedium benötigt es eine Ausführungsumgebung für die Aktivierung der eigenen Komponenten und für die erfolgreiche Interaktion mit anderen Komponenten. Ähnlich wie ein Agent benötigt ein Aktives Dokument eine Rahmeninfrastruktur, in der es sein Potential ausschöpfen und alle Funktionen realisieren kann. In Bezug auf die Telekooperationsumgebung soll zunächst, wie auch schon im letzten Kapitel, unterschieden werden zwischen der realen Umgebung und der virtuellen Umgebung.

Die reale Umgebung betrachtet die Interaktion einer Person mit dem System in der realen Welt. Hier wird betrachtet, in welcher realen Situation eine Person wie mit dem System interagiert. Wichtig ist, welches Arbeitsgerät die Person benutzt (bspw. Handheld, Laptop, Desktop), wo sie das tut (bspw. Büro, Operationssaal), welche anderen Personen in der direkten Umgebung sind, in welchem Arbeitsprozess das geschieht etc. Eigenschaften und Werte dieser realen Umgebung werden unter dem Begriff *Kontext der realen Welt* subsumiert.

Die virtuelle Umgebung dagegen betrachtet die in der virtuellen Welt existierenden Werkzeuge und Arbeitsmaterialien, ihre Erscheinungsformen, Einstellungen, Konfigurationen des Benutzers oder Benutzer-Proxies etc. Die im System erfassten Eigenschaften und Werte werden unter dem Begriff *Kontext der virtuellen Welt* subsumiert.

Die beiden Welten sind interdependent und es werden bei einer Interaktion Daten aus der realen Welt in die virtuelle Welt und umgekehrt übertragen. Das geschieht in der Regel durch die Eingabe von Daten in das System (neben der Eingabe durch Tastatur/Maus können das auch Eingaben durch andere Sensoren sein) und umgekehrt durch die Anzeige von Daten durch das System (bspw. optisch, akustisch oder haptisch). Auch bestimmt der reale Arbeitsprozess, welche Werkzeuge in der virtuellen Welt auf welche Weise zur Anwendung kommen und wie der Benutzer die virtuelle Welt mit ihren Komponenten arrangiert.

Um alle Vorteile des digitalen Mediums nutzen zu können, benötigen die Beteiligten einen Zugriff auf die elektronischen Werkzeuge und damit auf das gemeinsame Material, wobei dieser Zugriff in der Regel über die Mensch-Maschine-Schnittstelle eines Endgerätes (PC, Laptop, Palm, Handy, etc.) erfolgt. Die Arbeit mit dem Endgerät selbst hat Einfluss auf die Arbeitschritte in der realen Welt bzw. stellt einen eigenen Arbeitsschritt dar und umgekehrt: so mag sich bspw. der Arzt bei der Visite vom Patienten abwenden, um zunächst die relevanten Daten im mitgeführten Laptop zu suchen. Ansätze zur optimalen Integration von Endgeräten in die Arbeitsprozesse der realen Welt finden sich insbesondere im Forschungsgebiet der Mensch-Maschine-Schnittstelle, den Bereichen Ubiquitous Computing/Pervasive Computing sowie dem Bereich Sentient Computing (vgl. Fujinami / Nakajima (2005); Kawsar / Fujinami / Nakajima (2005)), wo Parameter der realen Welt von Sensoren erfasst werden, um Nutzer besser unterstützen zu können. Im medizinischen Bereich werden hier auch insbesondere die Nutzung von Umgebungsparametern mit Hilfe von RFIDs untersucht und „Smart Objects" entwickelt, die bspw. in Abhängigkeit von ihrem Standort und in Verbindung mit einer Identifizierung des Patienten bzw. des Arztes über RFIDs Medikationen berechnen oder Arzneimittel ausgeben können (vgl. Bardram 2004; Floerkemeier / Lampe / Schoch 2003).

Für eine grundsätzliche Unterstützung Aktiver Dokumente muss die Telekooperationsumgebung die folgenden Elemente bereitstellen bzw. Anforderungen erfüllen:

[TK1.1]	Bereitstellung einer Kernplattform mit Installations- und Updatefähigkeit über das Netz
[TK1.2]	Multiplattformfähigkeit für verschiedene Betriebssysteme und unterschiedliche Endgeräte (PCs, Server, Handhelds, Telefone etc.)
[TK1.3]	Bereitstellung eines persistenten Speicherortes für Aktive Dokumente

[TK1.4] Directory-Services in Bezug auf Nutzer, verfügbare Arbeitsplätze, Dienste etc.

Tabelle 12: Kernelemente einer Telekooperationsumgebung für Aktive Dokumente
(Quelle: eigene Darstellung)

Die in Kapitel 3.2.1 angeführten Kernanforderungen an Aktive Dokumente strukturieren im Folgenden die spezifischeren Anforderungen an die Telekooperationsumgebung und ergänzen Tabelle 12.

3.3.2.1 Verarbeitung der internen Datenrepräsentation

Die Telekooperationsumgebung muss das zugrunde liegende Datenformat Aktiver Dokumente auslesen und verarbeiten können. Daneben können Aktive Komponenten, die das Dokument mitführt bzw. auf die das Dokument verweist, geladen und ggf. gestartet werden. Das Dokument kann darüber hinaus Daten in einem Format mitführen, das nur mit einer dynamisch zuzuladenden Komponente verarbeitet werden kann.

Aufgrund der Eigenschaften dieser dynamischen Komponenten muss die Umgebung die automatische Einbindung unterstützen und dem Benutzer eine GUI-Schnittstelle zu diesen Komponenten, falls von der jeweiligen Komponente gefordert, zur Verfügung stellen.

Neben der Unterstützung eines grundlegenden Datenformates stellt die Telekooperationsumgebung zur Verarbeitung des internen Formats verschiedene Grunddienste zur Verfügung bzw. muss Zugriff auf diese Dienste haben. Dazu gehört die Möglichkeit, die „Rohdaten" des Aktiven Dokuments zu editieren, die Verarbeitung der netzartigen Datenstruktur mit Verschlüsselungs- bzw. Signaturdiensten, die Verarbeitung der Rechte/Rollenstruktur und die Unterstützung bei der Arbeit mit einer Änderungshistorie.

Um diese Dienste anbieten zu können, werden zusätzliche Dienste, wie bspw. die Authentifizierung von Nutzern gegen ein Namens- und Adressbuch, beansprucht, die ebenfalls von der Umgebung zur Verfügung gestellt, dynamisch zugeladen oder entfernt aufgerufen werden können.

[TK2.1] Einbindung dynamischer Komponenten, ggf. mit GUI-Unterstützung
[TK2.2] Unterstützung von Standardprotokollen/Rohdatenformate
[TK2.3] Signatur und Verschlüsselungsdienste
[TK2.4] Unterstützung einer Rechte- und Rollenstruktur
[TK2.5] Unterstützung einer Änderungshistorie
[TK2.6] Bereitstellung von Standarddiensten (Zugriff auf zentrales Namens- und Adressbuch etc.)

Tabelle 13: Kernanforderungen für die Verarbeitung der internen Datenrepräsentation
(Quelle: eigene Darstellung)

3.3.2.2 Ausführungsumgebung für Aktive Komponenten

Die Telekooperationsumgebung muss Aktive Komponenten aus dem Dokument herauslösen bzw. von einer autorisierten Quelle herunterladen und auf eine gültige Signatur hin automatisch prüfen können. Ist diese gegeben, so wird eine Laufzeitumgebung für die Aktive Komponente zur Verfügung gestellt und es werden, falls gefordert, dem Benutzer grafische Interaktionselemente der Komponente zur Verfügung gestellt.

Falls die Aktive Komponente den Start eines eigenen Prozesses verlangt, wird überprüft, ob ein gleichartiger Prozess bereits von einer anderen Komponente gestartet wurde bzw. ob der Prozess im Konflikt mit einem laufenden Prozess steht.

Die Umgebung stellt darüber hinaus eine standardisierte Programmierschnittstelle (Application Programming Interface [API]) zur Verfügung, auf die die Prozesse der Aktiven Komponenten synchronisiert zugreifen können und über die sie bspw. auf die Daten des Aktiven Dokuments zugreifen, Nachrichten austauschen oder den Benutzer informieren können.

[TK3.1]	Bereitstellung umgebungsspezifischer Dienste für die Interaktion mit Aktiven Komponenten
[TK3.2]	Laufzeitumgebung für Prozesse von Aktiven Komponenten
[TK3.3]	Management einer Laufzeitumgebung für Aktive Komponenten
[TK3.4]	Zentralisierte oder dezentralisierte Dienste für die sichere Bereitstellung und den Austausch von Aktiven Komponenten
[TK3.5]	Signaturprüfung Aktiver Komponenten
[TK3.6]	Prozessmanagement
[TK3.7]	Bereitstellung standardisierter Programmierschnittstellen

Tabelle 14: Kernanforderungen für die Bereitstellung einer Ausführungsumgebung
(Quelle: eigene Darstellung)

3.3.2.3 Benutzeradapter, Kommunikation mit der Umgebung und Kontextsensitivität

In Kapitel 3.3.2 wird eine Virtualisierung sowohl in Bezug auf das Material als auch in Bezug auf die Werkzeuge vorgeschlagen. Der Benutzer benötigt in der realen Welt ein geeignetes Interface, um sich mit dem gemeinsamen Informationsraum, d.h. der Telekooperationsumgebung zu verbinden und die Dokumente mit ihm dort zur Verfügung gestellten Werkzeugen bearbeiten zu können.

Die Telekooperationsumgebung selbst kann dabei zentral verfügbar und online zugreifbar gemacht werden oder Teile der Umgebung können dezentral auf einem Client-Rechner dem Benutzer zur Verfügung stehen und nur sporadisch mit dem Netz verbunden werden. Die Integration beider Szenarien bedingt dabei eine flexible Architektur.

Ein Aktives Dokument existiert nur zusammen mit einer verwaltenden Ausführungsumgebung, um mit dem Nutzer, der Umgebung des Nutzers und anderen Komponenten erfolgreich interagieren zu können. Dazu benötigt die Umgebung, neben einem Benutzerinterface, eine Komponente, die das Profil des Nutzers verwalten und verarbeiten kann. Daneben werden im Sinne von Kapitel 2.2.2 Komponenten erforderlich, die die Umgebungsparameter des Bearbeiters sowohl bei der Erfassung als auch bei der Auswertung von Informationen lesen und den Aktiven Komponenten zur Verfügung stellen können.

Für die Verarbeitung von Kontextinformationen geben Baldauf und Dustdar (2004) eine Übersicht über bestehende kontextsensitive Systeme und deren Architekturen. Alle der hierbei betrachteten Systeme fokussieren bei der Art der zu verarbeitenden Daten auf Sensorinformationen, die in der Regel physikalische Werte der Umgebung liefern, aber auch für nichtphysikalische Werte genutzt werden können. Die Telekooperationsumgebung kann solche Sensoren bereitstellen und muss die Werte dieser Sensoren über eine standardisierte Schnittstelle den Komponenten zur Verfügung stellen. Ferner muss die Telekooperationsumgebung die Verwaltung individueller Nutzerprofile unterstützen. Diese können wahlweise lokal (mit der Arbeitsumgebung) oder zentral (bspw. in einem Benutzerverzeichnis) verwaltet werden.

[TK4.1]	Benutzeradapter für den Zugriff auf den lokalen oder virtuellen Arbeitsplatz
[TK4.2]	Profilierung des Benutzers in Bezug auf seinen Arbeitskontext, seine Präferenzen etc.
[TK4.3]	Benutzeradapter mit Zugriff auf den physikalischen Kontext des Benutzers bzw. auf entsprechende Sensoren am Arbeitsplatz des Benutzers
[TK4.4]	API für die Verwaltung der Profilinformationen.

Tabelle 15: Kernanforderungen für Benutzeradapter, Kommunikation mit der Umgebung und Kontextsensitivität
(Quelle: eigene Darstellung)

3.3.2.4 Prozessunterstützung und Migration

Als Basis für die Prozesssteuerung wurden in Kapitel 3.2.1.4 Prozessmuster vorgeschlagen, die als Teile des Aktiven Dokuments gespeichert und damit selbst als gemeinsame Materialien betrachtet werden können. Die Umgebung muss Basisdienste für die Komponenten zur Verfügung stellen, die für die Abarbeitung dieser Prozessmuster erforderlich sind. Directory-Services unterstützen das Auffinden von Personen und die Zuordnung von Personen zu Positionen, Gruppen, Rollen etc. Weitere Services müssen die (virtualisierte) Arbeitsumgebung eines Benutzers finden und Aktive Dokumente bei Bedarf in diese Arbeitsumgebung migrieren: Das Aktive Dokument wird passiviert, in die Arbeitsumgebung der Zielperson migriert und kann dort wieder aktiviert werden. Dieser Migrationsprozess kann virtualisiert in einer Umgebung erfolgen oder eine „echte" Migration in eine andere physikalische Umgebung bewirken.

[TK5.1]	Zentralisierte oder dezentralisierte Dienste für den Austausch von Aktiven Dokumenten
[TK5.2]	Basisdienste für die Abarbeitung von Prozessmustern
[TK5.3]	Servicepunkte für die sichere Migration und Ausführung Aktiver Dokumente
[TK5.4]	Unterstützung des Migrationsprozesses durch Schnittstellen und Dienste
[TK5.5]	Unterstützung „echter" und virtueller Migration

Tabelle 16: Kernanforderungen für Prozessunterstützung und Migration
(Quelle: eigene Darstellung)

Die Prozessunterstützung bzw. die Migration Aktiver Dokumente stellt erhebliche Anforderungen an die Telekooperationsumgebung, da die Komponenten nicht ohne Erlaubnis und Unterstützung der jeweiligen Umgebung eine Migration realisieren können. In den Kapiteln 6.2.4ff. werden erforderliche Basisdienste vorgestellt und prototypisch realisiert.

3.4 Beispielszenarien für die Unterstützung durch Aktive Dokumente

Basierend auf der Gliederung der Kernanforderungen an Aktive Dokumente lassen sich generische Szenarien entwerfen, in denen Aktive Dokumente Teilnehmer im Kooperationsprozess bei unterschiedlichen Aufgaben maßgeblich unterstützen können. Diese fiktiven Szenarien sind der Ausgangspunkt für die Untersuchung im Feld bzw. werden bei der Analyse der Fallstudien zur Gliederungshilfe hinzugezogen, um die Praxisanforderungen mit den Unterstützungsmöglichkeiten durch Aktive Dokumente abzugleichen.

Inwieweit in den Fallstudien diese oder ähnliche Szenarien auftreten, ob eine Unterstützung in der unten dargestellten Form benötigt wird und ob andere Anforderungen an eine elektronische Unterstützung durch bestimmte Eigenschaften Aktiver Dokumente sinnvoller erscheinen, wird im anschließenden Kapitel 4 untersucht.

3.4.1 Szenario I – Flexible Datenrepräsentation, Datenpräsentation und Übersetzungsdienste

Die Inhalte des gemeinsamen Materials sollen für unterschiedliche Zielgruppen aufbereitet werden. Dabei präferiert eine Zielgruppe bspw. die Darstellung der Informationen geordnet nach zeitlicher Abfolge der hinzugefügten Informationen, eine andere Zielgruppe die Gruppierung der Informationen nach Themengebieten und eine dritte Zielgruppe möchte in Bezug auf den Sachverhalt „Medikation" nur die Informationen, die beim Attribut „enthaltene Inhaltsstoffe" die Ausprägung „Metoprolol" enthalten, darstellen lassen. Mit der Trennung von Inhalt und Struktur im Dokument muss es möglich sein, individuelle Präferenzen der Zielgruppen in Bezug auf Aufbereitung und Darstellung der Daten zu beachten. Die Darstellung von zeitlichen Informationen in Form einer Zeitleiste oder in Form eines Kalenders, die Darstellung bestimmter Themengruppen in unterschiedlichen Formaten etc. sollte ebenso wie die Lieferung einer „Standardansicht" flexibel unterstützt werden.

Für eine weitergehende Nutzung der Daten müssen Attributausprägungen wie „Metoprolol" mit einer entsprechenden Ontologie verbunden und Konzepten wie „Medikation" „Betablocker" bzw. „Inhaltsstoffe" zugeordnet werden. So kann für einen englischsprachigen Nutzer (nach Verknüpfung mit einer geeigneten internationalen Ontologie) „Medikation" mit „Medication" verbunden und auf einer unteren Ebene bspw. der Begriff „Metroprolol" mit „1-Isopropylamino-3-[4-(2-methoxyethyl)phenoxy]-2-propanol" verknüpft werden.

Da die Informationen mit einem Hinweis auf die verwendete Ontologie abgelegt werden, ist auch der übergreifende Austausch von Daten zwischen heterogenen Systemwelten bzw. Wissensdomänen möglich. Informationen eines Systems werden mit Hinweisen auf die verwendete System-Ontologie gespeichert. Bei Verwendung der Daten durch ein anderes System wird eine Schnittstelle benötigt, die die Daten für das andere System auf Basis einer vorhandenen Ontologie-Zuordnungsvorschrift in beide Richtungen übersetzen kann. Diese Übersetzungen können in der Regel nicht allein durch eine Verknüpfung der Ontologien durchgeführt werden, sondern benötigen spezifische Komponenten, die die Daten für das jeweils andere System und umgekehrt aufbereiten. Dabei ist es möglich, eine Komponente einzusetzen, die für den Austausch von Daten zwischen zwei Systemen A und B speziell entwickelt wurde. Alternativ können zwei Komponenten zum Einsatz kommen: Die eine Komponente stellt dabei eine Schnittstelle von System A zu einem System C her (mit übergreifendem Format), während die andere Komponente eine Schnittstelle von System B zu Systems C bereitstellt. Die Entwicklung individueller Schnittstellen, also lediglich einer Übersetzungskomponente speziell für die Verbindung von A und B, stellt dabei die unflexiblere Alternative mit deutlich geringerem Aufwand dar, da kein umfassendes Format für ein System C entwickelt werden muss. Die entsprechenden Übersetzungskomponenten sollen bei Benutzung Aktiver Dokumente vom Dokument mitgeliefert werden können. Enthält das Dokument bspw. Daten, die von einem Röntgengerät X gespeichert wurden, so wird diese Information zusammen mit den Daten gespeichert. Migriert das Dokument nun in eine Umgebung, die Röntgengeräte vom Typ Y einsetzt, so liefert das Dokument, wenn existent, eine Schnittstelle von Datenformat X zu Y gleich mit. Ob und inwieweit das geschilderte Szenario Praxisrelevanz besitzt, wird in Kapitel 4 untersucht.

3.4.2 Szenario II – Aktive Komponenten

Damit ein Kooperationspartner bestimmte zukünftige Ereignisse in Verbindung mit dem Material unter dem Einfluss anderer Kooperationspartner beeinflussen bzw. steuern kann, hat er die Möglichkeit, Aktive Komponenten einzusetzen und ggf. spezifisch zu konfigurieren. Aktive Komponenten enthalten Programme bzw. Scripte, die in der jeweiligen Zielumgebung des Nutzers gestartet werden können. Wie oben beschrieben kann die jeweilige Umgebung den Start solcher Programme zulassen: Der entsprechende Triggermechanismus wird von der Komponente angefragt und kann von der Umgebung bereitgestellt werden.

So können Aktionen zeitgesteuert von der Aktiven Komponente ausgeführt werden. Da die Aktive Komponente mit dem Dokumentinhalt eng verknüpft ist, kann bspw. überprüft werden, ob es zu gewünschten Neueinträgen in regelmäßigen Zeitabständen kommt. Neben der reinen Überprüfung, ob Einträge in bestimmten Zeitintervallen gemacht werden, können Aktive Komponenten auch bestimmte Konsistenzprüfungen übernehmen oder bei inhaltlichen Widersprüchen eine Warnmeldung ausgeben. Ebenso ist eine ereignisgesteuerte Script-Ausführung mit definierten Ereignissen wie Ergänzung, Änderung oder Löschung von Strukturelementen möglich. Wird eine Medikation eingegeben, warnt die Komponente automatisch vor Wechselwirkung mit anderen Medikamenten auf Basis einer zentralen Medikamentendatenbank.

Auch könnte eine regelmäßige Bestätigung vom Nutzer mit anschließendem Log-Eintrag eingefordert werden, die die Krankenschwester oder den Arzt zwingt, bestimmte Tätigkeiten in regelmäßigen Abständen beim Patienten zu überprüfen. Auch hier muss die Praxisrelevanz der geschilderten Szenarien in Kapitel 4 untersucht werden.

3.4.3   Szenario III – Nutzung von Kontextinformationen

Um innerhalb des Kooperationsprozesses den Kontext, in dem sich der jeweilige Kooperationspartner befindet, nutzen zu können bedarf es, wie oben beschrieben, einer Erfassung und Explikation der entsprechenden Kontextparameter.

Szenarien, bei denen die Auswertung des Kontextes aus der Datengenerierung eine Rolle spielen kann, sind vielgestaltig (siehe hierzu die Diskussionen in den vorangegangenen Kapiteln, insbesondere in den Kapiteln 2.1.2 und 2.1.4). Werden die Kontextinformationen später zur Filterung von Informationen verwendet, so besteht die Möglichkeit, bei der Generierung und Speicherung von Informationen zusätzlich relevante Kontextparameter explizit abzulegen. Der Kooperationspartner hat die Möglichkeit, auf einige Kontextparameter, die bei der Erhebung der Daten eine Rolle gespielt haben können, zurückzugreifen. So spielt bei medizinischen Informationen die Einordnung eines Datums in den jeweiligen historischen Behandlungskontext eine Rolle. Ebenso mag es eine große Rolle spielen, wer die Daten wann mit welcher Methode erhoben hat, wie sich der Patient bei der Untersuchung gefühlt hat usw.

Neben dieser Nutzung der Daten aus dem Kontext der Datengenerierung gibt es aber zudem die Möglichkeit, Kontextinformationen des Nutzers sinnvoll zu analysieren. Dazu besteht die Möglichkeit, für bestimmte Kontextparameter seiner Kooperationspartner Aktive Komponenten individuell zu konfigurieren und diese auf Kontextparameter reagieren zu lassen. So wird es möglich, für spezialisierte Kollegen Hinweise bzw. Kommentare aktiv einzublenden, die Nichtspezialisten keinen Mehrwert bedeuten. Auch können bei Vorliegen bestimmter Kontextparameter Aktionen gestartet werden: Kann aus den Kontextparametern geschlossen werden, dass sich der Kooperationspartner in einer bestimmten Situation befindet (Visite, Medikation, Untersuchung...), so werden situationsspezifisch Hinweise eingeblendet (bspw. dass der Patient bei der Visite erneut auf einen bestimmten Wunsch angesprochen werden sollte oder dass aufgrund eines Metallimplantats niemals eine NMR-Untersuchung vorgeschlagen werden darf). Auch hier wird in Bezug auf die Praxisrelevanz auf Kapitel 4 hingewiesen.

3.4.4 Szenario IV – Migration und Prozessunterstützung

Prozesse sollen von Aktiven Dokumenten durch die bedarfsgerechte Bereitstellung des Materials und entsprechender Werkzeuge unterstützt werden. Kooperationspartner kooperieren gerade durch den Austausch von Materialien.

Der Patient wird im Rahmen seiner Behandlung an verschiedenen Orten (Krankenzimmer, verschiedene Untersuchungszimmer, Operationssaal, Rehabilitationsbereich usw.) von verschiedenen Mitgliedern des *health care teams* untersucht, behandelt bzw. betreut. Diese Personen benötigen in der Regel Zugriff auf die aktuellsten patientenbezogenen Informationen und müssen die Möglichkeit haben, sofern sie dazu autorisiert sind, diese Informationen zu lesen, zu bearbeiten und ggf. weitere Informationen hinzuzufügen. Eine kontextspezifische Aufbereitung der Informationen und die Herstellung eines möglichst deckungsgleichen Kontextes für nachfolgende Personen ist dabei wünschenswert. Zudem möchte das betreffende Mitglied des Teams die Informationen in seiner vertrauten virtuellen Arbeitsumgebung, möglichst unter Berücksichtigung seiner individuellen Präferenzen, sehen und bearbeiten können.

Da der Behandlungsprozess in vielen Fällen einem vorgegebenen Schema folgt und Kliniken u.a. aus Kostengründen dazu übergehen, standardisierte Behandlungsabläufe („Clinical Pathways", siehe dazu Kapitel 5.2.2) zu implementieren, kann die Patientenakte als Aktives Dokument mit gespeicherten und flexibel veränderbaren Workflow-Informationen in Verbindung mit geeigneten Aktiven Komponenten den Prozess unterstützen bzw. mitsteuern. Das Dokument sollte dazu eng mit dem Patienten verbunden sein und ständig über aktualisierte Informationen in Bezug auf Aufenthaltsort, Vitalparameter, Historie etc. des Patienten verfügen. So kann die Akte an geplante Aktionen erinnern, auf das Vorhandensein bzw. Fehlen notwendiger Informationen für bestimmte geplante Aktionen hinweisen und selbständig in die Arbeitsumgebung von Mitarbeitern migrieren, die zu einem späteren Zeitpunkt den Patienten betreuen bzw. in einem parallelen Prozess Arbeitsvorbereitungen o. ä. durchführen. Ein Zugriff auf das Dokument, sofern an geeigneter Stelle digital vorhanden und elektronisch zugreifbar, bleibt davon unberührt und stellt eine zusätzliche Option dar.

Ob und inwieweit das geschilderte Szenario Praxisrelevanz besitzt, wird in Kapitel 4 untersucht: Die Möglichkeit nach einem Auslesen von Parametern der Zielumgebung und einer entsprechenden Anpassung der Informationsdarstellung bzw. Informationsselektion ist ebenfalls in den Fallstudien zu untersuchen.

3.5 Weitere Unterstützungsmöglichkeiten

Die entwickelte Kategorisierung der Szenarien stellt lediglich eine von vielen Möglichkeiten dar, die Unterstützungsmöglichkeiten des vorgestellten Konzepts zu beschreiben. Daneben sind die oben aufgeführten Beschreibungen der Szenarien im Sinne von Arbeitshypothesen für die Untersuchung der Domäne zu sehen und versuchen lediglich, die vorher entwickelten Potentiale des Konzepts mit Hilfe von Praxisbeispielen zu verdeutlichen. Das Nutzenpotential

Aktiver Dokumente ist natürlich nicht auf die genannten Szenarien beschränkt und die Analyse der Fallstudien wurde u.a. aus der Perspektive eines fiktiven Aktiven Dokuments vorgenommen. Das bedeutet, dass bei der Analyse der Fallstudien die oben erarbeiteten Möglichkeiten eines Aktiven Dokuments zusätzlich betrachtet wurden. Die Frage „wie könnte ein Aktives Dokument bei dem betrachteten Prozess bzw. der betrachteten Tätigkeit die Teilnehmer des *health care teams* unterstützen?" leitete insbesondere die Betrachtung der eingesetzten Artefakte innerhalb der Domäne.

4 Grundlagen der elektronischen Patientenakte

Bevor Kapitel 5 die Nutzung von Patientenakten in zwei Fallstudien untersucht, werden im folgenden Kapitel die Grundlagen von (elektronischen) Patientenakten diskutiert. Nach einem einleitenden Überblick in Bezug auf die Informationstechnologie im Gesundheitswesen gehen die Kapitel 4.2 und 4.3 auf die elektronische Patientenakte ein. Kapitel 4.2 diskutiert dabei die Grundlagen während Kapitel 4.3 im Hinblick auf die Fallstudien des nächsten Kapitels die elektronische Patientenakte im stationären Bereich untersucht und die Unterstützung von Kooperationsprozessen durch die elektronische Patientenakte betrachtet.

4.1 Informationstechnologie im Gesundheitswesen

Die Informationstechnologie im Gesundheitswesen beschränkt sich längst nicht mehr auf administrative Prozesse. Sie steht mittlerweile synonym für die Unterstützung von Geschäftsprozessen, Transparenz, Effizienzsteigerung, Integration und verbesserte Patientenversorgung und ist zu einem strategischen Erfolgsfaktor geworden ist (Stock et al. 2002). Zwar ist in Bezug auf das Investitionsvolumen das Gesundheitswesen der drittgrößte IT-Anwendermarkt in der Bundesrepublik, aber im Gegensatz zur Industrie (5% - 7,5%) fließen im Gesundheitswesen nur rund 3% der Gesamtbudgets in die IT (Salfeld (2001); Richardson et al. (2002)) sprechen von 1-2% der Gesamtinvestitionen, die in die EDV-Infrastruktur fließen (im Vergleich zum Bankensektor oder dem Handel mit 10-14%).

Nicht nur in Deutschland sondern weltweit steht das Gesundheitswesen vor der schwierigen Aufgabe, die Finanzierung der Gesundheitsversorgung dauerhaft zu gewährleisten. Ursachen für die Ausgabensteigerung sind u. a. die Änderung der Altersstruktur, der Fortschritt der Medizintechnik, steigende Ansprüche und eine erhöhte Mobilität des Patienten. Systembedingt treten Ineffizienzen auf, die es zu beseitigen gilt, um Freiräume zur Deckung des steigenden Versorgungsbedarfs zu schaffen und Rationierung abwenden zu können (Roland Berger & Partner GmbH 1997). Der Anteil der medizinischen Versorgung am Bruttosozialprodukt ist in den vergangenen Jahren stetig gestiegen. Wesentliche Ursachen liegen in der Änderung der Altersstruktur der Bevölkerung, dem Fortschritt der Medizin und Technik, der neue oftmals teure Behandlungsmethoden ermöglicht, der zunehmenden Zahl chronisch Kranker und den steigenden Ansprüchen der Patienten an die medizinische Versorgung.

Die Bundesregierung hat mit der Einführung der dritten Stufe der Gesundheitsreform Maßnahmen ergriffen, um die Ausgaben der gesetzlichen Krankenversicherungen mit den Beitragseinnahmen im Gleichgewicht zu halten (Gerlinger 2002). Krankenhäuser und Ärzte sind gezwungen, Effizienzpotentiale auszuschöpfen, wobei die computerunterstützte Verbesserung von Teamarbeit in Verbindung mit einer Optimierung informationslogistischer Prozesse einen erheblichen Beitrag leisten kann.

Mit einer steigenden Lebenserwartung werden mehr Krankheiten „erlebt", wobei immer mehr chronische Erkrankungen eines größeren Versorgungszeitraumes bedürfen. Gerade bei langwierigen und komplexen Krankheitsbildern, wie sie beispielsweise im Bereich der Onkologie anzutreffen sind, kommt dem Begriff des interdisziplinären *health care teams* eine besondere Bedeutung zu. Unter diesem Begriff versteht man sowohl Ärzte als auch andere Beteiligte im Gesundheitswesen, wie Pflegekräfte, Therapeuten, Sozialarbeiter und Pharmakologen, die direkt oder indirekt am Heilungsprozess des Patienten beteiligt sind (Dick / Steen 1997). Es ist offensichtlich, dass die Beteiligten für eine effiziente Behandlung nur auf der Basis aktuellster und vollständiger Patienteninformationen in geeigneter Weise kooperieren können. Dabei resultieren Fortschritte in der medizinischen Wissenschaft und Technik in immer komplexeren und datenintensiveren Behandlungsmethoden sowie in einer damit einhergehenden Vermehrung der verfügbaren Informationen.

Das Gesundheitswesen kann durch eine Vielzahl von Leistungserbringern charakterisiert werden, was schon aus einer Aufzählung der beteiligten Akteure ersichtlich wird: Allgemein- und Fachärzte, Krankenhäuser, Pflegedienste, Krankenkassen, Laboratorien, Vorsorge- und Rehabilitationseinrichtungen, Apotheken, Kassenärztliche Vereinigungen und Krankenkassen sind unter vielen anderen an der Erbringung von Gesundheitsleistungen beteiligt. Ellsässer und Köhler (Ellsässer / Köhler 1993) sprechen hier von einem Shared-Care-Konzept: ein Krankenhaus zentralisiert eine Vielzahl medizinischer Dienstleister und Spezialisten, besteht in der Regel aus einer Vielzahl von Abteilungen und Einrichtungen und greift diesen Shared-Care Gedanken abteilungsübergreifend am Patienten auf. Aufgrund der im Gesundheitswesen herrschenden weit reichenden Spezialisierung ist die Behandlung von Patienten ein Prozess, an dem viele Leistungserbringer beteiligt sind. Dies hat zur Folge, dass bereits heute ein in Bezug auf Menge und auf Komplexität enormer Informationsaustausch zwischen den Akteuren erfolgt, der zukünftig noch weiter ansteigen wird.

4.2 Grundlagen einer elektronischen Patientenakte

Inwieweit eine Patientenakte, respektive eine elektronische Patientenakte, einen Beitrag zu einem verbesserten Informationsaustausch und damit zu einer verbesserten Versorgung des Patienten beitragen kann, wird in den folgenden Abschnitten erarbeitet. Nach einer Diskussion der Grundlagen medizinischer Dokumentation und der Betrachtung papierbasierter Akten werden die wesentlichen Eigenschaften einer elektronischen Akte vorgestellt. Insbesondere die Herausforderungen einer sektorübergreifenden elektronischen Patientenakte werden thematisiert, denn dem medizinischen Laien ist nicht unmittelbar einsichtig, warum ein Konzept, das für einen Bereich mit derartiger Informationsintensität enorme Potentiale bietet, nicht schon deutlich weiterentwickelt ist bzw. mit derart zögerlicher Schritten vorangetrieben wird. Die Ausführungen im Rahmen der betriebswirtschaftlichen Nutzenbetrachtung und im Rahmen des Integrationsprojektes „Gesundheitskarte" geben weitere Hinweise auf die aktuellsten sektorübergreifenden Entwicklungen.

4.2.1 Dokumentation und elektronische Patientenakte

Eine Deckungslücke ergibt sich aus dem Informationsbedarf eines Arztes und den zur Verfügung stehenden Informationen zum Zeitpunkt der Behandlung (so bleiben ca. 70% des Informationsbedarfs während einer Visite unbefriedigt (vgl. Covell / Uman / Manning 1985)). Die Beteiligten des *health care teams* sind im Zuge des entstandenen Kostendrucks auf einen effizienten Zugriff auf aktuelle Patienteninformationen angewiesen, um unter den gegeben Restriktionen eine gleich bleibende oder, wenn möglich, sogar bessere Versorgung gewährleisten zu können. Einen Anhaltspunkt für die betriebswirtschaftliche Relevanz der Informationslogistik insbesondere im stationären Krankenhausbereich liefern (Dick / Steen 1997):

> *"An estimated 35 to 39 percent of total hospital operating costs have been associated with patient and professional communication activities, physicians spend an estimated 38 Percent and nurses an estimated 50 percent of their time writing up patient charts."*

Nachdem auch in den letzten Jahren die Grenzen zwischen Medizin und Administration zunehmend verwischen und die Mediziner selbst gefordert sind, Diagnosen zu verschlüsseln (ICD-10, DRG) spielen Themen der medizinischen Dokumentation eine immer größere Rolle (vgl. Warda / Noelle 2002).

4.2.1.1 Grundlagen der medizinischen Dokumentation

Die Methoden, die Tätigkeiten und das Ergebnis des Sammelns, Erschließens, Speicherns, Ordnens, Aufbewahrens und der gezielten Wiedergewinnung medizinischer Informationen oder medizinischen Wissens bezeichnet man als medizinische Dokumentation (vgl. Leiner et al. (1999); Klar / Graubner (1997)). Koller und Wagner (1975) unterscheiden dabei die drei Hauptbereiche *Gesundheitsberichterstattung, Dokumentation des medizinischen Wissens* und die *patientenbezogene Dokumentation*. Gesundheitsberichterstattung umfasst u. a. epidemiologische und medizinstatistische Daten auf Basis aggregierter Daten aus patientenbezogenen Dokumentationen sowie Informationen zum Gesundheitssystem während die *Dokumentation* des medizinischen Wissens in der Regel patientenunabhängig in Form von Fachliteratur, Fakten und Wissensdatenbanken mit zugehörigen Diensten zum Informations-Retrieval erfolgt. Mit Betrachtung der elektronischen Patientenakte liegt der Schwerpunkt der vorliegenden Arbeit primär auf der patientenbezogenen Dokumentation, wobei die Nutzung dieser Technologie beispielsweise im Hinblick auf die Aggregation oder Klassifikation von Daten auch Auswirkungen auf Gesundheitsberichterstattung und Dokumentation medizinischen Wissens hat.

Die patientenbezogene Dokumentation deckt im Idealfall die gesamte ärztliche (klinische) Dokumentation ab und hat als Ziel, ausschließlich berechtigten Personen alle relevanten Informationen zu einem oder mehreren Patienten und den dazugehörigen Behandlungen

- zum richtigen Zeitpunkt
- am richtigen Ort und
- in der richtigen Form

bereitzustellen. Als Anwendungsbereiche mit unterschiedlichen Anforderungen und Zielen an eine patientenbezogene, medizinische Dokumentation werden von Zaiß et al. (2002) die Patientenversorgung, die Administration, der rechtliche Bereich, das Qualitätsmanagement, die Lehre und die Forschung identifiziert:

Anwendungsbereich	Ziel	Anmerkung
Patientenversorgung	Wirkungsvolle Unterstützung der medizinischen Versorgung des Patienten	Kommunikationsmedium zwischen allen Personen, die an der Versorgung beteiligt sind. Festhaltung der Indikation und der Ergebnisse aller ärztlichen Maßnahmen.
Administration	Unterstützung der Abrechnung und des Controllings	Durch pauschalierte Entgelte und DRGs steigen die Anforderungen an die Dokumentation. Kodierung der Haupt- und Nebendiagnosen wird erforderlich.
rechtlicher Bereich	Unterstützung gesetzlich vorgeschriebener Aufgaben	Dokumentation als Grundlage für rechtliche Auseinandersetzungen und als Pflichtaufgabe des Arztes mit Urkundencharakter.
Qualitätsmanagement	Retrospektive und prospektive Analyse	Krankheitsverläufe können für kritische Reflexion und Evaluation (medical audit) bereitgestellt und Behandlungsfälle für eine systematische Qualitätsbeobachtung (quality management) selektiert werden
Lehre	Bereitstellung von Kasuistiken	Exemplarische Simulation eines Behandlungsfalles und nachträgliche, kritische Bewertung
Forschung	Verallgemeinerung der Erfahrung aus der Versorgung einzelner Patienten	Bereitstellung von Daten zur retrospektiven Analyse, zur Selektion von Patienten für Studien und für Querschnittsanalysen

Tabelle 17: Anwendungsbereiche einer patientenbezogenen, medizinischen Dokumentation
(Quelle: nach Zaiß et al. (2002))

Bei der Dokumentation selber wird im medizinischen Bereich unterschieden zwischen horizontaler vs. vertikaler, direkter vs. indirekter und standardisierter vs. nicht-standardisierter Dokumentation:

Horizontale Dokumentation	Vertikale Dokumentation
In „die Breite" gehend mit relativ wenigen Merkmalen bei relativ vielen Objekten (z.b. Krebsregister)	In „die Tiefe" gehend mit relativ vielen Merkmalen bei relativ wenigen Objekten (z.b. klinische Studie)
Direkte Dokumentation	**Indirekte Dokumentation**
Erfassung an den beobachtbaren Objekten (z.b. Krankheiten, Patienten)	Verweise auf Objekte eines anderen Suchsystems (z.b. Literaturdatenbank)
Standardisierte Dokumentation	**Nicht-standardisierte Dokumentation**
Einheitliche Aufzeichnung der Merkmale (Festlegung der Merkmale und möglichen Ausprägungen) Bei computerunterstützten Systemen: formatierte Eingabe	Keine einheitliche Aufzeichnung der Merkmale Bei computerunterstützten Systemen: freie Texteingabe ohne fest definierte Merkmalsausprägungen

Tabelle 18: Anwendungsbereiche einer patientenbezogenen, medizinischen Dokumentation
(Quelle: nach Seelos (1997) und Leiner et al. (1999) in Zaiß et al.(2002))

Ziel der medizinischen Dokumentation ist es, den Behandlern alle Informationen über den Patienten in der Patientenakte zur Verfügung zu stellen. Theoretisch ist es daher ausreichend, den Patienten mit einer alles umfassenden Akte auszustatten, in der jede Dokumentation einmal abgelegt ist. In der Praxis tritt dieser Fall allerdings nur äußerst selten auf. Bei der Aufteilung zwischen stationärem und ambulantem Sektor halten in den meisten Fällen die verschiedenen Fachabteilungen innerhalb des stationären Sektors (Aufteilung in Haupt- und Nebenakten mit Verweisen auf die Nebenakten) sowie die einzelnen Praxen innerhalb des ambulanten Sektors Teile der Dokumentation ausschließlich bei sich. Die Gründe dafür sind äußerst vielschichtig und reichen von rechtlichen (Aufbewahrungspflicht, Datenschutz) und ökonomischen Argumentationen (*wer bezahlt die Aufbereitung und den Transfer der Informationen?*) hin zu Bedenken, mit einer detaillierten Patientendokumentation die eigene Arbeit für Kollegen transparent, nachvollziehbar und unter Umständen auch kontrollierbar zu machen.

Auch kommt es bei Patienten mit mehreren Diagnosen häufig zu diagnosebezogenen Akten, so dass durch eine inhaltliche Überschneidung einzelne Dokumente mehreren Diagnosen zugeordnet werden müssen, was meist zu einer Kopie von Dokumenten und zu Redundanz führt.

4.2.1.2 Papierbasierte Patientenakte

Im täglichen Einsatz in Arztpraxen und Krankenhäusern wurden im Jahre 2000 zu 98% konventionelle Patientenakten auf Papierbasis verwendet (Waegemann 2000, 8). Schmücker meint dazu (Schmücker et al. 1998, 223):

> *„Die Patientenakte ist primär eine Sammlung von Dokumenten, die im Zusammenhang mit der medizinischen Versorgung eines individuellen Patienten an einer medizinischen Versorgungseinrichtung erstellt wird. Sie stellt einen mehr oder weniger umfassenden Auszug aus der medizinischen Historie eines individuellen Patienten dar. "*

Es handelt sich dabei um eine physische Akte, die eine Krankengeschichte oder ein Krankenblatt enthält. Die PA umfasst alle Daten und Dokumente eines Patienten, die durch die medizinische Versorgung an einer Einrichtung erstellt werden (Leiner et al. 1999, 67). Der Aufbau einer PA hat sich in der Vergangenheit von einer unstrukturierten, in chronologischer Reihenfolge geordneten Sammlung von Berichten zu einem problem- bzw. aufgabenorientierten Hilfsmittel des Pflegepersonals gewandelt. Zur konventionellen, papierbasierten Patientenakte gehören alle Daten und Dokumente, die im Zusammenhang mit der medizinischen Versorgung eines Patienten in einer Einrichtung erhoben und erstellt werden. Die Akte gliedert sich in der Regel in Teildokumentationen (z.B. Anamnese, Befunddokumentation, Pflegedokumentation etc.) und enthält die folgenden Informationen (vgl. Zaiß et al. 2002, 51f.):

Kategorie	Beispiele für Informationen
Stammdaten	Eindeutige ID, Name, Geburtsort, Geburtsdatum, Geschlecht, Adresse
Administrative Daten	Fallnummer, Krankenversicherungsdaten, Hausarzt
Anamnese	Beschwerden, Anlass der Behandlung, Symptome, Vorgeschichte
Befunde	Körperliche Untersuchung, Laborwerte
Diagnosen	Einweisungs-, Aufnahme-, Haupt-, Nebendiagnosen
Therapien	Medikation, Operationen,
Pflegerische Maßnahmen	Art der Patientenbettung, Waschen, Füttern
Behandlungsverlauf	Zeitliche Darstellung des Zustands, Ablauf von Diagnostik und Therapie
Spezialdokumentation	Tumorbasisdokumentation, klinische Studien
Epikrisen	Zusammenfassender Rückblick und Interpretation des Krankheitsgeschehens, oft als Arztbrief

Tabelle 19: Gliederung einer Akte in Teildokumentationen
(Quelle: nach Zaiß et al. (2002))

Zu beachten ist, dass eine PA über die medizinischen Daten hinaus weitere Gesundheits-, administrative, soziale und genetische Daten enthält (Tervo-Pellikka 1995, 19). Pommerening (1999) ist der Meinung, dass persönliche Arztnotizen nicht in die Patientenakte gehören. Diese Sichtweise ist jedoch umstritten, da persönliche Notizen ebenfalls für die Behandlung oder Diagnose eines Patienten als relevant angesehen werden können. Der Umfang der PA kann vor allem bei chronischen Erkrankungen oder schweren Unfallverletzungen ein Ausmaß von mehreren hundert Seiten erreichen.

Der Papierakte können unterschiedlichste Medien wie Röntgenbilder, Röntgenfilme, NMR-Daten, Laborbefunde, Bilder von Computertomographien und Ultraschalluntersuchungen, EKG-Befunde, Briefwechsel mit anderen Institutionen, Diagnosen, Fieberkurven auf unterschiedlichen Medien (Papier A4, Papier A5, Papier Endlospapier, Film, Dia etc.) beigelegt sein.

Als Vorteile der konventionellen PA sieht Hoen (1998, 18) die Gerichtfestigkeit, die Rechtssicherheit, die Transportfähigkeit, die Verfügbarkeit, die Flexibilität, den leichten Einsatz und Gestaltung. Darüber hinaus ist zu erwähnen, dass das medizinische Personal im Umgang mit der konventionellen Patientenakte geübt ist und ein klassisches „Blättern" durch die Akte oder der Vermerk einer kurzen handschriftliche Notiz auch mit modernen Pen-based Laptops nicht das gleiche haptische Erlebnis bietet.

4.2.1.3 Unzulänglichkeiten der papierbasierten Patientenakte

Neben den grundsätzlichen Nachteilen papierbasierter Informationsspeicherung sei im Folgenden auf wesentliche Nachteile einer papierbasierten Patientenakte ohne Anspruch auf Vollständigkeit hingewiesen.

Für den behandelnden Arzt ist es aufgrund des großen Umfangs einer Patientenakte schwierig, sich einen kurzen Überblick über die aktuellen gesundheitlichen Probleme eines Patienten zu verschaffen (Ludwig 1997, 55). Es besteht keine Möglichkeit, Überblick- und Detailinformationen zu trennen, um die Arbeit der Ärzte zu erleichtern. Des Weiteren wird die Auswertung der Informationen zu einem zeitintensiven Prozess, da die enthaltenen Daten oft unvollständig oder sogar widersprüchlich sind und keine einheitliche Terminologie verwendet wird (Krämer / Rapp / Krämer 1999, 218). Dieser Umstand wird durch das oben beschriebene Problem der Datenmenge verstärkt.

Goldberg (2000, 64) sieht umständliche Handhabung, schwierige Vervielfältigung der Gesamtakte und Austausch mit nur begrenztem Zugriff von extern als Hauptnachteile. Ein simultaner Zugriff mehrerer Personen auf dieselbe Akte ist nicht möglich (vgl. Kröpke / Geis 1997, 118; Anderson 1999, 19) und die Unleserlichkeit von handgeschriebenen Dokumenten schränken die Einsatzmöglichkeiten weiter ein (Schmücker et al. 1998, 222).

Matthies et al. (1999, 101) weisen zudem darauf hin, dass die konventionelle Archivierung durch eine Vielzahl von Unzulänglichkeiten geprägt ist, und eine Studie kommt hier zu dem Ergebnis, dass ein Drittel aller Akten falsch abgelegt sind oder sogar gänzlich fehlen (Cross 2000, 30). Vor allem an Sonn- und Feiertagen herrscht eine Begrenzung der Öffnungszeiten der Archive, die eine schnelle Informationsabfrage im Notfall erschwert oder unmöglich macht (vgl. Schmücker / Dujat 1996, 98; Kröpke / Geis 1997, 118; Schmücker 1997, 2). Aber auch während den Öffnungszeiten ist eine lange Reaktionszeit zwischen Anforderung und Herausgabe der Krankenakte festzustellen (Kröpke / Geis 1997, 118).

Ein weiterer Nachteil entsteht durch den Platzbedarf, den die konventionelle Archivierung benötigt (Schmücker 1997, 2). Man geht von einem Platzbedarf von einem laufenden Meter Papierakten pro Bett und Jahr aus, der sich durch die informationsintensiveren Verfahren eher erhöht hat (Schmücker / Dujat 1996, 98).

Oft sind innerhalb eines Archivs verschiedene Ordnungskriterien zu beobachten, abhängig von dem Entstehungszeitpunkt der PA (Kröpke / Geis 1997, 118), was das Finden einer Akte erheblich erschwert. Zusätzlich zu den bisher genannten Nachteilen herrscht bei der konventionellen Archivierung ein mangelhafter Datenschutz vor, da Papierdokumente leicht zu kopieren, manipulieren oder zu entfernen sind.

4.2.1.4 Elektronische Patientenakte

Die elektronische Patientenakte deckt im Idealfall die gesamte ärztliche Dokumentation ab und verfolgt alle Ziele der patientenbezogenen medizinischen Dokumentation mit den Vorteilen der digitalen Informationsspeicherung und -verarbeitung. Der Begriff *elektronische*

Patientenakte (ePA) hat allerdings in der Literatur und in der Praxis keine einheitliche Bedeutung. So bezeichnet der Begriff in der Telematik die weltweit einzige elektronische Akte eines Patienten. Insbesondere Krankenhausinformations- und Praxisinformationssystemhersteller werben dagegen mit einer integrierten elektronischen Patientenakte, wobei die entsprechenden Systeme aber in vielen Fällen nur einzelne Bereiche (Bildverarbeitung) oder einzelne Befundarten (z.b. Laborwerte) elektronisch unterstützen. In der Literatur wird zwar der Versuch unternommen, Begriffe wie „computerbasierte Patientenakte", „computerisierte medizinische Akte", „elektronische medizinische Akte", „digitale Medizinakte" oder „persönliche Gesundheitsakte" von der „elektronischen Patientenakte" zu unterscheiden (vgl. Waegemann 2002), in vielen Artikeln ist dennoch eine eigene Definition bzw. eine synonyme Verwendung der Begriffe die Regel. Diese Arbeit versteht unter einer *elektronischen Patientenakte* (ePA) das von (Waegemann 2002) skizzierte Konzept „Electronic Health Record".

Die elektronische Patientenakte nach (Waegemann 2002, 8f.)

- … enthält nicht alle Gesundheitsdaten des Patienten, sondern lediglich Informationen, die für aktuelle und zukünftige Behandlungsprozesse Relevanz besitzen können.
- … repräsentiert Behandlersichten auf die Gesundheitshistorie des Patienten.
- … unterstützt klinische Kommunikation und Planungsprozesse zwischen Behandlern.
- … ist für andere berechtigte Behandler einfach einsehbar.
- … unterstützt die interaktive Informationseingabe am Behandlungsort.

In Bezug auf die Charakterisierung eines umfassenden Systems für elektronische Patientenakten werden die folgenden 10 Anforderungsbereiche vorgeschlagen, wobei in jedem Bereich das System eine mehr oder weniger komplexe Lösung anbieten kann:

- Inhalt
- Informationserfassung
- Repräsentation der Information
- Betrieb und Datenmodell
- Klinische Praxis
- Entscheidungsunterstützung
- Sicherheit / Vertraulichkeit
- Performanz
- Interoperabilität
- Qualitätssicherung

4.2.1.5 Wesentliche Eigenschaften einer elektronischen Patientenakte

Als wesentliche Eigenschaft der ePA wird die Möglichkeit eines simultanen Zugriffs mehrerer Teilnehmer auf dieselben Daten einer PA von unterschiedlichen Orten aus gesehen (vgl. Adelhard / Nissen-Meyer / Reiser 1999, 312; Anderson 1999, 19; Elfering 1999a, 190; Müllges 1997, A-1134). „Bilder und Befunde können jederzeit an verschiedenen Orten zur

Verfügung stehen" (Schmücker 1997, 10). Da die ePA im Normalfall innerhalb eines Krankenhauses in das Krankenhausinformationssystem (KIS) integriert ist, wird es dem Pflegepersonal ermöglicht, vom klinischen Arbeitsplatzsystem aus auf die ePA zuzugreifen (Schmücker 1997, 10).

Daneben garantiert die ePA eine kurze Zugriffszeit auf die Daten rund um die Uhr, unabhängig von Öffnungszeiten des Archivs (vgl. Leiner et al. 1999, 69 u. 123). Der Zugriff auf die Patientenakte muss schnell erfolgen, um im Notfall auch an Sonn- und Feiertagen oder nachts keine Zeit zu verlieren. Zum anderen ist die Wartezeit zwischen Aufruf der Daten und der Bereitstellung dieser auf dem Arbeitsplatzsystem zu minimieren. Dies gelingt dadurch, dass zeitaufwendige Computer-Operationen im Hintergrund ausgeführt werden (Schmücker et al. 1998, 231), oder dadurch, dass beispielsweise eine angeforderte Röntgenaufnahme zuerst verkleinert dargestellt wird. Ist der Arzt der Meinung, dass das Bild für die Behandlung von Bedeutung ist, kann es anschließend vollständig übertragen werden.

Eine weitere Eigenschaft der ePA ist, dass sie einen strukturierten Umgang mit Patientenakten ermöglicht (vgl. Adelhard / Nissen-Meyer / Reiser 1999, 311; Haas 1999, 22; Hoen 1998, 29). Die vor allem bei chronisch Kranken gesammelten Daten sind in der Regel sehr umfangreich und es ist nahezu unmöglich, alle Daten auf einem Bildschirm darzustellen. Daher kommt der übersichtlichen Darstellung konzentrierter Informationen eine zentrale Bedeutung zu (Ludwif 1997). Übersichts- und Detailinformationen sind dabei zu trennen. Eine weitere Möglichkeit, die die ePA bietet, ist es, die Krankengeschichte entweder nach zeitlichen Kriterien oder problemorientiert darzustellen (Hoen 1998, 19). Geht es darum, sich einen Überblick über die Krankengeschichte des Patienten zu machen, wird die Darstellung nach zeitlichen Kriterien gewählt, d.h. die PA wird in chronologischer Reihenfolge bereitgestellt. Wird ein Patient zum wiederholten Male mit den gleichen Symptomen behandelt, dann bietet sich die problemorientierte Darstellung an. Weiter zu beachten ist, dass auch unter dem Personal eines Krankenhauses Unterschiede bezüglich des Informationsbedarfs bestehen. Auch dies kann mit Hilfe der ePA berücksichtigt werden. Pflegekräfte greifen vermehrt auf Aufnahmeprotokolle, Pflegeberichte und Überwachungsprotokolle zu, Ärzte hingegen vorwiegend auf Arztbriefe, Berichte und Befunde, um diagnostische und therapeutische Maßnahmen abzuleiten (Schmücker et al. 1998, 230). Durch die ePA werden, abhängig vom Ereignis, die benötigten Krankenunterlagen in verschiedenen Sichten angeboten (Schmücker 1997, 8f.). Dadurch wird die Arbeit des medizinischen Personals erheblich erleichtert. Hoen (1998, 19) merkt an, dass durch diese Strukturierung patientenbezogene Auswertungen nicht nur für medizinische sondern auch für administrative Zwecke möglich werden.

Die ePA zeichnet sich auch dadurch aus, dass sie multimedial ist, d.h. innerhalb der ePA können nicht nur Textdokumente sondern auch medizinische Bilder und Grafiken, sowie Tonaufzeichnungen und Videoaufnahmen gespeichert, abgerufen und bearbeitet werden (vgl Adelhard / Nissen-Meyer / Reiser 1999, 311; Ludwig 1997, 57; Kaplan / Lundsgaarde 1996). Die ePA ermöglicht somit dem Pflegepersonal den sofortigen Zugriff auf alle vorhandenen Patientendaten unabhängig von der Medienart.

Eine weitere Eigenschaft der ePA ist ihr umfassender Charakter. Neben sämtlichen medizinischen Daten werden eine Vielzahl anderer Daten gespeichert. Administrative, leistungs- und abrechnungsrelevante wie auch organisatorische Daten eines Patienten werden in der ePA erfasst (Roland Berger & Partner GmbH 1997, 37).

Die ePA ist auch gekennzeichnet durch verteilte bzw. dezentral gespeicherte Daten. Charakteristisch ist, „[...] dass Daten, die primär zur Versorgung eines Patienten notwendig sind, nicht nur aus unterschiedlichen Geräten stammen, sondern auch, über verschiedene Institutionen und Arbeitsplätze verteilt, vor Ort gespeichert sind" (Oswald / Hafner / Fleck 1996, 12). Man kann also von der „virtuellen" PA sprechen (van Bemmel 1999). Diese Besonderheit erläutert Müllges wie folgt: „Die virtuelle Patientenakte erlaubt den Zugriff auf alle Dokumente eines Patienten, indem sie die jeweiligen Lokalisation der Dokumente und Daten speichert und erst bei Bedarf vom lokalen Rechner der entsprechenden Abteilung anfordert" (Müllges 1997, A-3114). Durch die Speicherung der Daten am Ort ihrer Entstehung lassen sich Redundanzen vermeiden.

4.2.1.6   Anforderungen an die elektronischen Patientenakte

Eine der Hauptanforderungen an eine ePA ist ihre mögliche Einbindung in ein Gesundheitsnetzwerk. Nur so kann sichergestellt werden, dass ein ortsunabhängiger Zugriff auf die verteilt gespeicherten Patientendaten erfolgen kann. Schmücker (1997, 4) fordert den Ausbau vom Einzelplatzsystem hin zu einer integrierten vernetzten Lösung. Insbesondere bei lang andauernden Erkrankungen ist eine institutsübergreifende Zusammenarbeit aller bei der Gesundung beteiligten Personen nötig, die ohne Informationsaustausch unmöglich ist (Schug et al. 1998, 128f.). Basis dafür kann nur eine umfassende Netzwerk-Infrastruktur sein (Marquardt 1996).

Die Funktionsfähigkeit einer ePA sollte durch Unabhängigkeit von Hardware, Netzwerk und Betriebssystem gewährleistet sein. Schmücker (Schmücker 1997, 4) fordert hierzu eine Architektur mit größtmöglicher Modularität. Hardware- wie auch die Software-Komponenten sind so zu konfigurieren, dass sie sowohl zu einem Gesamtsystem zusammensetzbar sind, als auch jederzeit ausgetauscht bzw. erweitert werden können.

Offene Schnittstellen und hersteller- sowie institutionsübergreifende Standards zur Programmierung, zum Datenmanagement, für die grafische Bedieneroberfläche und das Netzwerk sind für eine vernetzte Struktur unentbehrlich (Schmücker 1997, 5), bis heute aber bei medizinischen Systemen, bis auf einige Standards bspw. bei der der Bildverarbeitung oder bei Labordaten, eine Utopie. Nur so wäre aber eine reibungslose Kommunikation zwischen den Institutionen des Gesundheitswesen vorstellbar und „[...] die Portierbarkeit und Anpassung an neue Technologien, unabhängig von einem Hersteller, langfristig gesichert" (Schmücker et al. 1998, 86). Der Markt ist durch eine hohe Heterogenität der Anbieter und eine Vielzahl inkompatibler Standards gekennzeichnet, wobei sich zumindest im klinischen Bereich Kommunikationsstandards wie HL7 oder DICOM langsam durchsetzen.

Eine weitere Anforderung, auf die auch in der Literatur mit Nachdruck hingewiesen wird, ist die Sicherstellung des Datenschutzes und der Datensicherheit (vgl. Becker / Metschl 1999; Elfering 1999b; van Eimeren / Hohberg 1998). „Systeme, die zur Patientenbehandlung eingesetzt werden, müssen bezüglich des Datenschutzes den allgemeinen gesetzlichen Vorgaben und insbesondere auch den Geboten der ärztlichen Schweigepflicht genügen" [van Eimeren, 1998 #478, 33]. Schmücker fordert die „Realisierung eines umfangreichen Zugriffsberechtigungskonzeptes zur Sicherstellung des Datenschutzes und zum Schutz wissenschaftlicher Daten vor unberechtigter Verwendung" (Schmücker 1997, 5). Der andere Aspekt ist die Gewährleistung der Sicherheit der Daten. Elfering (Elfering 1999b, 7) schlägt deshalb eine regelmäßige Datensicherung vor. Liegen die Daten der Patienten nur in elektronischer Form vor, ist auch darauf zu achten, dass für das gesamte System eine Betriebssicherheit gewährleistet ist. Haas (1999, 22) fordert eine zeitliche Verfügbarkeit des Systems von 100 Prozent.

Eine weitere Anforderung ist die finanzielle Vorteilhaftigkeit der ePA im Vergleich zu anderen sinnvollen Realisierungsmöglichkeiten. Schwing (Schwing 1997, 285f.) sieht die ePA nur dann als sinnvoll an, wenn sie hilft die Informationskosten zu senken. Haas (Haas 1999, 23) merkt an, dass die Investitions- und Folgekosten in verantwortbarer Relation zum jährlichen Abteilungsbudget stehen müssen. Die Kosten stellen neben den Qualitätsverbesserungen ein wesentliches Beurteilungskriterium der ePA dar.

Weitere Anforderungen können unter dem Oberbegriff Benutzerfreundlichkeit zusammengefasst werden, d.h. bei der Gestaltung der ePA sollte eine Orientierung am Routineeinsatz erfolgen (Schmücker et al. 1998, 230). Dazu gehört erstens, dass die in der ePA gesammelten Daten strukturiert dargestellt werden. Die Daten sollten somit „[...] in einer der gegebenen Situation angemessenen Art und Weise aufbereitet werden" (Bundesamt für Sicherheit in der Informationstechnik 1995, 12). Zweitens sollte die ePA Zugriff auf alle über einen Patienten gesammelten Daten haben (Adelhard / Nissen-Meyer / Reiser 1999, 311) und drittens sollte die Zugriffszeit auf die Daten kurz sein (Schug et al. 1998, 127).

4.2.1.7 Gegenüberstellung von konventioneller und elektronischer Patientenakte

In der folgenden Tabelle werden die bisher angesprochenen Eigenschaften der konventionellen und der elektronischen PA vergleichend dargestellt.

Konventionelle Patientenakte	Elektronische Patientenakte
Originaldokument	Elektronisches Original, Abbild
Manuelle Unterschrift auf Dokumente	Digitale Signatur in Dokumenten
Teilweise Verweise auf extern gelagerte Dokumente (z.B. Röntgenbilder, Tondokumente usw.)	Ablage aller elektronisch verfügbaren Dokumente, dadurch Reduktion der Verweise
Hoher Raumbedarf	Deutlich reduzierter Raumbedarf

In der Regel mehrere physikalische Akten für ein Klinikum (z.B. chirurgische oder internistische Akte)	Logisch eine singuläre Akte für gesamtes Klinikum
Zugriffsmöglichkeit aufgrund der Archivöffnungszeiten i.d.R. eingeschränkt	Permanente Zugriffsmöglichkeit
An einem Ort zu einem bestimmten Zeitpunkt, nur einmalige Verfügbarkeit	Gleichzeitige Verfügbarkeit an mehreren elektronischen Arbeitsplätzen
Festgelegte Struktur mit überwiegend linearer Dokumentenanordnung	Variable Präsentation der Daten, Dokumente und Informationen möglich
Nur ein Ordnungskriterium möglich	Mehrere Ordnungskriterien möglich
Transport der Akte über Hauspost oder mittels Botengänge	Transport über Netzwerk
Lange Weg- und Suchzeiten	Schnelles, gezieltes Suchen und Finden
Manuelle Auswertung der gesammelten Daten und Dokumente	Möglichkeit zur weitgehend maschinellen Weiterverarbeitung von Dokumenten
Einfache Benutzung und Zuverlässigkeit	Schulungsbedarf
Allgemeine Akzeptanz	Mögliche Abwehrreaktion bei Mitarbeitern
Rechtliche Anerkennung	Derzeit rechtlich noch nicht vollständig anerkannt (Zivilprozessordnung)
Akte manchmal nicht auffindbar	Keine physische Ausleihe mehr; Akte ist stets in Datenbank auffindbar
Keine Ausfallzeiten	Sensibel bei Hard- und Softwareproblemen

Tabelle 20: Gegenüberstellung von konventioneller und elektronischer Patientenakte
(Quelle: in Anlehnung an Schmücker et al. (1998, 237))

4.2.1.8   Stand der Entwicklung und Entwicklungsstufen

C. Peter Waegemann (2002), Direktor des "Medical Records Institute", schrieb zum Status einer elektronischen Gesundheitsakte („electronic health record"):

> *„[...] while we are used to having detailed records on buildings, cars, machines, [...] humans have very inadequate health maintenance records. [...] It has become customary to find it quite acceptable that in cases of body malfunctioning, there is no comprehensive record of previous diagnoses, including allergies, and genetic dispositions, of healthcare services provided, or of medications used. [...] In many cases, health professionals have to act blindly without any background data on the patient, tests have to be repeated, and other practitioners often do not know an individual's previously identified conditions and allergies."*

Gründe für die immer noch hohe Aktualität dieser Einschätzung werden in den folgenden Ausführungen diskutiert. Neben fehlenden technischen und organisatorischen Voraussetzungen für eine verbreitete Nutzung der elektronischen Patientenakte (bspw. durch nur unzureichend vernetzte Insellösungen mit nur rudimentär vorhandener Interoperabilität bei den Leistungserbringern) spielen insbesondere juristische, finanzielle und politische Gründe eine große Rolle (bspw. keine Vergütung für Mehraufwand, Angst vor Transparenz, Investitionsrisiko).

Auch wenn in zahlreichen Publikationen die erfolgreiche Realisation der ePA bzw. eines papierlosen Krankenhauses propagiert wird, zeigt sich im Detail, dass oftmals lediglich Altakten eingescannt werden, die anschließend ausschließlich im Bereich des Archivs verwendet werden können (Krämer / Rapp / Krämer 1999, 223). Ein direkter Zugriff des Pflegepersonals auf diese Akten mittels klinischer Arbeitsplatzsysteme ist meistens nicht möglich. Eine Kombination von ePA und konventioneller papierbasierter Akte kann weiterhin, wie bereits von Chyna (2000, 15) beobachtet, in den meisten Fällen konstatiert werden, wobei der Anteil der Papierdokumentation weiterhin deutlich höher ausfällt.

Die geplante Einführung der elektronischen Patientenkarte durch die Bundesregierung im Bit4Health-Projekt 2006 mag ein wichtiger Schritt auf dem Weg hin zu einer multimedialen, institutsübergreifenden und einen Großteil der Patientendaten umfassenden ePA sein. Neben den technisch äußerst anspruchsvollen Projektzielen zeichnen sich auf dem Weg zur umfassenden ePA weitere Herausforderungen ab, die sich aus den folgenden Ausführungen leicht erschließen lassen.

4.2.2   Die sektorübergreifende elektronischen Patientenakte

Ein wesentlicher Lösungsansatz der in Kapitel 4.1 genannten Herausforderungen im Gesundheitswesen wird von einem Einsatz der Informations- und Kommunikationstechnologie erwartet. Seit 2006 sollte in Deutschland die elektronische Gesundheitskarte die bisherige Krankenversichertenkarte bereits ersetzen (zu Details siehe Kapitel 4.2.4).

Um einen Eindruck vom Umfang und der Komplexität einer sektorübergreifenden Einführung einer ePA zu vermitteln werden im Folgenden kurz wichtige Rahmenbedingungen im deutschen Gesundheitswesen skizziert.

4.2.2.1   Akteure im Gesundheitswesen

Das Gesundheitswesen ist gekennzeichnet durch komplexe Akteursbeziehungen, die den Austausch von Daten erforderlich machen. Die Komplexität entsteht zum einen dadurch, dass an der Behandlung eines Patienten in der Regel zahlreiche Akteure (*health care team*) beteiligt sind. Zum anderen sorgt allein die Anzahl der Akteure im Gesundheitswesen für eine enorme Komplexität. Es gab im Jahr 2004 in der Bundesrepublik ca. 82,53 Millionen potentielle Patienten, 306.435 berufstätige Ärzte, 64.609 behandelnd tätige Zahnärzte, 2.297 Krankenhäuser, 1.316 Vorsorge- und Reha-Einrichtungen sowie 21.392 Apotheken (vgl. ABDA 2005; Statistisches Bundesamt 2005; KZBV 2005). Daneben gab es 2004 287 Krankenkassen in der gesetzlichen Krankenversicherung und 49 private Krankenversicherer (BKK Bundesverband 2005; Verband der privaten Krankenversicherung e.V. 2004). Bei der Einführung der ePA sollten im Idealfall all diese Beteiligten mit geeigneter Hard- und Software ausgestattet und durch ein sicheres Netzwerk verknüpft sein.

Die Gruppe der Ärzte ist dabei keineswegs homogen, sondern besteht aus einer Vielzahl verschiedener Fachrichtungen, wobei rund 43,5% im ambulanten Bereich und 47,5% im stationären Bereich tätig sind (Bundesärztekammer 2005). An der Behandlung eines Patienten können unterschiedlichste Ärzte beteiligt sein, die mit Hilfe der epA einfach auf die gespeicherten Patientendaten zugreifen müssen.

4.2.2.2 Technische Rahmenbedingungen

Entscheidende Rahmenbedingung für eine sektorübergreifende epA ist ein leistungsfähiges und sicheres Kommunikationsnetz, sowohl zwischen als auch innerhalb der einzelnen Institutionen des Gesundheitswesens. Die Leistungsfähigkeit der Netzwerke innerhalb der Institutionen des Gesundheitswesens (z.b. innerhalb eines Krankenhauses) ist im Vergleich zu anderen Branchen, bis auf wenige Referenzhäuser, als veraltet anzusehen, eine standardisierte sichere Vernetzung zwischen den Institutionen ist nicht vorhanden.

Lediglich 80-85% der Arztpraxen waren 2002 mit EDV ausgestattet (Warda / Noelle 2002, 37f.) und die EDV-Landschaft ist weiterhin mit über 180 durch die KBV zugelassenen Systemen sehr heterogen. 85 % der installierten Systeme haben weniger als 5 Arbeitsplätze, über 60% der Betriebssysteme sind (immer noch) DOS-basiert. Zwar existieren mit der Telematikinitiative D2D (Doctor-To-Doctor) auf Basis der PaDoc Entwicklung des Fraunhofer Institus St. Ingbert und mit der VCS-Initiative einer Gruppe von Softwareherstellern im VDAP-Verbund technikgetriebene Ansätze für eine sichere Kommunikation zwischen den einzelnen Beteiligten, keine dieser Initiativen konnte sich aber bis heute im Praxiseinsatz nachhaltig etablieren. Hauptzweck des EDV-Einsatzes bleibt weiterhin die elektronische Abrechnung per KVDT/ADT und die damit verbundenen Arbeitsschritte (KVK lesen, Diagnose- und Leistungserfassung, Abrechnungsdiskette erstellen).

Kommunikation in der stationären Versorgung spielt sich vorwiegend zwischen Abteilungssystemen per HL7 oder proprietären Schnittstellen ab. In größeren Kliniken kommen hierfür Kommunikationsserver (vgl. bspw. cloverleaf (Health-Comm GmbH 2005) oder e*gate (OSM GmbH 2005)) zum Einsatz, die unterschiedliche Schnittstellen durch Mapping-Tabellen aufeinander abbilden, Daten puffern und einzelne Vorgänge protokollieren. Obwohl im zunehmenden Wettbewerb der Kliniken untereinander die Rolle einer abgestimmten Kommunikation mit den einweisenden niedergelassenen Ärzten von den Kliniken zunehmend erkannt wird, gibt es, von Einzelinitiativen und kleineren Projekten abgesehen, keine nennenswerten Aktivitäten in Richtung Vernetzung.

Die existierende Anwendungslandschaft im gesamten Gesundheitswesen ist stark zersplittert. In den einzelnen Sektoren existiert eine große Zahl von Systemanbietern, die proprietäre Systeme erstellen und warten. So gibt es ca. 150 Anbieter für Praxisverwaltungssysteme, 25 für Apotheken-Software und 12 für Krankenhausinformationssysteme (Liebscher / Müller / Ocke 2004).

Durch nicht vorhandene Standardisierung und große Heterogenität der Systeme existiert weder zwischen den Sektoren (Apotheken, Praxen, Krankenkassen, Krankenhäuser) noch innerhalb der einzelnen Sektoren eine übergreifende Integration bzw. die Möglichkeit zu einem problemlosen Datenaustausch.

Bei Krankenkassen und Krankenhäusern findet sich zwar die Anwendung moderner Sicherheitstechnologien bis hin zur Anwendung digitaler Signaturkarten, und es sind hinreichende Erfahrungen mit KV-Kartenprozessen vorhanden. Die Integration mit den anderen Bereichen scheitert jedoch bis auf wenige Ausnahmen (bspw. beim minimalen Austausch von administrativen Daten) aus verschiedenen Gründen. Die einzelnen Anbieter im Apotheken- und Praxisbereich sind weiterhin darauf bedacht, die Anwender durch proprietäre Formate und Schnittstellen von einem einfachen Wechsel zu einem anderen System abzuhalten. Zudem fokussieren sich Anbieter und auch Anwender auf ihre spezielle Domäne und finden nur begrenzte Anreize für eine sektorübergreifende Integration.

Internetlösungen konnten sich bisher nicht etablieren, wodurch praktische Erfahrungen hinsichtlich der notwendigen Sicherheitsaspekte und möglicher Sicherheitstechnologien fehlen (Liebscher / Müller / Ocke 2004). In den Sicherheitsrichtlinien wird häufig generell von einer Nutzung des Internets abgeraten bzw. ein Kommunikationsserver vorgeschlagen, der vom Praxisverwaltungssystem physisch getrennt sein sollte. Der damit verbundene Verwaltungsaufwand, um allein Daten über das Internet zu versenden bzw. zu empfangen, lässt auch viele integrationswillige Beteiligte von einer Integration absehen.

Dennoch ist auch hier die technologische Basis der eingesetzten Systeme sehr inhomogen. Die Anwendungen werden auf verschiedensten Betriebssystemen und Laufzeitumgebungen (teilweise noch MS-DOS) betrieben. Dieser Umstand stellt hohe Anforderungen an die Plattformunabhängigkeit und Integrationsfähigkeit der Komponenten einer integrierenden Telematikinfrastruktur (Liebscher / Müller / Ocke 2004). Dafür notwendige plattformunabhängige Kommunikations- und Integrationslösungen (z.B. Web-Services) sind bei den eingesetzten Anwendungen kaum vorhanden und die praktische Erfahrung mit dem Einsatz moderner Integrationslösungen fehlt den meisten Softwareherstellern in diesem Bereich.

Zusammenfassend kann festgestellt werden, dass das deutsche Gesundheitswesen, u.a. aus den genannten Gründen, in Bezug auf eine intra- und intersektorale organisatorische und technische Integration hinter anderen ähnlich informationsintensiven Branchen um Jahre zurücksteht.

4.2.2.3   Rechtliche Rahmenbedingungen

Unter den rechtlichen Rahmenbedingungen der ePA werden sowohl die gesetzlichen als auch die berufsrechtlichen Rahmenbedingungen subsumiert (Roland Berger & Partner GmbH 1997, 104). Zu beachten sind dabei u.a. Datenschutzgesetz, Bürgerliches Gesetzbuch, Archivgesetze, Zivilprozessordnung, Röntgenverordnung, Berufsverordnung der deutschen Ärzte etc.

Aus dem Arztvertrag ergeben sich zunächst Besonderheiten für die Informationsverarbeitung hinsichtlich Dokumentation und Verschwiegenheit, da einmal die Pflicht zur Dokumentation begründet wird, Grenzen für die Einsichtnahme des Patienten in die Dokumentation aufgestellt werden und daneben Mindestaufbewahrungsfristen für diese Dokumentationen gelten. Aus §203 StGB folgt die strafrechtliche Sanktionierung des Verstoßes gegen die ärztliche Schweigepflicht und somit die zentrale Stütze dieser Verpflichtung. Wellbrock (Wellbrock 1994, 73) weist in diesem Zusammenhang darauf hin, dass das Bundesverfassungsgericht besonders hervorgehoben hat, „[...] dass jeder Patient erwarten muss [!] und erwarten darf, dass alles, was der Arzt im Rahmen seiner Berufsausübung über seine gesundheitliche Verfassung erfährt, geheim bleibt und nicht zur Kenntnis Unberufener gelangt." Zentrale rechtliche Rahmenbedingung, die die Realisierung der ePA ganz wesentlich beeinflusst, ist das Datenschutzgesetz. Generell ergeben sich aus dem Datenschutzgesetz „[...] für die Zugriffsrechte auf Patientendaten im Krankenhaus die folgenden Grundsätze: Patientendaten dürfen nur im Rahmen der Zweckbestimmung des Behandlungsvertrages und dem damit verbundenen gesetzlichen Regelungen erhoben und verarbeitet, nicht aber uneingeschränkt – d.h. über die unmittelbare Zweckbindung hinaus – ausgetauscht und verwendet werden, auch nicht innerhalb des Krankenhauses; das Krankenhaus ist in diesem Sinne keine informationelle Einheit" (Pommerening 1999). Dennoch betreffen die datenschutzrechtlichen Fragen mehr die Speicherung und Weiterverwendung der Patientendaten bei den Kassenärztlichen Vereinigungen und den Krankenkassen als den Einsatz der ePA zur medizinischen Behandlung (Wellbrock 1994, 70).

Die gesetzlich vorgeschriebene Aufbewahrungsfrist von Dokumenten wird insbesondere im Hinblick auf den bisherigen Fortschritt der Computertechnologie zu einer großen Herausforderung: Nach dem Bürgerlichen Gesetzbuch ist eine dreißigjährige Aufbewahrungsfrist für alle medizinischen Dokumente zu empfehlen (vgl. Schmücker 1997, 9).

Bei der Realisierung der ePA ist als weitere rechtliche Rahmenbedingung ihre Beweiskraft vor Gericht zu beachten. Ein digitales Dokument wird nach §371a von der Zivilprozessordnung nur in Verbindung mit einer qualifizierten elektronischen Signatur als Urkunde anerkannt. Die Einrichtung einer entsprechenden Infrastruktur mit der damit verbundenen Zertifizierung aller Komponenten stellt eine erhebliche technische und finanzielle Herausforderung dar.

Schmittner (Schmittner 2000, 48) fasst Regulierungsbereiche unter Beachtung der informationellen Selbstbestimmung des Patienten zusammen (siehe Abbildung 23). Selbstverständlich hat jeder Bürger das Recht, seine persönlichen Daten in beliebiger Detailtiefe jeder beliebigen Person zu übermitteln. Dieses Recht auf informationelle Selbstbestimmung umfasst alle persönlichen Daten des Betroffenen, von denen nur eine Teilmenge dem Arzt im Rahmen der Untersuchung anvertraut und dadurch von der ärztlichen Schweigepflicht erfasst wird, die sich im Arztvertrag, § 203 StGB und § 9 BO LÄK Ba-Wü findet. Wieder nur eine Teilmenge davon speichert der Arzt in elektronischer Form in der ePA und nur diese Daten fallen in den Anwendungsbereich des BDSG. Der Zugriff Dritter auf diese elektronisch gespeicherten Patientendaten sowie die Übermittlung der Daten an Dritte bedarf entweder der Einwilligung des Patienten oder der Erlaubnis durch Rechtsvorschrift.

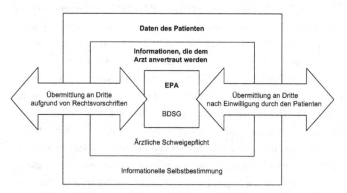

Abbildung 23: Übermittlung von Daten aus der ePA
(Quelle: eigene Darstellung in Anlehnung an (Schmittner 2000, 48))

Die oben dargestellten Rechtsvorschriften schreiben, bis auf wenige Ausnahmen, keine konkreten technischen Maßnahmen vor. Dennoch lassen sich aus nahezu allen dargestellten Rahmenbedingungen Anforderungen ableiten, die auf verschiedenen Ebenen der technischen und organisatorischen Realisierung einbezogen werden müssen.

4.2.2.4 Organisatorische Rahmenbedingungen

Die internen organisatorischen Rahmenbedingungen variieren von Institution zu Institution stark. Die Einführung der ePA wird die Arbeitsplätze und die Ablauforganisation wesentlich verändern (vgl. Chyna 2000, 16; Dansky et al. 1999, 440). Daher ist es wichtig, einen Überblick über die aktuelle Organisation der Arbeitsabläufe und der einzelnen Bereiche zu erlangen, damit die ePA ideal konfiguriert werden kann und die notwendigen Veränderungsprozesse abgeschätzt und geplant werden können. Die Beschäftigten bringen häufig Besorgnis und Widerstand aufgrund von Unwissenheit allem Neuen entgegen (Terry 1999, 134) und viele Ärzte in Krankenhäusern wie auch im niedergelassenen Bereich präferieren trotz ausgereifter KIS-Systeme und Praxisinformationssysteme weiterhin die Arbeit mit der papierbasierten Akte. Die Einstellung der Mitarbeiter bezüglich der ePA ist zu analysieren und es muss darauf geachtet werden, dass Mitarbeiter in den Planungsprozess involviert sind und von den Vorteilen der ePA überzeugt werden (Chyna 2000, 16).

4.2.2.5 Ökonomische Rahmenbedingungen

Die Gesundheitsausgaben betrugen 2003 239,7 Mrd. Euro (11,3 % des Bruttoinlandsproduktes (BIP)), davon 64,7 Mrd. Euro in stationären und teilstationären Einrichtungen (3,0 % des

BIP). Angesichts dieser enormen Summen ist zu prüfen, inwieweit diese durch den Einsatz der ePA zu senken sind. Äußerst optimistische Experten gehen davon aus, dass rund ein Fünftel der Ausgaben im Gesundheitswesen allein durch eine mangelnde Integration verursacht wird. Diese nur äußerst schwer belegbare Schätzung lässt aber vermuten, dass sich durch die erfolgreiche Einführung und Nutzung einer integrierenden ePA erhebliche Kosten einsparen lassen. Voraussetzung dafür sind aber flankierende Maßnahmen durch Gesetzgeber und die beteiligten Akteure, was, wie oben erwähnt, durch die Anzahl der Akteure und die gegensätzlichen Standpunkte nur extrem schwierig und äußerst langsam durchsetzbar sein wird.

Die Finanzierung des Gesundheitswesens erfolgt in erster Linie indirekt durch die Beitragszahlungen der gesetzlich Versicherten und direkt durch die Ausgaben der gesetzlichen Krankenversicherungen (56,9% der Gesundheitsausgaben wurden 2003 auf diese Art finanziert). Hinzu kommen die Beitragszahlungen der freiwillig Versicherten und der privat Versicherten. Ebenfalls werden Leistungen durch Zuschüsse des Staates und Zuzahlungen der Patienten (für Medikamente, Kuren etc.) finanziert. Bei den Mitgliedern einer gesetzlichen Krankenkasse erfolgt die Beitragszahlung nach der jeweiligen Leistungsfähigkeit (Solidarprinzip) (Schelter 1994, 6).

Für ein Großprojekt wie der bundesweiten Realisierung einer ePA ist die finanzielle Ausstattung der unterschiedlichen Akteure (Krankenhäuser, Arztpraxen, Krankenkassen etc.) zu berücksichtigen. Dabei ist zu beachten, dass diejenigen, die hier landesweite Investitionen tätigen könnten, nicht zwangsläufig auch diejenigen sind, die alleine den Rückfluss aus ihren Investitionen vereinnahmen werden. Zuschüsse von Seiten des Staates oder der Krankenkassen sind hier nahezu unabdingbar.

Wie oben angesprochen muss das Vergütungssystem ärztlicher Leistungen an die neue Situation angepasst werden. Im jetzigen System würde die Einsparung einer Röntgenaufnahme durch den Zugriff auf eine in der ePA gespeicherten Aufnahme nicht honoriert werden. Rein finanziell betrachtet bedeutet es für den Arzt unter bestimmten Bedingungen sogar einen finanziellen Nachteil.

4.2.2.6 Politische und gesellschaftliche Rahmenbedingungen

Die Politik hat wesentlichen Einfluss auf das Gesundheitswesen. Die Unterstützung des Gesundheitskartenprojektes lassen eine positive Haltung der Bundesregierung auch zu einer langfristig integrierenden ePA vermuten. Zusätzlich zwingt die angespannte Kassenlage effizienzsteigernde Verfahren und Instrumente innerhalb des Gesundheitswesens einzusetzen, was bspw. bei der Einführung der Gesundheitskarte dazu geführt hat, dass langfristig kostensparende Technologien unterstützt und gefördert werden, obwohl zunächst ein immenses Investitionsvolumen zu erwarten ist. Die Integration im Gesundheitswesen kann gerade wegen der konträren Positionen der beteiligten Akteure an den entscheidenden Stellen nur durch den Gesetzgeber vorangebracht werden.

Die medizinischen Daten und der vertrauliche Umgang mit ihnen stehen im Mittelpunkt des gesellschaftlichen Interesses. Zwar hat kein Datenschützer gerade im Hinblick auf die informationelle Selbstbestimmung des Bürgers etwas dagegen, wenn ein Bürger seine persönlichen Gesundheitsdaten auf eigenen Wunsch bspw. im Internet veröffentlicht. Allein das Vorhandensein einer entsprechenden Akte und ein eventueller Missbrauch dieser Daten beim Abschluss einer Krankenversicherung durch den Versicherer oder bei gewünschter Vorlage durch den Arbeitgeber lassen aber die Gefahren erkennen: Die ePA enthält im hohen Maße sensible Daten und die Akzeptanz der ePA wird davon abhängen, inwieweit es gelingt, Datenschutz und Datensicherheit zu gewährleisten und gleichzeitig die Behandlungsqualität und Patientenzufriedenheit zu verbessern. Bei der Implementierung der komplexen Zugangsverfahren im Rahmen des Gesundheitskartenprojektes und der Speicherung von Gesundheitsdaten an zentraler Stelle bleibt allerdings abzuwarten, wie sich die Akzeptanz einer ePA, insbesondere nach einem ersten Systemfehler, einem eventuellen Missbrauch bzw. einem ersten Einbruch in das System entwickelt.

4.2.3 Betriebswirtschaftliche Nutzenbetrachtung

Eine Studie kommt zum Ergebnis, dass 20 Prozent der Krankenkassenausgaben für vermeidbare und redundante Leistungen ausgegeben werden, was im Jahr 1995 fast 50 Milliarden DM ausmachte (Hildebrand et al. 1999, 147). Das Bundesamt für Sicherheit in der Informationstechnik (1995, 12) kommt zu ähnlichen Ergebnissen, da davon ausgegangen werden muss, dass 60 Prozent Mehraufwand bei Röntgenaufnahmen aufgrund mangelnder Verfügbarkeit vorhandener Aufnahmen entstehen. Dies ist nicht nur ökonomisch betrachtet suboptimal, sondern auch für den Patienten riskant, da sein Krebsrisiko durch die Strahlendosis erhöht wird.

Übersichtsarbeiten und kleinere Studien zur Kosten-Nutzen-Betrachtung der ePA geben zwar Anhaltspunkte, Uslu / Stausberg (2006, 155) kommen aber zu dem Schluss:

> *„Eine umfassende, alle Aspekte berücksichtigende Kosten-Nutzen-Analyse gibt es zurzeit für das junge Feld der ePA noch nicht."*

In Bezug auf die Einführung der elektronischen Gesundheitskarte in Deutschland kommen Schließke / Wasem (2006), abhängig von verschiedenen Modellen, zu Nettogegenwartswerten von minus 532 Millionen bis zu minus 8,1 Milliarden Euro. Der von den Autoren quantifizierte monetäre Nutzen reicht somit nicht aus, um eine ePA zu finanzieren. Allerdings weisen die Autoren mit Nachdruck auf die Schwierigkeit einer Quantifizierung der qualitativen Nutzenpotentiale hin.

Zum einen ist es schwierig bis nahezu unmöglich, die Zeit- und Qualitätseffekte der ePA in monetären Einheiten zu quantifizieren (Giek 2000). Auch sind die monetären Wirkungen der ePA besonders auf der Einnahmenseite schwierig zu erheben. Diese Betrachtung wird zusätzlich durch die nur langfristig beobachtbaren Effekte (umfassendere Informationen für den Arzt mögen zu einer verbesserten Gesundheitssituation der Bevölkerung führen, Doppeluntersuchungen würden vermieden etc.) erschwert.

Zum anderen ergeben sich Zurechnungsprobleme aus der Vielzahl der Akteure im Gesundheitswesen. Es ist immer genau zu unterscheiden bzw. zu beachten, welche Nutzen- und Kostenkategorien bei welchen Akteuren anfallen. Eine kurze Betrachtung der vier Hauptakteure vermag, einen Eindruck zu vermitteln:

Stationärer Bereich / Krankenhäuser

Wird die ePA innerhalb eines Krankenhauses eingeführt, werden dafür erhebliche finanzielle Mittel benötigt, was angesichts der angespannten wirtschaftlichen Lage der Krankenhäuser ein großes Problem darstellt. Allerdings sind es gerade große Universitätskliniken, die bereits versuchsweise mit der ePA arbeiten. Dies lässt sich dadurch erklären, dass diese Institutionen das nötige Know-how (DV-Abteilung, Verbindung zu anderen Institutionen etc.) und die nötige Infrastruktur in Form von Netzwerken haben. Ein weiterer Grund hierfür ist, dass sich bei diesen Kliniken die Grenzen der konventionellen Archivierung und deren enormer Platzbedarf deutlich zeigen. Den hohen Kosten der ePA stehen zahlreiche Vorteile gegenüber. Diese Vorteile sind vor allem Zeit- und Qualitätsvorteile, die dadurch entstehen, dass benötigte Patientendaten jederzeit schnell, vollständig, aussagekräftig und strukturiert zur Verfügung stehen. Es sind allerdings keine umfassenden Studien bekannt, die diese Effizienzsteigerungen quantitativ bewerten bzw. überprüfen, zumal oftmals in der Literatur von einer Realisierung der ePA innerhalb bestimmter Krankenhäuser gesprochen wird, was sich bei näherer Betrachtung als Kombination aus einem PACS und einer optisch-digitalen Archivierung darstellt.

Praxisärzte/ambulanter Bereich

Die Kosten, die eine Realisierung der ePA in einer Arztpraxis mit sich bringt, sind als relativ gering zu betrachten. Ein komplettes System mit aller notwendigen Hard- und Software dürfte zwischen €5.000 und €10.000 liegen. Die Kosten könnten noch geringer ausfallen, da viele Arztpraxen bereits mit einem Computernetzwerk ausgestattet sind, das für die ePA verwendet werden kann. Zusätzlich ist die finanzielle Situation der Praxisärzte meist als besser zu beurteilen als die der Krankenhäuser. Jedoch fallen auch die Vorteile der ePA in einzelnen Arztpraxen geringer aus, da der Umfang der benötigten und aufbewahrten Patientendaten im Vergleich zu den Krankenhäusern nur einen Bruchteil ausmacht.

Unklar ist, wie ein Praxisarzt dazu motiviert werden kann, bereits vorhandene Daten aus der ePA zu benutzen und diese nicht selbst noch einmal zu erheben, da beim aktuellen Vergütungssystem ein Praxisarzt gerade dadurch seine Einnahmen erzielt. Zum aktuellen Stand der Realisierung der ePA ist zu sagen, dass die ePA vereinzelt in Arztpraxen zum Einsatz kommt. Jedoch handelt es sich dabei um Insellösungen. Damit die ePA aber ihr volles Potenzial entfalten kann, ist eine Vernetzung sämtlicher Institutionen des Gesundheitswesens notwendig, was zurzeit nicht einmal ansatzweise realisiert ist.

Patienten-Perspektive

Aus Sicht der Patienten ist die Einführung der ePA positiv zu beurteilen. Die mit der Realisierung verbundenen Kosten fallen nicht bei den Patienten an. Allerdings profitieren sie stark von den Vorteilen. Sie genießen eine qualitativ bessere und schnellere Diagnose und Behandlung. Außerdem fallen durch die ePA unnötige, weil redundante Untersuchungen weg. Wird die ePA in Form einer Chipkarte realisiert, kommt zusätzlich hinzu, dass der Patient als Herr seiner Daten angesehen werden kann und diese ständig bei sich trägt. Werden die von der ePA erwarteten Einsparungen im Gesundheitswesen realisiert, bietet sich Patienten die Chance, dass ihre Beitragszahlungen an die Krankenkassen zukünftig sinken oder wenigstens konstant gehalten werden können.

Krankenkassen-Perspektive

Weitere Gewinner einer Einführung der ePA sind die Krankenkassen. Kosten entstehen vor allem dann, wenn die ePA auf Chipkartenbasis realisiert wird, da diese gekauft und an die Mitglieder der Krankenkassen versendet werden müssen. Vorteile ergeben sich vor allem dadurch, dass durch die ePA unnötige Behandlungen und sonstige Gesundheitsleistungen wegfallen, was Minderausgaben für die Krankenkassen bedeuten würde. Allerdings ist zu beachten, dass auch neue Ausgaben durch neue Vergütungsformen entstehen, die durch die Einführung der ePA nötig werden.

4.2.4 Das Integrationsprojekt „Gesundheitskarte" als Vorstufe einer elektronischen Patientenakte

Der Bundesbeauftragte für den Datenschutz (Bundesbeauftragte für den Datenschutz 1999, 66) merkte an, dass die Chipkarte bei der Behandlung eines Patienten hilfreich sein kann, wenn sie die wesentlichen Angaben zur Gesundheit des Patienten enthält. Somit wäre ohne größeren Aufwand ein Überblick „[...] über wesentliche Bestandteile der Krankengeschichte, Risikomerkmale, Allergien, Impfstatus, durchgeführte Operationen, Implantate, Röntgenstatus, verordnete Medikamente, behandelnde Ärzte, wahrgenommene Arztkontakte" etc. möglich (Roland Berger & Partner GmbH 1997, 43).

Befürworter der Chipkarte sehen sie als Mittel zur Realisierung einer informationellen Selbstbestimmung der Patienten (Wellbrock 1994, 72), d.h. der Patient kann bestimmen, welche Daten gespeichert werden, wer welche Daten sehen darf und kann auch selber die Daten leicht einsehen. Ellsässer / Köhler (1994, 15) sehen durch den Einsatz der Chipkarte als ePA die seit 1976 von Larry Weed aufgestellte Forderung erfüllt, dass dem Patient seine Krankenakte in die Hand gegeben wird.

Die Gesundheitskarte wird im Rahmen des Projektes „bit4health" technisch so entwickelt, dass sie in der Lage sein soll, neben ihren administrativen Funktionen auch Gesundheitsdaten verfügbar zu machen. Die als Mikroprozessorkarte ausgestaltete Gesundheitskarte soll Authentifizierung (elektronische Identitätsprüfung), Verschlüsselung und elektronische Signatur ermöglichen. Die hierbei noch zu überwindenden Hürden (keine standardisierten Datenformate einer Vielzahl von heterogenen Softwareprodukten im niedergelassenen und stationären Bereich, fehlende Infrastrukturen im medizinischen und administrativen Bereich, ungeklärte Fragen hinsichtlich des Datenschutzes) lassen das Projekt mit geschätzten 11 Milliarden Transaktionen pro Jahr und einem Datenaufkommen von mindestens 23,6 Terabyte pro Jahr (ohne Bilddaten) zu einem der anspruchsvollsten IT-Projekte der Welt werden (Borchers 2004). Der aktuell veröffentlichte Stand der Ausarbeitungen (DIMDI 2007) lässt im Hinblick auf das Einführungsjahr 2006 und im Hinblick auf die verfolgten Ziele eher auf einen ersten wissenschaftlichen Prototypen als auf ein ausgereiftes und flächendeckend einsetzbares Konzept schließen, insbesondere im Hinblick auf die aktuelle tatsächliche Durchdringung der IT im Gesundheitswesen. Abbildung 24 gibt einen vereinfachten Überblick über die komplexe Lösungsarchitektur, die noch implementiert werden muss und flächendeckend zum Einsatz kommen soll.

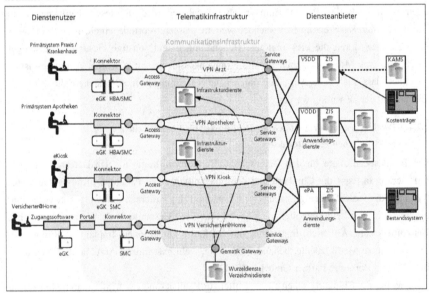

Abbildung 24: Übersicht über die Lösungsarchitektur für die elektronische Gesundheitskarte
(Quelle: Fraunhofer Institute (2005, 29))

4.2.5   Beurteilung und Ausblick

Die „Technologisierung" der Medizin erfordert enorme Investitionen, die durch Einnahmen und steigenden Nutzen gerechtfertigt werden müssen. Telematikanwendungen wurden und werden derzeit erst versuchsweise und nicht flächendeckend im Gesundheitswesen eingesetzt. Der mit der Gesundheitskarte eingeführten Minimalform einer elektronischen Patientenakte fällt dabei eine zentrale Rolle zu, da ihre Realisation vielfältige Vorteile verspricht. Eine umfangreiche ökonomische bzw. betriebswirtschaftliche Analyse steht allerdings noch aus. Insbesondere der Druck, Kosten zu sparen und die Konkurrenz um die Verwendung finanzieller Mittel macht eine betriebswirtschaftliche Evaluation der ePA unabdingbar. So liegt bspw. vielen Analysen die Annahme zugrunde, dass eine Doppeluntersuchung durch die ePA vermieden werden kann. Im bestehenden Vergütungssystem werden aber die Beteiligten sowohl aus Kosten- wie auch aus Qualitätsgründen in der Mehrzahl der Fälle nicht darauf verzichten, die entsprechende Untersuchung trotz vorliegender Ergebnisse unter definierten, kontrollierten Bedingungen erneut durchzuführen (Borchers 2005). Erst durch eine Anpassung einer Vielzahl unterschiedlicher Rahmenbedingungen, angefangen von der eindeutigen Klärung aller Haftungsfragen bei Nutzung von ePA-Informationen durch den Behandler bis hin zu einer Anpassung der Vergütungsrichtlinien wird sich das Potential einer ePA voll ausschöpfen und analysieren lassen. In Anbetracht der mächtigen Gruppen im Gesundheitswesen und der extrem starker Lobbyarbeit kann man gerade in Bezug auf Chipkartenprojekte, sei es als Vorstufe oder in Verbindung mit einer ePA, konstatieren, dass es trotz Vorhandensein aller relevanten Technologien und Durchführung zahlreicher Kartenprojekte in Deutschland und Europa in den letzten 10 Jahren lediglich zur flächendeckenden Ausgabe und Nutzung einer Versichertenkarte mit 15 statisch befüllten Datenfeldern gekommen ist. Die derzeitige Karte speichert dabei kein einziges medizinisches Datum.

Eine zukünftige Telematikplattform kann verstanden werden als Gesamtheit der rechtlichen, organisatorischen und technologischen Komponenten, die eine offene und – wo notwendig – geschützte und sichere Kommunikation und Kooperation zwischen Nutzern und Anwendungssystemen im Gesundheitswesen ermöglicht. Die ePA wird dabei als Datenbasis der Telematikplattform gesehen, da durch sie alle patientenbezogenen medizinischen und administrativen Daten in digitaler Form zur Verfügung gestellt werden (Becker / Metschl 1999, 20). Nach Jäckel / Schollmayer / Dudeck (1999, 12) nimmt die ePA eine zentrale Stellung bei der informationstechnologischen Verzahnung von ambulantem und stationärem Bereich ein. Die ePA ist somit wesentliche Voraussetzung und Bestandteil einer Telematikplattform und gleichzeitig aber auch eine Telematikanwendung, die gestaltet und organisiert werden muss. Die verschiedenen Telematikanwendungen auf Basis einer Telematikplattform lassen sich wie folgt systematisieren (Dietzel 1999, 84):

- Krankenhauskommunikations- und Abteilungssysteme (Beispiel: Termin-, Belegungs- und Personalplanung)

- Elektronische multimediale Patientenakte (unter Einschluss von bildgebenden Verfahren, zum Beispiele: Computertomographie, PACS)

- Verwaltungskommunikationssysteme (unter Einschluss von Abrechnungen)

- Erarbeitung und Verbreitung von medizinischem Wissen

- Telemedizin-Anwendungen (Beispiel: diagnostische Telepathologie)

- Bürgerbezogene Dienste (Beispiel: Praxismanagementsystem)
- Aus-, Fort- und Weiterbildung

Jedoch ist eine solche Strukturierung nur bedingt sinnvoll, „[...] da viele Telematik-Anwendungen ihre Wirkungen in mehreren Aktivitätsfeldern zugleich entfalten" (Dietzel 1999, 84). Unter Telemedizin versteht Dietzel den „[...] Einsatz von Gesundheitstelematik zur Überwindung einer räumlichen Trennung zwischen Patient und Arzt oder zwischen mehreren Ärzten." (Dietzel 1999, 81).

4.3 Die elektronische Patientenakte im stationären Bereich

Mit der Gesundheitskarte wird eines der technisch weltweit schwierigsten und vom Umfang her größten IT-Projekte umgesetzt. Fast alle der auftretenden Problembereiche lassen sich allerdings „im kleinen Maßstab" in nahezu jedem größeren Krankenhaus wieder finden und werden hier trotz zentralen Managements und einer überschaubaren Anzahl von beteiligten Personen in den wenigsten Fällen mit Hilfe einer umfassenden Telematikplattform mit unterstützter ePA im oben dargestellten Sinne gelöst.

Verschiedene Spezialisten des *health care teams* benötigen innerhalb des Klinikverbundes die richtigen Daten über einen Patienten stets zum richtigen Zeitpunkt in der richtigen Form am richtigen Ort. Aufgrund der Spezialisierung der Fachbereiche findet sich in jedem größeren Haus eine Reihe von Abteilungen mit spezialisierter EDV-Ausstattung. Nur in den wenigsten Häusern ist die elektronische Zusammenführung aller Informationen über einen Patienten in einer übergreifenden elektronischen Patientenakte überhaupt möglich. Das liegt neben der Heterogenität der Spezialsysteme nicht zuletzt auch an einem Management, das die unterschiedlichen Abteilungs- oder Bereichsleiter ihre eigene Ausstattung aussuchen lässt und keinen hinreichenden Mehrwert darin sieht, die Informationen in einer ePA zusammenzuführen.

So wird das Krankenhaus mit vielen Spezialabteilungen, die untereinander nur einen unzureichenden Austausch von Daten betreiben, zu einem Feld, in dem viele Probleme (bspw. Vernetzung, sichere elektronischen Übertragung der Daten, einheitliche Infrastruktur, funktionierende Hierarchien mit der Geschäftsführung als dem zentralen Entscheidungsorgan) im Gegensatz zum Gesundheitswesen bereits gelöst sind bzw. rasch gelöst werden können.

Viele andere Herausforderungen in Bezug auf eine übergreifende ePA, bspw. die Speicherung, Darstellung und Nutzung der Informationen durch verschiedene Spezialisten unterschiedlicher Fachgebiete, geeignete Kooperationsunterstützung der Spezialisten etc. bleiben jedoch in gleicher oder ähnlicher Form bestehen.

4.3.1 Elektronische Patientenakte innerhalb eines Krankenhausinformationssystems

Nach Leiner et. al. (Leiner et al. 1999, 79) versteht man unter einem Krankenhausinformationssystem bzw. Klinikinformationssystem (KIS) das gesamte Teilsystem eines Krankenhauses bzw. einer Klinik, in dem Informationen verarbeitet und gespeichert werden. Ein KIS umfasst dabei den medizinischen, pflegerischen und administrativen Bereich und besitzt evtl. Schnittstellen zu externen Institutionen (Kampe 1998, 674). Weiter führt Kampe hier aus:

> *„Ein KIS dient im Dienstleistungsunternehmen Krankenhaus zur Erfassung, Speicherung, Dokumentation und zum Transport sowie zur jederzeitigen Verfügung aller patientenrelevanten Daten, aus welchen der oben genannten Bereiche sie direkt – oder indirekt aus entsprechenden anderen Systemen – auch anfallen mögen. Ferner dient das KIS zur Verknüpfung aller krankenhausinternen – sowie auch zunehmend externen – patientenbezogenen Daten und schließlich zur Integration von externem Wissen für die Behandlung und Pflege der Patienten."*

Mit dem Fernziel, alle patientenbezogenen Daten in einem KIS-System zu speichern, wird auch die ePA langfristig zu einem integralen Bestandteil des Systems (Schwing 1997, 286) und das KIS mehr auch zu einem Unterstützungssystem für die medizinischen Prozesse als nur zu einem Unterstützungssystem für die administrativen Prozesse.

KIS-Systeme haben ihren Ursprung meist in Zusammenhang mit bildgebenden Verfahren in der Radiologie. Von den einzelnen Komponenten eines KIS wird so an erster Stelle auch meist eine ausgereiftes „Picture Archiving and Communication System" (PACS) als zentrale Datenquelle für KIS und ePA hervorgehoben. Die Aufgabe von PACS ist es, die in der Radiologie erstellten Röntgenbilder elektronisch zu speichern und den Ärzten zur Diagnose auf hochauflösenden Monitoren bereitzustellen. Eine weitere Komponente stellen die Arbeitsplatzsysteme dar, die dem Pflegepersonal Zugriff auf sämtliche Patientendaten erlauben. Weiter enthalten sind Systeme, die dem Management eine effiziente Führung des Krankenhauses ermöglichen. Hierzu gehören Kosten- und Leistungsrechnung, Abrechnungssysteme, Bedarfsplanung, Belegungspläne, Personalplanung etc. Durch die Konzentration auf den administrativen Bereich und die Integration mit Finanzbuchhaltungs- und Controlling-Modulen haben sich große Hersteller wie bspw. SAP mit ihrem Modul „ISH-MED" etablieren können. Eine integrierte Unterstützung der medizinischen Prozesse und Informationen in diesen Systemen mit einer großen Akzeptanz beim medizinischen Personal ließ sich in den durchgeführten Fallstudien nicht beobachten: Eher war das KIS-System ein System, in dem das medizinische Personal administrative Daten zusätzlich eingeben musste, die sich bereits in den Abteilungssystemen befanden. Auch wurde das KIS-System eher als System der Krankenhausverwaltung angesehen, was nicht zuletzt durch die Einführungsstrategie des Systems ohne Beteiligung der Betroffenen bedingt war.

Marquardt et. al. merken an, dass es kein optimales und überall einsetzbares KIS gibt, „[...] sondern ein nach hausspezifischen Anforderungen modular zu konfigurierendes Haus-KIS" (Marquardt et al. 1996, 106).

Grundsätzlich lassen sich zwei Möglichkeiten der Realisation einer ePA innerhalb eines KIS unterscheiden. Zum einen handelt es sich um eine zentrale Lösung, d.h. alle Daten und Informationen liegen in einem homogenen Software-System eines Anbieters (Haas 1999, 451). Bei der zweiten Realisationsform besitzt jede Abteilung ihre eigene Softwarelösung, die untereinander vernetzt sind. Diese Realisationsformen einer ePA innerhalb eins Krankenhauses werden im Folgenden näher beschrieben.

4.3.1.1 Verwendung eines zentralen Systems

Bei der Verwendung eines zentralen Systems werden alle patientenorientierten Daten in einer zentralen Datenbank gespeichert (Marquardt et al. 1996, 109). Dabei handelt es sich meistens um das System eines Gesamtanbieters, der Anwendungen für alle Bereiche des Krankenhauses anbietet und somit keine Systeme weiterer Anbieter nötig macht (Haas 1999). Die Vorteile einer zentralen Lösung liegen darin, dass die Daten schnell erreichbar sind und ein hoher Ausfall- und Datenschutz besteht, da alle schutzwürdigen Daten in kontrollierter Umgebung gespeichert sind. Des Weiteren lassen sich Ressourcen im zentralen System leichter erweitern als in möglicherweise auf unterschiedlichen Hard- und Software beruhenden Subsystemen. Nachteilig bei der zentralen Lösung ist, dass die Anwenderprogramme sehr breit angelegt sind und daher wenig in die spezifische funktionale Tiefe gehen (Haas 1999, 451), d.h. klinische Besonderheiten können in der Regel kaum Berücksichtigung finden. Hinzu kommt, dass bei einem Ausfall der Zentrale das gesamte System ausfällt. Grafisch lässt sich die ePA als zentrales System wie folgt darstellen:

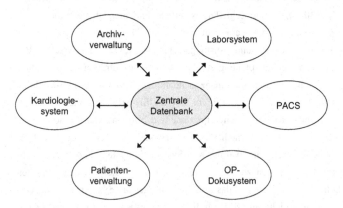

Abbildung 25: Darstellung der elektronischen Patientenakte als zentrales System
(Quelle: eigene Darstellung in Anlehnung an Haas (1999, 451))

4.3.1.2 Verwendung von dezentralen Systemen

Bei der Verwendung eines dezentralen Systems werden in den einzelnen Abteilungen eines Krankenhauses abteilungsbezogene Subsysteme realisiert, die von verschiedenen Spezialanbietern stammen und „[...] die zumeist hochkompetente und in sich abgeschlossenen Lösungen für Teilbereiche anbieten" (Haas 1999, 451f.). „In Bereichen, in denen sich der Einsatz eines eigenen Subsystems (Rechnersystems) nicht rentiert, können einzelne Workstations (zum Beispiel PCs) diese Aufgaben alleine übernehmen" (Marquardt et al. 1996, 109). Die

Vorteile liegen bei dieser Lösung darin, dass für einzelne Bereiche Spezialanwendungen einsetzbar sind, die die bereichsspezifischen Anforderung berücksichtigen. Dieses setzt jedoch Kompatibilität der einzelnen Komponenten voraus, die in den wenigsten Fällen erfüllt ist. Der Aufwand, der für Systemkoppelungen betrieben werden muss, ist daher in der Regel erheblich. „Dieser kann zwar durch den Einsatz eines Kommunikationsservers gesenkt werden, aber die Tatsache dass Patientendaten, Falldaten, Krankenhausstammdaten etc. mehrfach gehalten und abgeglichen werden müssen, bleibt bestehen" (Haas 1999, 452). Grafisch lässt sich die ePA als dezentrales System wie folgt darstellen:

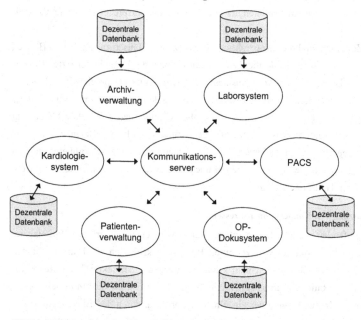

Abbildung 26: Darstellung der elektronischen Patientenakte als dezentrales System
(Quelle: eigene Darstellung in Ahnlehnung an Haas (1999, 451))

Kröpke und Geis (1997, 120) merken an, dass zur besseren Ausnützung der Rechnerressourcen die eingesetzten PCs und Workstations in einer Client-Server-Architektur zu organisieren sind. Produkte wie *Cloverleaf* (Health-Comm GmbH 2005) oder *e*gate* (OSM GmbH 2005) haben sich auf die Anbindung und Integration verschiedener Spezialsysteme konzentriert.

Da auch für die nahe Zukunft nicht absehbar ist, dass sich ein Hersteller eines KIS-Systems hervortun wird, der alle medizinischen Spezialgebiete mit seinem System zur Zufriedenheit der medizinischen Spezialisten abdecken wird, wird in Zukunft der Trend eher zu einer dezentralen, service-orientierten Architektur gehen, wobei ein administrativ orientiertes KIS-System zentralisierte Dienste in Bezug auf Patientenverwaltung mit bspw. der Vergabe von eindeutigen Patientennummern bereitstellen kann.

4.3.1.3   Die Integration von Chipkarten

Haas regt an, dass alle Patientendaten auf einer Chipkarte gespeichert und regelmäßig aktualisiert werden. Diese Karte realisiert dann eine ePA und wird vom Patienten ständig bei sich getragen (Haas 1998, 122). Neben der beschränkten Speicherkapazität einer solchen Karte verfolgt das Projekt bit4health der Bundesregierung den Einsatz einer Karte, auf der, neben einigen Notfallinformationen, lediglich Verweise auf Datensätze gespeichert sind, die auf zentralen Servern in einer sicheren Infrastruktur gehalten werden. Alle Daten auf einer Karte zu halten würde, neben großen Problemen bei Verlust der Karte, die Erweiterbarkeit des Systems im erheblichen Masse einschränken, da alle Systeme die entsprechende Karte als Speichermedium nutzen müssten.

Zum heutigen Zeitpunkt sind die Infrastrukturen der einzelnen Häuser im stationären Bereich äußerst heterogen und neben der Möglichkeit, bei Aufnahmen die Versichertenkarte des Patienten zu lesen, in Bezug auf den Datenaustausch mit Hilfe einer entsprechenden Chipkarte nur unzureichend vorbereitet. Mit dem Eintritt in ein Krankenhaus oder eine Klinik findet man in der Regel eine von der Außenwelt völlig abgeschottete und proprietäre Umgebung vor, die teilweise auch intern zwischen spezifischen Abteilungen keinen Datenaustausch ermöglicht. Die Integration einer Chipkarte bzw. die Integration einer sektorübergreifenden ePA in diese Welt wird in den nächsten Jahren noch eine erheblich Herausforderung für die IT-Leiter der großen Häuser darstellen.

4.3.2   Unterstützung von Kooperationsprozessen

Im sektorübergreifenden Austausch von Informationen wird eines der größten Rationalisierungspotentiale im Gesundheitswesen vermutet. Bei einem kritischen Blick allein auf den stationären Bereich wird allerdings schnell klar, dass nicht nur der sektorübergreifende Informationsaustausch Rationalisierungspotentiale birgt. Insbesondere der Informationsaustausch innerhalb der Institutionen eines einzelnen Sektors, u.a. durch den Einsatz von Informationstechnologie, kann erheblich verbessert werden. Das im Rahmen dieser Arbeit vorgestellte Konzept „Aktives Dokument" deutet dabei auf Potentiale hin, die heute allein durch Anforderungen an die technischen Rahmenbedingungen (Vernetzung etc.) in den meisten Organisationen noch nicht in der nahen Zukunft realisierbar sind. Eine umfassende Ist-Analyse der (Kooperations-)Prozesse, eine fundierte Erarbeitung von Soll-Prozessen und eine vorsichtige Anpassung der Prozesse und der Organisation an die Soll-Prozesse parallel zu der Einführung neuer Technologien lässt in der Praxis zur Zeit die Realisierung der größten Potentiale vermuten.

Auch müssten für eine umfassende Implementierung des hier vorgestellten Konzepts eine Reihe technischer Voraussetzungen (bspw. im Hinblick auf Systemschnittstellen) erfüllt sein, was zum jetzigen Zeitpunkt nicht absehbar ist.

Durch die Einführung der DRGs (Diagnostic Related Groups) in der Bundesrepublik hat jede Krankenhausleitung das Ziel, den Patienten unter Minimierung der Kosten und der Zeit beschwerdefrei aus dem Krankenhaus entlassen zu können. Inwieweit bspw. maximal abzurechnende Versicherungsleistungen diesem Ziel entgegenstehen, soll an dieser Stelle nicht weiter vertieft werden.

Im Frühjahr 2002 wurde vom Gesetzgeber die Einführung der Fallpauschalen in Deutschland beschlossen. Seit dem 1. Januar 2003 konnte dieses für die Krankenhäuser auf freiwilliger Basis erfolgen, seit dem 1. Januar 2004 ist es für alle verpflichtend. Die Betrachtung von spezifischen Behandlungsprozessen und das Thema „Prozessoptimierung" rücken damit für Krankenhäuser in den Fokus, um Behandlungsfälle betriebswirtschaftlich analysieren zu können. Eine Grundlage der Prozessbetrachtung ist dabei immer die Erhebung von *klinischen Pfaden* bzw. „Patientenwegen". In der Medizin existiert seit 1980 der Begriff des *klinischen Pfades*, basierend auf der Critical Path Methode (CPM) der Netzplantechnik (Coffey et al. 1992). Der klinische Pfad beschreibt dabei den optimalen Weg eines speziellen Patiententyps in zeitlichen Abfolge mit seinen diagnostischen und therapeutischen Leistungen (Eckardt 2003). Einen generischen Prozesspfad bzw. Patientenweg stellt Abbildung 27 dar:

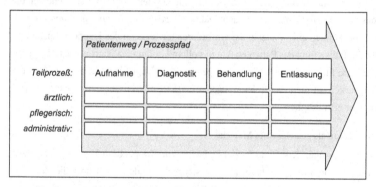

Abbildung 27: Generischer Prozesspfad bzw. Patientenweg
(Quelle: eigene Darstellung in Anlehnung an Eckardt (2003))

Der Patient steht im Mittelpunkt sämtlicher Handlungen der an seinem Heilungsprozess Beteiligten, die oben mit dem Begriff *health care team* identifiziert werden. Damit die Beteiligten effizient kooperieren können, benötigt jeder einen Einblick in den laufenden Prozess. Dazu gehören u.a. bereits getätigte Maßnahmen, der aktuelle Behandlungs- und Gesundheitsstatus sowie geplante Maßnahmen. Auch ist es nötig, dass sich die Beteiligten miteinander austauschen und auf Basis der vorliegenden Informationen gemeinsame Entscheidungen treffen und Sachverhalte dokumentieren können. All dies wird durch die Nutzung einer Reihe papierbasierter Dokumente heute unterstützt. Eine elektronische Patientenakte birgt aber, wie in Kapitel 4.2 dargestellt, eine Reihe von Vorteilen und kann durch Aktive Komponenten weiteren Nutzen stiften.

4.3.2.1 Patient und Patientenakte im Kern der Kooperation

Durch direkte Interaktion mit dem Patienten kann das medizinische Personal in der Regel Zugriff auf die aktuellsten Zustandsinformationen des Patienten bekommen. Aufgrund verschiedener Gründe ist dies allerdings in der Regel nicht ausreichend: Komplexe Diagnostik kann nicht bei jedem Kontakt mit dem Patienten durchgeführt werden, der Patient ist meist nicht in der Lage, medizinisch hinreichend spezifisch über seinen Zustand bzw. seine bisherige Krankengeschichte Auskunft zu geben, ggf. ist er gar nicht ansprechbar. Mit dem Patienten im Kern der Aktivitäten des *health care teams* benötigen die verschiedenen Teammitglieder abgelegte Informationen zur medizinischen Historie des Patienten und zur geplanten Diagnostik bzw. Therapie. Die Patientenakte unterstützt hier in Bezug auf Patientenversorgung, Administration, rechtliche Belange, Qualitätsmanagement, Lehre und Forschung. Zudem werden mit der Patientenakte nicht nur Informationen ausgetauscht und publiziert, sondern die Teammitglieder stellen in die Patientenakte auch Aufträge, Fragen und Anmerkungen für Kollegen ein und koordinieren sich so auf Basis der Patientenakte.

Als papierbasierte Repräsentation des Patienten in Bezug auf den Arbeitsprozess scheinen die Mitglieder des *health care teams* die Patientenakte als *zentrales Kooperationsmaterial* zu nutzen. Allerdings können eine Vielzahl der Anforderungen an zentrales Kooperationsmaterial erst mit der Digitalisierung der Patientenakte in vollem Umfang realisiert werden: Die logische singuläre Akte für die gesamte Klinik mit permanenter Zugriffsmöglichkeit und gleichzeitiger Verfügbarkeit an mehreren (elektronischen) Arbeitsplätzen wird erst, wie in 4.2.1.4 erläutert, mit einer ePA möglich.

4.3.2.2 Patientenakte als gemeinsames Material

Neben einem gemeinsamen Kooperationsziel bedarf es zur Kooperation Vertrauen, explizite Koordination und gemeinsames Material als persistenzschaffende Entität über die Zeit. Die Mitglieder des *health care teams* haben als gemeinsames, übergeordnetes Kooperationsziel die Herstellung und Bewahrung des bestmöglichen Gesundheitszustandes des Patienten. Aus diesem übergeordneten Ziel lassen sich dann, je nach Patient, einzelne Unterziele ableiten (bspw. Verbesserung der Lungenfunktion, Richten einer Fraktur etc.). Gegenseitiges Vertrauen ist wichtige Voraussetzung der Arbeit, müssen sich die einzelnen Beteiligten doch auf die Arbeit der Kollegen verlassen können und ihnen und ihrem Urteil vertrauen, da aufgrund der hohen Belastung aller Beteiligten eine permanente Überprüfung der Arbeitsergebnisse der jeweiligen Kollegen zu nicht darstellbarem Mehraufwand und einer Prozessverlangsamung führen würde. Da der behandelnde Arzt jedoch für den Patienten auch juristisch verantwortlich ist, wird er in Ausnahmefällen dennoch eine Überprüfung in Form einer weiteren Diagnostik vornehmen bzw. das persönliche Gespräch mit dem jeweiligen Kollegen suchen.

Der behandelnde Arzt scheint auch immer derjenige zu sein, der die explizite Koordination im Kooperationsprozess Diagnostik/Therapie übernimmt: Er ordnet Untersuchungen und

Therapien an und übergibt den Patienten schließlich entweder an den nächsten behandelnden Arzt oder entlässt ihn nach Hause. Wie in 4.3.2.1 gezeigt, kann die digitale Repräsentation des Patienten in Form einer ePA zum zentralen Koordinationsmittel der Kooperation und als persistenzschaffende Entität über die Zeit zum gemeinsamen Material der Kooperation in Bezug auf die Arbeit des *health care teams* am Patienten werden.

4.3.2.3 Abgeleitete Anforderungen und Fragen

Wie im bisherigen Kapitel ausgeführt, lassen sich Anforderungen an eine ePA in unterschiedlichste Kategorien gliedern. Da im Rahmen dieser Arbeit keine vollständige ePA im Rahmen einer Telekooperationsumgebung realisiert werden soll, muss aber dennoch das später zu entwickelnde Framework für eine Umsetzung der oben genannten Kernanforderungen ausgelegt sein bzw. eine Realisation unterstützen. Zu den jeweils wichtigsten Anforderungen gehören...

...aus rechtlicher Sicht:

- Sicherstellung des Datenschutzes und der Datensicherheit
- Sicherstellung der Aufbewahrungsfristen für Dokumente

...aus administrativer Sicht

- Ausfallsicherheit
- einfache Wartbarkeit

...aus Sicht des Benutzers

- einfache Bedienbarkeit
- Parallelen zur Papierakte für einen einfachen Übergang zwischen Papier und PC
- schnelles, gezieltes Suchen und Finden von Informationen
- Problemorientierte und chronologische Sicht auf die Daten

...aus Sicht der Softwarearchitektur

- Architektur mit größtmöglicher Modularität, flexibel und erweiterbar
- ortsunabhängiger Zugriff in einer integrierten vernetzten Lösung
- Unterstützung einer dezentralen, service-orientierten Architektur

Gerade die Sicht des Benutzers und die These aus Kapitel 4.3.2.2, in der die Patientenakte als gemeinsames Material der Kooperation des *health care teams* vermutet wird, wird im folgenden Kapitel mit zwei Fallstudien untersucht. Darüber hinaus werden insbesondere die Funktionen der PA, die Kooperation der Beteiligten mit Hilfe der PA und deren unterschiedlichen Sichten/Anforderungen an die PA untersucht und mit den Möglichkeiten des Konzeptes „Aktives Dokument" verglichen.

5 Fallstudien und Analyse

Zur Erlangung eines tieferen Einblicks in die praktische Arbeit mit Patientenakten wurde in der Tradition einer explorativen Forschungsmethodik nach Kubicek (Kubicek 1977) der Einsatz qualitativer Fallstudien genutzt. Die explorative Forschungsstrategie zielt auf die Erweiterung des Vorverständnisses ab, durch die neue Fragestellungen an das Untersuchungsobjekt ermöglicht werden. Zur Datensammlung und -analyse tritt zusätzlich eine konzeptionelle Komponente. Zerbe diskutiert in seiner Arbeit ausführlich die drei Hauptaktivitäten des Forschungsprozesses als die Explikation des Vorverständnisses, der Gewinnung von Erfahrungswissen und die Exploration des Erfahrungswissens (zu einer ausführlichen Diskussion siehe Zerbe (2000, 41ff.)). Die Fälle wurden nach (Eisenhardt 1989, 537) nicht auf der Basis statistischer Erwägungen und Methoden ausgewählt, sondern vor dem Hintergrund theoretischer und konzeptioneller Überlegungen, die im nächsten Kapitel erläutert werden.

5.1 Auswahl und Ziele der Fallstudien

Nach einer Auseinandersetzung mit den Grundlagen von PA und ePA in vorhergehenden Abschnitten, insbesondere im sektorübergreifenden Bereich, wurden für die Fallstudien zwei konkrete Einsatzgebiete einer Patientenakte untersucht. Zum einen wurde der Schwerpunkt auf eine kleine Privatklinik gelegt. Hier konnte der Gesamtprozess von der Einweisung des Patienten bis hin zur Entlassung beobachtet und umfassend analysiert werden. Diese Fallstudie diente als Einstieg in die praktische Nutzung von Patientenakten und gab Gelegenheit, die Sichten nahezu aller Beteiligten verstehen zu lernen. Die zweite Fallstudie wurde anschließend bewusst im Gegensatz zur ersten Fallstudie in einer großen Klinik erhoben, wobei hier auf einen Funktionsbereich mit einem Teilprozess fokussiert wurde. Beide Studien zusammen geben einen Einblick in das Nutzungsspektrum in zwei verbreiteten, aber strukturell völlig unterschiedlichen Umgebungen.

Ziel der Fallstudien war in erster Linie, einen Einblick in die praktische Arbeit mit Patientenakten zu gewinnen. Insbesondere das aus den Vorarbeiten und der Literatur gewonnene, theoretische Domänenverständnis konnte hier einer Realitätsprüfung unterzogen, präzisiert, ergänzt und teilweise auch revidiert werden. Der Ansatz „Needs Driven Approach" (Schwabe / Krcmar 1996) lieferte dabei ein Analyseraster für die Beobachtung der einzelnen Aktionen, der Informationsspeicher etc.

Ausgehend von den verschiedenen Nutzergruppen der Patientenakte und den unterschiedlichen Situationen, in denen die Patientenakte zum Einsatz kam, versucht die Analyse, Eigenschaften der Patientenakte im Hinblick auf „gemeinsames Material" der am Behandlungsprozess beteiligten Personen zu identifizieren und Kontextparameter für die Speicherung und die Nutzung der gespeicherten Informationen zu finden.

5.2 Analyserahmen und Methodik

Im Folgenden wird der gewählte Analyserahmen in Verbindung mit den genutzten Methoden diskutiert. Die Behandlungsprozesse wurden dabei als Strukturierungshilfe genutzt und die Aspekte der Szenarien I-IV aus den Kapiteln 3.4ff. dienten als Arbeitshypothesen für die Fokussierung der Beobachtung und konnten auf ihre Praxisrelevanz hin getestet werden.

5.2.1 Needs Driven Approach, Fallstudien und materialorientierter Ansatz

Needs Driven Approach

Zur Untersuchung der Zusammenarbeit in kooperativen Systemen unter besonderer Berücksichtigung von sozialen, technischen und organisatorischen Aspekten wird von Schwabe und Krcmar der Needs Driven Approach (NDA) vorgeschlagen (Schwabe / Krcmar 1996). Insbesondere bei Analysen in einer für den Forscher neuen Domäne hat sich die Methode für die Erhebung des Bedarfes der Beteiligten im Rahmen einer qualitativen, explorativen Forschung bewährt (Najda 2001, 144). Der NDA, mit Wurzeln in der Strukturationstheorie und der ethnographischen Forschung, teilt sich in eine Analyse- und eine Designphase. Im Rahmen der Fallstudien wurde insbesondere die Arbeitsprozessanalyse, die Interaktionsanalyse, die Material-, Werkzeug- und Arbeitsraumanalyse sowie die Analyse der Informationsspeicher genutzt.

Fallstudien

Für einen Einblick in das Forschungsfeld unter realen Bedingungen boten sich Fallstudien im Rahmen einer explorativen Forschungsstrategie an (Eisenhardt 1989). Als Instrumente für die Fallstudien wurden die teilnehmende Beobachtung, das narrative sowie das teilstandardisierte Interview gewählt. Daneben erfolgte eine Analyse der Dokumente und Arbeitsmittel im Sinne der NDA. Die Fälle sollen im Sinne von Stake (1994, 237) als ‚instrumental case studies' Einblicke in die Domäne ermöglichen, wobei die Fälle als solche in ihrer Bedeutung hinter einige grundsätzliche Merkmale zurücktreten. Mit dem Hauptziel dieser Arbeit auf die experimentellen Ergebnisse des Prototyping-Prozesses werden die Fallstudien auch als Quellen für mögliche Einsatzszenarien des im Rahmen dieser Arbeit prototypisch entwickelten Konzeptes genutzt.

Um die Belastbarkeit der Forschungsergebnisse im Sinne von Yin (1994, 32ff.) sicherzustellen, wurden als Datenquellen der Fallstudien physische Artefakte, Dokumentationen, semi-strukturierte Interviews, die direkte Beobachtung und die teilnehmende Beobachtung kombiniert.

Teilnehmende Beobachtung

Die teilnehmende Beobachtung ist das klassische Instrument in der ethnologischen Forschung und stellt eine wesentliche Technik zur Erhebung empirischer Information dar. Unter Beobachtung versteht man dabei die zielgerichtete, aufmerksame und vor allem systematische Wahrnehmung (Merkens 1992, 217). Wichtig bei der teilnehmenden Beobachtung ist, dass sich der Forscher stets einer möglichen Verzerrung des Verhaltens des Beobachteten durch seine eigene Person bewusst ist (Girtler 1992, 44). Für einen Zugang zur Domäne bot sich insbesondere die teilnehmende, *unstrukturierte* Beobachtung an. Hierbei erfolgt die Präzisierung der Forschung mit dem Verlauf der Forschung und es ist eine Entwicklung von passiver Wahrnehmung hin zu aktiver Suche feststellbar. Dieser Veränderungsprozess kann schon als eine erste Auswertung betrachtet werden, weil der Beobachter im Laufe der Zeit seine Fragestellungen und Blickwinkel fokussiert bzw. umstrukturiert (Merkens 1992, 218). Die Gefahr eines Distanzverlustes zu ihrem Forschungsgegenstand, der sich teilnehmende Forscher in besonderem Maße aussetzen, war nicht gegeben, da man sich nahezu immer in der reinen Beobachterrolle befand.

Die teilnehmende unstrukturierte Beobachtung erfolgte insbesondere in der Privatklinik, wo über einen Zeitraum von einer Woche ganztägig der Klinikalltag beobachtet werden konnte. Innerhalb der zweiten Fallstudie bot sich die Möglichkeit, ganztags über einen mehrwöchigen Zeitraum zu hospitieren. Dabei konnte die Informationsflut in regelmäßigen Abständen analysiert werden, um bei einem anschließenden Besuch offene Fragen gezielt zu klären. Grundlage war hier also ein alternierender Prozess der Erkenntnisgewinnung, d.h. die Erkenntnisse, die auf einer Stufe der Untersuchung gewonnen werden konnten, gingen in die nächste Stufe mit ein. Der Forscher sieht sich dabei nicht als Experte, sondern als Lernender (Bock 1992, 90ff.).

Narrative und teilstrukturierte Interviews

In den Fallstudien wurden narrative und teilstrukturierte Interviews mit den Kooperationspartnern durchgeführt. Beim narrativen Interview ist entscheidend, dass der Befragte lange Zeit frei erzählen kann. Nach einer Ausgangsaufforderung erfolgt eine Stegreiferzählung, in der kein übliches Frage-Antwort-Schema verwendet wird, sondern der Informant gebeten wird, alle relevanten Ereignisse und Informationen von Anfang bis Ende zu erzählen (Herrmanns 1995). Die Interviewpartner wurden zunächst gebeten, ihre Arbeitsaufgabe kurz zu beschreiben und dann ihre Arbeit im Zusammenhang mit der Patientenakte ausführlich darzustellen.

Durch die narrativen Interviews konnte ein guter Einblick in den Gesamtprozess gewonnen werden. Mit diesem Wissen konnten anschließend teilstrukturierte Interviews mit einzelnen Beteiligten geführt werden, um zu spezifischen Themen und Fragestellungen Detailkenntnisse zu erlangen. Hierbei wurden die Interviewpartner auch mit den in Kapitel 3.4 dargestellten Szenarien konfrontiert. Im Gegensatz zu standardisierten Interviews gibt es hierbei keine Antwortvorgaben und die Befragten können ihre Ansichten und Erfahrungen frei äußern, wodurch sich das teilstrukturierte Interview für die Exploration eines neuen Gebietes anbietet (vgl. Hopf (1991); Friedrichs (1990, 226)).

Materialorientierter Ansatz

In der betrachteten Domäne lag als Arbeitsmittel der Kooperation den Beteiligten (neben persönlichen Gesprächen und Telefonaten) primär die Patientenakte vor. Mit dieser werden Informationen für andere Kooperationspartner verbindlich abgelegt, kommentiert und zur Verfügung gestellt, bestimmte Prozesse werden durch sie gesteuert und kontrolliert. Wie in Kapitel 4.3.2 erläutert, kommt der Patientenakte damit eine zentrale Rolle im Kooperationsprozess zu, und es liegt nahe, die Akte als *gemeinsames Material* der kooperierenden Partner im Sinne von Kapitel 2.2.4 zu untersuchen. Mit dem Teilziel der Arbeit, aus den Kontexten der Aktennutzung und den Anforderungen an die Akte bzw. den unterschiedlichen Sichten der Kooperationspartner auf die Akte spezifische Eigenschaften für die Umsetzung der Patientenakte als Aktives Dokument zu identifizieren, liegt der Untersuchungsfokus auf der Nutzung der Akte im Kooperationsprozess. Dazu wird insbesondere den folgenden Leitfragen nachgegangen:

• Welche Kooperationspartner treten auf?

• Koordinieren sich die Partner über ein gemeinsames Material und, wenn ja, auf welche Weise?

• Welche Informationsbedürfnisse haben die Partner und lassen sich diese gruppieren?

• Welche (ggf. unterschiedlichen) Sichtweisen haben die Partner auf das Material?

• Existieren kontextspezifische Sichtweisen der Partner auf das Material und wovon sind diese abhängig?

5.2.2 Behandlungsprozesse als Strukturierungshilfe

Wie in Kapitel 4.2.1 ausgeführt, ist die Patientenakte eine zielgerichtete, papierbasierte bzw. digitale Repräsentation des Patienten. Die papierbasierte Akte folgt in der Regel dem Weg des Patienten durch das Krankenhaus. In der Regel ist die Akte in der Nähe des Patienten, bspw. auf der Station (z.B. im Schwesternzimmer) zu finden. Falls der Patient zu einer Untersuchung auf eine andere Station verlegt wird oder eine Untersuchung erfolgt, wird die Akte entweder dem Patienten persönlich mitgegeben oder die Pflegekräfte sorgen dafür, dass die Akte am Zielort vor der Untersuchung dem Behandler vorliegt. Aus den Vorgesprächen ergab sich, dass der überwiegende Teil der Arbeit mit der Akte, sieht man von bestimmten Tätigkeiten ab (bspw. Administration, Einfügen von angeforderten Laborergebnissen), kurz vor, während und kurz nach einer direkten Interaktion mit dem Patienten erfolgt. Diese Annahmen decken sich auch mit den Ergebnissen des in Kapitel 2.1.2.2 vorgestellten GEHR-Projekts. Der Umfang der Akte wächst dabei mit fortschreitender Behandlungsdauer: Informationen werden in der Regel nur hinzugefügt und anschließend abgefragt bzw. annotiert. Es lag daher nahe, sich zunächst an der zeitlichen Abfolge eines typischen Behandlungsprozesses zu orientieren und anhand dieses Prozesses verschiedene Nutzungsszenarien, die damit beteiligten Kooperationspartner und ihre Ziele, spezifische Sichten auf die Akte und benötigte Informationsobjekte zu identifizieren. Bei typischen Behandlungsprozessen kann dabei auf die in Kapitel 4.3.2 vorgestellten Behandlungswege bzw. klinischen Pfade zurückgegriffen werden. Der Gesamtprozess zeichnet sich durch eine hohe Komplexität aus, die zum einen durch fortwährend erforderliche Rückkoppelungen und zum anderen durch die Unterteilung der einzelnen Prozessschritte in feinere Teilprozesse bedingt ist. Eine detaillierte Darstellung aller Teilprozesse erscheint im Rahmen dieser Arbeit nicht sinnvoll. Stattdessen wurde versucht, durch die erste Fallstudie einen Einblick in die grundlegenden Prozessschritte, die Beteiligten sowie ihre Blickwinkel auf die Kooperationsobjekte zu erlangen. Die zweite Fallstudie analysiert dagegen einen konkreten Teilprozess. Beide Fallstudien werden aber durch den typischen Patientenweg strukturiert.

5.2.3 Aspekte der Szenarien I-IV in der Praxis

Mit der Annahme, dass es sich bei der Patientenakte um gemeinsames Material handelt, wird anhand der Leitfragen untersucht, welche Kooperationspartner in verschiedenen Arrangements sich mit Hilfe des Materials wie koordinieren. Wichtig in Bezug auf eine spätere Unterstützung des Arbeitsprozesses durch Aktive Dokumente ist insbesondere die Sichtweise der Partner auf das Material, d.h. welche Anforderungen die Partner an die Inhalte und Aufbereitung der Daten stellen. Diese Sichtweise mag von unterschiedlichen Parametern abhängig sein, die zu identifizieren sind.

In Kapitel 3.4 wurden die unterschiedlichen Unterstützungsmöglichkeiten durch Aktive Dokumente kategorisiert und mit Szenarien illustriert. Inwieweit diese Szenarien Praxisrelevanz haben, sollte in den Fallstudien untersucht werden. Insbesondere wurden die Spezialisten im Nachgang an die teilnehmende Beobachtung in Diskussionen mit den Szenarien konfrontiert: Dabei bezogen sie kritisch Stellung, verwarfen einige Ideen bzw. ergänzten die Szenarien mit persönlichen Vorstellungen und Anregungen.

Flexible Datenrepräsentation, Datenpräsentation und Übersetzungsdienste
Für diesen Komplex stehen das Material selbst und die abgelegten Informationen im Fokus. Welche Informationen werden wie abgelegt und gegliedert und wie werden diese Informationen abgefragt, kommentiert, etc. Insbesondere die verschiedenen Sichtweisen der Kooperationspartner auf das Material sind in diesem Zusammenhang zu untersuchen. Präferenzen der unterschiedlichen Gruppen in Bezug auf die benötigten Informationen, wenn es diese gibt, müssen herausgearbeitet und analysiert werden.

Aktive Komponenten
Neben dem Material liegt der Fokus bei „aktiven Komponenten" auf der Frage, welche Werkzeuge die unterschiedlichen Kooperationspartner bei ihrer Arbeit mit dem Material zur Zeit nutzen bzw. mit welchen Werkzeugen man im Sinne „aktiver Komponenten" die Kooperati-

onspartner in ihrer jetzigen Arbeit sinnvoll unterstützen kann. Die im Szenario geschilderten Unterstützungsmöglichkeiten werden im Rahmen der Untersuchung überprüft und mit den Teilnehmern diskutiert.

Nutzung von Kontextinformationen

Inwieweit Kontextinformationen bei der täglichen Arbeit mit dem System, bei der Datengenerierung und bei der Datenfilterung genutzt werden können, wurde ebenfalls im Rahmen der Fallstudien betrachtet. In welchen Kontexten arbeiten die Beteiligten, lassen sich Kontextparameter spezifizieren und können diese für eine sinnvolle Unterstützung der Beteiligten genutzt werden? Neben der Analyse der verschiedenen Kontexte wurden die in 3.4.3 ausgearbeiteten Szenarien mit den Spezialisten kritisch diskutiert.

Migration und Prozessunterstützung

Das in 3.4.4 skizzierte Szenario geht davon aus, dass die Kooperationspartner gerade durch den Austausch von Materialien kooperieren. Inwieweit ein zentrales „gemeinsames Material" dem Weg des Patienten folgt und den Prozess teilweise steuert bzw. unterstützt und welche Werkzeuge den Prozess unterstützen ist zu untersuchen. Bei einer Migration des Materials in eine neue Umgebung sind die Parameter der Zielumgebung für eine mögliche Nutzung bei der Informationsdarstellung und Informationsselektion zu beachten.

5.3 Fallstudie 1: Privatklinik – Gesamtprozess

Aufgrund der überschaubaren Größe der betrachteten Spezialklinik sind die Prozesse relativ transparent. Alle Kooperationspartner kennen sich persönlich gut und bei Klärungsbedarf wird häufig das persönliche Gespräch gesucht. In großen Häusern muss hier auf Formulare, Telefon oder andere Hilfsmittel zur Kommunikation und Koordination zurückgegriffen werden.

Abbildung 28 skizziert den grundlegenden Weg des Patienten in der Privatklinik. Die Überlegung, dass die Akte an den Weg des Patienten gebunden ist, hat sich hier bestätigt:

„Die Akte geht faktisch mit dem Patienten bzw. in die jeweils zuständige betreuende Abteilung des Patienten mit." [Verwaltungsleiter]

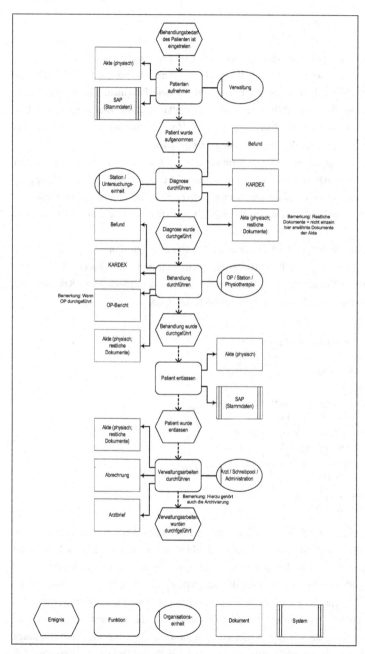

Abbildung 28: Der Weg des Patienten / der Patientendaten in der Privatklinik
(Quelle: eigene Darstellung)

5.3.1 Patientenaufnahme

Rezeption

Abgetrennt durch eine halbhohe Theke erinnert der Eingangsbereich an eine Hotelrezeption. Hier meldet sich der Patient im Normalfall formal an und nach seinem Aufenthalt auch wieder ab. Die Anmeldung dient immer als Erstkontakt mit dem Patienten. Unabhängig davon, wie der Patient eingeliefert wird (einweisender Arzt, Notfall, Selbsteinweisung) werden hier alle administrativen Sachverhalte (persönliche Daten, Versicherungsschutz, etc.) geklärt und es wird ggf. Rücksprache mit dem einweisenden Arzt gehalten.

Die Anmeldung erfolgt sowohl in Papierform als auch elektronisch, indem die Stammdaten des Patienten in ein SAP-System eingetragen werden. Es existiert eine klare Trennung zwischen medizinischer Dokumentation und administrativen Systemen. Mehrere Mitarbeiter berichteten von einer ähnlichen Trennung in verschiedenen Häusern, in denen sie vorher gearbeitet hatten.

Ein „Patientenstammblatt" wird schriftlich ausgefüllt und in einem Hängeregister in der Verwaltung abgelegt. Hinter dieses Patientenstammblatt werden im Hängeregister alle dem Patienten zugeordneten Kopien der nötigen Zusatzformulare (für Versicherung, Krankenkasse etc.) und die entsprechende Kopie der Korrespondenz abgelegt.

Abschnitt	Inhalt
1	Auswärtige Befunde präoperativ
2	Klinischer Aufnahmebefund
3	HK-Szintigramm, PET, MRT, CT, Rö
4	Konsile
5	Labor (eigenes / auswärtiges)
6	EKGs, Belastungs-EKG
7	Echo, Carotisdoppler, Sonographien
8	IPS-Verordnungsblätter, HZV, Trends
9	Anästhesie- und OP-Protokolle
10	IPS- und IMC-Kurven

Tabelle 21: Die Struktur der Basisakte
(Quelle: eigene Darstellung)

Daneben bereiten die Mitarbeiter eine *Basisakte* in Form eines Aktenordners vor. Zunächst wird hierzu aus dem SAP-System ein A4-Aufkleberblatt, unterteilt in ca. 2 cm x 1 cm große Patientenaufkleber mit der eindeutigen Fallnummer des Patienten für jede Patientenakte gedruckt. Diese Aufkleber finden später bei der Beschriftung von Proben und Untersuchungen Verwendung oder wenn Teile der Akte herausgenommen und eindeutig markiert werden müssen. Die Basisakte wird anschließend mit einem Patientenaufkleber markiert. Stammdaten des Patienten, die Dokumente, die dem Patienten vom einweisenden Arzt mitgegeben wurden (Röntgenaufnahmen, einweisender Brief, etc.) sowie die restlichen Patientenaufkleber werden eingeordnet. Zusätzlich enthält die Basisakte ein Deckblatt und Zwischenblätter, die die Struktur (siehe Tabelle 21) festlegen.

Sollten bereits Dokumente aus einem vorherigen Klinikaufenthalt existieren, so wird die vorhandene Akte aus dem Archiv geholt und aufbereitet. Die neue Fall-Nummer definiert dabei einen neuen Abschnitt innerhalb der Akte, der mit einem farbigen Trennblatt markiert wird. Die Farben kennzeichnen dabei, wegen welcher Beschwerden die Klinik den Patienten in der Vergangenheit aufgenommen hatte (z.B. blau = chirurgischer Patient, dunkelgrün = stationär, ...).

Zusätzlich kommt bei der Patientenanmeldung, je nach Versicherungsstatus des Patienten (privat/gesetzlich), eine Vielzahl von Formularen zur Anwendung. Bspw. stehen dem Patienten abhängig von seiner privaten Zusatzversicherung, verschiedene Wahlleistungen zur Verfügung, die wiederum Auswirkungen auf den Belegungsplan, den Einsatzplan der Ärzte und die Dienstleister (Küche, Wäscherei, ...) haben. Für diese werden entsprechende Formulare ausgefüllt, verteilt und Kopien externer Dokumente hinter dem Stammblatt im Hängeregister der Verwaltung abgelegt. Der Eintrag in eine Übersichtsliste verdeutlicht den Mitarbeitern, welche Patienten momentan im Krankenhaus in Behandlung, angemeldet oder noch nicht abgerechnet sind.

Innerhalb der Aufnahme

- findet die Terminvereinbarung für den Patienten in Abstimmung mit dem Einsatzplan der Ärzte und dem Belegungsplan statt,

- wird die Basisakte angelegt,

- werden die Patientenstammdaten verwaltet,

- werden die Krankenversicherungen informiert und

- werden weitere Dienstleister (Küche, Wäscherei, ...) benachrichtigt.

Station

Nachdem der Patient den verwaltungsspezifischen Teil der Aufnahme erledigt hat, bekommt er auf einer Station ein Bett in einem Krankenzimmer zugewiesen. Zeitgleich wird die vorbereitete Basisakte (Aktenordner mit Deckblatt, Patientenaufkleber, ...) auf die Station gebracht und im Schwesternzimmer abgelegt. Vom Pflegepersonal wird anschließend ein Hängeregister, das unter den Mitarbeitern ausschließlich unter dem Namen *KARDEX* (benannt nach der Herstellerfirma *Kardex Organisationssysteme GmbH*) bekannt ist, angelegt.

Das *KARDEX* dient zur Koordination und Kommunikation zwischen dem Pflegepersonal und den Ärzten, indem verschiedene Reiter gezogen werden können, denen Anweisungen hinterlegt sind. Schreibfelder bieten zusätzlich Platz, um Notizen für Kollegen zu machen (siehe Anhang A - Kardex). Das *KARDEX* beinhaltet die so genannte „Kurve" mit täglich mehrmals aktualisierten Parametern des Patienten und Untersuchungsterminen, wobei die Untersuchungsbefunde in der Basisakte im Schwesternzimmer abgeheftet werden.

Nach Abschluss der Aufnahme und nach Zuweisung einer Station existieren über den Patienten folgende physische und elektronische Dokumente an verschiedenen Orten, die die Gesamtakte repräsentieren:

- Stammdatensatz des Patienten (persönliche Daten, kassentechnisch relevante Daten) im SAP-System der Verwaltung

- Patientenstammblatt mit Formularen im Hängeregister der Verwaltung

- Basisakte mit Patientenaufkleber, Struktur-Deckblatt und eventuellen Vorbefunden im Schwesternzimmer auf der Station

- *KARDEX*-Blätter im mobilen Rollwagen auf der Station

Die Aufnahme des Patienten und die Erstellung seiner Krankenakte betreffen im ersten Schritt den medizinischen und den verwaltungstechnischen Bereich. Jeder dieser Bereiche hat dabei einen unterschiedlichen Informationsbedarf, der sich in verschiedenen Formen der Aufbereitung manifestiert.

5.3.2 Diagnostik

Generell beginnt die Diagnostik mit der Einweisungsuntersuchung, wobei sich die zuständigen Ärzte schon vorab mit Hilfe der Akte so gut wie möglich über den Patienten informieren, wenn dies durch schon vorhandene Vorbefunde ermöglich wird:

„Wenn der Patient zum ersten Mal zu uns kommt, hat er in den meisten Fällen schon mal Unterlagen von anderen Krankenhäusern oder von vorhergehenden Erkrankungen, und da gucke ich zum ersten Mal rein, um mich zu informieren; möglichst bevor der Patient da ist, gucke ich schon mal, was hatte er für Vorerkrankungen, Operationen, [...] " [Stationsarzt]

Wichtiger Kooperationspartner sind dabei der einweisende Arzt oder der Hausarzt, die helfen können, Unklarheiten zu beseitigen und nötige Zusatzinformationen bereitstellen. Diese Klärung erfolgt in den meisten Fällen durch einen Telefonanruf beim niedergelassenen Kollegen. Es sei hier kurz darauf hingewiesen, dass trotz vorliegender Befunde von externen Ärzten Untersuchungen nochmals durchgeführt werden, wenn Ergebnisse angezweifelt werden:

„[...] da kann ich mich drauf verlassen, denn wenn ich jetzt z.B. irgendeinen Echobefund von irgendeinem kriege draußen in der Praxis, weiß ich nicht, wie gut ist der, wie sicher ist der in seiner Diagnostik, dann wiederhole ich das gerne noch mal. " [Stationsarzt]

Die Einweisungsuntersuchung wird begleitet von der Anamnese (Vorgeschichte einer Krankheit nach Angaben des Kranken). Für einige Untersuchungen stehen teilstandardisierte Formulare zur Verfügung, die dem Arzt gleichzeitig als Strukturationshilfe und Checkliste dienen. Erstbefundung und alle weiteren Untersuchungsergebnisse sind wichtige Dokumente, die der Basisakte hinzugefügt werden. Das *KARDEX* dient daneben als ständiges Kommunikationsinstrument, mit dem weitere Untersuchungen, Medikamente, etc. vom Arzt bestimmt bzw. Anfragen des Pflegepersonals an den Arzt gestellt werden.

Entscheidend hierbei ist, dass die Basisakte das Handbuch der Ärzte darstellt, da hier sämtliche Befunde, die Vorgeschichte des Patienten usw. enthalten sind, während für die Krankenschwestern das *KARDEX* (die „Kurve") wichtigstes Arbeitsmittel zur Koordination ist:

„Also wir arbeiten nur mit der Kurve." *[Stationsschwester]*

Für das Pflegepersonal ist entscheidend, dass die Ärzte Informationen schnell und präzise über das *KARDEX* weitergeben. Über das *KARDEX* laufen

- Anordnungen des Arztes an das Pflegepersonal (Medikamente, Untersuchungen, etc.)
- Fragen des Pflegepersonals an die Ärzte
- Informationen zwischen den Ärzten
- Informationen zwischen dem Pflegepersonal
- Informationen über den Gesundheitszustand des Patienten (die sog. Kurve)

Dabei steht ein so genanntes „Reitersystem" im Vordergrund. Wird ein Reiter vom Arzt gezogen, stellt dieses eine Anweisung bzw. eine Information an das Pflegepersonal dar. Innerhalb des *KARDEX* ist die Bedeutung jedes Reiters festgelegt und es besteht ausreichend Platz für eine jeweilige schriftliche Erläuterung. Andererseits können auch die Schwestern einen Reiter ziehen, um dem Arzt Rückfragen zu stellen bzw. ihm Informationen zu geben. Wird ein Reiter zurückgesteckt, so ist der Auftrag oder die Anfrage erfüllt. Zieht der Arzt beispielsweise den Allergiereiter für einen Patienten und dokumentiert eine Anmerkung dazu, sensibilisiert er das Pflegepersonal in Bezug auf mögliche allergische Gegenreaktionen.

Aus den Ergebnissen der Erstuntersuchung werden weitere Voruntersuchungen abgeleitet, beispielsweise EKG und Laboruntersuchungen. Dabei vergibt die Station Aufträge an die jeweiligen Untersuchungsabteilungen, die dann ausgeführt werden müssen.

Innerhalb der einzelnen Stationen wird für jeden Patienten und jede Schicht (Früh-, Spät-, Nachtschicht) vom Pflegepersonal ein Überwachungsblatt geführt, das wichtige Vorkommnisse dokumentiert und Bestandteil des *KARDEX* ist. Dieses Überwachungsblatt spielt eine entscheidende Rolle bei der *Übergabe* von einer Schicht zur nächsten. Bei der Übergabe informieren die Mitarbeiter einer Schicht die Mitarbeiter der jeweils nächsten Schicht über den Zustand jedes einzelnen Patienten. Zusätzlich macht sich jede Schwester handschriftlich auf kleinen Zetteln Notizen über die einzelnen Patienten und gibt diese informellen Informationen („Herr X fühlt sich sehr einsam, es wäre gut, öfter nach ihm zu schauen") mündlich den Kollegen bei der Übergabe weiter. Diese Informationen werden in der Akte nicht vermerkt, unterstützen aber, so die Aussage mehrerer Mitarbeiter, den Genesungsprozess der Patienten signifikant.

Für das Pflegepersonal ist das *KARDEX*-System ausschlaggebend, während in die Basisakte lediglich Befunde eingeheftet werden. Schwestern und Pfleger besprechen medizinische Aspekte mit Hilfe des Überwachungsblattes untereinander, informelle Informationen werden im Gespräch weitergegeben.

Alle Beteiligten (Pflegepersonal und Ärzte) nutzen das *KARDEX* als gemeinsames Material der Kommunikation, Kooperation und Koordination. Auf die Basisakte greift dagegen fast ausschließlich das ärztliche Personal zu.

Diese Ergebnisse der Interviews werden von Dujat (1996, 101) bestätigt, da eine Akzeptanz einer ePA vor allem dadurch erreicht wird, dass sie nicht von der gewohnten Arbeitsweise mit der bisherigen Papierakte abweicht. In einem Telefoninterview begründete ein Stationsarzt den Bedarf nach einer ePA vor allem damit, dass der große zeitliche und mühevolle Aufwand der administrativen Arbeit eines Arztes unbedingt gesenkt werden solle, damit man sich wieder auf die Heilung des Patienten konzentrieren könne. In Bezug auf die Dokumentation meinte dazu ein Interview-Partner:

> „...diese Arbeit wird auf den Junior abgewälzt, der am wenigsten zu sagen hat in der Ärzterangliste, der hat aber am wenigsten Erfahrung ..." [Chefarzt]

Die folgende Tabelle gibt einen Überblick über die beiden wesentlichen in der Diagnostik beobachteten Objekte und die entsprechende Funktion in Bezug auf das Objekt:

Material	Funktionsträger	Datenobjekt	Funktion
KARDEX	Pflegepersonal	Fieberkurve	eintragen, lesen
		Untersuchungen	lesen, bestätigen
		Medikation	lesen, bestätigen
		Überwachungsbogen mit Vitalparametern (Puls, Blutdruck, Fieber ...)	eintragen, lesen
		Personendaten (Größe, Gewicht, Stuhl-gang)	eintragen, lesen
	Arzt	Befundergebnisse	lesen, eintragen
		Untersuchungen	anordnen, eintragen
		Medikation	anordnen, eintragen
		Pflege (waschen, Bettruhe, ...)	anordnen, eintragen
		Reiter mit Annotation	annotieren, Reiter bewegen
Basisakte	Pflegepersonal	Befunde	einheften, übertragen von Informationen in KARDEX
	Arzt	Befunde	Lesen

Tabelle 22: Übersicht Diagnostik
(Quelle: eigene Darstellung)

Diagnostik und Anordnung von therapeutischen Maßnahmen sind Aufgaben des Stationsarztes, während die spezialisierten Funktionsbereichsärzte nur Befunde, also Beurteilungen bereitstellen, die nicht unbedingt eine Diagnose beinhalten müssen. Der behandelnde Stationsarzt ist immer der Koordinator der einzelnen Bereiche.

5.3.3 Behandlung

Diagnostik und Behandlung sind nicht immer scharf zu trennen. So werden bspw. Methoden und Geräte der Diagnostik gleichzeitig zur Behandlung genutzt. Beispielsweise können bei der Kontrastmitteluntersuchung der Gefäße und Adern Engstellen diagnostiziert und während der Untersuchung direkt durch verschiedene Verfahren geweitet werden. Kontrastmitteluntersuchungen sind gekennzeichnet von der intravenösen oder oralen Verabreichung einer markierenden Substanz, um anschließend Abläufe oder Veränderungen im Untersuchungsbereich sichtbar zu machen, z.B. bei der Computertomographie oder der Angiographie (vgl. Fallstudie 2).

Ausgangspunkt für die Behandlung ist die Aufklärung des Patienten, bei der ein Arzt anhand eines Aufklärungsprotokolls vor der Operation oder der einwilligungsbedürftigen Untersuchung (z.B. bei Kontrastmitteluntersuchungen) den Patienten über Chancen und Risiken informiert und der Patient seine Einwilligung unterschreiben muss. Im Normalfall findet das Gespräch im Krankenzimmer auf der Station statt. Für nahezu jede Operation existieren dabei individuelle Aufklärungsblätter. Weiterhin gibt es auf der Station eine Checkliste für jede Operation, die erklärt, welche Voruntersuchungen durchgeführt werden müssen, bevor der Patient operiert werden darf.

Im Folgenden werden die medizinischen Bereiche der betrachteten Klinik in der Reihenfolge parallel zu einem typischen Patientenweg vorgestellt. Die meisten der Funktionsbereiche sind in einen relativ klar strukturierten Arbeitsablauf eingebunden. So kann die Untersuchung bzw. Behandlung erst dann beginnen, wenn ein Auftrag vom behandelnden Arzt für den einzelnen Patienten an den Funktionsbereich erfolgt. Es muss also beispielsweise eine eindeutige Röntgenanweisung gestellt werden, d.h. die Radiologieabteilung und deren Ärzte entscheiden nicht selbständig über Einsatz und Art der Untersuchung:

„Ohne Auftrag dürfen wir gar nichts machen. Also, wenn der Patient ohne Anweisung kommt, muss er so lange warten, bis der Stationsarzt einen Auftrag schreibt. Und das kann dauern. E-gal, ob es ein Notfall ist oder der Patient zu Fuß von Station kommt, es wird nur das gemacht, was im Auftrag steht. Bei uns bringt der Patient übrigens seine Akte immer selber physisch mit, aber es ist gar nicht immer seine...“ [Mitarbeiterin in der Röntgenabteilung]

Angiographie

Die unterschiedlichen Sichtweisen auf die Patienteninformationen werden in der Angiographie deutlich. Die Angiographie ist eine Röntgenuntersuchung, bei der mit Hilfe von Röntgen-Kontrastmitteln Gefäße sichtbar gemacht werden. Mit diesem Verfahren können Arterien (Arteriographie), Venen (Phlebographie) und Lymphgefäße (Lymphographie) untersucht werden. Das Pflegepersonal der Untersuchungsabteilung arbeitet dem Abteilungsarzt zu und ist primär daran interessiert, ob der Patient schon einmal bei dieser Untersuchung war, um alte Befunde herauszusuchen (diese sind auf CD gebrannt und lagern in einem Archivraum neben dem Untersuchungszimmer) und um diese für den Arzt aufzubereiten. Nach Abschluss der Untersuchung werden die Filme vom zuständigen Facharzt begutachtet und zusammen mit einem Ausdruck von aussagekräftigen Einzelbildern aus dem Röntgenfilm auf die Station zurückgeschickt, wo sie dem behandelnden Arzt vorgelegt und in die Basisakte eingeordnet werden.

Operation

Bei einer Operation ist eine Vielzahl von Spezialisten beteiligt, deren Aufgaben genau definiert sind (OP-Personal, Anästhesisten, Chirurgen, Herzchirurgen, Kardiotechniker, etc.). Entscheidend ist dabei, dass in allen Bereichen Protokolle geführt werden, da jeder Beteiligte den Verlauf aus seiner Sicht dokumentieren muss. Eine Übersicht bietet die folgende Tabelle.

Personal	Dokumente
OP-Pflegepersonal	Verbrauchsmaterial-Protokoll
Anästhesie	Verlaufsprotokoll Patientenzustand, Maschinendaten
Chirurgie	Qualitätssicherungsprotokoll, Standardbericht, OP-Bericht
Kardiotechnik	Verlaufsprotokoll Patientenzustand, Maschinenpotokoll Herz-Lungen-Maschine

Tabelle 23: Dokumente im OP
(Quelle: eigene Darstellung)

Nach der Operation wird jeweils ein OP-Bericht in der Patientenakte abgeheftet.

Intensivstation

Die Intensivstation unterscheidet sich von der normalen Station durch die deutlich bessere technische Ausstattung und das hoch spezialisierte Personal. Umgang, Sichtweisen oder Anforderungen an die Patientenakte sind mit denen auf der Station vergleichbar. Auch hier greift das ärztliche Personal auf die Basisakte zu, während das Pflegepersonal der Intensivstation mit einem *Pflegereport* arbeitet, der die gleiche Funktion wie das *KARDEX* hat, in dem aber deutlich mehr Daten erfasst werden.

Intensivnachpflege

Die Intensivnachpflege ist eine Station, die sich räumlich neben der Intensivstation befindet. Hier sind die Patienten nicht mehr bettgebunden, sondern können sich frei bewegen. Die betrachtete Klinik war in der Intensivnachpflege mit einem Monitoring-System ausgestattet, bei dem der Patient mit einem kleinen Gerät ausgestattet wird, das sämtliche Vitalparameter (Blutdruck, Puls, etc.) ständig erfasst und an eine zentrale Station sendet. Der Patient wird hierbei ununterbrochen überwacht und bei Überschreitung einer definierten Grenze wird unmittelbar ein Alarm ausgelöst.

Die Dokumentation der Intensivnachpflege erfolgt in herkömmlichen Krankenhäusern stündlich, was einen sehr hohen Zeit- und Verwaltungsaufwand bedeutet:

> *„Es ist sehr zeitaufwendig. Oft kann man deshalb nur die Grundpflege machen und nach Feierabend macht man dann noch den Rest der Dokumentation.“ [Schwester]*

Bei dem Monitoring-System können so genannte *Trends* ausgedruckt werden, die als Übersicht und Zusammenfassung der letzten 24 Stunden in die Basisakte geheftet werden.

Der Informationsbedarf definiert sich aus dem jeweiligen Funktionsbereich heraus und ist von Bereich zu Bereich unterschiedlich. Der Arzt in einem Funktionsbereich blättert in der Regel die gesamte Akte kurz durch und konzentriert sich auf die Teile der Akte, die mit seinem Fachgebiet direkt oder indirekt zusammenhängen. Mit der entsprechenden Erfahrung ist er in der Lage, rasch die für ihn wichtigen Informationen aus der Gesamtakte herauszulesen, wobei er sich Informationen in chronologischer Reihenfolge aufbereitet wünscht:

> *„Die komplette Akte interessiert mich nicht. Ich will nur wissen, war der Patient schon mal bei uns und welche Befunde haben wir davon noch. Das müsste dann nach Datum geordnet auf meinem Tisch liegen.“ [Funktionsbereichsarzt]*

Die aktuellsten Informationen sollten dabei auf der ersten Seite (vorne) stehen, gefolgt von den zeitlich jeweils vorhergehenden Informationen. Die Sichtweise auf die Akte ändert sich nicht situationsabhängig. Auch bei einem Notfall oder außergewöhnlichen Umständen greifen die Spezialisten immer auf die gleichen Informationen zu.

5.3.4 Verwaltung

Nach der Entlassung des Patienten muss der abschließende Arztbrief erstellt werden und die Abrechnungsinformationen für die Krankenversicherung bzw. die Kasse zusammengestellt werden. Zur Erstellung des Arztbriefes greift der betreuende Stationsarzt auf die Gesamtakte mit den *KARDEX*-Blättern zu. Der Arztbrief wird in der Regel zunächst diktiert und anschließend vom Schreibpool übertragen.

Schreibpool

Der Schreibpool bekommt vom Arzt den diktierten Arztbrief auf Kassette und die dazugehörige Basisakte mit *KARDEX*-Blättern. Daraufhin wird die Basisakte nach den Bedürfnissen der Schreibpoolmitarbeiter umsortiert, die sich dadurch einen besseren Überblick verschaffen. Es ist Aufgabe des Schreibpools, zu vergleichen, ob die im Arztbrief erwähnten Untersuchungen bzw. Leistungen auch tatsächlich durchgeführt wurden und in der Akte auftauchen:

„Meistens fehlt die Hälfte und dann muss ich hinter her springen." [Mitarbeiter aus dem Schreibpool]

Dabei wird zunächst eine erste Version des Arztbriefes erstellt, wobei der Arzt auf Band den kompletten Brief formuliert hat. Anschließend geht die Version in Papierform zurück an den Arzt, der den Inhalt des Briefes kontrolliert und ggf. Verbesserungen einarbeitet und den Brief wieder zurück an den Schreibpool gibt. Eine Kopie der endgültigen Version wird schließlich in die Akte geheftet und das unterschriebene Original an den zuständigen Hausarzt bzw. einweisenden Arzt geschickt. Aufgrund vieler fehlender Informationen kommunizieren die Mitarbeiter der Schreibverwaltung vor allem mit der Aufnahme, um patientenbezogene Daten zu erfahren (*Wer ist der Hausarzt? Welche Versicherung hat der Patient?*).

Die Abrechnung basiert auf Akte und Arztbrief und wird von den Verwaltungsmitarbeitern erstellt. Wenn die Rechnung bezahlt ist, gelangt die Akte anschließend ins Archiv[3].

Pflegedienstleitung

Die Pflegedienstleitung ist eine Schnittstelle zwischen Verwaltung und den medizinischen Akteuren. Sie hat verschiedene Aufgaben, z.B. die Erstellung von Statistiken, OP-Belegungsplanung, Pflegepersonaleinsatzplanung oder Belegungsplanung. Eine Besonderheit bei der betrachteten Privatklinik ist dabei, dass Operationssäle auch an externe Operateure weitervermietet werden, wenn keine Vollauslastung besteht. Dafür ist eine intensive Koordination zwischen der Verwaltung, sämtlichen medizinischen Abteilungen (Anästhesie, Chirurgie, Verwaltung) und dem externen Operateur nötig. Diese Aufgabe wird von der Pflegedienstleitung übernommen. Sobald mehrere mögliche Termine gefunden wurden, gibt der Pflegedienstleiter die Daten an die Aufnahme, die daraufhin eine Akte für den externen Patienten anlegt und ihn dabei wie einen eigenen Patienten behandelt. Lediglich bei der Abrechnung wird berücksichtigt, dass es sich um einen Patienten eines externen Arztes handelt.

Die Pflegedienstleitung hat eine Stammdaten-bezogene Sicht auf die Akte, d.h. es interessiert lediglich, wie der Patient heißt, wie er versichert ist etc. Dies hat Auswirkungen auf die Zimmerbelegung, die benötigten Ärzte (Chefarzt-Behandlung) usw. Die Pflegedienstleitung versucht, sich von jedem Patienten ein Bild zu machen und befragt dabei in der Regel das medizinische Personal direkt:

---

[3] Die Aufbewahrungspflicht von Patientendokumenten beträgt mindestens 20 Jahre. Mittlerweile hat das in Fallstudie 2 untersuchte Universitätsklinikum über 30 km laufende physische Akten.

„…die Pflegeperson weiß in der Regel viel besser Bescheid, die kann mir das Wesentliche, was sie von dem Patienten weiß, viel besser vermitteln als dass ich mir das mühsam in der Kurve zusammen suchen muss." [Leiter des Pflegedienstes]

5.3.5 Zusammenfassung

Innerhalb des betrachteten Prozesses existieren verschiedene Gruppen, die mit unterschiedlichen Perspektiven und Informationsbedürfnissen auf die Patientenakte zugreifen. Die Sichtweisen auf die Akte sind in der Regel abteilungsspezifisch oder aufgabenbezogen, nicht aber situationsabhängig oder raumspezifisch. Zu ähnlichen Ergebnissen kommt auch Schmücker, der eine Neurochirurgische Klinik untersucht hat (Schmücker et al. 1998). Die Informationsbedürfnisse der einzelnen Gruppen sind dabei ähnlich und lassen sich wie folgt strukturieren:

Ärztesicht

Generell sollte man bei der in dieser Arbeit gewählten Prozesssicht zwischen patientenbezogenen Ereignissen und regelmäßig wiederkehrenden Ereignissen unterscheiden. Bei den patientenbezogenen Ereignissen stehen Bewegungen des Patienten (Aufnahme, Verlegung, Operation, Entlassung) im Vordergrund, während bei den regelmäßig wiederkehrenden Terminen (Visite, Schichtwechsel, Konferenzen) die Kooperation mit dem Krankenhauspersonal entscheidend ist.

Die folgende Tabelle vermittelt einen Überblick:

Patientenbezogene Ereignisse	Dokumente aus der Akte
Aufnahme	Externe Arztbriefe, historische Befunde des Patienten, …
Diagnose	Medikamente, historische Befunde, …
Operation	Einwilligung, alte OP-Protokolle, …
Behandlung	Laborbefunde, …
Arztbrief	OP-Bericht, Kardex, …
Regelmäßige Termine	Dokumente aus der Akte
Visite	Kardex, Konsilbefunde, aktuelle Untersuchungsergebnisse, …
Schichtwechsel	Kardex, …
Konferenzen (Komplikationen, etc.)	OP-Protokolle, …

Tabelle 24: Ärztesicht auf die Akte und deren Dokumente
(Quelle: eigene Darstellung, in Anlehnung an Schmücker (1998, 52ff))

Im Mittelpunkt der Informationsversorgung für den ärztlichen Dienst stehen somit die Krankenakte und das *KARDEX*. Der Aufbau der Akte soll dabei durch einen Schlüssel vereinheitlicht sein und es genügt, die Dokumente chronologisch nach Datum in der jeweiligen Rubrik zu ordnen.

Klinikintern kooperieren die Ärzte mit dem Pflegepersonal, anderen Fachbereichen und dem Verwaltungsbereich, wobei die Kommunikationsmaterialien in ihrem Umfang nach Aussage der Interviewpartner, die bereits in anderen Häusern gearbeitet haben, von der Größe des Krankenhauses abhängig sind. Je kleiner die Klinik, desto größer der Anteil telefonischer

Kommunikation oder Face-to-Face-Kommunikation, während in großen Kliniken Formulare und schriftliche Kommunikation (Hauspost, E-Mail) stark zunehmen. Aufgrund von fehlenden Informationen kommunizieren die Ärzte klinikextern häufig mit anderen Krankenhäusern, niedergelassenen Ärzten, Krankenkassen und Angehörigen, wobei hier Telefon und standardisierte Briefe dominieren.

Die Ärzte der einzelnen Fachbereiche verschaffen sich in der Regel einen kurzen Überblick über den Patienten, indem sie die Akte kurz durchblättern und sich Angaben in Bezug auf ihr Fachgebiet intensiver anschauen. Auch interessieren sie sich für spezifische Angaben in der Akte, die Einfluss auf die weitere Untersuchung haben (bspw. ist der Patient ein Hypertoniker? Wie weit kann er beim EKG belastet werden? Hatte der Patient bereits eine Angiographie?). Der spezifische Informationsbedarf an die Akte ist immer abhängig vom Einzelfall, eine bedarfsgerechte und gute Strukturierung der Information hilft dem Arzt aber, zielgerichtet und effizient durch die Akte zu navigieren. Eine gute chronologische Ordnung war dabei die am häufigsten geforderte Struktur.

Auf eine detaillierte Analyse der Informationsbedarfe der einzelne Fachgebiete (Anästhesie, Radiologie, etc.) ist verzichtet worden, ein fachspezifischer Informationsbedarf wurde aber in den Interviews deutlich.

Pflegepersonal

Beim Pflegepersonal dominiert das *KARDEX* als Kommunikations-, Kooperations- und Koordinationsmaterial mit den Ärzten, während die Basisakte nur eine Nebenrolle spielt, da die Ärzte eine Informationspflicht gegenüber dem Pflegepersonal in Bezug auf die Befunde haben, deren Ergebnisse zusätzlich im *KARDEX* vermerkt werden. Das Pflegepersonal verwendet zusätzlich noch selbst erstellte Dokumente (handgeschriebene Zettel) zur stationsinternen Kommunikation, um kurze informelle Notizen, die nicht abgeheftet werden, weiterzugeben. Das Pflegepersonal kommuniziert mit allen Funktions- und Leistungsbereichen der Klinik und externen Dienstleistern, d.h. Ärzten, Labor, Küche, Wäscherei, Handwerkern. Die Kommunikation erfolgt in der Regel telefonisch, mündlich oder über Formulare (sog. Leistungsanforderungen).

Funktionsabteilungen als Dienstleister
Die Gemeinsamkeit der Funktionsabteilungen besteht darin, dass sie im Auftrag des behandelnden Arztes arbeiten. Dieser beauftragt in der Regel eine bestimmte Dienstleistung, wobei die ärztlichen Spezialisten der Funktionsabteilungen aufgrund der vorliegenden Informationen und nach Rücksprache mit dem behandelnden Arzt die Dienstleistung ergänzen und so bspw. aufgrund eines bestimmten Verdachts, der sich für sie erschließt, weitere Spezialuntersuchungen empfehlen und diese auch direkt vornehmen.

Die Sichtweisen auf die Akte in den medizinisch-technischen wie auch in den therapeutischen Funktionsabteilungen entsprechen denen der Ärzte und des Pflegepersonals auf den Stationen. So interessiert sich das ärztliche Personal in der Röntgenabteilung beispielsweise für Laborbefunde, Arztbriefe oder Vorbefunde aus der Patientenakte während das Pflegepersonal in der Regel keinen Einblick in die Krankenakte benötigt. Ein Mitarbeiter aus der Krankengymnastik informiert sich bspw. anhand des *KARDEX* über den Patienten und befragt zusätzlich die zuständigen Pflegekräfte direkt.

Administration
Der administrative Bereich hat normalerweise nur geringen direkten Kontakt zum Patienten. Er deckt seinen Informationsbedarf vor allem mit Hilfe der Patientenakte, aber auch durch Kommunikation mit den zuständigen Stationen oder den Funktionsbereichen.

In der *Aufnahme* werden das Aufnahmeblatt und ggf. weitere Formulare ausgefüllt sowie die Patientenakte angelegt. Es besteht also ein direkter Kontakt zum Patienten.

In den *Sekretariaten* und im *Schreibpool* besteht ein großer Bedarf an der Patientenakte, da sie die Grundlage für die Abrechnung bildet und somit vollständig vorliegen muss:

> *„Privatpatienten geben häufig die falsche Adresse an, damit sie nicht bezahlen müssen. Wir haben dafür sogar ein spezielles Programm, mit dem wir Notizen im PC machen können, die uns beim nächsten Mal warnen." [Mitarbeiter der Verwaltung]*

Gleiches gilt für die Vorzimmer der Chefärzte, in denen die Sekretärin die Vollständigkeit der Akte überprüft, damit sich der Chefarzt intensiv auf ein Gespräch mit dem jeweiligen Patienten vorbereiten kann. Weiterhin ergab sich bei den Interviews, dass innerhalb der Verwaltung die Mitarbeiter je nach Aufgabe die komplette Akte häufig umsortieren, damit sie einen besseren Überblick bekommen.

In der *Pflegedienstleitung* ist die Sichtweise auf die Patientenakten stark stammdatenbezogen, da sie die Grundlage für den Belegungsplan, die Personaleinsatzplanung, etc. bilden. Die medizinischen Daten des Patienten lässt sich die Pflegedienstleitung lieber von den zuständigen Ärzten oder dem Pflegepersonal erklären.

Die *Verwaltungsleitung* bzw. *Krankenhausleitung* hat im Normalfall kein Interesse an einem Einblick in die Krankenakte, sondern bevorzugt zusammenfassende Statistiken.

5.4 Fallstudie 2: Grosse Klinik – Teilprozess

Die ausgewählte Klinik ist mit einem mittelständischen Unternehmen mit ca. 7000 Mitarbeitern vergleichbar. Die untersuchte radiologische Klinik setzt sich dabei aus folgenden Abteilungen zusammen:

* Medizinische Physik
* Neuroradiologie
* Nuklearmedizin
* Radiologische Diagnostik
* Strahlentherapie

Im Mittelpunkt der Untersuchung stand dabei die Analyse der Abteilung für Neuroradiologie, da sie seit Mai 2000 abteilungsintern sowohl mit einem elektronischen Patienteninformationssystem als auch weiterhin parallel papierbasiert arbeitet. Die Abteilung ist spezialisiert auf Kopf- und Wirbelsäulen-Untersuchungen und besteht aus ca. 70 Mitarbeitern. Die Neuroradiologie stellt einen relativ großen Funktionsbereich dar, der aber nur auf Anweisung von Auftraggebern (Station, Ambulanz, etc.) handeln darf.

Das komplette Klinikum ist bereits mit einem Klinikinformationssystem (ISH) von SAP ausgestattet, in dem die Stammdaten, der Überweiser (Hausarzt, etc.) und mitgebrachte Befunde eines Patienten bei dessen Ankunft erfasst werden und dann für alle Abteilungen zur Verfügung stehen. Im Folgenden wird der Ablauf in der Neuroradiologie-Abteilung mit den auftretenden Kooperationspartnern dargestellt.

Parallel zur ersten Fallstudie wird anhand des Patientenweges analysiert, welche Sichtweisen die beteiligten Kooperationspartner auf die Patientendaten haben, welche Dokumente dabei auftreten und welches gemeinsame Material wie genutzt und bearbeitet wird.

Da die Neuroradiologie ein auf Anweisung arbeitender Funktionsbereich mit hohem Patientenaufkommen ist, lässt sich der Patientenweg innerhalb der Abteilung als relativ klar strukturierter und starrer Prozess darstellen. Abbildung 29 zeigt den Weg des Patienten bzw. den Weg seiner Daten von der Aufnahme in das Krankenhaussystem über die Aufnahme in das Radiologiesystem und der anschließenden Untersuchung bis zur abschließenden Befundung. Der dargestellte Prozess liefert die Grundlage für die Analyse, wobei es sich gezeigt hat, dass die Prozessschritte auch in Notfallsituationen denen der Regelfälle entsprechen. In Notfällen kommt es lediglich zu einer abgewandelten Reihenfolge der einzelnen Schritte. Die anfallenden Dokumente und Sichtweisen der Kooperationspartner sind ebenfalls identisch, so dass die idealtypische Darstellung in Abbildung 29 als Grundlage geeignet scheint.

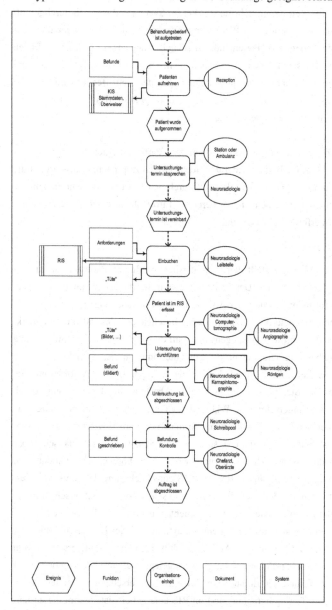

Abbildung 29: Der Weg des Patienten / der Patientendaten in der Neuroradiologie
(Quelle: eigene Darstellung)

Die bis zum Mai 2000 durchgeführte papierbasierte Arbeitsweise wurde durch die funktions-
übergreifende Einführung eines Radiologieinformationsystem (RIS) um PC-gestützte Arbeitsschritte ergänzt, wobei zur Zeit einige Schritte parallel im System und manuell durchgeführt
werden müssen. Mit der Einführung des RIS sollten Arbeitsabläufe transparenter und effizienter gestaltet werden, indem z.b. Patientendaten schneller und übersichtlicher zu finden
sind. Bei der Analyse wurde sowohl die alte wie auch die neuen Arbeitsweise einbezogen, um
den Bedarf der Mitarbeiter besser verstehen zu können. Bei den Betroffenen wurde vor der
Einführung des Systems keine konkrete Bedarfsanalyse durchgeführt, das System wurde lediglich von einer anderen Abteilung übernommen.

Im Folgenden werden die einzelnen Prozessschritte in der Neuroradiologieabteilung beschrieben. Die Grundlage der Analyse bildet wieder der Needs Driven Approach, fokussiert auf die
Kooperationsprozesse um die Akte und strukturiert durch den Prozess. Auf eine detaillierte
und explizite Darstellung der einzelnen Analysebereiche (Informationsspeicher, etc.) wird nur
dort eingegangen, wo es erforderlich erscheint.

5.4.1 Leitstelle

Die Leitstelle der Neuroradiologie stellt den Empfangsbereich für die Patienten dar und ist
vergleichbar mit einer Hotelrezeption. Der Patient erscheint mit der so genannten Anforderung, einem A4-Papierformular, auf dem der Auftrag für die Untersuchung, ein Patientenaufkleber mit den Stammdaten sowie die Symptome bzw. Beschwerden des Patienten vermerkt
sind. Anhand der Farbe des Anforderungsbogens kann auf die jeweils geplante Untersuchung
geschlossen werden (gelb = Angiographie, grün = Computertomographie, usw.).
Die Mitarbeiterin an der Leitstelle bestätigt durch einen Stempel auf der Anforderung den
Eingang des Patienten. Der Stempelaufdruck wird nach Abschluss der Untersuchung durch
einen Neuroradiologie-Arzt unterschrieben. Während der Patient auf die Untersuchung wartet, wird überprüft, ob er bereits im Krankenhausinformationssystem ISH erfasst ist, was im
Allgemeinen der Fall ist (auch bei Notfällen), so dass seine Stammdaten automatisch in das
Neuroradiologieinformationssystem (RIS) übernommen werden können. Der Patient wird
oftmals zusätzlich von der Leitstelle manuell in das RIS eingebucht, um elektronisch zu bestätigen, dass er eingetroffen ist, denn ein Termin wurde schon vorher telefonisch mit dem
Zuweiser vereinbart. Dementsprechend sind einige Patienten mehrmals im RIS gespeichert.
Im RIS wird einerseits kontrolliert, ob der Patient schon einmal in der Neuroradiologie war,
damit seine evtl. vorhandene Akte aus dem Archiv geholt werden kann. Andererseits wird in
der Leitstelle aus Abrechnungsgründen bereits grob festgelegt, welche Untersuchungen der
Patient erhalten wird. Aufgrund der Einbuchung in das System erscheint in der jeweiligen
Untersuchungsabteilung (CT, Angiographie, etc.) im RIS eine Arbeitsliste, damit die zuständigen MTRAs erkennen, welche Patienten auf eine Untersuchung warten. Diese Arbeitsliste

wird von keinem der Untersuchungsbereiche angeschaut, sie arbeiten weiterhin mit ihren eigenen papierbasierten handschriftlichen Listen (vgl. nächstes Kapitel).

Wenn bei dem Patienten bereits neuroradiologische Untersuchungen durchgeführt worden sind, wird seine Akte aus dem Archiv geholt, wobei es unterschiedliche Archive, abhängig vom Zeitpunkt der letzten Untersuchung, gibt:

Hinterzimmer: Im Hinterzimmer der Leitstelle befinden sich die aktuellsten Untersuchungsakten (nicht älter als ca. 1 Jahr).

Keller: Im Zentralarchiv der Klinik lagern die ca. 1-3 Jahre alten Akten. Nach Anforderung liegt die Akte nach ca. 15 Minuten vor.

Extern: Die ältesten Akten befinden sich in einem Lager ca. 20 km außerhalb der Klinik.

Sollte der Patient noch nicht in der Neuroradiologieabteilung erfasst sein, wird für ihn eine Akte, die so genannte *Tüte* angelegt. Das ist ein 50 cm mal 40 cm großer, orangefarbener Pappumschlag, in den nach der Untersuchung sämtliche Dokumente (Bilder, Anforderung, etc.) abgelegt werden. Diese Tüte, zusammen mit der Anforderung, stellt das gemeinsame Koordinationsmaterial innerhalb der Neuroradiologie dar.

Um eine Tüte für einen Patienten anzulegen, werden aus dem RIS heraus Aufkleber (siehe Abbildung) ausgedruckt, die neben den Stammdaten des Patienten noch die Angabe der Krankenkasse und einen Strichcode zum Einlesen enthalten.

Nachdem die Tüte angelegt oder aus dem Archiv geholt wurde, wird sie mit der Anforderung und dem Abrechnungsbogen zur jeweiligen Untersuchung gebracht.

Die Arbeitsbelastung der Mitarbeiter variierte während des Beobachtungszeitraums extrem. Oft war der Patientenandrang so stark, dass sich Warteschlangen an der Rezeption bildeten und die Leitstellenmitarbeiter keine Zeit hatten, die Akten aus dem Archiv zu holen. Wenn zusätzlich das Telefon klingelte, bestand aufgrund der Belastung keine Möglichkeit, den Anruf entgegenzunehmen. Aus diesem Grund steht abteilungsintern der Leitstelle und den Untersuchungsbereichen eine Gegensprechanlage zur Verfügung, so dass sie ständig gegenseitig Rückfragen klären können, ohne das häufig besetzte Telefon benutzen zu müssen.

In der Regel führt der Patient neben der Anforderung noch einen Abrechnungsschein mit sich. Sollte das nicht der Fall sein, wird ein neuer Schein der Tüte hinzugefügt. Der Abrechnungsschein wird in der Untersuchung relevant, um die verwendeten Materialien und durchgeführten Untersuchungen zu dokumentieren.

Weiterhin ist zu beachten, dass nur die Leitstelle einen Zugang zum ISH besitzt, während die Untersuchungsbereiche lediglich auf das RIS zugreifen können, um Patientendaten zu erfragen.

Wenn die Untersuchungen beendet, die Befunde diktiert und geschrieben sind, kommt die gefüllte Tüte wieder in die Leitstelle, wo sie einem Hinterzimmer der Station archiviert wird. Die folgende Tabelle gibt eine zusammenfassende Übersicht:

Koordinationsobjekt	Sicht	Datenobjekte	Funktionen
Patiententüte	Leitstellenmitarbeiter	Anforderung	Abstempeln, Einheften
		Bildertüten	Anlegen, Einheften
		Befunde	Einheften
		Aufklärungsbogen	Einheften
		Aufkleber	Anlegen

Tabelle 25: Die Patiententüte in der Leitstelle
(Quelle: eigene Darstellung)

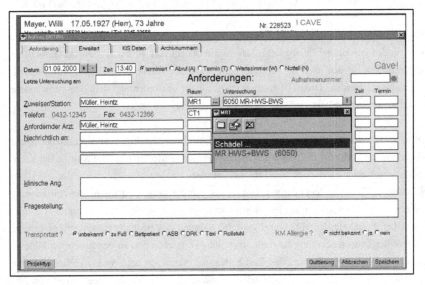

Abbildung 30: elektronische Einbuchung in der Leitstelle (Kernspin)
(Quelle: eigene Darstellung)

Im Folgenden werden die einzelnen Arbeitsabläufe in den Untersuchungen beschrieben. Dabei ist zu beachten, dass die Mitarbeiter die papierbasierte der elektronischen Arbeitsweise vorziehen. Viele Mitarbeiter haben Nutzungsprobleme mit dem neuen Informationssystem und können nach eigener Aussage wesentlich effizienter und strukturierter mit den herkömmlichen Arbeitsmitteln arbeiten.

5.4.2   Untersuchung

Die Untersuchung setzt eine Terminabsprache voraus, unterteilt sich dann je nach Untersuchungsgegenstand in Schädel- und Wirbelsäulen-Computertomographie, Kernspintomographie und Angiographie und wird im Schreibpool administrativ abgeschlossen.

5.4.2.1 Terminabsprache

Bevor ein Patient mit der Anforderung und dem Abrechnungsschein an der Leitstelle erscheint, erfolgt eine telefonische Terminabsprache zwischen den MTAs der jeweiligen Untersuchungsbereiche und dem Auftraggeber (im Normalfall eine Station, selten ambulante Patienten). Die Neuroradiologie ist häufig stark überlastet, so dass Prioritäten gesetzt werden müssen, welcher Patient wann welche Untersuchung erhält. Zu Stosszeiten klingelt das Telefon in der Computertomographie fast ununterbrochen und viele Stationsärzte versuchen, über die «Notfallausrede» möglichst schnell einen Untersuchungstermin zu bekommen:

„Die Stationen schreien immer „dieser Patient ist ein Notfall" und dann kommt der Patient ganz alleine in Ruhe zu Fuß zu uns herunter. Dadurch werden richtige Notfälle gar nicht mehr ernst genommen." [MTA]

In der Kernspintomographie besteht zusätzlich das Problem, dass die Untersuchungen sehr aufwendig und teuer sind. Die Stationen versuchen, hier für ihre Patienten einen Termin zu bekommen, obwohl häufig laut Aussage der Radiologen eine Computertomographie ausreichen würde. Daher werden im Kernspintomographen kleine Kinder, Patienten mit akuten Infarkten und Entzündungen bevorzugt behandelt.

5.4.2.2 Schädel- und Wirbelsäulen-Computertomographie

Nach der Terminabsprache werden der Name des Patienten, Geburtsdatum und eine Rückruftelefonnummer dokumentiert. Dabei gibt es einen Kalender, in den die ambulanten Patienten (z.B. für die Hautklinik) eingetragen werden und eine Abrufliste mit den angemeldeten Patienten der einzelnen Stationen. Die Abrufliste ist lediglich eine große Pappkarte, auf der handschriftlich die Patienten für den jeweiligen Tag vermerkt sind, wobei es keine definitive Tagesliste ist, da je nach Situation auch einige Patienten erst am nächsten Tag untersucht werden können. Diese Liste bildet die Basis für die Tagesplanung, aber auch für spontane Änderungen des Ablaufs innerhalb der Computertomographie und dient neben den Patiententüten als das wichtigste Koordinationsinstrument. In der Regel erfolgt die Terminabsprache morgens für den jeweiligen Tag für stationäre Patienten, während die ambulanten Untersuchungen längerfristig angemeldet werden.

Wenn nun von der Leitstelle die Patiententüte mit Anforderungs- und Abrechnungsschein gebracht wird, wird der Patient in der Abrufliste abgehakt, wobei die Pappkarte genutzt wird (die Abrufliste im RIS bleibt unbeachtet):

„Keiner von uns behandelt das System so, wie wir es eigentlich sollten. Aber wieso denn auch, das Abhaken hier auf der Pappe geht doch viel schneller, was soll ich mich durchklicken..." [MTA]

Hierdurch wird indirekt bestätigt, dass der Patient im Wartezimmer sitzt, woraufhin sich ein Arzt die Anforderung und die dort beschriebenen Beschwerden bzw. Symptome anschaut und den in der Leitstelle angebrachten Stempel unterschreibt. Hier zeigt sich der Entscheidungsspielraum der Funktionsabteilungen. Obwohl sie nur auf Anforderung tätig werden dürfen, entscheiden sie selbständig, welche konkrete Untersuchung am Patienten durchgeführt werden soll. Dafür ist häufig noch eine Rücksprache mit der zuständigen Station nötig, da der Neuroradiologiearzt keinerlei Einsicht in die Patientenakte hat, sondern versucht, aus der Anforderung und dem Telefonat heraus die richtige Untersuchung anzuordnen.

Nach dem Abhaken des Patienten auf der Pappkarte werden auch in der CT-Untersuchung Aufkleber ausgedruckt, die auf Tüte und Anforderung geklebt werden. Dies dient der späteren Nachvollziehbarkeit in Bezug auf die durchgeführten Untersuchungen. Weiterhin bestätigt die MTA durch Eintrag im RIS, dass der Patient in der CT angekommen ist, gibt an, welche Untersuchungen durchgeführt werden sollen und betätigt die so genannte Freigabe. Dadurch erscheint der Patient auf einer Abrufliste im Schreibpool, so dass später der zum jeweiligen Patienten gehörende Befund geschrieben werden kann.

Falls eine Kontrastmitteluntersuchung gewünscht wird, erhält der Patient einen Aufklärungsbogen, der im Beisein eines Arztes erläutert und unterschrieben werden muss.

Während der anschließenden Untersuchung werden die angefertigten Bilder auf einer Magneto optical Disk (MOD) gespeichert und in einem Schrank im Untersuchungsraum archiviert. Die kennzeichnende MOD-Nummer und die Patientenstammdaten befinden sich auf den ausgedruckten Aufklebern auf der Tüte und der MOD.

Kennzeichen der Computertomographie ist, dass die Untersuchung immer von einem Arzt durchgeführt wird, der auch entscheidet, welche Bilder entwickelt werden. Nach Abschluss der Untersuchung werden die Bilder entwickelt, wobei zwischen Originalfilmen und Kopien unterschieden werden muss. Originalbilder bleiben zur Befundung in der CT-Abteilung, während Kopien dem Patienten sofort mitgegeben oder in der Leitstelle in die Stationsfächer zur Abholung bereitgelegt werden. Dabei wird dokumentiert, wie viele Originale und Kopien entwickelt wurden. Weiterhin wird von den MTAs ein Statistikbuch als Grundlage für die halbjährlich durchzuführende Statistik geführt, in das nach jeder Untersuchung folgende Daten manuell eingetragen werden:

- ein weiterer Patientenaufkleber mit Stammdaten, Versicherung und Datum
- Art der durchgeführten Untersuchung, mit oder ohne Kontrastmittel
- Anzahl der Bilder und Kopien
- MOD-Nummer und Barcode

Während die MTA nach jeder Untersuchung auf dem Abrechnungsbogen und im RIS genau dokumentieren muss, welche Untersuchungen gemacht wurden, ob ein Arztgespräch für die Kontrastmitteluntersuchung erfolgte, usw., werden die ausgedruckten Originalbilder im Befundungsraum, der sich neben dem Untersuchungsraum befindet, von zwei Ärzten begutachtet und befundet, wobei mindestens ein Oberarzt anwesend sein muss und auf Kassette für den Schreibpool den Befund diktiert. Die Privatpatienten werden vom Chefarzt befundet und diktiert. Nach dem Diktat werden die Kassetten und Anforderungen zum Schreibpool gegeben.

Fazit: Aufgrund der engen räumlichen Gegebenheiten und des hohen Zeitdrucks kooperieren die CT-Mitarbeiter vor allem verbal miteinander. Die Ärzte haben keine Zeit, sich über den Patienten genauer zu informieren außer über die handschriftlichen (oftmals unleserlichen) Stichworte auf der Anforderung und die kurzen telefonischen Rückfragen auf der zuständigen Station:

„Ich habe gar keine Zeit, in die Krankenakte zu schauen, wenn ich sie hätte. Im Prinzip entscheiden wir sowieso selber, was für eine Untersuchung wir machen. Nett wäre manchmal, wenn die klinischen Angaben auf der Anforderung stehen würden, was hat der Patient und wie lange geht das schon." [Arzt]

Die Kommunikation zwischen den Mitarbeitern (Ärzte, MTAs) ist häufig durch kurze, fachbezogene Fragen gekennzeichnet, während für soziale, private oder informelle Gespräche keine Zeit bleibt. Anforderungen bzw. Patiententüten bilden die grundlegende Koordinations- bzw. Kommunikationsbasis. Die folgende Tabelle verdeutlicht die innerhalb der CT anfallenden Koordinationsobjekte:

Koordinationsobjekt	Sicht	Datenobjekte	Funktionen
Tüte	MTA	Anforderung	Lesen
		Abrechnungsbogen	Ausfüllen, Ankreuzen
		Bildertüten	Einheften
		Aufkleber	Anlegen
		Aufklärungsbogen	Einheften
	Arzt	Anforderung	Lesen, Stempelfeld unterschreiben
		Bilder	Ausdrucken, Befund formulieren
		Befund	Diktieren
MOD	MTA	Aufkleber	Anlegen
	Arzt	Bilder	Speichern, Anlegen, Lesen
Statistikbuch	MTA	Aufkleber	Anlegen, Auswerten
		Handschriftliche Informationen	Anlegen, Auswerten

Tabelle 26: Die Koordinationsobjekte in der Computertomographie
(Quelle: eigene Darstellung)

Die Bestandteile der Tüte bilden das entscheidende Kooperationsmaterial für den Ablauf innerhalb der CT-Untersuchung, bzw. zwischen Leitstelle und CT-Abteilung, während für die Kommunikation zwischen CT-Untersuchung und Schreibpool lediglich die diktierten Befunde (Kassetten) entscheidend sind.

5.4.2.3 Kernspintomographie

Da die Kernspinuntersuchung sehr aufwendig und teuer ist (ca. € 500,00 pro Untersuchung), muss bei der Terminvereinbarung geklärt werden, ob eine Untersuchung überhaupt notwendig ist oder eine Computertomographie ausreicht. Die Diskussion mit den zuständigen Stationen ist zeitaufwendig und für die Mitarbeiter anstrengend. Auch die Kernspinabteilung notiert die längerfristigen ambulanten Patienten in einem Kalender, während in einer handschriftlichen Abrufliste (Ringordner) die täglich angemeldeten Stationspatienten vermerkt sind. Dabei muss auch hier eine Priorisierung vorgenommen werden, da der Patientenandrang sehr hoch ist und zwei verschiedene Kernspintomographen koordiniert werden müssen. An ihnen können zwar jeweils unterschiedliche Untersuchungen durchgeführt werden, aber die beiden Geräte werden von der Neuroradiologie und der Radiologischen Diagnostik genutzt. Deshalb findet täglich um 14.00 Uhr ein gegenseitiger Wechsel statt; jede Abteilung muss dies in der Untersuchungsplanung mit berücksichtigen.

In der Abrufliste werden neben den Stammdaten des Patienten noch seine Beschwerden und die zuständige Station vermerkt. Daraufhin erfolgt die Entscheidung, ob der Patient überhaupt eine Kernspinuntersuchung benötigt und an welchem Gerät das geschehen soll.

Die Kernspintomographie besitzt eine eigene Leitstelle, da sich diese Untersuchung in einem anderen Gebäude befindet, deren Aufbau und Arbeitsabläufe aber der großen Leitstelle entsprechend.

Nachdem die Tüte angelegt oder aus dem Archiv geholt wurde, der Patient mit der Anforderung an der Leitstelle erschienen und die Einbuchung in das RIS erfolgt ist, wird von den Kernspin-Ärzten entschieden, welche Untersuchungen konkret durchgeführt werden.

Währenddessen bekommt der Patient einen Aufklärungsbogen mit Einverständniserklärung zur Unterschrift, da im Kernspin ein sehr starkes Magnetfeld herrscht und dementsprechend einige Punkte, z.B. Metallimplantate im Körper, beachtet werden müssen. In der weiteren Patientenvorbereitung werden je nach Bedarf Kontrastmittel gespritzt, Infusionen gelegt, etc., was nachher in der Abrechnung vermerkt werden muss.

Nach der Untersuchung werden die Bilder abfotografiert, ausgedruckt und von zwei Ärzten befundet, während die MTAs die Abrechnung sowohl elektronisch im RIS als auch handschriftlich auf dem Abrechnungsbogen durchführen. Auffallend war dabei, dass die handschriftliche Abrechnung deutlich weniger Zeit in Anspruch nimmt als die elektronische Abrechnung, da die benötigten Materialien, ausgedruckten Bilder und die zugehörigen Sequenzen auf dem Bildschirm vom Kernspin-Informationssystem einzeln herausgesucht werden müssen, um dann in das RIS in die einzelnen Ordner händisch übertragen zu werden. Dagegen müssen auf dem papierbasierten Abrechnungsbogen die Informationen lediglich angekreuzt werden.

Nach der Abrechnung werden auch hier zwei Aufkleber ausgedruckt, die auf die Kernspintüte und in das Statistikbuch geklebt werden. Dieses Statistikbuch dient wie in der Computertomographie zur halbjährlichen Statistik, aber auch als Grundlage für die Abrechnung, falls sie aus Zeitgründen nicht sofort erfolgen kann. In dem Buch sind sämtliche bekannte Patientendaten, die durchgeführten Untersuchungen, evtl. verabreichte Kontrastmittel, die Anzahl der Bilder bzw. mitgegebenen Kopien sowie die zugehörige MOD-Nummer erfaßt. Daher ist dieses Buch der wichtigste Informationsspeicher für den Kernspinbereich.

Fazit: Der Kernspinbereich ähnelt dem Computertomographiebereich in Bezug auf Ablauf, Dokumente und Sichtweisen sehr stark, zumal auch hier der Zeitdruck den entscheidenden Faktor darstellt und der Verwaltungsaufwand sehr hoch ist.

Abschließend soll mit der folgenden Tabelle ein Überblick über die anfallenden Dokumente und Informationsspeicher im Kernspinbereich gegeben werden:

Koordinationsobjekt	Sicht	Datenobjekte	Funktionen
Tüte	MTA	Anforderung	Lesen
		Abrechnungsbogen	Ausfüllen
		Bildertüten	Einheften
		Aufkleber	Anlegen
		Aufklärungsbogen, Einverständnis	Begutachten, Einheften
	Arzt	Anforderung	Lesen
		Bilder	Ausdrucken, Befunden
		Befund	Diktieren
MOD	MTA	Aufkleber	Anlegen
	Arzt	Bilder	Speichern, Anlegen, Lesen
Statistikbuch	MTA	Aufkleber	Anlegen, Auswerten
		Handschriftliche Informationen	Anlegen, Auswerten

Tabelle 27: Die Koordinationsobjekte in der Kernspintomographie
(Quelle: eigene Darstellung)

5.4.2.4 Angiographie

Der Bereich der Neuroradiologie (Angiographie) unterscheidet sich in einigen Bereichen deutlich von den bisherigen Untersuchungen. Die Angiographie beschäftigt sich mit Gefäßuntersuchungen, wobei man in der Neuroradiologie-Angiographie-Abteilung zwischen Routineuntersuchungen und schwierigen interventionellen Eingriffen unterscheiden muss. Im Folgenden wird daher nach der kurzen Terminabsprachedarstellung zunächst die Routineangiographie beschrieben, während anschließend die Unterschiede anhand des interventionellen Eingriffes erläutert werden. Dabei bildet wieder der Ablaufprozess die Grundlage für die Fragen nach den anfallenden Dokumenten, den Informationsspeichern und kontextabhängigen Sichtweisen.

Grundlage für beide Angiographiebereiche bildet die Terminabsprache wobei ausschließlich
stationäre Patienten behandelt werden, da eine intensive Vorbereitung der Patienten (eine
Vielzahl aktueller Laborwerte muss vorliegen) von der Station für die Untersuchung notwendig ist:

> *„Natürlich fehlen meistens die Laborwerte, obwohl der Patient schon da ist. Dann müssen wir
> wieder hinterher telefonieren und alles verzögert sich." [MTA]*

Dabei wird auch in der Angiographie ein Kalender für die längerfristigen Patienten, wie z.B.
Routinechecks, und eine Abrufliste als Wochenübersicht (Tafel an der Wand) geführt. Täglich werden im Durchschnitt lediglich 2-3 Patienten untersucht. Auf der Tafel werden die interventionellen Eingriffe durch rote, die Routineuntersuchungen durch schwarze Farbe handschriftlich dargestellt.

Nach der Terminabsprache kommt der Patient an die Leitstelle, wo er wieder ins RIS zur Bestätigung eingebucht und, falls vorhanden, seine Akte aus dem Archiv geholt wird. Für jede
Angiographie wird für den Patienten eine neue Tüte angelegt, da bei jeder Untersuchung viele
Bilder entstehen, die die Kapazität der Tüte auslasten. Tüte, Anforderung, Vorbefunde aus
dem Archiv und der Abrechnungsbogen werden dann in die Angio-Untersuchungsabteilung
gebracht.

Routineuntersuchung

Während die Untersuchung vorbereitet wird (Leiste rasieren, sterile Instrumente bereitlegen,
etc.), werden die Laborwerte des Patienten geprüft und die Stammdaten in das Angiographie-
Informationssystem eingegeben. Bei der anschließenden Untersuchung muss ständig sowohl
elektronisch als auch handschriftlich vermerkt werden, welche Gefäße untersucht werden,
was sehr zeitaufwendig ist. Die Untersuchung wird auf eine CD-ROM gespeichert, die in einem Schrank im Nebenzimmer gelagert wird.

Nach der Untersuchung erfolgt die zeitaufwendige Nachbereitung. Im Gegensatz zu den bisher beschriebenen Untersuchungen muss in der Angiographie jedes einzelne Bild manuell
(Serie für Serie) nachbearbeitet werden. Erst nach der Untersuchung kann man abfotografie-
ren. Daraufhin werden die Bilder ausgedruckt und der Befund von den Ärzten festgelegt. Die
Abrechnung erfolgt sowohl elektronisch im RIS als auch auf dem Abrechnungsbogen, wobei
wieder Aufkleber für die Tüte, die Anforderung und das Statistikbuch ausgedruckt werden.

Die Angio-Routineuntersuchung ähnelt in den Sichtweisen auf den Patienten und dessen
Rahmenbedingungen den Tomographieuntersuchungen.

Interventioneller Eingriff

Diese komplexe und schwierige Untersuchung dauert normalerweise ca. 4 Stunden, so dass
eine deutlich größere Vorbereitung erforderlich ist. Entscheidend ist in diesem Zusammenhang, dass die komplette Patientenakte (Aktenordner) und das *KARDEX* von der zuständigen

Station angefordert werden, damit sich die Ärzte ein Bild vom Patienten machen können und seine Rahmenbedingungen kennen. Eine wichtige Rolle spielen dabei die alten Arztbriefe bzw. Befunde, die in der zeitlich chronologischen Reihenfolge angeschaut werden. Dafür wird aber zunächst die komplette Akte in der Angiographie kopiert, um die Daten ständig griffbereit zu haben, um zu wissen, wie in der Untersuchung vorzugehen ist oder um bei Problemen sofort nachschlagen zu können. Dabei schauen nur die Ärzte in die Akte, um die schriftlichen Vorbefunde (Arztbriefe) und die aktuellen Laborergebnisse zu studieren. Wenn Anästhesieärzte benötigt werden, informieren sich diese über das aktuelle Labor und das EKG. Die MTAs kopieren und archivieren die Krankenakten, inhaltliche Informationen beziehen sie aber nur aus der direkten Kommunikation mit den Ärzten oder aus der Anforderung.

Nur bei interventionellen Eingriffen wird während der Untersuchung ständig in einem A4-Ringordner handschriftlich protokolliert, welche Materialien verbraucht wurden. Dies dient später neben der Dokumentation der untersuchten Gefäße als Grundlage für die Abrechnung und zur Statistik. Das Protokollieren ist aufgrund hoher Verbrauchsmengen und einer hohen Zahl zu dokumentierender Vorfälle sehr zeitaufwendig. Weiterhin werden alle interventionellen Eingriffe per Video für Forschungszwecke, Fortbildungsmaßnahmen und zur rechtlichen Absicherung aufgezeichnet.

5.4.3 Schreibpool

Nachdem die Befunde in den einzelnen Untersuchungsbereichen diktiert wurden, werden die Kassetten zusammen mit den Anforderungen in das Schreibzimmer gebracht. Unabhängig von der Art der durchgeführten Untersuchung, ist der Ablauf des Schreibvorganges immer gleich:

Zunächst wird mit einem Handscanner durch den Aufkleber auf der Anforderung der jeweilige Patient im RIS aufgerufen, um anschließend die Befunde schreiben zu können. Die folgende Abbildung 31 verdeutlicht den Aufbau des Befund-Bildschirmes:

Abbildung 31: Befund-Bildschirm im Schreibpool
(Quelle: eigene Darstellung, auf Basis RIS-System)

Zum Schluss des Befundes erfolgt jeweils eine kurze zusammenfassende Beurteilung, die auch auf die Kassette diktiert worden ist. Sobald der Befund geschrieben wurde, wird er digital auf eine Kontrollliste des Chefarztes weitergeleitet. Dieser selbst oder einer der Oberärzte in Stellvertretung kontrollieren diesen Befund und geben ihn durch einen Freigabebutton zum Druck im Schreibzimmer frei. Ausgedruckt werden daraufhin jeweils zwei (oder bei Privatpatienten drei) Exemplare, wobei ein Befund per Post an den Auftraggeber (Station, Ambulanz, etc.) geschickt wird. Der andere Befund wird an die Anforderung geheftet und kommt zurück in die Tüte zur Leitstelle, um dort archiviert zu werden. Bei Privatpatienten wird der Befund zusätzlich an die Abrechnung geheftet, da die Privatpatienten nicht in der Krankenhausverwaltung, sondern direkt im Chefarztsekretariat abgerechnet werden.

Auch im Schreibpool entsteht durch die Einbuchung des Patienten in der Leitstelle bzw. durch die Bestätigung des Eintreffens des Patienten in der Untersuchung eine Arbeitsliste, die aber aus Zeitgründen nicht beachtet wird, zumal die Anforderungen und Kassetten physisch gebracht werden.

In Bezug auf die Interaktion mit anderen Mitarbeitern fiel dem Beobachter auf, dass lediglich der Befund und die diktierte Kassette als Koordinationsinstrument genutzt wurden, da einerseits von der Schreibpoolmitarbeiterin telefonische Rückfragen mit den Ärzten bezüglich Verständnisschwierigkeiten von einzelnen Wörtern auf der Kassette („Wie heißt das Wort nach...?") geführt wurden, andererseits aber häufig auch Stationsärzte mit der Bitte nach einem Befund-Ausdruck kamen („Ich hätte gerne den Befund von Frau... von letzter Woche ausgedruckt"). So entsteht auch hier ein erheblicher Zeitdruck. Vor der Einführung des RIS gab es in der Leitstelle Kopien von den einzelnen Befunden, so dass sich die Stationen bei

Bedarf selbst davon Kopien erstellen konnten, was eine große Zeitersparnis für den Schreibpool darstellte. Weiterhin wurden vor dem RIS die Befunde per Schreibmaschine direkt auf die Anforderung formuliert und dann dem Chefarzt zur Unterschrift vorgelegt.

Am Schluss des Neuroradiologieprozesses werden die Bilder und der Befund an die zuweisende Station geschickt, wo der Befund vom Pflegepersonal in die Patientenakte geheftet und im *KARDEX* der Abschluss der Untersuchung vermerkt wird. Nachdem sich der Arzt die Unterlagen angeschaut hat, werden die Bilder entsorgt oder (nur in sehr seltenen Fällen) an die Neuroradiologie zurückgeschickt. Wie in der ersten Fallstudie wurde auch auf den Stationen im Universitätsklinikum deutlich, dass das Pflegepersonal das *KARDEX* als Koordinationsinstrument nutzt. Die Akte selbst wird auch hier fast ausschließlich vom medizinischen Personal genutzt.

5.4.4 Zusammenfassung

Zeit erwies sich als kritischer Faktor für den gesamten Funktionsbereich Neuroradiologie, so dass sich die Mitarbeiter aufgrund der hohen Belastung auf ihre bisher bewährten papierbasierten Arbeitsweisen verlassen und elektronische Unterstützung nur schrittweise oder überhaupt nicht annehmen.

Das entscheidende Koordinationsobjekt innerhalb der Neuroradiologie ist die Anforderung bzw. die komplette Patiententüte, wobei hier im Gegensatz zur ersten Fallstudie keine Gruppierung in Bezug auf die Sichtweisen der Beteiligten vorgenommen werden kann, zumal das RIS zwar unterschiedliche Sichtweisen und Zugriffsrechte bietet, diese aber in der Praxis überhaupt nicht beachtet werden. Das RIS dient lediglich zur Patientensuche und evtl. zur Abrechnung. Sämtliche offenen Fragen werden hingegen über die Patiententüte bzw. die Anforderung aus dem Archiv und/oder oftmals über kurze telefonische Rückfragen geklärt:

„Für mich geht es schneller, in die alten Bilder zu gucken und dann kurz auf Station anzurufen, als lange in verschiedenen Menüs zu suchen." [Arzt]

Aufgrund des extremen Zeitdrucks ist eine An- und Abmeldung vom RIS-System und eine Aktivierung des Rechte- und Rollenkonzept meist nicht möglich. Weiterhin wird weder in den Untersuchungen noch im Schreibpool die elektronische Abrufliste genutzt, da sich die bisherige Arbeitsweise (Pappkarte, etc.) als die zeitlich schnellste bewährt hat. Zudem müssten alle Beteiligten die elektronische Liste nutzen und pflegen, um sie effektiv einsetzen zu können. Da aber in den Untersuchungsbereichen keine Transparenz in Bezug auf die Prozesse der anderen Untersuchungsbereiche existiert, werden die papierbasierten Verfahren weiterhin eingesetzt.

Ein weiteres entscheidendes Ergebnis war die Beobachtung, dass außer bei interventionellen Eingriffen in der Angiographie kein Neuroradiologiebereich zur Information die Patientenakte heranzieht, sondern, wie beschrieben, die Patiententüte zusammen mit der Anforderung die einzige Informationsquelle für die Ärzte bietet und dementsprechend ggf. noch kurze Telefongespräche geführt werden.

Innerhalb des Funktionsbereiches Neuroradiologie kann in Bezug auf die Koordinationsobjekte nicht strikt zwischen Ärztesicht und MTA-Sicht getrennt werden, da sich außer bei der Befundung die Sichtweisen sehr ähneln. Eine Gruppierung wie in der Privatklinik erscheint daher als nicht sinnvoll. Tabelle 28 verdeutlicht abschließend die inhaltliche Struktur einiger Dokumentenarten aus der Neuroradiologie:

Dokument	Aufbau
Anforderung	Freitext, Ankreuzmöglichkeiten, Vorformulierungen
Aufklärungsbogen, Einverständnis	Freitext, Ankreuzmöglichkeiten, Vorformulierungen
Privatärztlicher Vertrag	Vorformulierungen
Narkoseanmeldung	Freitext, Ankreuzmöglichkeiten
Aufkleber	Ausdruck
Abrufliste	Freitext
Bilder	Ausdruck
Patienten-, Bildertüten	Aufkleber
Befund	Freitext
Abrechnungsbogen	Vorformulierungen, Ankreuzmöglichkeiten
Endovaskuläre Therapie (Eigenentwicklung)	Freitext
Transportanforderung	Vorformulierungen, Ankreuzmöglichkeiten
Statistikbuch	Freitext, Aufkleber

Tabelle 28: Der Aufbau der Dokumente in der Neuroradiologie
(Quelle: eigene Darstellung)

5.5 Analyse

Nach grundsätzlichen Folgerungen aus der Betrachtung der Domäne in Kapitel 4 wird insbesondere die Frage beantwortet, in wie weit es sich bei einer Patientenakte um gemeinsames Material handelt. Mit einer Betrachtung der Patientenakte als gemeinsames Material mit dem Ziel, dieses alsAktives Dokument in einer Telekooperationsumgebung zu realisieren lassen können aus der Betrachtung der Domäne in Kapitel 4 und aus den Fallstudien eine Reihe von Konsequenzen für die in Kapitel 3.4 beschriebenen Szenarien I-IV abgeleitet werden.

5.5.1 Folgerungen aus der Betrachtung der Domäne

Aus der Gesamtbetrachtung der Domäne lassen sich bis hin zu einer detaillierten Umsetzungsspezifikation für eine Institutionsübergreifende elektronische Patientenakte eine Reihe von mehr oder weniger detaillierten Vorgaben ableiten. Im Folgenden sollen aus den obigen Ausführungen die aus Sicht des Konzeptes „aktives Dokumente in einer Telekooperationsumgebung" wichtigsten Folgerungen kurz zusammengefasst werden.

Die einzelnen Systeme im Gesundheitswesen, seien sie organisatorisch oder technisch, sind extrem heterogen und werden sich über die nächsten Jahre nicht homogenisieren lassen. Dieses gilt insbesondere auch für den intrasektoralen Bereich bis hin zu inkompatiblen Systemen innerhalb verschiedener Abteilungen eines Krankenhauses oder innerhalb einer Arztpraxis. Das führt, insbesondere ist dies in der Architektur der Telematikplattform für die elektronische Gesundheitskarte zu beobachten, zu einer Lösung, die eine Reihe von Adaptern zu verschiedensten Systemen nutzt. Diese Adapter stellen zunächst nur den Datenaustausch von einem System in ein anderes (und ggf. auch zurück) sicher. Dass zwei Systeme auch auf der semantischen Ebene hier verknüpft werden müssen, ist ein Problem, dem sich insbesondere Lösungsanbieter im Bereich Enterprise Application Integration (EAI) stellen. Die Nutzung von gemeinsamen Ontologien, Ontologie-Adaptern, Terminologie-Servern, Meta-Verzeichnisse etc. stellen dabei Lösungsansätze dar, die sich für einzelne Aufgabenstellungen in diesem Themenfeld bewährt haben. Die Berücksichtigung eines Datenformates, das die Annotation von Informationen und die Bildung komplexer Datenstrukturen auf beliebig vielen Ebenen erlaubt, scheint für zukünftige integrative Anwendungen in diesem Feld unumgänglich. Im gleichen Zusammenhang stellt sich die Forderung nach einer Anbindungs- und Integrationsmöglichkeit mit einer Vielzahl von Systemen.

Die elektronische Patientenakte bietet für verschiedenste Gruppen im Gesundheitswesen eine Reihe von Potentialen, für deren optimale Erschließung elektronische Werkzeuge zur Verfügung gestellt werden müssen, die die elektronische Akte im Praxiseinsatz in Krankenhäusern, Versicherungen, Arztpraxen oder Universitäten in den Arbeitsprozess einbindet und den dort gegebenen extremen Anforderungen in Bezug auf Zeitdruck, Qualität etc. gerecht wird. Die Forderung nach einer flexiblen Plattform mit spezifisch einsetzbaren und austauschbaren Werkzeugen für die unterschiedlichen Anwendergruppen leitet sich hieraus ab. Dabei kommt der einfachen Nutzbarkeit der Werkzeuge eine hohe Bedeutung zu, die durch Parallelen zum Umgang mit der klassischen Papierakte einen einfachen Wechsel zum neuen Medium ermöglicht. Das Gesundheitswesen stellte extreme Anforderungen an Datenschutz und Datensicherheit. Darüber hinaus gibt es eine Vielzahl von Vorschriften, die sich bspw. mit Aufbewahrungsfristen von Dokumenten, einer elektronische Signatur oder der angemessene Verschlüsselung von Daten befassen. Die Forderung nach Basiskomponenten, die solche und ähnlich kritische Anforderungen abdecken und entsprechend zertifiziert werden können, ist evident. Eine erweiterbare Architektur muss eine Integration solcher Basiskomponenten vorsehen.

Bei einer zukünftig flexibleren Arbeitsweise und der Möglichkeit, das medizinische Personal überall bspw. mit Handheld-Geräten sicher auf die Datenbestände zugreifen lassen zu können, ergibt sich auch die Forderung nach einer flexiblen Plattform, die entsprechend angepasste Werkzeuge für einzelne Typen von Arbeitsgeräten bereitstellen kann. Eine Akte, die entsprechend individuelle Werkzeuge für eine spezifische Arbeitsumgebung mitführt, wäre ein Schritt zu dieser geforderten Flexibilität.

5.5.2 Folgerungen aus den Fallstudien

Neben den aus der Literatur abgeleiteten allgemeinen Anforderungen aus der Domäne wurde in den Fallstudien der konkrete Umgang mit der Patientenakte analysiert. Zunächst wird auf die Leitfragen eingegangen und die Frage beantwortet, ob die Patientenakte, wie vermutet, als gemeinsames Material angesehen werden kann. Auf Basis der beschriebenen Szenarien I-IV aus Kapitel 3.4 wird dann untersucht, inwieweit die dort beschriebenen Unterstützungsmöglichkeiten für die beteiligten Personen realistisch sind und ob es in dem jeweiligen Szenariokontext eventuell auch andere Möglichkeiten gibt, die durch das vorgestellte Konzept Aktives Dokument abgedeckt werden können.

5.5.2.1 Gemeinsames Material

Neben dem Ziel, ein Grundverständnis für die Arbeitsprozesse im stationären Bereich zu erhalten, werden im Folgenden die Frage nach der Patientenakte als gemeinsames Material und die damit verbundenen Leitfragen aus Kapitel 5.2.1 diskutiert.

Kooperationspartner und ihre Koordination über das Material
Wie vermutet folgt die Akte dem Patienten im Prozess (bis hin zu dem Szenario, bei der der Patient die Akte persönlich in den Funktionsbereich trägt und dort persönlich aushändigt). Die verschiedenen beteiligten Kooperationspartner als die Mitglieder des *health care teams* werden in den Fallstudien ausführlich dargestellt. Die beteiligten Partner sind dabei abhängig von der jeweiligen Aufgabe im Teilprozess. Dabei arbeiten alle beobachteten Mitarbeiter bei nahezu allen Tätigkeiten in irgendeiner Form mit mindestens einem Teil der Patientenakte. Die auftretenden Kooperationspartner und ihre Sichtweisen auf die Koordinationsobjekte

wurden in den Fallstudien anhand von Tabellen dargestellt. Für das *health care team* stellen dabei Basisakte und *KARDEX* gemeinsames Material dar, wobei insbesondere der *KARDEX* durch seine inhärente Struktur (mit Spalten für Arbeitsanweisungen, ein Reitersystem mit Erinnerungsfunktion etc.) für die Koordination der gemeinsamen Arbeit (auch zu unterschiedlichen Zeiten und an unterschiedlichen Orten) explizit genutzt wird. Das geschieht durch den schriftlichen Eintrag neuer Hinweise und Aufgaben in den *KARDEX*, durch die Manipulation des Reitersystems oder durch Hinzufügen gelber Zettel auf das *KARDEX*-Blatt. Die Basisakte repräsentiert im Sinne von Zerbe (Zerbe 2000, 229f.) eher Bibliotheksmaterial, das von den Mitarbeitern (in erster Linie dem ärztlichen Personal) gelesen und ergänzt wird, während der *KARDEX* für einen interaktiven Informationsaustausch und eine Koordination von nahezu allen Beteiligten im Sinne gemeinsamen Materials genutzt wird. Das *KARDEX* erfüllt dabei auch Reminder-Funktionen, unterstützt repetierende Aufgaben und erlaubt den Anstoß und die Steuerung kleiner Workflow-Prozesse.

Informationsbedürfnisse der Kooperationspartner
In den Fallstudien konnte eine Gruppierung der Beteiligten in Bezug auf ihre Informationsbedürfnisse und ihre aufgaben- bzw. funktionsbezogenen Sichtweisen durchgeführt werden. Tabelle 29 fasst diese Gruppierung zusammen.

Bereich	Gruppe	Informationsbedarf (I): Priorität	Informationsbedarf (II): subjektiv nachgeordnet
Station	Pflegepersonal	Stammdaten, aktuelle Informationen aus dem KARDEX (Reiter, etc.)	Historische Informationen, (Gesamtbild)
	Arzt	KARDEX, Akte: Vorbefunde, aktuelle Koordinationsinformationen (Labor, etc.)	Gesamtbild, Stammdaten
Funktionsbereich	Pflegepersonal	Stammdaten	Aktuelle Informationen
	Arzt	Eigene Vorbefunde, aktuelle Protokolle und Ergebnisse (Labor, Bilder), Anforderung	Stammdaten
Schnittstellen	Mitarbeiter	Stammdaten	(Gesamtbild)
Verwaltung	Mitarbeiter	Stammdaten	Akte

Tabelle 29: Informationsbedürfnisse der Personengruppen
(Quelle: eigene Darstellung)

Kontextspezifische Sichtweisen der Partner auf das Material
Entscheidend sind die spezifischen Blickwinkel der Beteiligten in den jeweiligen Kontexten auf das gemeinsame Material. Hierbei hat sich die Vermutung bestätigt, dass die Akte immer an den Patienten und seinen Durchlauf innerhalb des Krankenhauses gebunden ist. Dementsprechend treten unterschiedliche Sichtweisen auf, wobei die wichtigsten im Folgenden kurz zusammengefasst werden:

Generell sollte zwischen aufgabenbezogenen bzw. abteilungsspezifischen Sichtweisen unterschieden werden, d.h. neben der Station gibt es Funktionsbereiche, Schnittstellen und angrenzende Bereiche (z.b. Pflegedienst oder Verwaltung). Innerhalb der Station kann man zwischen Ärzten und Pflegepersonal unterscheiden, bei denen *KARDEX* und Patientenakte im Mittelpunkt stehen.

In den Funktionsbereichen spielen verschiedene Faktoren (Zeit, Erfahrung, etc.) für die jeweilige Sichtweise eine Rolle, wobei tendenziell die Zeit den entscheidenden Ausschlag gibt. Während in der kleinen Privatklinik auch die Ärzte in den Funktionsbereichen die Akte anfordern, um sich ein Bild über den Patienten (Laborbefunde, etc.) zu machen, besteht in der großen Klinik ein so starker Patientenandrang, dass überhaupt keine Zeit für Patienteninformationsrecherche existiert:

> *„Aus den Funktionsbereichen heraus wird der Infobedarf definiert. In den Funktionsbereichen wird eigentlich keiner die komplette Akte anschauen, sondern nur der Teil, der einen interessiert." [Pfleger]*

Ein Neuroradiologiearzt bekommt eine Aufgabe von der Station, so dass ihn nur ein spezifischer Teil des Patienten interessiert. Er erbringt eine Dienstleistung für seinen Auftraggeber, die er mit einem Report über eine individuelle Eigenschaft des Patienten abschließt. Aus Zeitgründen kann dabei nur auf die Aufgabe geschaut werden, so dass die Werkstückmetapher hier deutlich wird. Jeder Funktionsbereich (Labor, Radiologie, etc.) hat somit eine spezifische Aufgabensichtweise auf den Patienten und dessen Akte. Das Ergebnis eines Funktionsbereichauftrages ist ein Befund, der Bestandteil der Akte wird. Im Mittelpunkt der Funktionsbereiche steht somit der Auftrag, d.h. die Anforderung als entscheidendes Koordinationsobjekt. Aufgabe des Stationsarztes ist es, die einzelnen spezifischen Sichtweisen zu koordinieren und die erhaltenden Teilinformationen (Befunde, Laborergebnisse, etc.) zu einem Ganzen zusammenzufügen. Insbesondere unter der Voraussetzung, dass der Stationsarzt die Diagnose stellt und dementsprechend therapeutische Maßnahmen anordnet, während die Funktionsbereichsärzte Befunde bzw. Beurteilungen abgeben, die aber nicht zwangsläufig eine Diagnose beinhalten müssen.

Die Vorstellung, einzelne Situationen aus Kontextparametern ableiten zu können und daraus spezifische Sichten für die Beteiligten zu generieren, muss verworfen werden. Jedoch geben Kontextparameter wie Nutzungshistorie der Akte, aktueller Nutzer, Nutzungsort (Funktionsbereich, Station, OP-Bereich etc.) und Nutzungszeit (Visite, Schichtwechsel, Nachtdienst etc.) Hinweise auf bevorzugte Werkzeuge und Sichten des aktuellen Benutzers.

Individuelle Sichtweise auf das Material

Je nach Funktionsbereich äußerten die Interviewpartner spezifische Wünsche an bestimmte elektronische Werkzeuge zur Unterstützung ihrer Arbeit, bspw. zur Bildmanipulation, Parameterberechnung etc. Bei der Frage nach individuellen Sichtweisen auf die PA wurde von allen Interviewpartnern das Bedürfnis nach einer chronologischen Reihenfolge hervorgehoben. Diese Chronologie muss standardmäßig bereitgestellt werden, damit eine effiziente Nutzung der Akte auch ohne größere Einweisung erfolgen kann. Daneben äußerten die Interviewpartner auch den Wunsch nach eine funktionsbezogenen Gliederung der Informationen und einer Gliederung nach Behandlungsepisoden. Auf eine schnelle und effiziente Suchfunktion wurde mehrfach hingewiesen. Lediglich zwei Interviewpartner hatten eine konkrete Vorstellung von einer individuellen Sichtweise auf die Informationen und bezogen sich dabei auf die Anordnung bestimmter Informationen (CAVE-Informationen, Gliederung etc.) auf dem Bildschirm für eine effizientere Arbeit. Individuelle Sichtweisen auf das Material wurden so nur für bestimmte Aufgaben in Verbindung mit speziellen Werkzeugen gefordert.

5.5.2.2 Diskussion der Szenarien I-IV

In Kapitel 3.4 wurden vier Szenarien beschrieben, die in den Fallstudien auf ihre Praxisrelevanz hin untersucht wurden. Die folgenden Ergebnisse basieren auf den gewonnen Erfahrungen im Rahmen der teilnehmenden Beobachtungen und auf der kritischen Diskussion der Szenarien mit Experten, die im Anschluss an die teilnehmenden Beobachtungen durchgeführt worden sind.

Flexible Datenrepräsentation, Datenpräsentation und Übersetzungsdienste

Die in Szenario I diskutierten Möglichkeiten einer flexiblen Aufbereitung für verschiedene Gruppen konkretisierten sich insbesondere in der Anforderung, die Informationen sowohl chronologisch wie auch funktionsbezogen aufzubereiten. Da in beiden Fallstudien die papierbasierte Patientenakte zum Einsatz kam, wurden Wünsche für eine automatisierte Eingabeunterstützung oder eine automatische Klassifikation von Begriffen nicht geäußert. Die Forderung nach einer möglichst einfachen Suche und Navigation innerhalb des Informationsbestandes der Patientenakte macht jedoch die Forderung nach einer automatisierten Klassifizierung und Strukturierung der Informationen deutlich. Ebenso benötigen die elektronischen Werkzeuge der Spezialisten in den jeweiligen Funktionsbereichen eine entsprechende Aufbereitung der Informationen bzw. eine Eindeutigkeit des Datums, auf das der Kollege bei der Dateneingabe bereits hingewiesen werden kann. Die in Szenario I aufgeführten heterogenen Systemwelten wurden in den Fallstudien insbesondere im Zusammenhang mit bildgebenden Verfahren beobachtet. So waren Mitarbeiter nicht in der Lage, die auf einer CD mit der Akte zurück gelieferten Bilder und Filme auf ihren lokalen Stationssystemen zu decodieren und waren gezwungen, Papierausdrucke nachzufordern. Eine digitale Auswahl und digitale Kommentierung der Bilder durch den Fachkollegen würden hier die vorausgewählten Papierausdrucke ersetzen.

Aktive Komponenten

Der Einsatz Aktiver Komponenten, wie in Szenario II diskutiert, spiegelt sich insbesondere in der Nutzung von speziellen Werkzeugen in den Funktionsbereichen wieder, die mit den Daten der Patientenakte eng verknüpft sind (bspw. spezielle Rechner für Lösungskonzentrationen, Visualisierungswerkzeuge) und deren Aktualität und Ausführung auf der Zielumgebung sichergestellt werden sollte. Daneben werden die im Szenario beschriebenen Erinnerungsfunktionen und Nachrichtenfunktionen mit Hilfe des KARDEX manuell nachgebildet. Eine automatisierte Aktivierung von Ereignissen, bspw. auf Basis von Neueinträgen in die Patientenakte ist hier jedoch nicht möglich, wurde aber gerade in Bezug auf Wechselwirkungen mit Medikationen oder Allergien von den Interviewpartnern angeregt. Die Verwaltung aber auch der einzelne Arzt war aufgrund von Haftungsfragen an einer möglichen Rekonstruktion der Historie der PA-Einträge interessiert, so dass das Logging der Einträge in einer elektronischen Patientenakte erforderlich wird. Die bestehende Praxis mit einer schriftlichen Abzeichnung des Eintrags durch ein Kürzel muss dabei durch eine ähnlich benutzerfreundliche Lösung (RFID o. ä.) ersetzt werden. Es wurde von den Interviewpartnern berichtet, dass in anderen Häusern bspw. die Chipkarte eines Kollegen wochenlang im Gerät steckte und alle Einträge authentisierte, um den langwierigen Login- bzw. Logout-Prozess zu minimieren.

Nutzung von Kontextinformationen

Kontextparameter wie Nutzungshistorie der Akte, aktueller Nutzer, Nutzungsort (Funktionsbereich, Station, OP-Bereich etc.) und Nutzungszeit (Visite, Schichtwechsel, Nachtdienst etc.) geben, wie oben erwähnt, Hinweise auf bevorzugte Werkzeuge und Sichten des Benutzers. Allerdings unterscheiden sich diese Präferenzen nur minimal und es lassen sich aus den Kontextparametern, wie auch bereits im theoretischen Teil erörtert, niemals zwangsläufig Kontexte der realen Welt ableiten. Dem Nutzer können nur hilfreiche Werkzeuge und Sichten angeboten werden, die das System mit einer Auswertung der beschränkten Anzahl von erhaltenen Parametern erschließen kann. Möglichkeiten, Kontextinformationen für die Arbeit mit dem System nutzbringend zu verwenden, ergaben sich zwar an vielen Stellen: Ob eine Nutzung jedoch wirklich einen Mehrwert für die Mitarbeiter in der täglichen Routine darstellt, müsste in weiteren Studien analysiert werden. Im Folgenden sei auf Konstellationen hingewiesen, die in den Fallstudien auftraten und die aus Sicht des Beobachters eine Nutzung von Kontextinformationen sinnvoll erscheinen lassen. Im KARDEX oder bei der Übergabe an den nächsten Dienst wurden Vermerke weitergegeben, die insbesondere bei zukünftigen Aktionen mit dem Patienten (Visite, Blutabnahme, Medikation, Operation etc.) oder bei bestimmten Ereignissen bzw. Zuständen des Patienten (Essen, Schlaf, Krankengymnastik) Beachtung finden sollten. Viele dieser Aktionen bzw. Ereignisse lassen sich durch Kontextparameter wie Zeit, Nutzer, Ort etc. semi-automatisiert bzw. durch eine Nutzerauswahl auch manuell bestimmen. In diesem Fall würden die für diese Kontexte gespeicherten Informationen in den Vordergrund treten und der Nutzer würde auf entsprechende Kommentare hingewiesen.

Eine automatisierte Auswertung von Kontextparametern war in der intensiven Nachsorge in der Privatklinik zu beobachten, wo jeder Patient über einen Zeitraum von mehreren Tagen an eine Überwachungsstation angeschlossen wird und seine aktuellen Vitalparameter an einen Zentralrechner per Funk weitergegeben werden. Abhängig von der Verfassung des Patienten und seiner Lokation (im Bett, beim Spaziergang) legt der betreuende Arzt für bestimmte Parameter Minimal- und Maximalwerte fest, deren Unter- bzw. Überschreitung zu einer Warnung des Patienten und einer Benachrichtigung des medizinischen Personals führen. Eine Übertragung dieser Daten in die elektronische Patientenakte und eine geeignet konfigurierteAktive Komponente könnten hier, wie im Szenario beschrieben, die Auswertung der Kontextinformation übernehmen und entsprechende Aktionen steuern.

Migration und Prozessunterstützung

Insbesondere das Reitersystem im *KARDEX* und die dort vermerkten geplanten Schritte in Bezug auf die weitere Diagnostik bzw. Therapie des Patienten waren zentrales gemeinsames Material für die Kooperationspartner in Bezug auf den Prozess. Der Stationsarzt übernimmt hier die Koordination des generellen Prozesses, während Teilprozesse vom medizinischen Personal und den Funktionsbereichen selbständig geplant und ausgeführt werden. Die im Szenario IV beschriebene Unterstützung von Prozessen durch veränderbare Workflow-Informationen, die im Dokument selbst gespeichert und dann vonAktiven Komponenten ausgelesen würden, wäre eine computergestützte Realisierung der mit Hilfe des KARDEX in den Fallstudien manuell durchgeführten Prozessunterstützung.

Die Akte folgt dem Weg des Patienten und ist im besten Fall immer in physischer Nähe des Patienten mit Zugriffmöglichkeit durch das medizinische Personal. Die Bereitstellung konsistenter patientenbezogener Informationen an mehreren Orten gleichzeitig würde in den betrachteten Fallstudien die Suche nach Teilen oder der Gesamtheit der physischen Akte erleichtern bzw. im besten Fall eliminieren. Auch könnte der jeweilige Fachkollege sich seine entsprechende (virtuelle) Umgebung so einrichten, dass die Informationen gemäß seiner persönlichen Präferenzen angezeigt würden. Informationen für bestimmte Fachbereiche und Kollegen könnten markiert werden und würden diesen in den Vordergrund gespielt. Insbesondere die im *KARDEX* für spezielle Personen hinterlegten Informationen könnten so technisch einfach realisiert werden. Aus den Fallstudien wird aber hier deutlich, dass die Informationen stets auch anderen Kollegen zugänglich sein müssen: eine für den Kollegen X bestimmte Notiz über den Blutzuckerspiegel des Patienten kann auch für die anderen Kollegen bei ihrer Einschätzung der medizinischen Situation entscheidend sein. „Versteckte" Informationen für ein ausgewähltes Zielpublikum wird es so nur in Ausnahmefällen (bspw. Psychiatrie) geben, alle anderen Informationen müssen dem gesamten medizinischen Personal zur Verfügung stehen. Die Regel, dass das medizinische Personal alle Informationen einsehen darf, aber alle Zugriffe elektronisch erfasst werden und sich der Kollege im Nachhinein für den Zugriff verantworten muss, wurde von einem Interviewpartner als Lösung vorgeschlagen. Die enge Verbindung von Patientenakte und Patient durch die Verwaltung aktuellster Vitalparameter konnte insbesondere im Operationssaal und der Intensivnachsorge in der Privatklinik beobachtet werden. Die Systeme liefen jedoch als völlig isolierte Systeme und hatten keine Möglichkeit, die Daten in eine zentrale Patientenakte zu übermitteln. Lediglich die Tagesstatistiken wurden am Ende des Tages ausgedruckt und der Akte beigeheftet. Eine Migration der Akte und eine Kopplung an diese Systeme sind aus Sicht der Interviewpartner mit einem medizinischen Mehrwert verbunden.

5.6 Aufgabenstellungen für die Realisation der Konzeptpotentiale

Im Kapitel 3.3.2 wurden Kernanforderungen an einAktives Dokument bzw. dessen mögliche Features formuliert, während sich aus den theoretischen Überlegungen und Fallstudien in Bezug auf die Domäne spezifische Anforderungen ableiten lassen. Inwieweit sich die Kernanforderungen bzw. Features des Konzeptes mit den spezifischen Anforderungen der Domäne zur Deckung bringen lassen, soll anhand einer Zusammenstellung hinreichend konkreter Aufgabenstellungen bzw. Nutzungsfälle diskutiert werden. Die technische Umsetzung und Integration von Lösungen dieser Aufgabenstellungen im Rahmen einer Gesamtarchitektur wird im anschließenden Kapitel 6 thematisiert.

Bei der Auswahl und Beschreibung der Aufgabenstellungen wird versucht, die Kernanforderungen an Aktive Dokumente mit den Anforderungen der betrachteten Domäne zu verbinden. Dazu wird die Aufgabe, in Anlehnung an die Struktur von Patterns (vgl. Gamma et al. 1995), zunächst mit Bezug zu den Kernanforderungen und den spezifischen Anforderungen skizziert. Anschließend wird in einem kurzen Praxisbeispiel in Anlehnung an die Domäne bzw. an die Fallstudien das Problem veranschaulicht. Eine Lösungsskizze in Bezug auf die Möglichkeiten Aktiver Dokumente sowie eine Erläuterung der Konsequenzen bei Realisierung der Lösung schließen die Erläuterung der Problemstellung ab. Lösungsskizze und Konsequenzen bewegen sich dabei auf konzeptioneller Ebene, während im anschließenden Kapitel 6 ein Architekturvorschlag für die technische Realisierung diskutiert wird. Kapitel 7 beschreibt dann sowohl die Umsetzung der Architektur und die Unterstützung der Szenarien im Rahmen eines Prototyps.

5.6.1 Szenario I – Flexible Datenrepräsentation, Datenpräsentation und Übersetzungsdienste

Die folgenden Aufgabenstellungen konkretisieren die durch die Analyse der Domäne und der Fallstudien ergänzten Unterstützungsmöglichkeiten aus Szenario I (siehe Kapitel 3.4.1) in Bezug auf flexible Datenrepräsentation, Datenpräsentation und Übersetzungsdienste durch die Eigenschaften Aktiver Dokumente.

5.6.1.1 Flexibilität der Datenstruktur

Jedes Datum innerhalb der Akte lässt sich einer Vielzahl von anderen Daten zuordnen, wobei die jeweilige Zuordnung von weiteren Parametern abhängig sein kann.

Beispiel mit Domänenbezug

Ein Akteneintrag „Untersuchungsergebnis" ist verbunden mit einer Behandlungsepisode. Zugleich muss der Eintrag von einem Arzt zu einer Vorerkrankung in Beziehung gesetzt werden können und fällt aufgrund des Untersuchungstyps unter die Kategorie „Laboruntersuchung". Die Vernetzung der Informationen muss für den Benutzer erkennbar und ggf. editierbar sein.

Lösungsskizze und betroffene Anforderungen

Es wird eine flexible, netzwerkorientierte Datenstruktur im Sinne eines semantischen Netzes mit beliebiger Granularität der Einträge unterstützt. Die Beziehungen sollten selbst wieder charakterisiert werden können (z.b. einen Hinweis tragen, wer die Beziehung wann und warum hergestellt hat). Metadaten lassen sich für beliebige Ebenen anlegen. Aktive Komponenten unterstützen bei Bearbeitung und bei einer geeigneten Darstellung der vernetzten Informationen. Die Nutzung von Konstrukten wie Archetypen zur Gliederung von Informationen muss unterstützt werden. Betroffene Anforderungen in Bezug auf das Aktive Dokument und die Umgebung werden in Tabelle 30 referenziert.

Betroffene Kernanforderungen in Bezug auf das Aktive Dokument (vgl. Kapitel 3.2.1)	Betroffene Kernanforderungen in Bezug auf die Telekooperationsumgebung (vgl. Kapitel 3.3.2)
[AD1.1], [AD1.2], [AD1.3], [AD1.4]	[TK2.1], [TK2.2], [TK2.5], [TK4.1]

Tabelle 30: Flexibilität der Datenstruktur - Referenz zu den Anforderungen
(Quelle: eigene Darstellung)

Anmerkungen/Konsequenzen

Die Ergebnisse in Bezug auf die Realisierung von Ontologien sollten im Rahmen der Realisierung mit der dargestellten Lösungsskizze vereinbart werden, d.h. es sollte eine Umsetzungstechnologie gewählt werden, die die skizzierte Datenstruktur mit einer Ontologie verbinden kann.

5.6.1.2 Aufbereitung für unterschiedliche Zielgruppen/Nutzerpräferenzen

Die Informationen müssen gemäß unterschiedlicher Zielgruppen und Nutzerpräferenzen unterschiedlich aufbereitet werden. Unterschiedliche Sichten für Nutzer werden unterstützt.

Beispiel mit Domänenbezug

Ein behandelnder Arzt hat die Präferenz, alle Einträge der Akte nach Datum sortiert angezeigt zu bekommen, wobei er bestimmte Parameter (CAVE-Informationen) immer auf den ersten Blick sehen will. Ein Pfleger wünscht einen Überblick über die jeweils aktuellsten Medikationen, Vitalparameter und Laborwerte (im Sinne des *KARDEX*). Eine chronologische Sicht auf die Informationen muss immer möglich sein.

Lösungsskizze und betroffene Anforderungen
Mit einer Anmeldung an das System berücksichtigt das System die Nutzergruppe des Anwenders und seine individuellen Präferenzen. Auswahl und Darstellung der Informationen erfolgen gemäß einer Auswertung dieser Daten durch eine Komponente. Es existieren dabei Default-Sichten für verschiedene Nutzergruppen, die von den Nutzern individuell angepasst werden können. Das System trennt Inhalts-, Struktur- und Präsentationsinformationen und speichert für jeden Benutzer individuelle Informationen in deren Nutzerprofilen ab. Betroffene Anforderungen in Bezug auf das Aktive Dokument und die Umgebung werden in Tabelle 31 referenziert.

Betroffene Kernanforderungen in Bezug auf das Aktive Dokument (vgl. Kapitel 3.2.1)	Betroffene Kernanforderungen in Bezug auf die Telekooperationsumgebung (vgl. Kapitel 3.3.2)
[AD1.3], [AD2.1], [AD2.2], [AD3.6], [AD4.1 (in Teilen)]	[TK1.3], [TK2.1], [TK4.2]

Tabelle 31: Aufbereitung von Daten - Referenz zu den Anforderungen
(Quelle: eigene Darstellung)

Anmerkungen/Konsequenzen
Es hat sich gezeigt, dass verschiedene Benutzergruppen unterschiedliche Präferenzen in Bezug auf Auswahl und Darstellung der Informationen haben. Diese Präferenzen beziehen sich in erster Linie auf die verschiedenen Nutzergruppen. Individuelle Wünsche in Bezug auf die Informationsaufbereitung wurden nur sporadisch geäußert.

5.6.1.3   Unterstützung unterschiedlicher Datenformate
Die unterschiedlichen Fachanwendungen in den einzelnen Fachbereichen der Klinik sind in Bezug auf die Datenformate untereinander nicht kompatibel. Das System unterstützt die Übersetzung von verschiedenen verwendeten Formaten in jeweils andere Formate.

Beispiel mit Domänenbezug
Die Daten, die mit einer fachspezifischen Anwendung erhoben werden, müssen in ein standardisiertes Format überführt werden können bzw. es müssen spezielle Schnittstellen für die Überführung in andere Systeme bereitgestellt werden. Das System muss dem Benutzer alle Daten in (mindestens) einer geeigneten Sicht darstellen können.

Lösungsskizze und betroffene Anforderungen

Das System speichert Nutzdaten in strukturierter Form zusammen mit Metadaten, die Hinweise auf das verwendete Datenformat geben. Das System stellt verschiedene Aktive Komponenten zur Verfügung, die entweder das verwendete Datenformat in ein standardisiertes Format überführen können oder das verwendete Datenformat direkt in das Zieldatenformat überführen können. Die entsprechenden Services können entweder direkt mit dem Dokument als Aktive Komponente ausgeliefert werden oder werden von einer Aktiven Komponente an zentraler Stelle aufgerufen. Betroffene Anforderungen in Bezug auf das Aktive Dokument und die Umgebung werden in Tabelle 32 referenziert.

Betroffene Kernanforderungen in Bezug auf das Aktive Dokument (vgl. Kapitel 3.2.1)	Betroffene Kernanforderungen in Bezug auf die Telekooperationsumgebung (vgl. Kapitel 3.3.2)
[AD1.1], [AD1.2], [AD1.4], [AD1.9], [AD2.1], [AD2.2], [AD3.5]	[TK2.2], [TK3.1], [TK3.3], [TK3.4], [TK3.7]

Tabelle 32: Unterstützung von Datenformaten - Referenz zu den Anforderungen
(Quelle: eigene Darstellung)

Anmerkungen/Konsequenzen

Teilweise kann es bei der Überführung in ein anderes Datenformat zu einem Datenverlust kommen, da bestimmte Eigenschaften im Zielformat nicht unterstützt werden. Die Mitlieferung der Originaldaten mit einer Überführungskomponente stellt hier eine adäquate Lösung dar.

5.6.1.4 Unterstützung unterschiedlicher Sprachen/Terminologien

Einträge innerhalb der Akte werden mit Hinweisen auf eine bestimmte Terminologie abgelegt und können in andere Terminologien überführt werden.

Beispiel mit Domänenbezug

Insbesondere die Verschlüsselung von Krankheiten und Behandlungsverfahren (Prozeduren) gewinnt mit Einführung der DRGs (Diagnosis Related Groups) an Bedeutung. Die Verantwortung für die korrekte Verschlüsselung liegt in den Händen der Ärzte. Die Struktur der zugrunde liegenden Klassifikationen ist komplex und umfangreich und bedarf einer guten Unterstützung. Die Daten werden innerhalb der Akte mit einem Hinweis auf ihre jeweilige Terminologie abgelegt. Daten, die einer Terminologie zugeordnet sind, können später in anderen Terminologien übersetzt werden.

Lösungsskizze und betroffene Anforderungen

Für die Eingabe von strukturierten Daten werden abhängig von der jeweiligen ausgewählten Terminologie unterschiedliche Aktive Komponenten zur Verfügung gestellt, die den Nutzer bei der strukturierten Eingabe unterstützen und die Eingaben in geeigneter Form speichern und aufbereiten. Durch einen weiteren Service können Informationen, die mit einer Terminologie erstellt worden sind, in andere Terminologien überführt werden. Betroffene Anforderungen in Bezug auf das Aktive Dokument und die Umgebung werden in Tabelle 33 referenziert.

Betroffene Kernanforderungen in Bezug auf das Aktive Dokument (vgl. Kapitel 3.2.1)	Betroffene Kernanforderungen in Bezug auf die Telekooperationsumgebung (vgl. Kapitel 3.3.2)
[AD1.1], [AD1.2], [AD1.3], [AD1.4], [AD1.5], [AD1.9], [AD2.1], [AD2.2], [AD3.2], [AD3.6]	[TK2.1], [TK2.2], [TK3.1], [TK3.4], [TK4.2], [TK4.6]

Tabelle 33: Unterschiedliche Sprachen und Terminologien - Referenz zu den Anforderungen
(Quelle: eigene Darstellung)

Anmerkungen/Konsequenzen

Flexible Datenrepräsentation und die Unterstützung von Ontologien sind Grundlage der Lösungsskizze.

5.6.1.5 Unterstützung von Zugriffsebenen, Steuerung von Informationszugängen und Verschlüsselung/Signatur von Datenobjekten

Die Steuerung von Informationszugängen zu den Informationselementen bzw. die Vergabe von Rechte/Rollen kann auf beliebigen Strukturen aufsetzen und wird um die Möglichkeit der Verschlüsselung bzw. der elektronischen Signatur ergänzt.

Beispiel mit Domänenbezug

Einzelne Informationselemente müssen sich für die einzelnen Anwender nach verschiedenen Strukturen gliedern lassen. Während für den behandelnden Arzt Daten einzelnen Befundungen und Diagnosen chronologisch zugeordnet werden, benötigt der Radiologe als Dienstleister im ersten Schritt eine Liste vorheriger radiologischer Befunde mit der Möglichkeit, auf die Bilder zugreifen zu können. Einzelne Elemente und Elementgruppen müssen dabei vom Ersteller signiert werden können. Hiermit kann zuverlässig auf den Urheber geschlossen werden und die Daten werden vor unbemerkter Veränderung geschützt. Zudem können bspw. hochsensible Daten des Patienten (wie psychiatrische Gutachten) ausschließlich für einen definierten Ärztekreis zur Einsicht verschlüsselt werden.

Lösungsskizze und betroffene Anforderungen

Durch eine netzwerkbasierte Datenstruktur lassen sich die einzelnen Elemente innerhalb der Akte flexibel zu neuen Strukturen gruppieren und können als Element oder als Gesamtstruktur signiert bzw. verschlüsselt werden. Ebenso können für diese Strukturen Berechtigungsattribute hinterlegt werden, die von Aktiven Komponenten ausgelesen und verarbeitet werden können. Betroffene Anforderungen in Bezug auf das Aktive Dokument und die Umgebung werden in Tabelle 34 referenziert.

Betroffene Kernanforderungen in Bezug auf das Aktive Dokument (vgl. Kapitel 3.2.1)	Betroffene Kernanforderungen in Bezug auf die Telekooperationsumgebung (vgl. Kapitel 3.3.2)
[AD1.1], [AD1.2], [AD1.4], [AD1.5], [AD1.6], [AD1.7], [AD1.9]	[TK2.3], [TK2.4], [TK4.1]

Tabelle 34: Unterstützung von Zugriffsebenen etc. - Referenz zu den Anforderungen
(Quelle: eigene Darstellung)

Anmerkungen/Konsequenzen

Auch hier ist ein Datenformat mit der Möglichkeit einer flexiblen Erstellung und Zuordnung neuer Attribute erforderlich.

5.6.1.6 Änderungshistorie

Der Nutzer der Akte hat die Möglichkeit, Modifikations- und Löschaktionen innerhalb der Akte nachvollziehen zu können und kann den Stand der Akte für jedes historische Datum rekonstruieren.

Beispiel mit Domänenbezug

Der behandelnde Arzt muss jederzeit nachvollziehen können, welche Informationen wann zur Akte hinzugefügt worden sind und welche Informationen von wem wann modifiziert worden sind. Zusätzlich muss er in der Lage sein, den Stand der Akte zu einem bestimmten Datum wiederherstellen zu können um evtl. Behandlungsentscheidungen ex post nachvollziehbar zu machen.

Lösungsskizze und betroffene Anforderungen

Um ein „Rollback" zu einer vorherigen Version zu gewährleisten, dürfen Änderungen in der Akte nur transaktionsorientiert vorgenommen werden. Änderungen müssen sich dabei auf alle Informationsbestände innerhalb der Akte beziehen. Eine entsprechende Komponente muss sämtliche Schreibzugriffe auf die Akte transaktionsorientiert verwalten. Betroffene Anforderungen in Bezug auf das Aktive Dokument und die Umgebung werden in Tabelle 35 referenziert.

Betroffene Kernanforderungen in Bezug auf das Aktive Dokument (vgl. Kapitel 3.2.1)	Betroffene Kernanforderungen in Bezug auf die Telekooperationsumgebung (vgl. Kapitel 3.3.2)
[AD1.1], [AD1.2], [AD1.4], [AD1.5], [AD1.6], [AD1.7]	[TK2.5]

Tabelle 35: Änderungshistorie - Referenz zu den Anforderungen
(Quelle: eigene Darstellung)

Anmerkungen/Konsequenzen

Die Anforderung TK1.5 (Unterstützung einer Änderungshistorie) muss insbesondere in Bezug auf die Unterstützung von Transaktionen erweitert werden.

5.6.1.7   Speicherung von Informationen Aktiver Komponenten

Das System speichert in der Akte neben spezifischen Patienteninformationen auch Daten für
Aktive Komponenten ab.

Beispiel mit Domänenbezug

Der Arzt richtet für die Akte eine Komponente ein, die sicherstellen soll, dass jeder Benutzer
bei der Ansicht und der Modifikation bestimmter Parameter darauf hingewiesen wird, dass
der Patient unter einer speziellen Allergie leidet.

Lösungsskizze und betroffene Anforderungen

Die flexible Datenstruktur innerhalb des Aktiven Dokuments erlaubt die Speicherung beliebiger Zusatzinformationen für Aktive Komponenten. Betroffene Anforderungen in Bezug auf
das Aktive Dokument und die Umgebung werden in Tabelle 36 referenziert.

Betroffene Kernanforderungen in Bezug auf das Aktive Dokument (vgl. Kapitel 3.2.1)	Betroffene Kernanforderungen in Bezug auf die Telekooperationsumgebung (vgl. Kapitel 3.3.2)
[AD1.8], [AD2.2], [AD2.3]	[TK2.1], [TK3.3], [TK3.4]

Tabelle 36: Speicherung von Informationen Aktiver Komponenten- Referenz zu den Anforderungen
(Quelle: eigene Darstellung)

Anmerkungen/Konsequenzen

Ist die jeweilige Komponente nicht auf der Zielplattform verfügbar, kann der entsprechende
Nutzer darauf hingewiesen werden. Ebenso kann die Aktive Komponente mit dem Dokument
ausgeliefert oder auf sie zum Zwecke einer späteren Migration verwiesen werden.

5.6.2   Szenario II – Aktive Komponenten

Die folgenden Aufgabenstellungen konkretisieren die durch die Analyse der Domäne und der
Fallstudien ergänzten Unterstützungsmöglichkeiten aus Szenario II (siehe Kapitel 3.4.2) in
Bezug auf Aktive Komponenten als Eigenschaften Aktiver Dokumente.

5.6.2.1   Bereitstellung unterschiedlicher Werkzeuge für die Benutzergruppen

Neben den oben beschriebenen individuellen Sichten, die im weitesten Sinn als Individuali-
sierung eines View-Werkzeugs gesehen werden können, benötigen unterschiedliche Benutzergruppen Werkzeuge, die ihre jeweiligen Arbeitsschritte optimal unterstützen.

Beispiel mit Domänenbezug

Für den untersuchenden Arzt stehen Analysewerkzeuge zur Verfügung, mit denen er aus den
Laborwerten Trends und abweichende Werte herausfiltern und anzeigen lassen kann, für das
Pflegepersonal werden Checklisten und Reminder-Werkzeuge bereitgestellt, die bei der tägli-
chen Pflege des Patienten unterstützen können. Jede Benutzergruppe bzw. jeder Benutzer
bekommt neben der individuellen Sicht auf die Akte Zugriff auf individuelle Werkzeuge zur
Analyse und Bearbeitung der Informationen.

Lösungsskizze und betroffene Anforderungen

Werkzeuge können den Benutzern auf unterschiedliche Art mit unterschiedlichen Verfahren zur Verfügung gestellt werden. Grundsätzlich kann ein Aktives Dokument, abhängig von Präferenzen und Eigenschaften in der Zielumgebung des Nutzers Werkzeuge selbst mitführen oder auf diese verweisen. Mit einem Service, den die Zielumgebung verfügbar macht, können Nutzerpräferenzen und Umgebungsparameter abgefragt werden und das Dokument für die Migration vorbereitet werden. Betroffene Anforderungen in Bezug auf das Aktive Dokument und die Umgebung werden in Tabelle 37 referenziert.

Betroffene Kernanforderungen in Bezug auf das Aktive Dokument (vgl. Kapitel 3.2.1)	Betroffene Kernanforderungen in Bezug auf die Telekooperationsumgebung (vgl. Kapitel 3.3.2)
[AD2.1], [AD2.2], [AD2.3], [AD2.4], [AD2.5], [AD2.7]	[TK3.1], [TK3.2], [TK3.3], [TK3.4]

Tabelle 37: Bereitstellung unterschiedlicher Werkzeuge - Referenz zu den Anforderungen
(Quelle: eigene Darstellung)

Anmerkungen/Konsequenzen

Die in Kapitel 6.2.4.2 diskutierten Alternativen zur Migration können hier zur Anwendung kommen.

5.6.2.2   Aktive Kommunikation mit dem Benutzer und anderen Komponenten

Für die Unterstützung verschiedener Aktivitäten ist eine Kommunikation des Aktiven Dokuments mit dem Nutzer sowie mit anderen Komponenten wichtig. Aktive Komponenten sind auf andere Komponenten angewiesen und treten mit diesen und dem Nutzer in Kommunikation.

Beispiel mit Domänenbezug

Zur Darstellung grafischer Informationen für den Nutzer (bspw. Fieberkurve) ist eine Komponente auf die Unterstützung durch einen Service der Benutzerumgebung angewiesen. Dieser Service kann auch als Aktive Komponente eines anderen Dokuments vorliegen.

Daneben kann ein Service auch mit dem Nutzer interagieren, indem bspw. eine interaktive Checkliste abgearbeitet werden muss.

Wie unten näher ausgeführt ist insbesondere eine Kommunikation mit den Kontext-Services der Plattform für die Nutzung von Kontextinformationen nötig.

Lösungsskizze und betroffene Anforderungen

Jede Komponente kann ihrer Umgebung Services zur Verfügung stellen, die von anderen Komponenten genutzt werden können. Dabei stellt die Telekooperationsplattform insbesondere GUI-Komponenten und Kontext-Services zur Verfügung, die von anderen Komponenten genutzt werden können. Betroffene Anforderungen in Bezug auf das Aktive Dokument und die Umgebung werden in Tabelle 38 referenziert.

Betroffene Kernanforderungen in Bezug auf das Aktive Dokument (vgl. Kapitel 3.2.1)	Betroffene Kernanforderungen in Bezug auf die Telekooperationsumgebung (vgl. Kapitel 3.3.2)
[AD2.1], [AD2.2], [AD2.3]	[TK3.1], [TK3.2], [TK3.3]

Tabelle 38: Aktive Kommunikation - Referenz zu den Anforderungen
(Quelle: eigene Darstellung)

Anmerkungen/Konsequenzen

Mit einer Kombination verschiedener Aktiver Komponenten und ihrer Interaktion lassen sich neue Komponenten mit erweiterter Funktion im Sinne einer Service Orchestrierung erstellen.

5.6.2.3   Dynamisierung der Einbindung Aktiver Komponenten

Die Einbindung von Komponenten erfolgt dynamisch, Services können auch zentral zur Verfügung gestellt werden.

Beispiel mit Domänenbezug

Gerade für Dienste wie Terminologie-Services oder Interaktionen mit dem ERP der Klinik macht es keinen Sinn, die entsprechenden Services als Aktive Komponenten in einem mehrere Gigabyte umfassenden Repository zu kapseln. Zugriff auf diese Dienste werden dem Nutzer durch Aktive Komponenten zur Verfügung gestellt, die entsprechende Interfaces zu anderen Komponenten bzw. zentralen Services bereitstellen. So hat ein Arzt von seiner Umgebung aus Zugriff auf eine zentralisierte Klassifikationsdatenbank und kann auf das zentrale Patientenregister im ERP zugreifen.

Lösungsskizze und betroffene Anforderungen

Es bedarf hier einer Flexibilität in Bezug den Grad der Einbindung: Von der kompletten Auslieferung einer Aktiven Komponente mit dem Dokument, die alle Funktionalitäten bereitstellt über eine Komponente, die ein Interface und eine Verbindung zu einem zentralen Service vermittelt bis hin zu lediglich einem Verweis auf einen zentralen Dienst muss die Umgebung das gesamte Spektrum abdecken können. Eine service-orientierte Architektur verspricht hier eine interessante Alternative. Betroffene Anforderungen in Bezug auf das Aktive Dokument und die Umgebung werden in Tabelle 39 referenziert.

Betroffene Kernanforderungen in Bezug auf das Aktive Dokument (vgl. Kapitel 3.2.1)	Betroffene Kernanforderungen in Bezug auf die Telekooperationsumgebung (vgl. Kapitel 3.3.2)
[AD2.4], [AD2.5], [AD2.6], [AD2.7]	[TK3.3], [TK3.4], [TK23.5], [TK3.6]

Tabelle 39: Dynamisierung der Einbindung Aktiver Komponenten - Referenz zu den Anforderungen
(Quelle: eigene Darstellung)

Anmerkungen/Konsequenzen

Siehe insbesondere die in Kapitel 6.2.4.2 geführte Diskussion zur Migration von Komponenten.

5.6.3 Szenario III – Kommunikation mit der Umgebung und Nutzung von Kontextinformationen

Die folgenden Aufgabenstellungen konkretisieren die durch die Analyse der Domäne und der Fallstudien ergänzten Unterstützungsmöglichkeiten aus Szenario III (siehe Kapitel 3.4.3) in Bezug auf die Kommunikation Aktiver Dokumente mit ihrer Umgebung und der möglichen Nutzung von Kontextinformationen.

5.6.3.1 Aktive Auswertung von Kontextparametern

Aktive Komponenten können Kontextparameter auslesen und verarbeiten. Abhängig von den Werten können Aktive Komponenten Aktionen starten.

Beispiel mit Domänenbezug

Eine Reminder-Funktion ist abhängig von einem Kontext-Service, der zurückliefert, welche Person mit welcher Rolle zurzeit auf das Dokument zugreifen will. Ebenso werden Uhrzeit, Datum und weitere Parameter angeboten. Ist dies eine Pflegekraft zu einem bestimmten Zeitpunkt, wird bspw. darauf hingewiesen, welche Medikationen verabreicht werden müssen (fällig sind) und welche weiteren Behandlungsschritte evtl. zu veranlassen sind.

Lösungsskizze und betroffene Anforderungen

Mit dem beschriebenen Kontext-Provider-System nach 2.1.4.6 stellt die jeweilige Umgebung einen entsprechenden Kontext-Service zur Verfügung. Jede Aktive Komponente hat dabei Zugriff auf diesen Service und kann Aktionen abhängig von Umgebungsparametern, einer Aktivitätshistorie des Benutzers und seines Profils starten. Betroffene Anforderungen in Bezug auf das Aktive Dokument und die Umgebung werden in Tabelle 40 referenziert.

Betroffene Kernanforderungen in Bezug auf das Aktive Dokument (vgl. Kapitel 3.2.1)	Betroffene Kernanforderungen in Bezug auf die Telekooperationsumgebung (vgl. Kapitel 3.3.2)
[AD3.1], [AD3.2], [AD3.4]	[TK4.1], [TK4.2], [TK4.3], [TK4.4]

Tabelle 40: Aktive Auswertung von Kontextparametern - Referenz zu den Anforderungen
(Quelle: eigene Darstellung)

Anmerkungen/Konsequenzen

Insbesondere die Kontextinformationen, die aus dem Nutzerprofils gewonnen werden können, geben eindeutige Hinweise auf die Präferenzen des Nutzers. Aus anderen Parameterwerten lässt sich nur unsicher auf bestimmte Arbeitskontexte schließen. Evtl. kann der Nutzer auch in seinem Profil Regeln erstellen: bspw. dass es sich, wenn er morgens in die Akte schaut, in der Regel um eine Visite handelt.

5.6.3.2 Kontextbezogene Anpassung der Benutzeroberfläche

Die Benutzeroberfläche kann sich abhängig von der Rolle des Nutzers, den persönlichen Präferenzen und bestimmten Kontextparametern automatisch anpassen.

Beispiel mit Domänenbezug

Das Pflegepersonal bekommt bei der Verabreichung von Medikamenten an den Patienten eine spezielle Übersicht der relevanten Medikationsparameter angezeigt während der Arzt bei einer Visite eine individuelle Ansicht der Daten gemäß seiner Profildaten aufbereitet bekommt. Zudem bekommt das Pflegepersonal Berechnungstabellen und Checklisten kontextabhängig angezeigt während dem Arzt ausgewählte und angepasste Werkzeuge zur Analyse und Bewertung der Daten bereitgestellt werden.

Daneben können Aktive Komponenten des Dokuments es vorsehen, Inhalte abhängig von Kontextparametern differenziert darzustellen: So werden bei bestimmten Aktionen des Nutzers (bspw. bei der Eintragung einer Medikation) vorbereitete Anmerkungen eines vorherigen Nutzers angezeigt.

Lösungsskizze und betroffene Anforderungen

Telekooperationsumgebung *und* Aktives Dokument sind in der Lage, eine kontextbezogene Anpassung der Benutzeroberfläche zu aktivieren. Betroffene Anforderungen in Bezug auf das Aktive Dokument und die Umgebung werden in Tabelle 41 referenziert.

Betroffene Kernanforderungen in Bezug auf das Aktive Dokument (vgl. Kapitel 3.2.1)	Betroffene Kernanforderungen in Bezug auf die Telekooperationsumgebung (vgl. Kapitel 3.3.2)
[AD3.1], [AD3.2], [AD3.3], [AD3.4], [AD3.6]	[TK4.1], [TK4.2], [TK4.3], [TK4.4]

Tabelle 41: Kontextbezogene Anpassung der Benutzeroberfläche - Referenz zu den Anforderungen *(Quelle: eigene Darstellung)*

Anmerkungen/Konsequenzen

Die Beeinträchtigung der Programmbedienung durch eine automatische Anpassung der Oberfläche stellt eine Herausforderung dar, die im Rahmen dieser Arbeit nicht vertieft wird. Für eine Auseinandersetzung mit diesem Thema siehe bspw. Jameson (2003), Langley (1999) oder Weld et al. (2003).

5.6.3.3 Beibehaltung einer Analogie zur Papierwelt

Die unterschiedlichen Fachanwendungen sind in Bezug auf die Datenformate untereinander nicht kompatibel. Das System unterstützt die Übersetzung von verschiedenen verwendeten Formaten in andere Formate.

Beispiel mit Domänenbezug

Die beteiligten Nutzer sind an papierbasierte Dokumente gewöhnt und schätzen insbesondere die Möglichkeit, die Akte kurz durchblättern zu können um sich so einen Überblick zu verschaffen. Diese Möglichkeit muss durch eine entsprechende Funktionalität der Applikation annährend ermöglicht werden, d.h. die Daten der Akte müssen auch in dokumentähnlicher Form aufbereitet werden können.

Lösungsskizze und betroffene Anforderungen

Eine klare Trennung zwischen Inhalt, Struktur und Darstellung im genutzten Datenformat erlaubt die flexible Aufbereitung der Daten auch in dokumentähnlicher Form. Teile der Akte können so in bekannten Papierformaten (bspw. als Formular, Bericht etc.) mit einem Index und einer Funktion angezeigt werden, die ein virtuelles „Durchblättern" erlaubt. Die Aufbereitung der Informationen kann von Diensten Aktiver Komponenten übernommen werden. Betroffene Anforderungen in Bezug auf das Aktive Dokument und die Umgebung werden in Tabelle 42 referenziert.

Betroffene Kernanforderungen in Bezug auf das Aktive Dokument (vgl. Kapitel 3.2.1)	Betroffene Kernanforderungen in Bezug auf die Telekooperationsumgebung (vgl. Kapitel 3.3.2)
[AD1.3], [AD3.6], [AD3.7]	[TK2.1]

Tabelle 42: Beibehaltung einer Analogie zur Papierwelt - Referenz zu den Anforderungen
(Quelle: eigene Darstellung)

5.6.4 Szenario IV – Migration und Prozessunterstützung

Die folgenden Aufgabenstellungen konkretisieren die durch die Analyse der Domäne und der Fallstudien ergänzten Unterstützungsmöglichkeiten aus Szenario IV (siehe Kapitel 3.4.4) in Bezug auf die Potentiale Aktiver Dokumente zur automatischen Migration und Prozessunterstützung.

5.6.4.1 Unterstützung von Prozessmustern

Eine Akte soll mit Prozessmustern verbunden werden können, die vom Nutzer instantiiert bzw. konfiguriert werden können. Das System muss anschließend die Abarbeitung der instantiierten Prozessmuster gewährleisten. Dabei kann es zu einer Migration des Dokuments in eine andere Umgebung kommen.

Beispiel mit Domänenbezug

Ein Arzt manifestiert den Wunsch nach einer Fremdbefundung durch einen spezialisierten Kollegen, indem er ein Prozessmuster „Fremdbefundung" nutzt. Nachdem er die zu befundenden Sachverhalte markiert und weitere Informationen ergänzt hat, wird das Dokument dem Spezialisten als Kopie eines Teils der aktuellen Akte in seine Umgebung migriert und fordert von ihm eine Beurteilung des Sachverhalts.

Lösungsskizze und betroffene Anforderungen

Das System gewährleistet die Abarbeitung der instantiierten Prozessmuster durch Aktive Komponenten. Für ähnliche Prozessmuster kann es gleiche Aktive Komponenten geben, die lediglich parametrisiert werden, abweichende Prozessmuster mit Spezialfunktionen bedürfen ggf. spezieller Aktiver Komponenten, die bspw. ein Broadcast an mehrere Teilnehmer verwalten. Betroffene Anforderungen in Bezug auf das Aktive Dokument und die Umgebung werden in Tabelle 43 referenziert.

Betroffene Kernanforderungen in Bezug auf das Aktive Dokument (vgl. Kapitel 3.2.1)	Betroffene Kernanforderungen in Bezug auf die Telekooperationsumgebung (vgl. Kapitel 3.3.2)
[AD4.1], [AD4.2], [AD4.3], [AD4.4]	[TK5.1], [TK5.2], [TK5.3], [TK5.4]

Tabelle 43: Unterstützung von Prozessmustern - Referenz zu den Anforderungen
(Quelle: eigene Darstellung)

Anmerkungen/Konsequenzen

Das Konzept erfordert einen virtuellen Standort des Spezialisten, in die Teile der Akte zur weiteren Bearbeitung migrieren können.

5.6.4.2 Ad-Hoc Workflow-Unterstützung

Neben komplexen Prozessmustern, die die Migration der gesamten Akte in andere Umgebungen erfordern, müssen auch einfache Dienstanweisungen und Rückfragen an Benutzer unterstützt werden.

Beispiel mit Domänenbezug

Dienstanweisungen an Mitarbeiter und die Dokumentation der Erfüllung dieser Anweisungen, wie sie durch das Stiftsystem im KARDEX realisiert wird, muss durch ein adäquates Werkzeug unterstützt werden. Der behandelnde Arzt oder ein anderes Mitglied des Pflegeteams kann jederzeit einen Auftrag im System hinterlegen, der für einen Kollegen, bspw. abhängig von Rolle oder Zeit, angezeigt wird. Anschließend muss dieser darauf reagieren und die Erfüllung/Nichterfüllung des Auftrags quittieren.

Lösungsskizze und betroffene Anforderungen

Eine Aktive Komponente ist für die Verwaltung von Ad-Hoc-Aufgaben zuständig. Dabei werden sämtliche Aktionen in Bezug auf die Anzeige, Quittierung, Löschung etc. der Aufgaben abgedeckt. Unter Umständen kann hier die Kombination mit einer elektronischen Signatur angedacht werden, da die Quittierung der Aufgaben nachprüfbar gemacht werden muss. Betroffene Anforderungen in Bezug auf das Aktive Dokument und die Umgebung werden in Tabelle 44 referenziert.

Betroffene Kernanforderungen in Bezug auf das Aktive Dokument (vgl. Kapitel 3.2.1)	Betroffene Kernanforderungen in Bezug auf die Telekooperationsumgebung (vgl. Kapitel 3.3.2)
[AD4.1], [AD4.2], [AD4.5]	[TK5.2]

Tabelle 44: Ad-hoc Workflow Unterstützung - Referenz zu den Anforderungen
(Quelle: eigene Darstellung)

5.6.4.3 Vorausschauende/nachschauende Unterstützung bei Prozessschritten und Migration in andere Umgebungen

Migriert die Akte in eine fremde Umgebung, so müssen den Beteiligten dort möglichst alle Komponenten zur Verfügung stehen, um bspw. die verwendeten Datenformate zu lesen, Prozessschritte abarbeiten zu lassen etc.

Beispiel mit Domänenbezug

Migriert die Akte in eine andere Abteilung so müssen auch dort die Nutzer alle Werkzeuge zur Verfügung gestellt bekommen, um alle Informationen in der Akte zumindest lesen zu können. Abhängig von der jeweiligen Zielumgebung sollte die Akte selbständig in der Lage sein, vor der Migration Werkzeuge für die Zielumgebung in die Akte einzubinden bzw. ein Format zur Verfügung zu stellen, dass auf der Zielplattform zumindest vollständig lesbar ist.

Lösungsskizze und betroffene Anforderungen

Jede Umgebung muss einen Service bereitstellen, der die verwendeten Komponenten und die Umgebung möglichst präzise beschreibt. Vor einer Migration in diese Umgebung kann eine Aktive Komponente diesen Service anfragen und die Akte mit nötigen Komponenten ausstatten bzw. ein Repräsentation vorhalten, die auf der Zielplattform lesbar ist. Ggf. mag dies lediglich ein PDF-Format sein, das alle Informationen in einer Dokument ähnlichen Form zusammenfasst. Betroffene Anforderungen in Bezug auf das Aktive Dokument und die Umgebung werden in Tabelle 45 referenziert.

Betroffene Kernanforderungen in Bezug auf das Aktive Dokument (vgl. Kapitel 3.2.1)	Betroffene Kernanforderungen in Bezug auf die Telekooperationsumgebung (vgl. Kapitel 3.3.2)
[AD4.1], [AD4.2], [AD4.3], [AD4.4], [AD4.5], [AD4.6]	[TK5.1], [TK5.2], [TK5.3], [TK5.4]

Tabelle 45: Unterstützung bei Prozessschritten - Referenz zu den Anforderungen
(Quelle: eigene Darstellung)

Anmerkungen/Konsequenzen

Teilweise kann es bei der Überführung in ein anderes Datenformat zu einem Datenverlust kommen, da bestimmte Eigenschaften im Zielformat nicht unterstützt werden. Die Mitlieferung der Originaldaten mit einer Überführungskomponente stellt hier eine adäquate Lösung dar (siehe auch 5.6.1.3).

6 Architekturvorschlag für ein Gesamtsystem Aktiver Dokumente in einer Telekooperationsumgebung

Nach einer Erläuterung der Begriffe *Aktives Dokument* und *Aktive Komponente* wird in Kapitel 6.2 eine verteilte, serviceorientierte Gesamtarchitektur für diese Elemente entwickelt. Kapitel 6.3 diskutiert geeignete Basistechnologien und Frameworks zur Umsetzung dieses Systems und bereitet Kapitel 6.4 vor, in dem eine Auswahl der Technologien stattfindet.

6.1 Aktive Dokumente und Aktive Komponenten

In den oben kurz skizzierten Arbeiten von Dourish et. al. (2000), Werle und Kilander (1999) und Bompani et. al. (1999) werden verschiedene Ansätze beschrieben, statische Dokumente mit dynamischen, Aktiven Komponenten zu verbinden. Neben den Ansätzen eines „Enablement", das von Dourish et. al. auf der Speicherungsebene in einem netzwerkorientierten Filesystem realisiert wird und einer Nutzung von Java-Komponenten innerhalb des Jini-Service-Frameworks, wie sie Werle und Kilander beschreiben, erscheinen die Ansätze von Bompani et. al. geeignet, um eine enge Integration der Dokumentinhalte mit Aktiven Komponenten zu gewährleisten bzw. Aktive Komponenten in Dokumentinhalte überführen zu können. Durch die enge Verzahnung von XML und Java gelingt es, Aktive Komponenten mit Hilfe von XML zu konfigurieren. Neben der Speicherung von Konfigurationsparametern für Aktive Komponenten im Dokument sieht das hier vorgestellte Konzept zusätzlich die Speicherung und den Transport Aktiver Komponenten im Dokument vor.

Die im folgenden Kapitel beschriebenen Aktiven Komponenten sind ein Konkretisierung dieser Idee und stellen eine Möglichkeit dar, Materialinhalt, Metainformation und Aktive Komponenten in einem Aktiven Dokument zu kombinieren.

Neben der Metapher *Werkzeug*, das Material verändert oder seinen Zustand sondiert, wurde die Metapher *Automat* eingeführt. Werkzeuge und Automaten werden im Folgenden unter dem Begriff *Aktive Komponente* zusammengefasst. Um die meisten der in den Kapiteln 5.6ff genannten Anforderungen charakterisieren und abbilden zu können, lässt sich gemeinsames Material als eine Kombination aus Aktiven Komponenten, Materialinhalt und Metainformation abbilden. Abbildung 32 zeigt gemeinsames Material als Kombination aus den drei angesprochenen Grundelementen. Aktive Komponenten sind in der Lage, einen beliebigen Grad der Einbindung in das Dokument (siehe Abbildung 21) zu unterstützen.

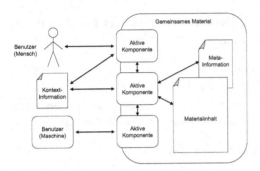

Abbildung 32: Gemeinsames Material als Kombination aus
Aktiven Komponenten, Metainformation und Inhalt
(Quelle: eigene Darstellung)

Analog zum Konzept der Kapselung aus der Objektorientierung (siehe Kapitel 3.1.2) kann Materialinhalt und Metainformation nur von Aktiven Komponenten lesend und/oder schreibend angesprochen werden. Für die weitere Arbeit werden Aktive Komponenten über ihre Funktionen definiert:

Aktive Komponenten stellen Dienste mit Schnittstellen und einer standardisierten Dienst-bzw. Schnittstellenbeschreibung zur Verfügung, deren Implementierung bzw. Code als Teil des Materials gespeichert werden kann. Ebenso können sie von einer anderen Stelle bereitgestellt und in eine Umgebung migriert werden.

Die meisten der genannten Anforderungen lassen sich durch geeignete AKs realisieren. Tabelle 46 zeigt beispielhaft einige Kernanforderungen und die Erfüllung durch Eigenschaften geeigneter Aktiver Komponenten (AK).

Anforderung	Möglicher Lösungsansatz
Ein gültiger Informationsstand	AK synchronisiert den Zugang zum Material
Manipulierbarkeit des Materials	AK mit Schreibzugriff auf Material
Bearbeitbarkeit durch elektronische Werkzeuge	AK mit unterschiedlicher Funktionalität und Lese-/Schreibzugriff auf Material bzw. Metainformation
Überbrückung von Raum und Zeit	AK, die einen Remote-Zugriff erlaubt AK, die Aktiven Dokumenten-Transfers unterstützt
Repräsentation verschiedener Sichten	AK mit Lesezugriff auf Kontextinformationen, Metainformation und Inhalt sowie Elemente für Benutzer-Interface
Sondieren von Informationen	AK mit Lesezugriff auf Materialinhalt und Metainformation
Öffentlichkeit des Materials Regelung der Informationszugänge	AK, die den Zugriff auf das Material über Rechte und Rollen prüft, evtl. Kaskadierung der Anfrage über weitere Komponenten

Tabelle 46: Beispielhafte Abbildung von Kernanforderungen mit Hilfe Aktiver Komponenten
(Quelle: eigene Darstellung)

Die bestehenden Anforderungen lassen sich in Bezug auf die konkrete Realisierung von Aktiven Komponenten gliedern. Einige der Anforderungen beziehen sich auf die Struktur der Materialdaten bzw. Metadaten und lassen sich somit nur mittelbar, beispielsweise durch die Nutzung von Material verändernden Aktiven Komponenten, abbilden. Andere Anforderungen haben unmittelbaren Einfluss auf die Realisierung von Aktiven Komponenten bzw. lassen sich direkt durch spezifische Aktive Komponenten realisieren.

Anforderung an Datenmodellierung und Datenrepräsentation	
Anforderung an Datenmodellierung bzw. Datenrepräsentation der Materialdaten	Unterstützung von Elementen beliebiger Granularität
Anforderung an Datenmodellierung bzw. Datenrepräsentation der Metadaten	Ablage beliebiger Meta-Informationen für jedes Element
	Reifikation von Zuordnungen und Herstellung semantischer Netze
Anforderung an Datenmodellierung bzw. Datenrepräsentation der Materialdaten und Metadaten	Flexible und erweiterbare Datenrepräsentation für Trennung von Inhalt und Struktur
	Rekursive Einbindung von Meta-Informationen auf beliebig vielen Ebenen
	Speicherung von Daten für Aktive Komponenten
Allgemeine Anforderungen an AKs	
Standardisierte Schnittstellen der Arbeitsumgebung und anderer Aks	Kommunikation mit der Telekooperationsumgebung, dem Benutzer und anderen Komponenten
	Zugriff auf standardisierte Schnittstellen der Arbeitsumgebung
Anforderung an die flexible Verwaltung von Services / Aks	Flexibilität in Bezug auf den Grad der Einbindung und Ablage von Informationen im Aktiven Dokument
	Flexibilität in Bezug auf die Anzahl und die Art der eingebundenen Komponenten
	Entkopplung von Services und Auslieferung von Komponenten ggf. über Service-orientierte Architekturen
AKs mit Benutzer-Interface-Elementen	Analogie zur Papierwelt durch Unterstützung etablierter Eigenschaften
	Unterstützung von Maschine-Mensch und Maschine-Maschine-Schnittstelle
AKs mit Verarbeitung und Zugriff von Kontextinformationen	Scan der Ausführungsumgebung und Anpassung an die Umgebung
	Zielgerichtete Auswertung von Kontextinformationen
	Erwartungskonforme Darstellung der Informationen
	Unterstützung bei der Herstellung eines deckungsgleichen Kontextes nach der Migration
	Nutzung von Ontologie-Übersetzungsdiensten
Spezifische Anforderungen an AKs mit Bezug zur Prozessunterstützung und Migration	
AKs zur Verwaltung von Prozessmustern	Bedarfsgerechte Bereitstellung des Materials und entsprechender Werkzeuge zur Unterstützung von Prozessen
AKs zur Verarbeitung von Prozessmustern	Speicherung von Prozessmustern im Dokument und Ausführung der Prozessmuster durch Aktive Komponenten
AKs zur Unterstützung der Migration von Aktiven Dokumenten	Unterstützung virtueller Migration
	Unterstützung physischer Migration

Tabelle 47: Gliederung der Kernanforderungen nach Spezifizierungsgrad von Aktiven Komponenten (AK) *(Quelle: eigene Darstellung)*

Tabelle 47 ordnet die Anforderungen von allgemeinen Anforderungen an Datenmodellierung und Datenrepräsentation hin zu spezifischen Anforderungen an Komponenten mit Bezug zur Prozessunterstützung und Migration.

Die in Tabelle 47 nicht betrachteten Anforderungen sind derart konkret, dass der Versuch unternommen werden kann, diese exemplarisch durch spezifische Aktive Komponenten abzudecken. Neben anderen Attributen kann der Einsatz einer jeweiligen Aktiven Komponente die Nutzung von Diensten anderer Aktiver Komponenten erfordern, auf Daten und Metadaten des Materials lesend (L) und/oder schreibend (S) zugreifen und eher aktiven bzw. passiven Charakter in Bezug auf die Ausführung der eingebundenen Services besitzen. Tabelle 48 zeigt eine mögliche Auswahl geeigneter Aktiver Komponenten, die die jeweiligen Anforderungen gemäß genannter Kriterien abdecken können.

AK	Abgedeckte Anforderung	Benötigt Dienste folgender Komponenten	Zugriff auf Materialdaten/ Metadaten	Eher aktiv/ eher passiv
RECHTEMANAGER	Steuerung von Informationszugängen	ELEMENTMANAGER	Meta:L	Passiv
	Vergabe von Rechte/Rollen auf verschiedenen Ebenen	ELEMENTMANAGER	Meta: LS	Passiv
ELEMENTMANAGER	Lese- und Schreibzugriff auf Daten des Aktiven Dokuments	RECHTEMANAGER	Material: LS Meta: LS	Passiv
VERSCHLÜSSELUNG/ SIGNATUR	Signierung von Aktiven Komponenten	ELEMENTMANAGER RECHTEMANAGER	Material: LS Meta: LS	Passiv
	Verschlüsselung bzw. elektronische Signatur von Elementen oder Elementstrukturen	ELEMENTMANAGER RECHTEMANAGER	Material: LS Meta: LS	Passiv
VERSIONSMANAGER	Zugriff auf aktuellsten Informationsstand bzw. auf Änderungshistorie	ELEMENTMANAGER RECHTEMANAGER VERSCHLÜSSELUNG/ SIGNATUR	Material: LS Meta: LS	Passiv
SCRIPTINGMANAGER	Unterstützung von Scripting und Programmcode; keine vollständige Autonomie	ELEMENTMANAGER RECHTEMANAGER VERSCHLÜSSELUNG/ SIGNATUR	Material: LS Meta: LS	Aktiv

Tabelle 48: Geeignete Aktive Komponenten für spezifische Aufgaben
(Quelle: eigene Darstellung)

Eigenschaften von Aktiven Komponenten, wie bspw. die Beschreibung ihre jeweiligen Dienste, insbesondere aber ihre gegenseitige Abhängigkeit, lässt sich mit Hilfe der gleichen vernetzten Datenstruktur abbilden, die auch für die Repräsentation von Materialdaten Verwendung finden kann. Abbildung 33 zeigt die Abhängigkeiten von Aktiven Komponenten in einem solchem Netzwerk basierend auf den Komponenten, die in Tabelle 48 aufgeführt werden.

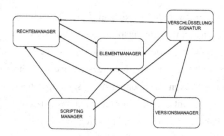

Abbildung 33: Abhängigkeiten von Aktiven Komponenten
(Quelle: eigene Darstellung)

6.2 Vorschlag einer verteilten, serviceorientierten Gesamtarchitektur

Für die Umsetzung der oben erarbeiteten Anforderungen und der genannten Konzepte in einer verteilten Umgebung wird im Folgenden eine Gesamtarchitektur entwickelt. Nach einer Skizze der Architektur werden diejenigen Aspekte/Komponenten im Detail diskutiert, die die Umsetzung der beschriebenen Eigenschaften Aktiver Dokumente, wie Aktivität, Kontextsensitivität und Migrationsfähigkeit garantieren.

6.2.1 Gesamtarchitektur

Aktive Dokumente benötigen, wie in Kapitel 3.2.1.5 ausgeführt, eine adäquate Umgebung für die Realisierung der inhärenten Eigenschaften Aktivität, Kontextsensitivität und Migrationsfähigkeit. Nutzer von Aktiven Dokumenten benötigen eine Umgebung, um mit den Dokumenteninhalten und den zur Verfügung stehenden Werkzeugen arbeiten zu können. Aktive Komponenten, auf der anderen Seite, benötigen eine Umgebung, in der sie die Möglichkeit haben, mit anderen Objekten innerhalb der Umgebung (Benutzer, Komponenten, anderen Dokumenten) zu interagieren, eine Laufzeitumgebung nutzen und Kontextparameter auslesen können.

Kernelemente der Telekooperationsumgebung in dieser Arbeit sind *Host-Umgebungen*. Unter einem *Host* wird im engeren Sinn ein Computer innerhalb eines Netzwerkes verstanden, der Serverdienste für andere Computer (sog. „Clients") bereitstellt. Der Begriff *Host* (deutsch: Gastgeber) wird hier in seiner ursprünglichen Bedeutung als Umgebung für Aktive Dokumente verwendet und mit lokalen Installationen einer speziellen Host-Arbeitsumgebung realisiert. Diese Host-Umgebungen sind in ein Netzwerk eingebunden und in der Lage, miteinander zu kommunizieren und über das Netzwerk gegenseitig Dienste anzubieten und in Anspruch zu nehmen. Abbildung 34 skizziert die Gesamtarchitektur (Übersicht) der Telekooperationsumgebung.

Eine einzelne Host-Umgebung stellt *notwendige Dienste für Aktive Dokumente und Aktive Komponenten bereit* (bspw. Dienste für den Lebenszyklus Aktiver Komponenten). Ein Aktives Dokument kann in die Host-Umgebung physisch migrieren und in der Umgebung eigene und fremde Dienste aktivieren und nutzen und wird, während es sich in dieser Umgebung befindet, von den Benutzern bearbeitet, und ist in Interaktion mit entsprechenden Diensten. Neben Host-Umgebungen, auf die die Benutzer direkt zugreifen können und die Aktiven Dokumenten als Umgebung dienen, können auch Host-Umgebungen bereitgestellt werden, die lediglich Aktive Dokumente oder die aktuellsten Aktiven Komponenten zwischenspeichern (*cache*), bestimmte Dienste anbieten und bspw. dabei mit externen Systemen kommunizieren oder anderen Hosts als Backupumgebung dienen. Durch die flexible Integration Aktiver Komponenten in die Host-Umgebungen gelingt eine fließende Transformation von einer Host-Umgebung mit Client-Charakter zu einer Host-Umgebung, die klassische Server-Funktionalitäten besitzt und lediglich Dienste anbietet. Jeder Host übernimmt dabei gleichzeitig Client- und Serverfunktionalität.

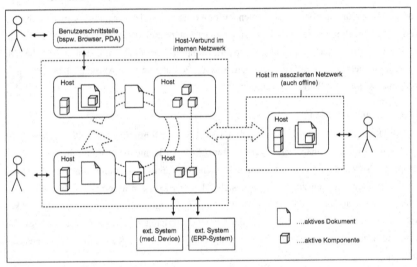

Abbildung 34: Gesamtarchitektur (Übersicht)
(Quelle: eigene Darstellung)

Ein Host bietet, neben anderen Diensten, eine *eigene Benutzerschnittstelle* in Form eines Rich Client an. Der Benutzer kann sich also direkt an eine installierte und gestartete Arbeitsumgebung anmelden und mit Aktiven Dokumenten interagieren, d.h. Inhalte ansehen, editieren und löschen sowie die Dienste des Dokuments nutzen. Über diese Schnittstelle sind die Aktiven Komponenten darüber hinaus in der Lage, mit dem Benutzer zu kommunizieren.

Mit Hilfe verschiedener Dienste lassen sich Frontend- und Backend-Komponenten separieren, so dass einer Host-Umgebung die Rolle eines klassischen Servers zukommt, der bspw. einen HTTP- oder Telnet-Backend-Dienste bereitstellt.

Durch die Bereitstellung eines HTML-Frontends mit einer Aktiven HTTP-Komponente kann die Host-Umgebung virtualisiert werden, d.h. ein Benutzer bekommt die Möglichkeit, auf seine physikalische Umgebung (seinen Host) über ein HTML-Frontend zuzugreifen. Daneben wird auch angestrebt, die gesamte Host-Umgebung auf einem Device, bspw. auf einem PDA oder einem Handy, installieren zu können, um die volle Funktionalität der Komponenten auch hier nutzen zu können und so eine verteilte Umgebung mit Host-Umgebungen auf Servern, PCs, Laptops und PDAs realisieren zu können. In einer Host-Umgebung auf einem Laptop, der nur temporär in das Netzwerk eingebunden ist, besteht so die Möglichkeit, ein Aktives Dokument zu empfangen, es im Offline-Betrieb mit Nutzung der Aktiven Komponenten zu bearbeiten und es anschließend wieder im Online-Betrieb in die Gesamtumgebung einzubinden. Eine solche Host-Umgebung ist im rechten Teil der Abbildung 34 im assoziierten Netzwerk dargestellt, wobei dieses Netzwerk und der entsprechende Host temporär nicht verfügbar sein können. Dienste, die bspw. eine Nur-Lese-Kopie des Dokumentes im Netzwerk verfügbar halten, stellen eine Alternative für die Vermeidung von Zugriffskonflikten dar.

6.2.2 Host-Umgebungen

Die Komponenten einer einzelnen Host-Umgebung werden in Abbildung 35 dargestellt. Die Umgebung stellt einem Aktiven Dokument alle Dienste zur Unterstützung des Lebenszyklus (u.a. Migration in die Umgebung, Deployment von Aktiven Komponenten, Start/Stop/Restart von Aktiven Komponenten) in Form eines Aktivitätsmanagers zur Verfügung. Darüber hinaus haben die Aktiven Komponenten Zugriff auf die Dienste eines Kontext-Managers, der Umgebungsparameter und Daten aus Benutzerprofilen des aktiven Nutzers bereitstellen kann.

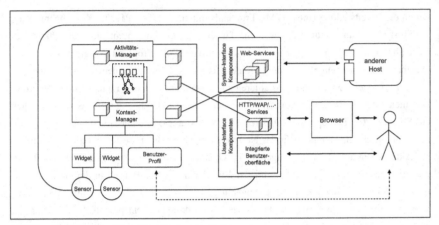

Abbildung 35: Aufbau einer Host-Umgebung
(Quelle: eigene Darstellung)

Zur Kommunikation mit der Umgebung stellt die Plattform neben Sensoren für Kontext-Parameter System- und User-Interface-Komponenten bereit. Über *System-Interface-Komponenten* können externe Systeme mit Aktiven Komponenten innerhalb einer Umgebung kommunizieren und auf die Informationen der gehosteten Aktiven Dokumente zugreifen. Der Idee der Informationskapselung in den Dokumenten durch Aktive Komponenten wird dabei Rechnung getragen. In die andere Richtung können Aktive Komponenten innerhalb der Umgebung über gekoppelte System-Interface-Komponenten mit Aktiven Komponenten innerhalb anderer Umgebungen kommunizieren. *User-Interface-Komponenten* erlauben einem Nutzer den interaktiven Zugriff auf die Host-Umgebung und damit auch auf die Inhalte der Aktiven Dokumente. Dieser Zugriff kann über verschiedene Protokolle mit unterschiedlichen Clients (Rich Client, Browser, Handy) erfolgen.

6.2.2.1   Host-Umgebungen mit Benutzerschnittstelle

Um Kontextinformationen der Umgebung mit Hilfe von Sensoren abfragen zu können, müssen die jeweiligen Sensoren Zugriff auf die aktuelle physikalische Umgebung des Benutzers haben und mit der Host-Umgebung verbunden sein. Dieses Szenario lässt sich am einfachsten mit einer auf einem PC, Laptop oder PDA installierten Host-Umgebung realisieren, die über entsprechenden Sensoren verfügt oder Verbindung zu evtl. im Raum installierten Sensoren herstellen kann. Sensoren und Gerätetreiber können in diesem Fall bereits für das Zusammenwirken mit der Host-Umgebung installiert und getestet werden. Durch eine mit der Host-Umgebung ausgelieferte Benutzerschnittstelle hat der Benutzer die Möglichkeit, direkt am Gerät mit der installierten Host-Umgebung zu arbeiten und die Host-Umgebung hat direkten Zugriff auf die Betriebssystemressourcen, installierte Sensoren und damit auch auf die physikalische Umgebung des Benutzers.

6.2.2.2   Host-Umgebungen mit virtualisierter Benutzerschnittstelle

Werden Benutzerschnittstelle und Host-Umgebung physikalisch von einander getrennt, so wird im Folgenden von einer virtualisierten Benutzerschnittstelle gesprochen. Die Host-Umgebung erlaubt hier den Zugriff über eine Benutzerschnittstelle, die auf einem beliebigen anderen über ein Netzwerk mit der Host-Umgebung verbundenen Gerät angezeigt wird und über die der Benutzer auf Werkzeuge und Dokumentinformationen zugreifen kann. Eine solche Benutzerschnittstelle kann bspw. von einer Aktiven Komponente in der Host-Umgebung mit Hilfe von HTML beschrieben und anschließend über das HTTP-Protokoll einem Client zur Verfügung gestellt werden. Auch hier kann der gleiche Rich Client wie bei einer Host-Umgebung mit integrierter Benutzerschnittstelle zum Einsatz kommen und bspw. über das HTTP-Protokoll mit der Host-Umgebung kommunizieren. Im Gegensatz zur integrierten Host-Umgebung kann allerdings nicht sichergestellt werden, dass auf dem entsprechenden Client erforderliche Sensoren installiert sind und diese auch ihre Daten an die Host-Umgebung über das Netz zurückmelden.

6.2.2.3   Host-Umgebungen ohne Benutzerschnittstelle

Neben Host-Umgebungen mit Benutzerschnittstellen, über die Aktive Komponenten mit dem Nutzer direkt oder indirekt über einen Client im Netz interagieren können, werden darüber hinaus Host-Umgebungen ohne Benutzerschnittstelle als Umgebungen bereitgestellt, die ihre Services in erster Linie für andere Systeme und nicht direkt für den Benutzer anbieten. Der Benutzer kann hier nicht mit Aktiven Komponenten bzw. Dokumentinformationen in direkten Austausch treten sondern hat hier nur die Möglichkeit, über eine Administrationsoberfläche den Status der einzelnen Dienste und Komponenten zu überprüfen.

6.2.3   Dokument und Dokumentenformat

Gemeinsames Material lässt sich als eine Kombination aus Aktiven Komponenten, Materialinhalt und Metainformation abbilden. Ein Aktives Dokument ist dabei zunächst eine Zusammenstellung von Daten (und Metadaten) in einer einfachen Netzwerkstruktur mit Knoten und gerichteten sowie typisierten Kanten. Abbildung 36 zeigt ein mögliches Klassendiagramm der Kernobjekte.

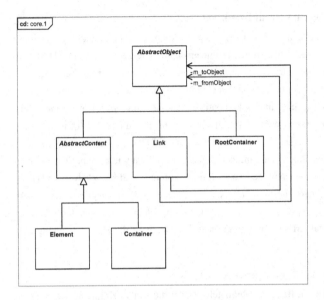

Abbildung 36: Klassendiagramm (Kern)
(Quelle: eigene Darstellung)

In Anlehnung an das 2-Ebenen-Architekturprinzip des Projektes OpenEHR (vgl. Beale / Goodchild / Heard 2002) kann das dargestellte Klassendiagramm mit Hilfe einer objektorientierten Programmiersprache direkt umgesetzt werden, d.h. die Klassen lassen sich in Java oder C++ direkt realisieren. Diese Datenstruktur erlaubt eine domänenunabhängige Verwaltung von Kernelementen in der Applikation.

Auf zweiter Ebene lassen sich Strukturen mit Hilfe geeigneter Ontologien beschreiben, wobei die im Projekt OpenEHR und GEHR definierten Basisklassen und Strukturen abgebildet werden können. Durch Zuordnung von Kanten (hier: Link) und Knoten (hier: Container und Element) zu geeigneten Konzepten lassen sich Ontologien flexibel abbilden. Die Definition von Archetype-ähnlichen, medizinspezifischen Konzepten wird unterstützt. Eine Verknüpfung einzelner Datenstrukturen und Teilelemente mit anderen Elementen sowie die Betrachtung von Verknüpfungen als eigenständige Objekte sind ebenfalls möglich.

OWL-basierte Ontologien lassen sich mit Hilfe geeigneter Werkzeuge (siehe Protégé, Kapitel 6.3.6.2) editieren und (je nach Komplexität) auch auf ihre Konsistenz prüfen. Sowohl die Ontologie selbst wie auch die sich auf die Ontologie beziehenden Individuen lassen sich in der Objektorientierung mit Hilfe von Klassen und Objektinstanzen realisieren. Die programminterne Verarbeitung einer Ontologie und darauf basierender Daten kann also durchaus in einer objektorientierten Sprache wie Java erfolgen. Tabelle 49 zeigt eine mögliche Zuordnung von OWL- und Java-Konzepten.

	OWL	Java
Basic Class	A	interface IntA class A implements IntA
Class Axioms	$A\ equivalentClass\ B$	interface IntAB extends IntA, IntB class A/B implements IntAB
	$B\ subClassOf\ A$	interface IntB extends IntA
Class Descriptions	$A = intersectionOf(B,C)$	interface IntA extends IntB, IntC
	$A = unionOf(B,C)$	interface IntB/IntC extends IntA

	$A = complementOf\ /$ $disjointWith\ B$	interface IntA {
		IntA ABBlocker()}
		interface IntB {
		IntB ABBlocker()}
		(Overridden blocking method – ABBlocker)

	$A = oneOf(I1, I2)$	Enum A{I1, I2}

Tabelle 49: Zuordnung von OWL- und Java-Konzepten
(Quelle: nach Kalyanpur et al. (2004, 99))

Somit kann sowohl die interne Verarbeitung der Dokumentdaten, die einer bestimmten Ontologie zugeordnet sind, wie auch die Verarbeitung der Ontologie selbst in einer objektorientierten Sprache erfolgen. Allerdings folgt aus diesem Ansatz, im Gegensatz zu dem oben genannten 2-Ebenen-Architekturprinzip, eine zwingende Realisierung von entsprechenden Klassen und Konzepten im Systemkern. Bspw. bedeutet so die Spezialisierung oder Änderung eines Konzeptes die Erweiterung des Systemkerns um die entsprechende Klasse oder die Änderung einer Klasse, was sich durch alle Ebenen der Systemarchitektur bis hin zu einer adäquaten Abbildung in einer Datenbank zieht.

Die systemseitige Beschränkung auf ein einfaches Kernmodell hat zwar den Nachteil, dass nicht alle Konzepte der jeweiligen Systemumgebung genutzt werden können, dafür stehen dem Vorteile hinsichtlich der Portabilität und der flexiblen Unterstützung beliebiger Ontologien, deren Erweiterbarkeit und Änderungsmöglichkeit gegenüber.

Anhang B zeigt beispielhaft den relevanten Kern einer solchen Ontologie am Beispiel des Konzeptes „Blutdruck" und eine konkrete Instantiierung des Konzeptes in Form eines gemessenen Blutdrucks mit einer Verbindung zu einer spezifischen Untersuchung (bzw. einer Instanz des Konzeptes „Untersuchung") in netzwerkartiger Struktur.

Bei jeder Form der Explikation des Dokumentes, bspw. in Form eines Datenexportes zur Speicherung auf einem Datenträger bzw. in einer Datenbank oder bei einer Ansicht der „Rohdaten" bietet sich bspw. eine XML-Repräsentation des Dokumentes an. Ein Aktives Dokument kann so als ein XML-Dokument betrachtet werden, das mit Hilfe eines beliebigen

XML-Parsers gelesen und verarbeitet werden kann. Die relevanten Konzepte der Ontologie können als OWL-basierter XML-Export mitgeliefert oder referenziert werden.

Auch lassen sich alle spezifischen Elemente eines Aktiven Dokumentes (bspw. Hinweise auf Kontextinformationen, Aktive Komponenten mit Steuerungs- und Konfigurationsdaten) in einem geeigneten Knoten bzw. der Netzwerkstruktur speichern. Inwieweit sich das Format OWL oder ein ähnlich mächtiges Instrument wie die Archetype Definition Language (vgl. Kapitel 2.1.4.5) für den praktischen Einsatz eignen, wird in Kapitel 7.3.1 diskutiert.

6.2.4   Aktive Komponenten

Neben der oben beschriebenen inhaltlichen Daten-„Nutzlast" sind Aktive Dokumente in der Lage, Aktive Komponenten mitzuführen bzw. auf diese zu verweisen und Steuerungs- bzw. Konfigurationsdaten für diese Komponenten zu halten. Aktive Komponenten stellen, wie in Kapitel 3.2.1.2 beschrieben, Skripte oder Programme dar, die in der Telekooperationsumgebung ausgeführt werden können. Sie können auf Daten des Aktiven Dokuments lesenden und schreibenden Zugriff haben können. Aktive Komponenten unterstützen die Aufbereitung der internen Daten (bspw. durch Anlage und Aktualisierung von Indizes), können aber auch mit der Umwelt, d.h. mit der Telekooperationsumgebung bzw. über diese mit dem Anwender oder anderen Komponenten kommunizieren.

6.2.4.1   Beschreibung

Aktive Komponenten enthalten ausführbare Skripte oder Programme: diese können in Form textbasierter Programmskripte (JavaScript, Perl, C#, ...), in Form kompilierter Binärdateien (.exe, .dll, .so) oder in Form interpretierbarer Class-Dateien (bei der Nutzung von Java) vorliegen. Eine Aktive Komponente kann dabei ein oder mehrere Dienste implementieren und mehrere Schnittstellen anbieten. Ebenso besteht die Möglichkeit, auf weitere Ressourcen (HTML-Dateien, Icons etc.) im Aktiven Dokument zu verweisen. Aktive Komponenten sollten in der Regel für die Lösung kleiner abgeschlossener Teilaufgaben konzipiert und eingesetzt werden: allein die Anforderung, mehrere Komponenten mit einem Dokument problemlos versenden zu können, beschränkt ihre Größe. Der Aufbau eines kompletten Systems ausschließlich auf Basis vernetzter Aktiver Komponenten ist denkbar, wird aber im Rahmen dieser Arbeit nicht primär angestrebt.

Für den Script- bzw. Programmcode kann eine Aktive Komponente Meta-Informationen über Installation, Umgebungsparameter und Ausführung des Programmcodes im Aktiven Dokument abspeichern und hat Zugriff auf den Inhalt des Aktiven Dokuments, auf den der Programmcode auch lesend und schreibend (bspw. bei der Speicherung der Log-Informationen im Dokument) zugreifen darf.

Eine Aktive Komponente kann von dem Vorhandensein anderer Aktiver Komponenten in der jeweiligen Telekooperationsumgebung abhängig sein. Eine solche Abhängigkeit kann mit einem Verweis auf die benötigte Komponente bzw. den benötigten Service explizit gekennzeichnet werden. Im Extremfall ist für die erfolgreiche Ausführung einer Aktiven Komponente aufgrund der Abhängigkeitsstruktur die rekursive sukzessive Einbindung aller Aktiven Komponenten notwendig.

6.2.4.2 Arten von Aktiven Komponenten

Da Aktive Komponenten beliebigen Programmcode enthalten können, sind sie in der Lage, verschiedenste Aufgabenstellungen beliebiger Komplexität zu lösen. Die Kategorisierung Aktiver Komponenten kann daher nach unterschiedlichsten Kriterien erfolgen, von denen die Zugriffsart auf Material- und Metadaten sowie der Grad der Aktivität bereits in Kapitel 6.1 zur Charakterisierung der Komponenten Verwendung fand.

Inhaltlich lassen sich die Komponenten bspw. nach Aufgabentypen gliedern, die sie primär erfüllen. So könnten sie, der Struktur dieser Arbeit folgend, den Gebieten „interne Datenrepräsentation", „Aktivität/Benutzerinteraktion", „Kommunikation/Kontextsensitivität" und „Migration und Prozessunterstützung" zugeordnet werden. Die Zuordnung einer Komponente kann dabei nicht immer eindeutig erfolgen: so mag eine Komponente, die die Migration des Dokumentes in eine andere Umgebung unterstützt, darauf angewiesen sein, mit dem Nutzer zu interagieren und den Kontext der Zielumgebung zu scannen.

Eine weitere Unterscheidung, die insbesondere bei der Verteilung der einzelnen Dienste auf die verschiedenen Host-Systeme eine Rolle spielt, ist die Abhängigkeit von der direkten Interaktion mit dem Nutzer. Ein Nutzer benötigt eine Grafische Benutzeroberfläche (Graphical User Interface [GUI]), um ein Werkzeug interaktiv starten zu können und um in direkte Interaktion mit dem Werkzeug zu treten. Eine Kategorisierung der Werkzeuge anhand der Startmöglichkeit über eine GUI (bspw. durch einen Funktionseintrag im Programmmenü oder durch einen Button) und anhand der Anforderung, beim Betrieb mit dem Nutzer in direkte Interaktion treten zu müssen, zeigt Tabelle 50. Natürlich kann die Interaktion mit dem Nutzer auch unter Verwendung anderer, spezifischer Aktiver Komponenten erfolgen, die GUI-Elemente bereitstellen.

	Start über eine GUI	Start ohne GUI
Ausführung mit GUI	Aufruf der Funktion „Reminder setzen" und anschließende Eingabe von Parametern	Zeitgesteuerte Aktivierung einer Reminder-Komponente, die über ein GUI Werteingaben fordert
Ausführung ohne GUI	Senden eines Aktiven Dokumentes an eine andere Umgebung	Umwandlungskomponente für verschiedene Datenformate

Tabelle 50: Beispiele der GUI-Abhängigkeit einer Aktiven Komponente
(Quelle: eigene Darstellung)

Die Abhängigkeit von der direkten Interaktion mit dem Nutzer wird zu einem wichtigen Kriterium bei der Verteilung Aktiver Komponenten. Bei Aktiven Komponenten mit Start und Ausführung ohne GUI (in Tabelle 50 grau hinterlegt) kann insbesondere von der Möglichkeit Gebrauch gemacht werden, sie nur auf wenige Host-Systeme auszurollen und ihre Dienste bspw. über Web Services bereit zu stellen.

6.2.4.3   Integration Aktiver Komponenten mit einem Aktiven Dokument

Aktive Komponenten bestehen aus ausführbaren Codesegmenten und Metainformationen bzw. Konfigurationsparametern. Metainformationen beschreiben die Eigenschaften der Aktiven Komponente für die Host-Umgebung (Name, Abhängigkeiten, spezifische Anforderungen an die Plattform), während die Konfigurationsparameter bei Ausführung der Komponente von dieser gelesen werden. Für jede Komponente gibt es Konfigurationsparameter (sog. default-Konfigurationsparameter), die dann herangezogen werden, wenn im Aktiven Dokument keine spezifischen Konfigurationsparameter hinterlegt sind. Im anderen Fall überschreiben die individuellen Einstellungen im Aktiven Dokument die default-Einträge und werden von der Komponente bei der Ausführung vorrangig verarbeitet. Aktive Komponenten *im engeren Sinne* bestehen so aus Code-Segmenten, Meta-Informationen und default-Konfigurationsparametern. Aktive Komponenten *im weiteren Sinne* beziehen dokumentenspezifische Konfigurationsparameter mit ein, die im Aktiven Dokument getrennt gespeichert werden. Neben den Konfigurationsparametern gibt es Teile des Dokumentinhaltes, auf die die jeweilige Komponente während der Laufzeit lesend bzw. schreibend zugreift: diese Teile werden aber nicht mehr der Aktiven Komponente direkt zugerechnet. Abbildung 37 veranschaulicht die Ausführungen.

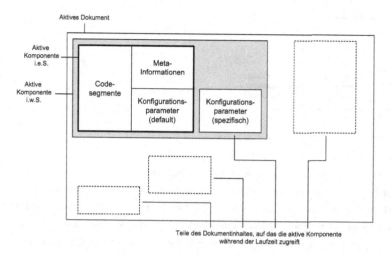

Abbildung 37: Aktive Komponente im engeren und im weiteren Sinne
(Quelle: eigene Darstellung)

Die Art der Integration Aktiver Komponenten in das Dokument wird insbesondere für den Zeitpunkt relevant, bei dem das Dokument zu einem anderen Host migriert. Das heißt, dass eine Serialisierung seiner Inhalte in ein Übertragungsformat (bspw. Binärformat, Textformat, XML-format) vorgenommen werden muss und nach der Übertragung eine Deserialisierung und Einrichtung der entsprechenden Aktiven Komponenten erfolgt. Bis zu seiner jeweils nächsten Migration existieren Dokumentinhalte und Aktive Komponenten anschließend im Speicher der Host-Umgebung und die Frage nach der möglichen Integration tritt in den Hintergrund. Drei verschiedene Möglichkeiten der Integration Aktiver Komponenten werden im Folgenden im Spektrum von einer „starken" hin zu einer „schwachen" Integration diskutiert.

Integration der Code-Segmente als Teil des Aktiven Dokuments

Bei einer Integration der Code-Segmente werden die einzelnen Scripte oder Binärdateien direkt in das Dokument serialisiert, bei der Migration mit übertragen und auf dem Zielhost entpackt und ggf. aktiviert (siehe Abbildung 38). Eine solche Art der Migration eignet sich insbesondere für Umgebungen, bei denen der Zielhost nur sporadisch Netzzugriff hat und alle Komponenten bei einer Migration übertragen werden müssen.

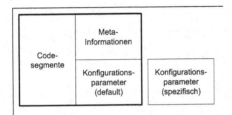

Abbildung 38: Codesegmente als Teil des Aktiven Dokuments
(Quelle: eigene Darstellung)

Verweis auf Codesegmente zum Download durch die Umgebung

Bei einem Verweis auf Code-Segmente wird auf Aktive Komponenten verwiesen, die auf anderen Host-Umgebungen installiert sind bzw. von dort abgerufen werden können. Bei Bedarf kann die jeweilige Komponente von diesen Umgebungen serialisiert und in die relevante Hostumgebung geladen werden (siehe Abbildung 39). Eine solche Art der Migration eignet sich insbesondere für Umgebungen, bei denen der Zielhost regelmäßig Netzzugriff hat und einzelne Komponenten nur bei Bedarf geladen werden müssen.

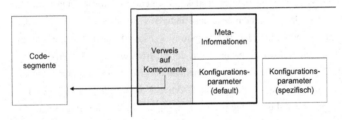

Abbildung 39: Verweis auf Codesegmente zum Download durch die Umgebung
(Quelle: eigene Darstellung)

Verweis auf Dienste

Bei einem Verweis auf einen Dienst wird vorausgesetzt, dass die Aktive Komponente ihren Dienst auch über eine Schnittstelle von einer anderen Umgebung aus anbieten kann. In diesem Fall läuft der entsprechende Dienst auf einem anderen Host und wird lediglich durch einen Link auf seine Lokation und das notwendige Protokoll bzw. die notwendigen Aufrufparameter spezifiziert (siehe Abbildung 40). Diese Art der Migration eignet sich insbesondere für Umgebungen, bei denen der Zielhost in einer robusten Infrastruktur ständigen Netzzugriff auf die Dienste anbietenden Host-Umgebungen hat.

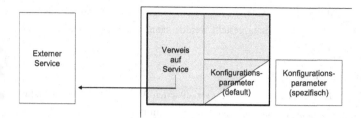

Abbildung 40: Verweis auf Service
(Quelle: eigene Darstellung)

Eine Signatur bzw. Verschlüsselung der Codesegmente bei der Übertragung ist wie für jedes Fragment des Dokuments möglich. Ein Mix der angeführten Alternativen innerhalb eines Dokuments oder ein Strategiewechsel vom Aufruf eines Service hin zu einer Migration der Komponente bei Bedarf sind jederzeit möglich und erhöhen die Flexibilität des Ansatzes.

6.2.4.4   Lebenszyklus und Umgebungsdienste

Aktive Komponenten benötigen in der Zielumgebung eine entsprechende Containerinfrastruktur, in denen der Code sicher und möglichst als eigener Prozess gestartet und ggf. gestoppt werden kann. Die Interaktion zu anderen Prozessen und zur Umgebung wäre über einen synchronen oder asynchronen Nachrichtenaustausch denkbar, Abonnenten-Modelle und Benachrichtigungsdienste von Seiten der Plattform sind im Detail zu erarbeiten bzw. bei der Nutzung eines entsprechenden Frameworks zu berücksichtigen.

Da Aktive Komponenten in erster Linie für die Erfüllung spezifischer Aufgaben konzipiert sind, benötigen sie für die Erfüllung dieser Aufgaben zur Laufzeit in den meisten Fällen andere Dienste der Umgebung (auch in Form anderer Aktiver Komponenten). Folgende Dienste bzw. Komponenten können bspw. für die Erfüllung der in dieser Arbeit aufgestellten Aufgaben standardmäßig von einer Host-Umgebung angeboten werden:

- Timer-Dienste zur Aktivierung/Deaktivierung einer Komponente auf Zeitbasis

- Abonnenten-Dienste zur Aktiven Weitergabe von Informationen an die Komponente, wenn ein von der Komponente vorher zu definierendes Ereignis eintritt

- GUI-Dienste (Bereitstellung von Kontexten für die Nutzung von Eingabefenstern, Warnungsmeldungen, Editoren, Wizards etc.)

- Log-Dienste für die transaktionsorientierte Ausführung von Prozessschritten der Komponente

- Veröffentlichungs-Dienste für die sichere Bereitstellung des eigenen Dienstes an andere Host-Umgebungen

Der letzte Punkt deutet insbesondere auf eines der wichtigsten Konzepte im Zusammenhang mit der Realisierung Aktiver Dokumente hin: der flexiblen Bereitstellung von Diensten durch die Host-Umgebung an andere Host-Systeme in Form eines publizierten Dienstes bzw. in

Form der jeweiligen Aktiven Komponente, die von einem anderen Host angefordert und diesem in serialisierter Form zur Verfügung gestellt werden kann. Der letztgenannte Vorgang wird im Folgenden thematisiert.

6.2.4.5   Migration, Signatur und PKI

Die Migration Aktiver Dokumente mit evtl. darin serialisierten Aktiven Komponenten (bzw. die Migration Aktiver Komponenten allein) erfolgt nie in einem Push-Verfahren. Die Erlaubnis zu einer Migration muss immer von der Zielumgebung eingeholt werden und auch dann wird die entsprechend zu migrierende Komponente, sei es ein Aktives Dokument oder eine Aktive Komponente, von der aktuellen Umgebung bereitgestellt und muss von der Zielumgebung aktiv geladen werden. Das beschriebene Protokoll wird in Abbildung 41 skizziert.

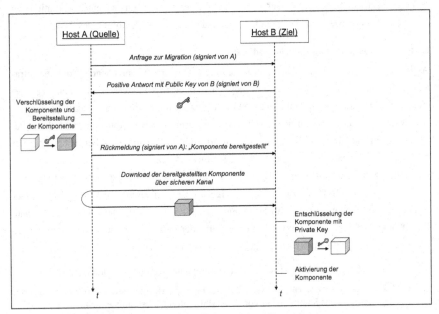

Abbildung 41: Protokoll für die Migration Aktiver Dokumente bzw. Komponenten
(Quelle: eigene Darstellung)

Wie in Abbildung 41 angedeutet, können die Nachrichten zwischen den einzelnen Teilnehmern signiert und ggf. auch verschlüsselt werden. Darüber hinaus können Aktive Komponenten, Teile von Dokumentinhalten sowie gesamte Aktive Dokumente signiert bzw. verschlüsselt werden. Jedes Host-System kann dadurch abgesichert werden, dass nur zertifizierte Komponenten geladen werden und zum Einsatz kommen können.

Der Austausch entsprechend vertrauensvoller Informationen ist auf die Etablierung einer Public Key Infrastruktur (*PKI*) angewiesen. Mit einer PKI wird ein System bezeichnet, das die Ausstellung, Verteilung und Prüfung digitaler Zertifikate ermöglicht (zu den Grundlagen sei auf Schneier (1996) verwiesen). Eine solche Infrastruktur benötigt auch ein elektronisches Verzeichnis, das die ausgestellten Zertifikate sicher bereitstellen kann. Ein Naming-Service bzw. ein in diesem Zusammenhang bereitgestelltes hierarchisches Nutzer- bzw. Objektverzeichnis auf Basis von bspw. LDAP eignet sich hierzu und wird in Kapitel 6.2.6.1 vorgestellt.

6.2.5 Kontextverarbeitung

Die Kontextverarbeitung im System erfolgt auf Basis einer Konfiguration in Anlehnung an die Arbeiten von Salber et. al. (1999). Abbildung 42 gibt einen Eindruck über das Arrangement notwendiger Komponenten, das von Dey et. al. (2000) insbesondere für die Auswertung und Interpretation physikalischer Umgebungsparameter (welche Personen befinden sich im Raum, wie hoch sind die Umgebungsgeräusche etc.) erfolgreich zum Einsatz kommt.

Die Architektur basiert auf einer hierarchischen Anordnung von Komponenten, bei der Informationen von Sensoren erfasst und dann jeweils von verbundenen Komponenten hierarchisch aggregiert und interpretiert werden. Die notwendigen Komponenten seien im Folgenden kurz erläutert.

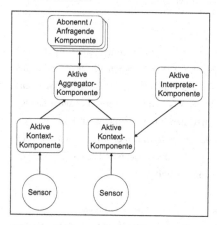

Abbildung 42: Komponenten der Kontextverarbeitung
(Quelle: eigene Darstellung, in Anlehnung an Dey, Anind K. / Abowd, Gregory D. (2000))

Sensoren

Sensoren liefern Werte u.a. für physikalische Kontextparameter, wie Ort, Geräuschkulisse, lokale Zeit, im Raum befindliche Personen etc., aber auch Werte in Bezug auf die virtuelle Umgebung des Benutzers, wie bspw. die Historie seiner aufgerufenen Werkzeuge, die Anzahl und den Typ seiner geöffneten Applikationen. Sensoren sind passive Entitäten und arbeiten eng mit einer oder mehreren Kontext-Komponenten zusammen.

Aktive Kontext-Komponenten

Genau wie GUI-Komponenten die Schnittstelle des Benutzers zur Applikation darstellen, sind Kontext-Komponenten Schnittstellen zwischen Applikation und der aktuellen Umgebung des Benutzers. Kontext-Komponenten fassen Einzelinformationen der Sensoren zusammen und stellen sie über ein einheitliches Interface den Komponenten oder Applikationen zur Verfügung. Die Details der darunter liegenden Mechanismen zur Erfassung von Kontext, bspw. Einzelheiten der Ansteuerung einzelner Sensoren, werden von ihnen gekapselt. Kontext-Komponenten bereiten Werte der verbundenen Sensoren auf, übernehmen ein Caching der Werte und stellen sie anfragenden Komponenten zur Verfügung. Dabei werden ein Poll-Mechanismus und ein Subskriptionsmodell für die Auslieferung der Werte unterstützt.

Aktive Aggregator-Komponenten

Aggregatoren sind in der Lage, die Informationen von Kontext-Komponenten zu bündeln und zu interpretieren. Aus der Bündelung mehrerer Kontextparameter kann ein Aggregator mit Hilfe einer Interpreter-Komponente Rückschlüsse auf den Kontext ziehen.

Aktive Interpreter-Komponente

Interpreter abstrahieren bzw. interpretieren eingehende Informationen einer Aggregator-Komponente und generieren Kontext-Informationen auf einer höheren Ebene. Identität und Rolle des Benutzers, Zeit, Lokation und Geräuschpegel lassen eine Interpreter-Komponente darauf schließen, dass es sich um eine morgendliche Visite mit mehreren Personen handelt. Im Rahmen der Fallstudien sind es aber eher die trivialen Interpretationen auf Basis der Nutzerrolle, der Zeit, seiner Lokation und der Wahl der entsprechenden elektronischen Werkzeuge, die Rückschlüsse auf seinen individuellen Nutzungskontext geben und Aktive Komponenten veranlassen, bestimmte Hilfsmittel zur Verfügung zu stellen.

Die vorgestellte Gesamtsystemarchitektur bietet die Möglichkeit, Kontext-Komponenten, Aggregator-Komponenten und Interpreter-Komponenten als Aktive Komponenten flexibel in die Plattform zu integrieren und erlaubt darüber hinaus die Kapselung etwaiger Sensoren, die mit dem Host-Rechner oder einem anderen Host-Device verbunden sind.

6.2.6   Zentrale und dezentrale Dienste

Aufgrund der Doppelrolle jeder Host-Umgebung als Client und als Server können nahezu alle Dienste auf den einzelnen Host-Rechnern, auch redundant, verteilt werden. Einzig ein Naming-Dienst, der beliebige Objekte und den Zugriff auf diese synchronisiert verwaltet, sollte zentralisiert für das Bootstrapping der Host-Umgebungen zur Verfügung stehen. Aber auch für diesen Dienst ist die Zentralisierung nicht unbedingt zwingend: eine zentral gewartete Anlaufstelle macht die Administration und Pflege jedoch einfacher.

6.2.6.1 Beispiel eines zentralen Dienstes: Naming-Services

Auch hier ist ein dezentraler Dienst, ähnlich dem DNS im Internet, verteilt denkbar: einzig ein Einstiegspunkt für den Service muss im Netzwerk auffindbar sein. Für das sichere Management der Umgebung sind jedoch ein oder mehrere zentral verwaltete Server mit einem synchronisierten, evtl. auch redundanten Naming-Dienst empfehlenswert.

Der Naming-Dienst bietet die Suche von Objekten nach Attributen an und kann Netzadressen von Host-Umgebungen, Eigenschaften und Aufenthaltsorte von Aktiven Dokumenten etc. liefern. Für den Einsatz von Web-Services können hier Adressen von Service Brokern hinterlegt sein, die dann ihrerseits über das UDDI-Protokoll entsprechende Anfragen in Bezug auf geeignete Web Services zur Verfügung stellen können. Ebenso können Directory Dienste, bspw. für Objekte innerhalb der Organisationsstruktur (Personen, Stellen, Organisationseinheiten), referenziert werden, die dann über das LDAP-Protokoll bzw. JNDI angefragt werden können.

Für einen flexiblen Naming-Dienst eignet sich das Konzept des Tuplespace: ein Tuplespace ist ein global verfügbar gemachter, assoziativ adressierter Speicherraum, der eine beliebige Menge von Tupeln verwaltet (Wyckoff 1998). Ein Tupel ist ein Vektor von typisierten Werten oder Feldern. Mit Hilfe so genannter *templates* (Schablonen) können Anfragen an den Tuplespace gerichtet werden. Dabei wird ein Tupel generiert, bei dem einige Werte des Tupels leer gelassen werden. Tupel im Tuplespace, die mit den ausgefüllten Feldern übereinstimmen, werden als Ergebnis der Anfrage zurückgeliefert. Das Konzept wurde ursprünglich von Gelernter (in Gelernter, D. / Bernstein (1982) und Gelernter, David (1985)) als Teil der Koordinationssprache Linda vorgeschlagen.

Neben einem zentralen Naming-Service ist die Einrichtung eines hierarchisch aufgebauten Nutzer- bzw. Resourcenverzeichnisses insbesondere im Hinblick auf die Einrichtung einer Public Key Infrastruktur hilfreich. Ein solcher Verzeichnisdienst kann auf Basis des LDAP-Protokolls als Aktive Komponente realisiert und auf mehrere Host-Systeme verteilt werden. Hier können auch Profile der Nutzer zentral abgelegt und von allen Host-Systemen aus zugegriffen werden.

6.2.6.2 Beispiel eines verteilten Dienstes: Umwandlung von Formaten

Wie in Kapitel 6.2.4.2 erläutert, eignen sich Aktive Komponenten ohne notwendige Benutzerinteraktion bzw. GUI-Elemente für die Bereitstellung als Dienst auf einem oder mehreren Host-Systemen. Bei Bedarf hat darüber hinaus jedes Host-System die Möglichkeit, die entsprechende Komponente sicher von einem der Host-Systeme, auf dem der Service angeboten wird, herunter zu laden, die Komponente zu aktivieren und den Dienst selbst bereitzustellen. In der betrachteten Domäne spielen bspw. Dienste eine große Rolle, die die Umwandlung von medizinischen Datenformaten in andere Datenformate auf Basis definierter Ontologien anbieten. Diese Dienste benötigen Online-Zugriff auf Ontologie-Server mit großen Datenbeständen und sind daher nicht für Umgebungen zu empfehlen, die nur sporadisch online verfügbar sind.

Andere Umgebungen jedoch sind standardmäßig im Netz erreichbar, so dass es ausreicht, den entsprechenden Service von einem Host-System für alle anderen anbieten zu lassen. Andere Komponenten fragen für die Nutzung des Service bei einem zentralen Naming-Server nach der entsprechenden Komponente und bekommen die Lokation des Dienstes und die notwendigen Aufrufparameter geliefert. Zur Umwandlung eines Formates schickt daraufhin eine anfragende Aktive Komponente die umzuwandelnden Daten, ggf. signiert und verschlüsselt, an die entsprechende Komponente und bekommt als Antwort die umgewandelten Daten (ggf. signiert und verschlüsselt) zurückgeliefert. Falls die Umwandlungskomponente sich auf dem gleichen Hostsystem befindet wie die anfragende Komponente kommt es zu einer direkten Anfrage an die lokale Komponente ohne zusätzlichen Netzwerkverkehr.

6.3 Basistechnologien und Frameworks

Das folgende Kapitel schränkt zunächst die Technologieauswahl bewusst ein, um anschließend geeignete Basistechnologien und Frameworks vorzustellen, die für die Realisierung der oben skizzierten Architektur zum Einsatz kommen können.

6.3.1 Aspekte der Technologieauswahl

Die prototypische Umsetzung der Anforderungen mit ausgewählten Technologien steht im Mittelpunkt der folgenden Kapitel. Die beschriebenen Anforderungen lassen sich fraglos mit Hilfe unterschiedlichster Technologiekomponenten bzw. Kombinationen aus verschiedenen Technologien auf viele Arten lösen. Aufgrund der Vielzahl der am Markt und in der Forschung angebotenen Produkte und Technologien wird im Rahmen dieser Arbeit eine restriktive Vorauswahl der zu betrachtenden Technologien und Komponenten anhand erarbeiteter und offen gelegter Kriterien vorgenommen. Die zu beantwortende Forschungsfrage bezieht sich darauf, ob und wie sich erhobene Anforderungen mit ausgewählten Komponenten bzw. mit Hilfe ausgesuchter Technologien erfolgreich umsetzen lassen können. Das schließt nicht aus, dass eine alternative Technologiekombination, die hier nicht betrachtet wird, eine bessere Umsetzung der Anforderungen im Hinblick auf verschiedene Kriterien ermöglicht. Die Arbeit kann nicht die Frage nach der *optimalen* Umsetzungstechnologie beantworten. Es können lediglich Aussagen darüber getroffen werden, ob und wie sich die *ausgesuchten* Technologien für die Umsetzung der Anforderungen eignen. Diese Aussagen zeigen Grundproblematiken auf und können als Anhaltspunkte für die Auswahl und Evaluation alternativer Technologien dienen. Im Folgenden werden diese Auswahlkriterien erarbeitet und dargestellt.

6.3.1.1 Auswahlkriterien

Das zu realisierende System stellt eine dezentrale Telekooperationsumgebung dar, bei der verschiedene Host-Systeme Aktive Dokumente und damit verbundene Dienste für Benutzer und andere Host-Systeme verwalten und flexibel bereitstellen sollen.

Die Systeme sind dabei lose gekoppelt und sollen über standardisierte Protokolle miteinander kommunizieren können. Angestrebt wird dabei die Nutzung von frei zugänglichen und etablierten Industriestandards bzw. Frameworks. Für die Realisierung der Lösung im Rahmen der Arbeit wird für eine transparente Lösung darüber hinaus die Unterstützung der Standards durch etablierte Komponenten und Produkte gefordert, bei denen der Quelltext frei verfügbar ist (so genannte „Open Source Software"). Dabei sollen aktuelle Technologietrends aufgegriffen werden, für die bereits Komponenten mit einer gewissen Industrieverbreitung und Robustheit verfügbar sind. Die Entwicklung einer neuen Infrastruktur oder etwaiger Basisdienste wird nicht angestrebt.

Darüber hinaus wird eine homogene Programmierumgebung bzw. -sprache und Technologie für die Umsetzung der Anforderungen und für die Kombination der Komponenten angestrebt. Die Komponenten sollten, wenn möglich, für eine einfache Anpassung und Integration ebenfalls in dieser Programmierumgebung bzw. Technologie verfügbar sein.

6.3.1.2 Fokussierung auf Java- und XML-basierte Technologien

Im Hinblick auf aktuelle Technologien stehen für die Realisierung dezentraler Kooperationsumgebungen, sieht man von proprietären Gesamtprodukten wie Lotus Domino, Microsoft Exchange oder SAP ab, die größte Zahl geeigneter Produkte und Komponenten im Microsoft .NET sowie im Java/J2EE-Umfeld zur Verfügung. Da die .NET-Technologie ebenfalls eine proprietäre Lösung mit nicht öffentlich verfügbaren Spezifikationen darstellt, wird sie im Rahmen dieser Arbeit nicht weiter betrachtet. J2EE ist dem gegenüber eine öffentlich verfügbare Spezifikation (vgl. Sun Microsystems 2006) und Java eine etablierte und durch die Interpretation der plattformspezifischen Java Virtual Machines eine systemübergreifende Sprache bzw. Umgebung.

Neben Java als Sprache bzw. Umgebung setzen sich für die loose Kopplung dezentraler Systeme XML-basierte Webservices durch. XML-Spezifikationen sind ebenfalls standardisiert, öffentlich zugänglich und einige der Spezifikationen haben sich bereits seit mehreren Jahren als Industriestandard etabliert (W3C 2007). Daneben gibt es eine große Anzahl von XML-basierten Technologien zur Analyse, Transformation und Manipulation von XML-basierten Daten (bspw. XSLT, XPath, XSL FO), die ebenfalls eine öffentlich zugängliche Spezifikation besitzen und im Java-Umfeld durch geeignete Open Source Produkte seit Jahren stabil unterstützt werden (JDOM, Apache Xerces, Apache XALAN, Apache FOP).

6.3.2 Middleware

Middleware bezeichnet eine Klasse von Softwaretechnologien, die den Softwareentwickler unterstützen soll, die Komplexität und Heterogenität verteilter Systeme handhabbar zu machen. Middleware ist dabei definiert als

„eine Softwareschicht über der Betriebssystemschicht und unter der Anwendungsschicht, die eine gemeinsame Programmierabstraktion über ein verteiltes System hinweg darstellt." (Bakken 2003)

Middleware stellt dabei eine Verbindung zwischen der verteilten Applikation und dem Betriebssystem her und nimmt dem Programmierer eine Vielzahl von sich wiederholenden und fehlerträchtigen Aufgaben ab. Der Programmierer kann damit auf Bausteine zurückgreifen, die es ihm ermöglichen, auf hoher Ebene bspw. Dienste anzufordern, die auf einem anderen Computer ausgeführt werden. Dabei kapselt Middleware für ihn Betriebssystemaufrufe in Bezug auf die Kommunikation mit anderen Systemen und stellt sicher, dass übergebene Parameter auch beim Partner ankommen (*communication facilities*). Middleware unterstützt zudem die Benennung und Suche verteilter Dienste und Objekte (*naming/lookup*), bietet Dienste für die persistente Speicherung von Daten an (*persistence*), unterstützt verteilte Transaktionen (*distributed transactions*) und stellt in der Regel eine Reihe von Sicherheitsfeatures zur Verfügung (*security*) (Tanenbaum / Van Steen 2002, 36ff.).

Middleware lässt sich auf verschiedene Arten kategorisieren. (Bakken 2003) und unterscheidet bei grundlegenden Paradigmen zwischen *verteilten Tupeln, entfernten Prozeduraufrufen (RPC)*, einer *Nachrichtenorientierten Middleware* und *verteilten Objekten (ORB)*. Die gewählte Kategorisierung gibt aber eher einen Überblick als dass sie eine trennscharfe Abgrenzung der Technologien leistet: in der konkreten Implementierung finden sich meist Aspekte mehrerer Kategorien.

6.3.2.1   Verteilte Tupel

Eine Realisierung des Konzepts *verteilter Tupel* findet sich in verteilten relationalen Datenbanken (als die am weitesten verbreitete Middleware-Technologie), bei denen mit Hilfe der SQL-Sprache Tupelsätze manipuliert werden. Daneben finden sich häufig sog. Monitore für die Transaktionsverarbeitung (Transaction Processing Monitors (TP Monitore)). TP Monitore nehmen Transaktionsanfragen einer Vielzahl von Clients entgegen und verteilen diese (je nach Anfragetyp) auf eine festgelegte Anzahl von Serverprozessen. Dabei können sie bspw. Geschäftslogik integrieren und Updates auf der Datenbank veranlassen. TP Monitore sind eine bewährte und etablierte Technologie, insbesondere im Zusammenhang mit großen Datenbanksystemen (Hudson / Johnson 1994; Dickman 1995).

Ebenso wird das Konzept verteilter Tupel in Rahmenwerken für verteilte Tupelräume realisiert (vgl. Linda in Gelernter, David (1985), JavaSpaces in Freeman / Hupfer / Arnold (1999), TSpaces in IBM (2004)). Verteilte Tupel stellen insbesondere für den im Konzept angesprochenen Naming-Dienst eine interessante Alternative dar. Unter der oben genannten Fokussierung auf die Java-Plattform bieten sich insbesondere TSpaces und JavaSpaces an. Beide Implementierungen unterstützen alle grundlegenden Funktionen in Bezug auf Tupelräume, JavaSpaces unterstützt mehrere Tupelräume während TSpaces noch Datenbankfunktionalitäten umfasst. Da Jini im frühen Prototyping-Prozeß erfolgreich Verwendung fand und JavaSpaces eng mit Jini gekoppelt sind, wird für die Umsetzung eines Naming-Service für die Plattform JavaSpaces verwendet.

6.3.2.2 Nachrichtenorientierte Middleware

Nachrichtenorientierte Middleware (Message-oriented Middleware, MOM) bezeichnet eine Infrastruktur, die im Gegensatz zu RPC-basierten Verfahren für asynchrone Aufrufe zwischen Clients und einem Server ausgelegt ist (Banavar et al. 1999). Clients schicken an den Server Nachrichten, wobei die Nachrichten formatierte Daten, Aktionsanfragen oder beides enthalten können. Lediglich das Format der Nachrichten muss festgelegt sein, die dahinter liegende Plattform ist für den Client nicht entscheidend. Nachrichtenorientierte Systeme arbeiten in der Regel mit einer Warteschlange (Queue) für neu eingehende Nachrichten, die sukzessive abgearbeitet wird. Nachrichtenorientierte Middleware ist besonders geeignet für asynchrone Peer-to-Peer-Verbindungen, wobei die meisten Implementierungen auch den synchronen Austausch von Nachrichten unterstützen (Steinke 1995).

6.3.2.3 RPC und RMI

Auf *RPC* (Remote Procedure Call = *entfernter Prozeduraufruf*) basierende Middelware unterstützt den Aufruf einer Prozedur, die auf einem anderen Rechner liegt, über das Netzwerk. Das Grundkonzept wurde in der Literatur bereits 1976 diskutiert, wobei erste Implementierungen Ende der 70er Jahre vorgestellt wurden (Birrell, A. D. / Nelson 1984). In der Regel wartet der Client nach einem RPC-Aufruf der Prozedur auf dem jeweils anderen Rechner auf die Abarbeitung seiner Anfrage, bleibt solange geblockt und fährt mit der Arbeit fort, nachdem das Ergebnis zurückgeliefert worden ist (sog. "call/wait"-Protokoll). RPC findet zumeist bei synchronen Systemen Verwendung, wobei die Kapselung von RPC in einem Thread eine Möglichkeit darstellt, das Verfahren auf Client-Seite asynchron anzuwenden. Daneben existieren spezielle asynchrone Implementierungen auf Server-Seite (sog. "call/nowait"-Protokoll).

6.3.2.4 CORBA

Mit Einführung des objektorientierten Paradigmas wurden auch früh verschiedene Ansätze für den Einsatz *verteilter Objekte* diskutiert. Dabei hat sich für die Kommunikation und den Datenaustausch zwischen verteilten Objekten der Einsatz so genannter Object Request Broker (ORB) bewährt. Ein ORB agiert als ein Vermittler, indem er ein Verzeichnis der von unterschiedlichen Systemen angebotenen Services vorhält, diese auf Anfrage vermittelt und die Verbindung zwischen dem anfragenden Client und dem Service herstellt (Corba 2007).

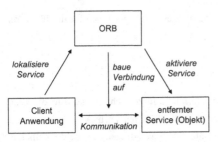

Abbildung 43: ORB-Struktur
(in Anlehnung an Wallnau / Foreman (1997))

ORB-Technologie unterstützt das Ziel der Kommunikation zwischen Objekten über Maschinen-, System- und Anbietergrenzen hinweg. Ein Entwickler muss sich beim ORB-Einsatz nur um die Entwicklung geeigneter Interfaces kümmern. Das System kapselt für ihn die Details der Kommunikation, die Details der Lokalisierung eines Services und die Aktivierung eines Services. Beim Einsatz von CORBA (Common Object Request Broker Architecture), einer ORB-Architektur der Object Management Group (OMG) existieren bspw. für alle gängigen Programmierumgebungen geeignete Implementierungen und Werkzeuge, d.h. der Programmierer kann den Service eines entfernten Objekts in C++ aufrufen, während das entfernte Objekt mit Java programmiert wurde. Es ist hierbei die Aufgabe des ORB, dem Programmierer die „Illusion von Lokalität" zu vermitteln, d.h. der Programmierer muss mit dem entfernten Objekt so umgehen können, als wäre es lokal vorhanden, während es sich tatsächlich in einem anderen Prozess auf einem anderen Rechner befindet.

6.3.2.5   Serviceorientierte Architekturen und Servicebus

Mit dem HTTP-Protokoll als Basis des WWW und XML als de-facto Standard für die Codierungssprache auszutauschender Informationen setzen sich zurzeit *Web Services* als plattformübergreifender Standard für serviceorientierte Architekturen durch (vgl. Koch 2005; Pisello 2006).

Der Aufruf einer Web-Seite über ein standardisiertes Protokoll wie HTTP und die Auflistung des Netzwerkknotens mit dem Service der „Seitenbereitstellung" in einem Directory stellt schon eine SOA dar. Will man allerdings darüber hinaus beliebige Anfragen und Ergebnisse austauschen, so benötigt es einer standardisierten Form um den Dienst selbst, das Aufrufformat und das Format der Datenrückgabe zu spezifizieren. Basierend auf Web-Technologien stellt ein Web-Service hierzu eine Sammlung von Protokollen und Standards (bspw. SOAP und WSDL) für den Austausch von Daten zwischen verteilten Anwendungen und bietet u.a. die Möglichkeit, plattformspezifische Dienste und Standards zu kapseln. SOA können auch mit jeder anderen geeigneten Technology, bspw. mit CORBA, realisiert werden.

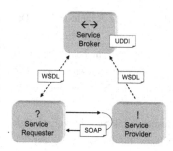

Abbildung 44: Web Services
(Quelle: eigene Darstellung)

Um Dienste anderen Teilnehmern erfolgreich verfügbar zu machen, werden verschiedene Komponenten benötigt. Neben der grundlegenden Infrastruktur bedarf es bspw. eines Directory-Service, der Informationen darüber verwaltet, welche Teilnehmer was für Dienstarten wie anbieten. Dienste werden im Rahmen von SOA in der Regel *stateless* realisiert, d.h. ein Dienst ist nicht abhängig von den Bedingungen eines anderen Service. Dienstnutzer können so die Sequenz einer Anzahl von Diensten zusammenstellen (*service orchestration*) um Geschäftslogiken abzubilden.

Eine Erweiterung der SOA ist die Einführung eines so genannten Enterprise Service Bus oder *ESB*. Ein ESB bietet die Möglichkeit, Datentransformationsdienste oder beliebige andere Dienste an den Bus „anzuschließen" und von anderen Teilnehmern, die ebenfalls am Bus angeschlossen sind, nutzen zu lassen. Die Vision ist dabei, die nötigen Servicekomponenten einzukaufen bzw. entwickeln zu lassen und Nicht-Entwickkler diese Komponenten zu einem Workflow zusammenstellen zu lassen (Patrick 2005).

Das XML-basierte SOAP-Protokoll hat sich mittlerweile als Standard für den Nachrichtenaustausch bei der Nutzung von Web Services durchgesetzt. SOAP in Verbindung mit einem ESB unterstützt dabei die nachrichtenorientierte Verbindung zwischen Systemen, kapselt RCP-Aufrufe in einer SOAP-Nachricht und übernimmt die Funktionen eines Objekt Brokers.

Im Java-basierten Open Source Umfeld finden sich einige Stacks, in denen die SOAP Spezifikationen der W3C-Gruppe umgesetzt sind. Das Axis-Projekt (Apache), Java Web Services Developer Pack (JWSDP, Hersteller: Sun Microsystems) oder ActiveSOAP (Codehaus.org) seien an dieser Stelle genannt, wobei das Axis-Projekt die weiteste Verbreitung besitzt und als Komponente mit einer Reihe professioneller Server ausgeliefert wird (Apache Wiki 2007).

6.3.3 Mehrschichtige Anwendungen und Container-Architekturen

Neben einer unternehmensweiten Anbindung von Systemen über Web Services und der Einführung einer Servicebus-Architektur, die verschiedene Systeme mit Web Service Schnittstellen kapselt und verbindet, haben sich für die einzelnen serverbasierten Systeme so genannte mehrschichtige (Multi-Tier-) Architekturen durchgesetzt. Hier wird in der Regel in drei Schichten (3-Tier) die Präsentationsschicht von der Businesslogik-Schicht und der Datenschicht getrennt. Andere Architekturen kombinieren Präsentations- und Businesslogik-Schicht in einer einzelnen Schicht (2-Tier) oder spalten die einzelnen Schichten noch weiter auf (4-Tier, n-Tier). Die einzelnen Schichten kommunizieren über verschiedene, meist sehr effiziente Protokolle, wobei das den Web Services zugrunde liegende XML-basierte SOAP-Protokoll eine Alternative darstellen kann.

Container-Architekturen stellen insbesondere für die Businesslogik-Schicht vorgefertigte Container bereit, die bestimmte Schnittstellen und Dienste, bspw. für die Anbindung der Präsentationsschicht oder für die Anbindung von Backendsystemen (Transaktionsmanagement, Verbindungspooling), bereits einsatzfertig implementiert haben. Der Programmierer entwickelt so seine Komponenten und lässt diese auf spezifizierte Dienste zugreifen bzw. lässt verschiedene Dienste auf die Komponente zugreifen. Mit dem Start der Komponente in einem Container interagiert die Komponente dann mit dem Container und nutzt die angebotenen Dienste.

Serverseitig hat sich im Java-Bereich J2EE bzw. Java EE als Containerarchitektur durchgesetzt. Mit OSGi existiert seit kurzer Zeit nun auch eine Containerarchitektur für den Client, wobei OSGi auch das Potential zu einer serverseitigen Nutzung besitzt.

6.3.3.1   J2EE und Java EE

Java EE (Java 2 Platform, Enterprise Edition) bzw. der Vorgänger J2EE (Java 2 Enterprise Edition) ist eine Gruppe von Spezifikationen für die Entwicklung, das Deployment sowie das Management serverorientierter Anwendungen. Die Spezifikationen beschreiben dabei verschiedene Container, die standardisierte Dienste mit festgelegten Schnittstellen bereitstellen müssen. Java EE greift auf verschiedene API Spezifikationen wie bspw. JDBC, RPC und CORBA zurück und spezifiziert eigene Komponenten wie Enterprise Java Beans, Servlets, Java Server Pages und Web Service Technologien.

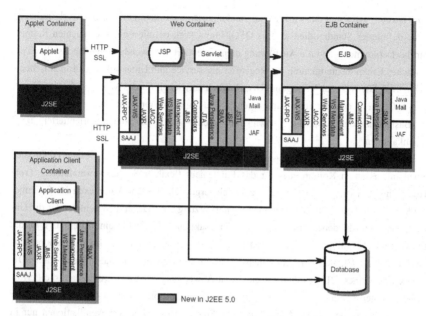

Abbildung 45: Java EE Architektur
(Quelle: Jendrock et al. (2005))

Auf Basis der Spezifikationen können Middleware-Komponenten erstellt und anschließend auf Servern installiert werden, die die Spezifikationen unterstützen. Neben kommerziellen Java EE Servern wie WebLogic (Hersteller: BEA) und WebSphere (Hersteller: IBM) gibt es mit JBoss (Hersteller: JBoss Inc.) und Geronimo (Hersteller: Apache/IBM) zwei stabile und zertifizierte Open Source Produkte, die zu den J2EE bzw. Java EE Spezifikationen kompatibel sind bzw. diese implementieren.

Java EE stellt eine umfangreiche Spezifikation dar, die insbesondere mit der Einführung von EJB 3 vereinfachte Möglichkeiten bietet, auch kleinere Komponenten zu entwickeln und im Server-Container erfolgreich zu installieren. Trotz problemloser Installation und Ausführung von JBoss oder Geronimo auf einem heutigen Desktop-PC ist die Java EE-Gesamtarchitektur für das im Rahmen dieser Arbeit dargestellte Konzept mit Aktiven Komponenten zu sehr auf den Serverbetrieb und weniger auf die Möglichkeit ausgerichtet, einen Client zusammen mit einem Java EE-Server auszurollen. Für ausgewählte Java EE-Komponenten, wie bspw. Teile des Webcontainers, kann diese Möglichkeit aber durchaus in Betracht gezogen werden.

6.3.3.2　OSGi Framework

Die Open Service Gateway Initiative (OSGi) ist eine unabhängige gemeinnützige Organisation, die an offenen Spezifikationen für die Verteilung und das Management von Diensten in vernetzten Umgebungen arbeitet. Die von der OSGi spezifizierte „OSGi Service Plattform"

(OSGi 2003) setzt sich aus zwei Komponenten zusammen: dem OSGi Framework und einer Liste definierter Standarddienste. Das OSGi Framework definiert einen effizienten Rahmen für das Deployment- und die Ausführung dienstorientierter Anwendungen. Dabei stellt es ein einfaches Komponentenmodell, ein Registrierungsservice und Unterstützung für den Lebenszyklus von Diensten zur Verfügung. Ursprünglich entwickelt für das Management von Diensten für Geräte in den Bereichen „intelligentes Haus" und „Automobile" ist es eine interessante Basistechnologie für die Entwicklung dienst- und komponentenorientierter Java-Applikationen.

Neben der Verwendung für komponentenorientierte Client-Anwendungen bietet OSGi auch einen interessanten Kompromiss für das Fundament flexibler Server-Anwendungen. Trotz vieler Einschränkungen im Vergleich zum schwergewichtigen und komplexen J2EE-Framework, bspw. in Bezug auf die Anbindungsunterstützung von Backend-Systemen oder die Unterstützung verschiedener Arten von Beans, Transaktionen, etc., ist es eine Alternative für die Entwicklung kombinierter Server- und Clientsysteme, bei denen eine klare Trennung verwischt und ein Client auch Serverdienste und ein Server Clientdienste anbieten kann. Die Verwendung eines J2EE-Containers für Client-Anwendungen ist im Hinblick auf die Performanz heutiger Systeme durchaus möglich und wird auch praktiziert, ist aber aufgrund der Komplexität und der klaren Ausrichtung des Frameworks auf Server-Applikationen nur in Ausnahmefällen zu empfehlen.

6.3.3.2.1   Knopflerfish

Das Open Source Projekt „Knopflerfish OSGi Framework" (Knopflerfish 2007) ist eine komplette Implementierung der Version 3 der OSGi Spezifikation. Knopflerfish wird von der Firma Gatespace Telematics unterstützt, die Teile ihrer kommerziellen OSGi-Implementierung in das Projekt eingebracht hat und es als Hauptsponsor betreut. Die Implementierung bietet eine stabile Plattform mit grafischer Administrationsoberfläche für den Container (siehe Abbildung 46), kommerzielle Unterstützung und ist gut verbreitet und getestet.

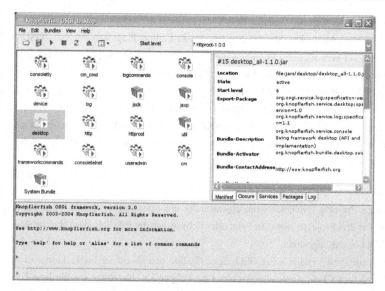

Abbildung 46: Knopflerfish - Administrationsoberfläche
(Quelle: http://www.knopflerfish.org/desktop.html)

6.3.3.2.2 Oscar und Felix

Oscar (Oscar 2007) ist ebenfalls eine Open Source Implementierung des OSGi Frameworks und unterstützt aktuell die Version 3 der OSGi Spezifikation. Ziel des Projekts ist auch hier die standardkonforme Implementierung der OSGi Spezifikation. Oscar wurde Ende 2000 von Richard Hall als akademisches Projekt gestartet und grenzt sich entsprechend ab. Hall kommentiert das mit einem Posting in einer Newsgroup (Hall 2004):

> *"I am an academic researcher. I want to explore interesting use-cases of dynamic application assembly; OSGi is just my vehicle for that exploration. I had already programmed a similar framework to OSGi back in 2000 before switching to implementing OSGi."*

Der Quellcode von Oscar wurde im Juli 2005 in das Inkubationsprogramm der Apache Software Foundation als Projekt „Felix" eingebracht und stellt die Basis für eine Implementierung der OSGi Version 4 Spezifikation durch die Apache Gruppe dar.

6.3.3.2.3 Eclipse Equinox und Eclipse 3.x

Das Projekt *Equinox* innerhalb der Eclipse Foundation ist ebenfalls eine Open Source Implementierung der OSGi Framework Spezifikation und basiert wie Felix auf dem Quellcode des Oscar-Projekts.

Equinox hat darüber hinaus einige optionale OSGi Services in eigenen Bundles implementiert. Das im Equinox-Projekt weiterentwickelte OSGi Framework und die Komponenten wurden ab der Version 3.0 in den Kern der Eclipse-Plattform migriert und sind darin aufgegangen. Eclipse ab der Version 3.0 nutzt für das Management der Komponenten innerhalb der dynamischen Plugin-Architektur das OSGi-Framework. Eclipse Plugins werden als OSGi-Bundles im System verwaltet und können während der Laufzeit gestartet, gestoppt und ausgetauscht werden. Eclipse implementiert dabei die (noch vorläufige) Version 4 der OSGi Spezifikation mit allen geforderten Basisdiensten.

Eine Standalone-Nutzung des OSGi-Containers ist ebenfalls weiterhin möglich. Trotz der Migration einer neuen OSGi-basierten Runtime-Komponente zeigt sich Eclipse weiterhin als äußerst stabile und performante Plattform, die sich auch in der aktuellen Version 3.2 im Industrieeinsatz bewährt.

6.3.3.3   Fazit

Alle genannten Projekte implementieren eigenständig die offene Spezifikation. Eine Konsolidierung aller drei Projekte, bspw. in Felix oder Eclipse, scheint möglich, wird aber im Augenblick nicht konkret angestrebt.

Mit Unterstützung von Version 4 der OSGi Spezifikation und als offene Entwicklungsplattform für eigene Rich Client Anwendungen bietet die Eclipse 3.x Umgebung das für diese Arbeit interessanteste Projekt. Die Kapselung von Java EE-Komponenten als OSGi-Bundles macht darüber hinaus OSGi als flexible Plattform für Server- und Clientdienste interessant.

6.3.4   Backend-Komponenten

Die oben genannten Container-Architekturen greifen in der Regel auf eine Persistenzschicht zu, die für die Komponenten der Geschäftslogik Daten langfristig speichert, verändert, abfragt und löscht. Für diese Schicht bieten sich, neben einfachen datei- oder speicherbasierten Systemen verschiedene Technologien an.

6.3.4.1   Relationale Datenbanken

Relationale Datenbanken basieren auf dem relationalen Datenbankmodell von Codd und verwalten die Daten in zweidimensionalen Tabellen, die über Schlüssel verknüpft werden können. Für die Modellierung der Daten- und Tabellenstrukturen bietet sich das sogenannte „Entity-Relationship-Model" (oder eine Variante davon) an. Als Abfragesprache kommt in der Regel SQL zum Einsatz. Nahezu alle Datenbankhersteller bieten so genannte JDBC-Treiber an, die einen standardisierten Zugriff von Java aus auf die Datenbank ermöglichen: Datensätze können damit standardisiert angelegt, ausgelesen, verändert und gelöscht werden.

Das objektorientierte Paradigma mit der Möglichkeit, bspw. Vererbungshierarchien aufzubauen, lässt sich in bestimmten Fällen nur schwer mit dem relationalen Modell vereinbaren und führt häufig im Design der Anwendung zu einer (suboptimalen) Architektur mit Objektklassen, die sich möglichst effizient in eine relationale Struktur überführen lassen.

Dennoch kommen bei den meisten Java-basierten Systemen in der Persistenzschicht relationale Datenbanken wie die kommerziellen Systeme Oracle oder DB2 (Hersteller: IBM) oder Open Source Systeme wie MaxDB, MySQL oder PostgreSQL zum Einsatz.

6.3.4.2 Objekt-Relationen-Mapping (O/R-Mapping)

Die schwere Vereinbarkeit relationaler und objektorientierter Modelle hat zu Lösungen und Produkten geführt, die eine automatische Übersetzung zwischen den beiden Modellen leisten. Der objektorientierte Programmier muss sich so nicht mehr um die relationale Projektion seines Modells kümmern sondern kann ein für seine Domäne optimales Objektmodell entwerfen und implementieren. In den letzten zwei Jahren hat sich im Java-Umfeld neben vielen kommerziellen Produkten das Open Source Projekt Hibernate (Hibernate 2007) durchgesetzt. Hibernate unterstützt den objektorientierten Programmierer durch automatische Generierung der jeweils erforderlichen relationalen Schemata und SQL-Statements und nutzt die oben beschriebenen JDBC-Treiber für den Zugriff auf alle gängigen Datenbanksysteme.

6.3.4.3 Objektorientierte Datenbanken

Die Unterstützung und Speicherung objektorientierter Strukturen in der Datenbank werden durch zwei verschiedene Arten unterstützt. Die Datenbank kann von sich aus Funktionalen für das erfolgreichen Mapping von Objekten auf Relationen anbieten, im Hintergrund aber weiter die Daten in einem relationalen Modell ablegen (objektrelationale Hybridansätze) oder auch intern die Daten objektorientiert verwalten und ablegen (objektorientierter Ansatz). Datenbanken wie Oracle, IBM's DB2 und PostgreSQL unterstützen, teilweise durch Zusatzmodule, den objektrelationalen Ansatz während Versant oder Caché einen objektorientierten Ansatz anbieten.

Gerade der objektorientierte Ansatz hat sich, trotz vieler konzeptioneller Vorteile, bisher nicht in der Fläche für große objektorientierte Systeme durchsetzen können: eher wird hier auf den objektrelationalen oder den relationalen Ansatz in Verbindung mit O/R-Mapping zurückgegriffen.

6.3.4.4 XML-Datenbanken

Mit dem Aufkommen immer größerer Datenmengen im XML-Format haben sich einige Hersteller auf die Unterstützung dieses Formats auch bei der internen Datenrepräsentation fokussiert. Hier gibt es ebenfalls native XML-Datenbanken, die direkt XML speichern können, und Hybriddatenbanken, die, vergleichbar mit objektrelationalen Datenbanken, XML-Daten verarbeiten und relational abspeichern. Zu den Hybridlösungen zählen mit entsprechenden Zusatzmodulen Oracle und DB2. Tamino (Hersteller: Software AG) ist dagegen ein Beispiel für eine verbreitete XML-Datenbank.

6.3.4.5   Speicherorientierte Datenbanken und Persistenzlayer

Die stetig fallenden Preise für Hauptspeichermodule und die Möglichkeit, mittlerweile selbst für PDAs, digitale Kameras und Handys mehrere Megabyte Hauptspeicherplatz zur Verfügung zu haben, machen die Nutzung des Hauptspeichers für die Datenhaltung des gesamten Datenbestandes interessant. Neben kommerziellen Produkten wie Oracle's TimesTen In-Memory Database (Oracle 2007) stellt das Open Source Projekt Prevayler (Prevayler 2007) eine interessante Alternative dar. Das Grundprinzip von Prevayler wird von Birrell, Jones und Wobber (1987) erläutert: der gesamte relevante Objektbaum wird mit allen Daten im Speicher gehalten. Transaktionen auf diesem Objektbaum werden serialisiert und asynchron auf ein Speichermedium (Dateisystem) geschrieben. Von Zeit zu Zeit kann dieser Objektbaum dann serialisiert und ebenfalls auf dem externen Speichermedium (als *snapshot*) abgelegt werden. Bricht die Applikation ab und muss sie neu gestartet werden so wird der zuletzt komplett serialisierte Objektbaum wieder in den Speicher eingelesen. Durch Deserialisierung und erneute Ausführung aller Transaktionen wird dann der letzte konsistente Datenstand vor Abbruch wieder hergestellt. Prevayler erfordert bei der Planung und Umsetzung der Architektur die Berücksichtigung einiger einfacher Regeln, ist aber gerade für kleinere Systeme eine extrem performante und simpel zu realisierende und zu administrierende Lösung. Neben der Haltung der gesamten Objektstruktur im Speicher kann die Verwaltung extrem speicherintensiver Objekte wie Bilder oder Filme bspw. durch Links auf (ggf. verschlüsselte) Dateien in einem externen Dateisystem realisiert werden.

6.3.4.6   Fazit

Für Host-Systeme, die auf Desktop-Systemen und ggf. sogar auf tragbaren Devices auch offline zum Einsatz kommen sollen, sind klassischen Datenbanksysteme, egal ob mit relationaler oder hybrider Technologie, weniger geeignet. Die Installation und der Betrieb dieser Systeme auf jedem einzelnen Host-System entsprächen, sieht man von einer zentralisierten Lösung mit aufwändigen Cache-Lösungen ab, keinem Einsatzszenario der Hersteller. Die vorgestellte Persistenzlayer-Technologie bietet dagegen eine stabile und sichere Lösung für den Einsatz auf jedem Host-System und macht eine transaktionssichere Offline-Nutzung der Systeme möglich. Extrem speicherintensive Objekte können im Dateisystem, ggf. verschlüsselt, abgelegt und aus dem speicherpersistenten Objektbaum referenziert werden.

6.3.5   Frontend-Komponenten

Der Zugriff auf Middleware-Komponenten durch andere Systeme erfolgt, wie oben beschrieben, bspw. über Web Services. Der Nutzer benötigt dagegen in der Regel eine interaktive Benutzerschnittstelle und kann nur indirekt mit den Middleware-Komponenten kommunizieren. Bei mehrschichtigen Architekturen wird diese Benutzerschnittstelle durch eine Präsentationsschicht unterstützt, die in eine serverseitige und eine clientseitige Schicht aufgeteilt werden kann. Eine serverseitige Präsentationsschicht, die alle Komponenten aufbaut, Eingaben validiert und komplette Beschreibungen der darzustellenden Seiten (meist in HTML) zurückliefert benötigt nur noch einen so genannten „Thin Client" (meist ein Browser) für die grafische Darstellung. Wird dagegen ein großer Teil der Logik auf den Client verlagert, so beschränkt sich die serverseitige Schicht darauf, geeignete Schnittstellen bereitzustellen. Ein „Rich Client" (bspw. ein vollständiges Java-Programm) greift auf diese Schnittstellen zu, bereitet die Daten grafisch auf, stellt eine interaktive Benutzerschnittstelle zur Verfügung, verarbeitet Teile der Daten selbständig und gibt sie an die serverseitige Schicht zurück. Bei der Erstellung von „Thin Clients" beschränkt sich die Arbeit im Folgenden auf grundlegende Java-basierte Web-Frameworks, bei „Rich Clients" wird auf die Nutzung etablierter Java-basierter Technologien eingegangen. Ajax und Applets sind an der Grenze zwischen „Thin Clients" und „Rich Clients", da mit beiden Technologien mehr oder weniger Funktionalität auf den Client verlagert werden kann.

6.3.5.1   Thin Clients

Die folgenden Java-Technologien fokussieren auf HTML/XML-basierte Clients, die mit einem beliebigen Web Browser angezeigt werden können. Daneben gibt es eine Reihe von Frameworks und Produkten, die die Nutzung von Thin Clients mit eigenen Protokollen und Bibliotheken (bspw. Citrix Metaframe oder Canoo, http://www.canoo.com) unterstützen.

6.3.5.1.1   Java Server Pages

Java Server Pages (JSPs) werden als dynamische HTML-Seiten für den Server entwickelt und anschließend in ein Java Servlet kompiliert, das im Betrieb HTML-Code für den Client dynamisch erzeugt. Aufgrund der nur rudimentären Unterstützung bei der Entwicklung komplexer Anwendungen setzen auf dieser Technologie eine Reihe von Frameworks auf, die u.a. Unterstützung für ein komplexes State-Management, Page-Flows und einfache Konfiguration bieten.

6.3.5.1.2   Struts und Java Server Faces

Die in Smalltalk entwickelte Trennung der drei Komponenten Modell, View und Controller in der so genannten MVC-Architektur wird auf der Basis von Java Server Pages mit den beiden Frameworks Struts und Java Server Faces (JSF) umgesetzt. Struts nutzt dabei das Front Controller Pattern und das Command Pattern. Ein Servlet nimmt die Anfrage entgegen, übersetzt HTTP-Parameter in eine Java ActionForm und reicht diese an eine Action Klasse (Command) weiter. JSF nutzt dagegen das Page Controller Pattern. Ein Servlet empfängt eine faces Seite mit Komponenten, aktiviert dann Ereignisse für jede Komponente und rendert die Komponente unter Verwendung eines Toolkits.

Beide Frameworks erleichtern die Erstellung komplexer Applikationen erheblich. JSF hat als jüngeres Produkt viel von Struts übernommen und bietet eine deutlich größere Flexibilität.

6.3.5.1.3   Javascript und Ajax

Neben der serverseitigen Generierung von HTML-Code bietet die Integration von Javascript in den HTML-Code die Möglichkeit, interaktive Komponenten an den Browser zu übertragen, die in der Browserumgebung ausgeführt werden können. Die oben beschriebenen Techniken (JSP, Struts, JSF) unterstützen Formulare, die von einem Benutzer ausgefüllt und anschließend an der Web Server zurückgeschickt werden, der die Parameter auswertet und eine neue Seite generiert und an den Benutzer versendet.

Ajax (Asynchronous Javascript and XML) nutzt eine Anzahl von Javascript-Bibliotheken, die die Erstellung einer dynamischen Oberfläche erlauben, viele Aktionen des Benutzers schon clientseitig abarbeiten und nur neu benötigte Informationen durch eine SOAP-Anfrage an den Server erfragen und übertragen lassen. Einige der Vorteile von Rich Client Anwendungen können so realisiert werden. Im Vergleich zu Applets benötigen Ajax-Clients keine Java Virtual Machine und können mit serverseitig mit JSP, Struts und JSF kombiniert werden.

6.3.5.1.4   Applets

Die Java-basierte Applet-Technologie lässt die Grenze zwischen Thin Clients und Rich Clients noch mehr verschwimmen. Applets laufen im Kontext eines anderen Programms, in der Regel eines Web Browsers. Im einfachen Fall werden Applets für interaktive Erweiterungen der statischen HTML-Oberfläche genutzt. In diesem Fall ähneln sie von ihrem Charakter Javascript-Programmen. Durch die Nutzung des kompletten Sprachumfangs der Java-Sprache erlauben Applets allerdings auch die Erstellung komplexer Client-Applikationen, die zwar weiterhin nur im umgebenden Container lauffähig sind, aber vom Funktionsumfang her beliebig komplex werden können. Applets können die unten beschriebene AWT/Swing-Technologie verwenden.

6.3.5.2   Rich Clients

Neben Thin Clients sind die folgenden Java-basierten Technologien Grundlagen bei der Entwicklung von so genannten „Rich Clients" oder „Fat Clients". Der Client agiert in der Regel selbständig mit dem Benutzer und greift nur bei Bedarf auf den Server zu. Dafür muss eine solche Applikation auf dem Client-Rechner in der Regel installiert werden.

6.3.5.2.1   AWT/Swing

Swing ist ein GUI Toolkit und Teil der Java Foundation Classes (JFC). Swing rendert alle Elemente wie Buttons, Text-Boxen, Fenster etc. (*Widgets*) selbst und macht daher ein einheitliches *Look and Feel* auf unterschiedlichen Betriebssystemen möglich. Swing nutzt bei vielen Komponenten eine abgewandelte MVC-Architektur, bei der Model und Controller nicht klar getrennt sind. Das zeitlich vorher entwickelte AWT (Abstract Window Toolkit) kapselt dagegen betriebssystemspezifische Widgets und lässt eine bspw. für Windows entwickelte Applikation auf einem Unix-System erheblich anders aussehen.

Oberflächen mit Swing sind aufgrund des Rendering-Prozesses relativ langsam und geben dem Benutzer das Gefühl, nicht mit einer „nativen" Windows- oder Unix-Applikation zu arbeiten.

6.3.5.2.2   SWT und JFace

Das Standard Widget Toolkit (SWT) der Eclipse Foundation kapselt wie AWT die nativen Widgets des Betriebssystems und lässt die Anwendung für den Nutzer wie eine native Anwendung erscheinen. SWT verfolgt allerdings einen anderen Ansatz im Vergleich zu AWT und rollt mit jedem Betriebssystem eine eigene Systembibliothek aus, die die Nutzung nahezu gleicher Widgets auf unterschiedlichen Betriebssystemen unterstützt. SWT ist dabei erheblich schneller als Swing.

JFace ist ein GUI Framework, das auf SWT aufsetzt und erweiterte Unterstützung für Dialoge, Wizards etc. bietet. JFace und SWT erlauben die Entwicklung nativ aussehender und performanter Rich Clients.

6.3.5.2.3   Eclipse und Eclipse Rich Client Platform (RCP)

Das Eclipse-Projekt ist ein

> *"open source software development project dedicated to providing a robust, full-featured, commercial-quality, industry platform for the development of highly integrated tools and rich client applications." (Eclipse Platform)*

Ursprünglich vorgesehen für die Entwicklung integrierter Entwicklungsumgebungen bietet Eclipse mit dem Java Development Toolkit (JDT) eine der mittlerweile führenden Umgebungen für die Java Entwicklung. Eclipse basiert auf einer flexiblen Plugin-Architektur, die seit der Version 3.0 auf einer vollständigen Implementierung der in Kapitel 6.3.3.2 beschriebenen OSGi Spezifikation (OSGi Version 4) aufsetzt.

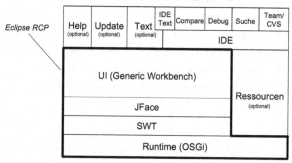

Abbildung 47: Eclipse RCP Architektur
(Quelle: in Anlehnung an (Edgar / Rapicault 2005))

Eclipse nutzt JFace auf der Basis von SWT als GUI Toolkit und erleichtert mit der sauberen Trennung von Workbench- und IDE-Aspekten ab der Version 3.0 die Entwicklung IDE-fremder Anwendungen. Die Menge der minimal benötigten Plugins für solche Anwendungen wird als Eclipse Rich Client Platform (RCP) bezeichnet.

Da Eclipse die komplette OSGi Spezifikation umsetzt, wird die Nutzung der Eclipse Umgebung nicht nur für die Entwicklung komponentenorientierter Clientsysteme sondern darüber hinaus auch für die Implementierung von Serverdiensten interessant, die in Bundles/Plugins gekapselt werden können.

Das RCP-Framework bietet darüber hinaus die Möglichkeit, SWT mit spezifischen Ajax-Komponenten zu ersetzen und das gesamte Framework über einen Thin-Client bereitzustellen. Eine Applikation kann so als Rich-Client-Anwendung entwickelt und auf dem Zielsystem entweder als Java-Anwendung oder als Ajax-basierte Anwendung in einem Browser gestartet werden (siehe hierzu bspw. Innoopract (2006)). Zugriffe auf die Laufzeitumgebung und etwaige Sensoren sind dabei allerdings für die Ajax-basierte Version eingeschränkt.

6.3.5.2.4   Java Web Start und WebRCP

Rich Client Applikationen müssen, im Gegensatz zu Thin Clients, auf dem Zielrechner installiert und gewartet werden. Java bietet mit Java Web Start (JWS) und dem JNLP-Protokoll die Möglichkeit, Java Rich Client Applikationen mit Unterstützung eines Web Browsers zu installieren und den Update-Prozess zu steuern. Klickt ein Benutzer im Web auf einen Link zu einer JNLP-Datei, so wird die Datei von JWS gelesen und verarbeitet. Dabei wird die Applikation automatisch geladen, in den JWS-Cache übernommen und gestartet. JWS unterstützt insbesondere Download und Verwaltung unterschiedlicher JREs und platziert Start-Icons in die Windows-Umgebung. Zuvor geladene und zwischengespeicherte Anwendungen können im Offline-Betrieb genutzt werden.

Eclipse unterstützt seit der Version 3.1 das JNLP-Protokoll für das Rollout von Rich Client Applikationen nativ, hat aber noch einige Detailprobleme bei der Implementierung. Das Open Source Projekt WebRCP, das im Rahmen dieser Arbeit entstand, ist im Vergleich zu der direkten JNLP-Unterstützung von Eclipse 3.1 ein pragmatischer Ansatz, der sich insbesondere bei größeren Praxisprojekten bewährt hat (Wilczek / Mendler 2005). Vorteile von WebRCP sind die Kompatibilität mit ordnerbasierten Plugins älterer Eclipse-Versionen und die Möglichkeit der individuellen Anpassung/Erweiterung des WebRCP-Launchers durch den Entwickler.

6.3.5.3   Fazit

Eclipse bietet im Java-Umfeld ein äußerst stabiles und weit verbreitetes Framework für die Entwicklung komponentenbasierter Systeme mit einer großen weltweiten Open Source Entwicklergemeinschaft. Neben dem eigentlichen Fokus auf der Erstellung von Rich Client Anwendungen wird Eclipse durch die Unterstützung der OSGi Spezifikation zu einer Plattform, die auch Serverkomponenten einbinden kann und der in Kapitel 6.2.2ff. skizzierten Host-Umgebung sehr nahe kommt.

Mit der Integration eines OSGi-basierten, Java EE kompatiblen Web-Containers ist die Plattform in der Lage, auch Serverdienste zu übernehmen und kann gleichzeitig als Server für
Thin Clients (bspw. in Verbindung mit Ajax-Komponenten) genutzt werden.

Mit WebRCP besteht darüber hinaus die Möglichkeit, Eclipse-basierte Rich Client Applikationen einfach auf die Zielplattform zu bringen und dort mit minimalem Aufwand in Verbindung mit einem integrierten Update-Mechanismus zu betreuen.

6.3.6   XML-Technologien

XML hat sich als Standard für die Repräsentation und Verarbeitung von Dokumenten durch-
gesetzt. XML eignet sich, wie in den Kapiteln 2.1.3ff. beschrieben, zur Modellierung und
Explikation von Ontologien und bietet sich als das grundlegende Austauschformat für Aktive
Dokumente an. Zur Verarbeitung von XML kann auf eine Vielzahl freier Bibliotheken und
Werkzeuge zurückgegriffen werden. Die für diese Arbeit wichtigsten werden im Folgenden
kurz diskutiert.

6.3.6.1   XML Bearbeitung

Für die Java-basierte Arbeit mit XML bieten sich verschiedene Unterprojekte des *Apache
XML Project* als Teil der Apache Foundation an. Die verfügbaren Projekte sind teilweise Re-
ferenzimplementierungen der W3C Standards und alle unter der Apache Open Source Lizenz
verwendbar. Insbesondere der XML-Parser Xerces und der XSLT Stylesheet Prozessor Xalan
bieten sich für die Arbeit mit und die Transformation von XML-Dokumenten an. Als Alternative zu Xerces stellt das Projekt JDOM Bibliotheken zur Verfügung, die eine bessere objektorientierte Verarbeitung von XML-Dokumenten erlauben.

6.3.6.2   RDF, RDF-S und OWL

Mit RDF, RDF-S und OWL wird XML, wie in Kapitel 2.1.4.5 beschrieben, zur Basistechnologie für die Abbildung von Taxonomien und Ontologien. Die mit XML abgebildeten Datenstrukturen und Elemente lassen sich mit den oben vorgestellten XML-Werkzeugen problemlos lesen, auswerten und manipulieren. Bei der Arbeit mit Ontologien macht es darüber hinaus Sinn, auf spezialisierte Werkzeuge zurückzugreifen. Das Java-basierte Open Source Projekt *Protégé* (Protégé 2007) der Abteilung *Medical Informatics* der Stanford University stellt
ein stabiles Framework für die Verarbeitung von Ontologien zur Verfügung. Neben Java-
Bibliotheken, die die Verarbeitung von Ontologien in eigenen Programmen erlauben, nutzt
Protégé diese Bibliotheken in einem robusten Ontologie-Editor (vgl. Abbildung 48), der dem
Nutzer eine komfortable Verwaltung von RDF- und OWL-basierten Ontologien ermöglicht
und ebenfalls als Open Source Produkt zur Verfügung steht.

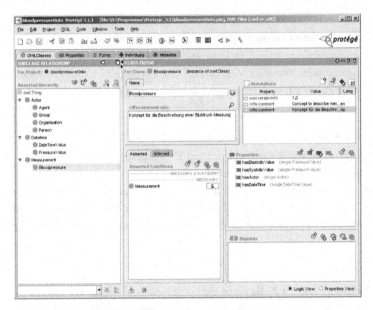

Abbildung 48: Protégé Ontologie Editor
(Quelle: eigene Darstellung)

Der Protégé-Editor erlaubt den XML-basierten Import und Export der editierten Ontologien. Für eine Verarbeitung der Ontologien sind die Java-basierten Projekt-Bibliotheken, die mit dem Editor mitgeliefert werden, ausreichend.

6.3.6.3   Web Services

Neben Projekten zur Verarbeitung und Transformation von XML implementiert das Apache XML Project in verschiedenen Projekten die wichtigsten Protokolle für Web Services. Neben Projekten wie bspw. Apache jUDDI, einer Java-Implementierung des UDDI-Protokolls, oder Apache Sandesha, einer Umsetzung des Web Services ReliableMessaging Protokolls (WS-ReliableMessaging) stellt Apache Axis eine Java-Implementierung des SOAP-Protokolls, u.a. mit Unterstützung des WSDL-Standards, dar. In Verbindung miteinander erlauben die verschiedenen Projekte den Aufbau einer serviceorientierten Architektur mit einem UDDI-Server und verschiedenen Hosts, die Web Services anbieten und konsumieren können.

6.3.6.4   Sicherheit

Seit der Java-Version 1.4 integriert SUN die Java Cryptography Extension (JCE) in das Java SDK. JCE bietet ein Framework und die Implementierung verschiedener sicherheitsrelevanter Algorithmen für die Ver- und Entschlüsselung von Daten, die Generierung und den Austausch von Schlüsseln und die Signatur von Daten. Aufbauend auf JCE und der übergreifenden Java Cryptography Architecture bieten sich unterschiedliche Möglichkeiten an, XML-

Daten zu ver- und zu entschlüsseln, die Daten zu signieren und sicher über Web Services zur Verfügung zu stellen. Verschiedene Projekte wie Apache WSS4J, Apache XML Security oder IBM's XML Security Suite bauen darauf auf. WSS4J bietet sich als eine Integration mit Apache Axis an, während die anderen beiden Projekte bspw. erlauben, Teile des XML-Baumes zu verschlüsseln und/oder zu signieren und innerhalb des Programms zu verarbeiten.

6.3.6.5 Fazit

Das *Apache XML Project* stellt mit seinen Unterprojekten einen ausgereiften Java-basierten Werkzeugkasten für die Verarbeitung von XML bereit. Darüber hinaus werden die wichtigsten Web Services Protokolle in Unterprojekten unterstützt. Bei der Explikation eines Aktiven Dokuments wird eine Serialisierung des Inhaltes und der Komponenten nach XML mit Hilfe der beschriebenen Komponenten vorgenommen. Ebenso können etwaige Web Services mit den beschriebenen Apache-Komponenten realisiert werden.

6.4 Technologieauswahl

Auf Basis der geführten Diskussion im vorangegangenen Kapitel folgt eine Auswahl der geeigneten Technologien und Frameworks, analog zur thematischen Gliederung von Kapitel 6.2. Diese Auswahl gibt den technologischen Rahmen des in Kapitel 7 umgesetzten Prototypen vor.

6.4.1 Gesamtarchitektur

Die beschriebene Architektur wird auf Basis der Java Laufzeitumgebung mit Hilfe des OSGi-Frameworks realisiert und für ein Intranet mit Computern mit Windows- und Linux-Betriebssystemen ausgelegt. Einem Host-System kann sowohl die Rolle eines Servers wie auch die Rolle eines Clients zufallen: OSGi-Komponenten können daher sowohl Backend-(bspw. Webserver) wie Frontend-Funktionalitäten (bspw. Rendering von GUI-Elementen) wahrnehmen. Einzelne Dienste werden von den Host-Systemen über eine Web-Service-Schnittstelle mit Hilfe des SOAP Protokolls bereitgestellt. Über dieses Protokoll können ebenfalls Aktive Komponenten zwischen den einzelnen Host-Systemen sicher ausgetauscht werden. Hierbei werden die entsprechenden Teile des XML-Baums mit oben genannter Technologie vor der Übertragung verschlüsselt. Ein Host-System nutzt in Bezug auf die interne Speicherung und Verarbeitung Aktiver Dokumente Prevayler, während die Serialisierung von Aktiven Dokumenten mit Hilfe der beschriebenen XML-Bibliotheken im XML-Format erfolgt.

6.4.2 Host-Umgebung

Die OSGi-Spezifikation erscheint als Framework für die Realisierung der beschriebenen Host-Laufzeitumgebung für Aktive Dokumente geeignet. Die in der OSGi-Spezifikation beschriebenen *Bundles* kommen der Idee Aktiver Komponenten sehr nahe und scheinen sich mit diesem Konzept gut umsetzen zu lassen. Bundles ließen sich auch in XML-Dokumenten serialisieren bzw. über einen Web Service übertragen und können ihre Funktionalität über einen Web Service bereitstellen, was die in Kapitel 6.2.4.3 beschriebene Flexibilität hinsichtlich der Integration Aktiver Komponenten unterstützen würde.

Das Eclipse-Projekt realisiert dieses Framework und stellt mit der *Rich Client Platform* Komponenten bereit, die darüber hinaus die Entwicklung einer modernen Benutzerschnittstelle vereinfachen. Die beschriebene Host-Systeme für Aktive Dokumente zeichnen sich insbesondere durch ihre Dualität hinsichtlich der Client- bzw. Server-Funktionalitäten aus und die aktuellen Überlegungen zu einer *Eclipse Rich Server Platform* (vgl. Gehner 2006) verdeutlichen die Eignung von OSGi bzw. Eclipse in Bezug auf diese Dualität. Mit der Integration OSGi-basierter Java EE kompatibler Komponenten wäre die Plattform darüber hinaus in der Lage, auch Webserverdienste zu übernehmen und könnte gleichzeitig als Server für Thin Clients (bspw. in Verbindung mit Ajax-Komponenten) genutzt werden. Rollout, Betrieb und Update in heterogenen Umgebungen würden komfortabel unterstützt.

6.4.3 Dokument und Dokumentenformat

Ein Dokument wird intern als Objektbaum mit einer logischen Netzwerkstruktur, analog zu Kapitel 6.2.3, auf Basis von Prevayler verwaltet. Das Dokument verweist dabei auf bestehende Archetypen, die intern ebenfalls als Objektbaum verwaltet und u.a. für die Verarbeitung und den Austausch medizinischer Konzepte verwendet werden. Beide Objektbäume können mit Hilfe von XML serialisiert, verschlüsselt und ausgetauscht werden. Eine interne Serialisierung und Verarbeitung mit Hilfe von XSLT ist möglich. Eine Transformation von Archetypen nach OWL und die anschließende Verarbeitung von OWL mit den von Protégé bereitgestellten Java-Bibliotheken ist analog zu den Ausführungen in Kapitel 6.2.3 optional möglich. Aktive Komponenten werden in der Laufzeitumgebung, gekapselt als OSGi-Bundle, verwaltet und können zusammen mit Metainformationen in eine bestehende XML-Struktur eines Aktiven Dokuments serialisiert werden. Der nächste Abschnitt skizziert den technischen Rahmen Aktiver Dokumente.

6.4.4 Aktive Komponenten

OSGi wird als Rahmenwerk für die Realisierung Aktiver Komponenten genutzt. Dabei werden Aktive Komponenten als OSGi-Bundles bzw. Eclipse Plugins gekapselt. Komponenten können so parallel und in unterschiedlichen Versionen in der gleichen Laufzeitumgebung aktiv sein und während der Laufzeit ohne einen Neustart der Umgebung geladen und entladen werden. Neben Daten in Bezug auf die Definition der notwendigen Java-Klassen, die in ein XML Dokument als Binärdatenstrom serialisiert werden können, können Konfigurationsparameter und Meta-Daten standardkonform in einem OSGi-Manifest gespeichert oder als Teil des Aktiven Dokumentes innerhalb der Netzwerkstruktur mit Bezug zur entsprechenden Aktiven Komponente gespeichert werden.

Die Übertragung Aktiven Dokumente, zugehöriger Aktiver Komponenten und die Bereitstellung von Diensten Aktiver Komponenten in der Umgebung erfolgt nach einer XML-Serialisierung über das SOAP Protokoll mit Hilfe standardisierter OSGi-Serverkomponenten, die HTTP, HTTP/S und SOAP unterstützen und ebenfalls als Aktive Komponenten in ein Dokument eingebunden werden können.

6.4.5 Kontextverarbeitung

In Kapitel 6.2.5 werden Kontext-Komponenten, Aggregator-Komponenten und Interpreter-Komponenten beschrieben, die als aktive Java-basierte OSGi-Komponenten realisiert werden und aufeinander zugreifen. OSGi bietet eine enge Verzahnung mit dem Betriebssystem und gute Möglichkeiten, Treiber für ausgesuchte Hardware-Devices, insbesondere Sensoren, zu entwickeln. Die Eclipse-Plattform auf der anderen Seite stellt eine Infrastruktur bereit, die die Verwaltung individueller Nutzerpräferenzen und Umgebungsparameter in ihrem Framework komfortabel unterstützt. So können Präferenzen einzelner Benutzer bzw. Nutzungshistorien gespeichert und verarbeitet werden. Nutzerprofile lassen sich auch über das Netzwerk übertragen bzw. zentral abspeichern und können auf anderen Plattformen reaktiviert werden.

6.4.6 Zentrale und dezentrale Dienste

Bei der Umsetzung zentraler Dienste (bspw. LDAP-Verzeichnisdienst) wird auf bewährte Komponenten aus der Open Source Welt (bspw. OpenLDAP) zurückgegriffen, die ein standardisiertes Protokoll unterstützen, für das wiederum entsprechende Java-Bibliotheken existieren müssen.

Auf die Einrichtung einer vollständigen Web-Service-Infrastruktur mit Nutzung eines *Enterprise Service Bus* wird verzichtet. Stattdessen werden einige der im Rahmen von Web Services propagierten Protokolle (bspw. XML, SOAP) für die Interaktion der Komponenten, auch plattformübergreifend, genutzt.

Die Jini-Technologie wird als leichtgewichtige Alternative zu einer Web-Service Infrastruktur genutzt. Gerade der interaktive Austausch von kleineren Datenpaketen zwischen den Host-Umgebungen kann so auf Basis der JavaSpaces-Technologie erfolgen, während der Austausch von komplexen XML-Strukturen auf Basis des SOAP-Protokolls erfolgt. Auf die Einrichtung eines UDDI-basierten Verzeichnisdienstes wird zugunsten einer Kombination aus dem Jini-basierten Lookup-Service und LDAP verzichtet. Die Umstellung auf einen UDDI-basierten Verzeichnisdienst ist zu einem späteren Zeitpunkt durch eine Zuordnung von Verzeichnisanfragen zu Verzeichnisantworten jederzeit möglich.

7 Prototypische Umsetzung des Gesamtsystems

Im Folgenden wird der auf Basis der ausgewählten Technologien und Komponenten entwickelte Prototyp vorgestellt. Nach einer Übersicht der technischen Gesamtarchitektur in Bezug auf die Umgebung und in Bezug auf ein einzelnes Host-System wird auf besondere Eigenschaften und Dienste eingegangen, die Kernfunktionen des Systems abdecken bzw. denen ein besonderer Stellenwert bei der Entwicklung zukam. Anschließend beschreibt Kapitel 7.3 eine prototypische Implementierung der in Kapitel 5.6 aufbereiteten Szenarien und geht dabei auf spezifische Lösungsansätze und Herausforderungen ein. Kapitel 7.4 diskutiert die gewonnenen Erfahrungen aus dem Prototyping-Prozess sowie die möglichen Nutzenpotentiale und Grenzen der eingesetzten Ansätze.

7.1 Technische Gesamtarchitektur

Zunächst wird die technische Architektur der Telekooperationsumgebung beschrieben, in dem ein oder mehrere Host-Systeme zum Einsatz kommen. Es folgt anschließend eine technische Beschreibung der Architektur eines einzelnen Host-Systems, das in der beschriebenen Umgebung eingesetzt werden kann und den Container für Aktive Dokumente darstellt.

7.1.1 Technische Architektur der Umgebung

Die Architektur der Umgebung folgt dem bisherigen Gedankengang. Abbildung 49 skizziert die wichtigsten Komponenten im Rahmen der Architektur. Zentraler Bestandteil sind, wie beschrieben, die einzelnen Host-Systeme. Alle Systeme sind innerhalb eines TCP/IP Netzwerkes verbunden und besitzen eigene, eindeutige Adressen im Netzwerk. Ein oder mehrere Host-Systeme können auf einem PC (Workstation oder Server) oder einem anderen Java-fähigen Device, für das ein stabiler OSGi-Stack und SWT-Unterstützung vorliegt, installiert werden. Die Host-Systeme können vom Nutzer bzw. Systemadministrator als Installationspaket oder über das JNLP-Protooll bzw. Java Web Start in Verbindung mit WebRCP (für Details siehe Kapitel 7.2.3) von einem HTML-Link im Browser aus installiert werden. Voraussetzung ist immer eine bereits installierte Java 5 Laufzeitumgebung auf den Zielsystemen.

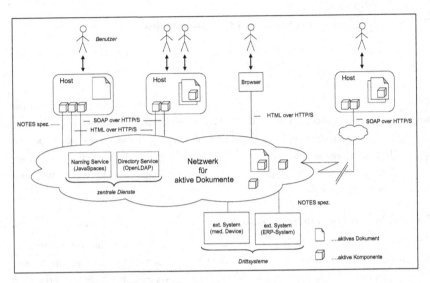

Abbildung 49: Technische Architektur der Umgebung
(Quelle: eigene Darstellung)

Für die prototypische Umsetzung wurden als zentrale Dienste JavaSpaces, u.a. als Naming Service und Zwischenspeicher für globale Objekte, und OpenLDAP als Directory Service installiert. Bei der Installation der JavaSpaces-Technologie wurde auf das Projekt „Blitz" (Blitz 2007) zurückgegriffen, das verschiedene Jini-Technologiekomponenten von Sun für den Aufbau einer JavaSpaces-Infrastruktur bündelt. Als Drittsysteme kamen in der prototypischen Umgebung Lotus Notes bzw. Lotus Domino über das Notes-eigene Interaktionsprotokoll bzw. DIIOP zum Einsatz. Außer Lotus Domino/Notes sind hierbei alle benötigten Komponenten im Internet verfügbar und können von verschiedenen Quellen heruntergeladen werden. In der Testumgebung wurde OpenLDAP auf einer Gentoo Linux-Distribution auf Basis der Software VMware aufgesetzt. Entsprechende Skripte für das Anlegen einer Organisationsstruktur für LDAP, Hinweise für die Generierung von Schlüsselpaaren und der Upload von öffentlichen Schlüssel auf den OpenLDAP-Server wurden ebenfalls erstellt.

Die Interaktion zwischen den einzelnen Host-Systemen erfolgt auf Basis des SOAP-Protokolls mit dem in Kapitel 6.2.4.5 beschriebenen Mechanismus zum Austausch von Aktiven Komponenten bzw. Aktiven Dokumenten. SOAP als Austauschprotokoll für Web Services kommt hier in Verbindung mit der Apache Axis Bibliothek in der Version 1.4 zum Einsatz und wird weiter unten in Kapitel 7.2.2 ausführlicher behandelt. Für einen abhörsicheren Austausch der Informationen kann bei Bedarf transparent auf das HTTP/S-Protokoll zurückgegriffen werden. Hierzu wurde eine PKI ohne offizielle Zertifikataussteller eingerichtet und entsprechende Schlüssel über LDAP verteilt.

7.1.2 Technische Architektur des Host-Systems

Das Host-System basiert auf dem OSGi 4.0 Framework Equinox, das auch der Eclipse-Plattform zugrunde liegt. Neben den vom Framework bereitgestellten Diensten wurden verschiedene Basisdienste prototypisch implementiert, die allen weiteren Komponenten zur Verfügung stehen.

Basisdienste

Neben einem Login-Service auf Basis von LDAP und JAAS, einem Log-Service auf Basis des OSGi Log Service und einem Ereignis-Dienst für das Dispatching und die Weiterleitung von Ereignissen an registrierte Adressaten sind dies insbesondere der Persistenz-Dienst auf Basis von Prevayler für eine transaktionssichere Verarbeitung von Änderungen innerhalb der jeweiligen Aktiven Dokumente. Daneben wurde eine Timer-Komponente eingeführt, die in der Lage ist, Komponenten nach zeitlichen Vorgaben zu aktivieren bzw. zu deaktivieren. Eine Kontext-Komponente zur Überwachung der Laufzeitumgebung (Betriebssystem, vorhandener Speicher, andere installierte Programme) wurde für die Verwendung von Aggregator-Komponenten als Basisdienst prototypisch implementiert.

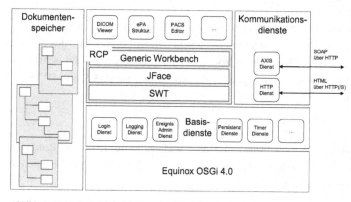

Abbildung 50: Technische Architektur eines Host-Systems
(Quelle: eigene Darstellung)

Rich Client Platform

Auf der OSGi-Plattform werden die Komponenten der Eclipse Rich Client Platform (RCP) für die Verwaltung der gesamten Workbench des Benutzers sowie der GUI-Elemente genutzt. Die hier etablierten Elemente wie Perspektiven, Ansichten und Editoren finden für die Benutzerinteraktion und die Darstellung der grafischen Elemente Aktiver Dokumente bzw. Aktiver Komponenten Verwendung. Neben den Elementen mit Bezug zur Benutzerinteraktion liefert RCP zusätzlich eine Reihe von Diensten und Elementen, die ebenfalls standardmäßig von Aktiven Komponenten genutzt werden können, bspw. für die Unterstützung von Hintergrundprozessen.

Dokumentenspeicher

Die Inhalte Aktiver Dokumente werden, nachdem sie im XML-Format übertragen und eingelesen worden sind, im Speicher gehalten. Transaktionen auf diesen Inhalten können unter
Einbeziehung des Persistenz-Dienstes ausgeführt werden, wobei die Datenstruktur eines Aktiven Dokuments darüber hinaus die Versionierung von Teilstrukturen des Dokuments erlaubt. Nähere Erläuterung dazu finden sich in Kapitel 7.3.1.1 und den Kapiteln 7.3.1.5f.

Aktive Komponenten

Neben den Inhalten Aktiver Dokumente werden Aktive Komponenten gesondert behandelt
und als *OSGi-Bundles* innerhalb der Plattform bereitgestellt und nach den im Aktiven Doku-
ment gespeicherten Konfigurationsinformationen konfiguriert und aktiviert bzw. gestartet.
Aktive Komponenten können mit dem Aktiven Dokument mitgeliefert oder mit Hilfe eines
Verweises von einer anderen Plattform bezogen werden. Alternativ ist auch die Nutzung des
Dienstes einer Komponente, die auf einer anderen Plattform aktiviert wurde, möglich. Details
zu der Übertragung von Komponenten und der Nutzung eines Dienstes finden sich in den
Kapiteln 7.3.2ff.

Kommunikationsdienste

Über die Kommunikationsdienste der Plattform können Aktive Dokumente, Komponenten
und Dienste mit anderen Host-Umgebungen ausgetauscht werden. Daneben kann den Nutzern
über HTTP/S ein Zugriff auf die Plattform bzw. einzelne Komponenten gewährt werden. Es
werden dabei zwei OSGi Komponenten genutzt, die Dienste über das SOAP- bzw. HTTP(/S)
-Protokoll anbieten.

7.2 Einzelaspekte

Einige zum Verständnis der Gesamtzusammenhänge wichtige Einzelaspekte der Plattform,
auf die in den späteren Szenarien nicht mehr vertieft eingegangen wird, werden in den folgenden Abschnitten kurz erläutert.

7.2.1 Benutzerschnittstelle

Auf Basis der Rich Client-Komponenten werden die JFace-Bibliotheken in Verbindung mit
SWT genutzt. Die entsprechende Oberfläche passt sich so dem unterliegenden Betriebssystem
(Windows, Linux GTK, Apple OS) an und stellt eine performante Alternative zu den Java
Swing-Bibliotheken dar.

7.2.2 Jini, JavaSpaces und Web Services

Für den Prototypen wird auf die Nutzung einer kompletten Web Service Infrastruktur, insbe-
sondere auf ein zentrales UDDI-Verzeichnis, verzichtet. An deren Stelle wird ein einfacher
Jini-basierter Lookup-Service auf Basis verteilter Tupel (vgl. Kapitel 7.2.2) mit Hilfe von
JavaSpaces eingerichtet. Dazu stellt das Projekt „blitz" (Blitz 2007) eine Paketierung von

Jini-Komponenten für die einfache Installation und Nutzung bereit, die im Rahmen dieser Arbeit Verwendung findet. Informationen über im Netz verfügbare LDAP-Server, Hosts, öffentliche Dienste Aktiver Komponenten etc. können hier von allen Teilnehmern als Objekte (bei Bedarf mit einer angehängten Signatur) abgelegt und von den anderen Teilnehmern im Netzwerk angefragt werden. Dabei kann ein Teilnehmer, falls ein entsprechender Dienst nicht mehr verfügbar sein sollte, einen entsprechenden Hinweis als Objekt im Tupelraum ablegen, den andere Teilnehmer anschließend erfragen können. Ein Beispiel für ein Verzeichniseintragsobjekt gibt Listing 1.

```
package de.aktive_dokumente.jiniclient;
import net.jini.core.entry.Entry;

public class ServiceDirectoryEntry implements Entry
{
    public String serviceName;
    public String serviceType;
    public String serviceVersion;

    public String provider;
    [...]
    public ServiceDirectoryEntry () {}
    [...]
}
```

Listing 1: Beispiel für ein Objekt „Verzeichniseintrag"
(Quelle: eigene Darstellung, Prototyp „Aktive Dokumente")

Eingestellte Einträge können dann mit Hilfe von Objekten, die als „Abfrage-Schablonen" eingesetzt werden, aus dem JavaSpace erfragt werden. Das Beispiel aus Listing 2 liefert bspw. den ersten gefundenen Eintrag zurück, der den Service mit Namen „de.aktive_dokumente.service.DicomJPGConverter" in der Version 1.1 beschreibt. Die Methode `JavaSpace05.contents(...)` würde *alle* passenden Serviceeinträge liefern.

```
[...]
ServiceDirectoryEntry template = new ServiceDirectoryEntry();

template.serviceName = "de.aktive_dokumente.service.DicomJPGConverter";
template.serviceVersion = "1.1";

ServiceDirectoryEntry sde =
    (ServiceDirectoryEntry) space.take (template, null, Long.MAX_VALUE);
[...]
```

Listing 2: Abfrage eines Eintrags im JavaSpace
(Quelle: eigene Darstellung, Prototyp „aktive Dokumente")

Nach so erfolgter Abfrage eines Dienstes im zentralen Register kann aus dem zurück gelieferten Eintrag der Host ermittelt werden, der den Service anbietet. Dieser kann anschließend über das SOAP-Protokoll in Bezug auf die Erbringung des Dienstes angefragt werden. Die prototypische Umsetzung erfolgt über eine universelle Web Service Schnittstelle des Hosts, die ein standardisiertes XML-Anfragedokument als Parameter übergeben bekommt. Listing 3 zeigt das generalisierte Interface, das mit Hilfe von Axis als Web Service von jedem Host bereitgestellt wird.

```
package de.aktive_dokumente.client.webservice.interfaces;

public interface XMLServiceInterface {
    public String getXML (String inputXMLString);
}
```

Listing 3: Interface für Web Service Schnittstelle
(Quelle: eigene Darstellung, Prototyp „aktive Dokumente")

Das eingehende XML-Dokument wird vorab ggf. entschlüsselt, in Bezug auf die übergebenen Parameter validiert und an eines der im Host registrierten IWebServiceHandler-Objekte delegiert. Diese Objekte führen den Dienst entweder selber aus bzw. delegieren die Anfrage weiter, erstellen ein Ergebnis oder eine Fehlermeldung und überführen diese Informationen in ein XML-Antwortdokument. In dieses Dokument können auch Aktive Komponenten in serialisierter Form integriert werden. Das Dokument wird anschließend ggf. verschlüsselt und dem anfragenden Host über die Web Service Schnittstelle als Ergebnis zurückgeliefert. Kapitel 7.3.2.3 und Kapitel 7.3.4.3 beschreiben dieses Verfahren im Detail anhand des Aufrufes eines entfernten Dienstes bzw. der Abfrage und Übertragung einer Aktiven Komponente.

7.2.3   Deployment und Start der Umgebung

Für das Deployment und den Start der Umgebung wird, wie oben beschrieben, die Java Web Start Technologie in Kombination mit WebRCP genutzt.

Der Nutzer erhält einen Hyperlink auf ein konfiguriertes JNLP-File: Die Bereitstellung erfolgt bspw. über eine Webseite (in Abbildung 51 mit dem Hyperlink hinter „>> Start der Umgebung") oder durch einen Verweis in einer E-Mail. Die mit JRE 5 (oder einer höheren Version) installierte Web Start Technologie wertet das JNLP-File aus und lädt anschließend den WebRCP Launcher. Falls der Nutzer bereits die aktuellste Version der Telekooperationsumgebung auf seiner Plattform installiert hat, wird das Programm direkt gestartet. Ist eine ältere Version vorhanden, werden vor dem Programmstart die veralteten Komponenten mit den aktuellsten ersetzt bzw. nicht mehr benötigte Komponenten gelöscht. Falls keine Version auf dem lokalen Rechner vorhanden ist, wird die Basisversion der Telekooperationsumgebung komplett geladen, installiert und gestartet.

Wird ein Host gestartet, sucht dieser zunächst über das Multicast-Protokoll einen Jini-basierten Lookup-Dienst im verfügbaren Netzwerk. Liegt kein Lookup-Dienst vor, startet der Host einen eigenen Lookup-Dienst und stellt diesen den anderen Host-Systemen im jeweiligen Netz zur Verfügung.

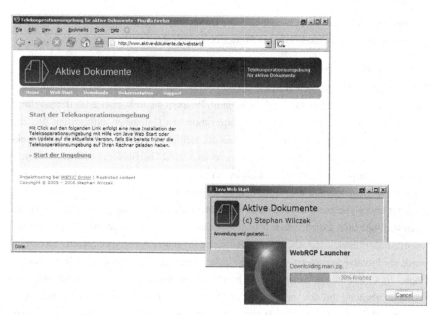

Abbildung 51: Deployment der Telekooperationsumgebung
(Quelle: eigene Darstellung)

Für erfolgreiche Authentifizierung und Autorisierung der Nutzer sowie die Abbildung einer Organisationsstruktur steht im Prototyp eine zentrale LDAP-Serverinstanz zur Verfügung. Für lokale Arbeiten ist ein privater Schlüssel des Nutzers zwar ausreichend, für den Start des Prototypen muss aber mindestens ein konfigurierter LDAP-Server im lokalen Netzwerk erreichbar sein.

7.3 Beispielhafte Implementierung der Szenarien

Für die Umsetzung der Grundidee wurde, wie oben dargestellt, ein Prototyp auf Basis der beschriebenen Technologiekomponenten erstellt. Die Unterstützung der in Kapitel 5.6ff. besprochenen Szenarien erfolgt anhand geeigneter Fallbeispiele. Der Prototypenbau beschränkt sich dabei auf die Umsetzung der Kernkonzepte (vgl. dazu die Anmerkungen zum experimentellen Prototypenbau in Kapitel 1.3). Da eine lauffähige Version der Software bzw. von Teilen der Software im Rahmen dieser Arbeit angestrebt wurde, konnten ebenfalls Fragen in Bezug auf die praktische Nutzung der eingesetzten Komponenten (Implementierungsaspekte, Eignung für bestimmte Aufgaben, Robustheit, Performanz etc.) beantwortet werden. Andere Aspekte, die für eine praxisrelevante Umsetzung unabdingbar sind, wie beispielsweise die vollständige Realisierung der Konzepte und Implementierung aller Klassen in einem Gesamtsystem mit einem professionellen Benutzer-Interface, einer durchgehenden Nutzung von Verschlüsselungskomponenten, einem Hilfesystem etc. wurden im Rahmen dieser Arbeit nicht verfolgt. Jedoch lassen sich Aussagen über die Umsetzungsmöglichkeiten der Ideen und Konzepte in professionellen medizinischen Softwaresystemen ableiten.

7.3.1   Szenario I – Flexible Datenrepräsentation, Datenpräsentation und Übersetzungsdienste

Auf Basis der Anforderungen in Bezug auf Flexibilität und in Bezug auf die Verknüpfung der Daten mit einer geeigneten Ontologie wurden im Prototyp die in Kapitel 2.1.3 ff. ausgeführten Überlegungen zur Modellierung und Explikation von Ontologien aufgegriffen. Bei der praxisnahen Umsetzung medizinischer Konzepte stellte sich heraus, dass das im Projekt *OpenEHR* entwickelte Archetypenkonzept mit einer Vielzahl bereits fertig entwickelter medizinischer Konzepte (*medizinischer Archetypen*) eine sehr gute Arbeitsbasis lieferte. Allerdings waren die ausgelieferten Werkzeuge für die Arbeit in einer Java/XML-basierten Umgebung nur mäßig geeignet bzw. befanden sich noch in der Entwicklungsphase. Die mit Archetypen verfolgte Idee, Domänenkonzepte in formale und wieder verwendbare Modelle (*Archetypen*) zu überführen und Archetypen als Bausteine für andere Archetypen rekursiv zu nutzen, wurde im Prototyp umgesetzt. Archetypen lassen sich, wie von Kilic et. al. (Kilic / Bicer / Dogac 2006) ausführlich dargestellt, nach OWL überführen. Auf eine Transformation und Weiterverarbeitung mit den entsprechenden Werkzeugen (Protégé und entsprechende Java-Klassen, vgl. Kapitel 6.3.6.2) wurde verzichtet und einer Überführung des Konzeptes in ein vereinfachtes Klassenmodell den Vorzug gegeben. Bestehende Archetypen und Terminologien aus dem Projekt OpenEHR dienten als Vorlage für die Modellierung medizinischer Konzepte wie Blutdruck, Puls und Temperatur (siehe hierzu die klinischen Archetypen bei Ocean Informatics (2006)).

7.3.1.1   Flexibilität der Datenstruktur

Um eine maximale Flexibilität des Systems, auch in Bezug auf Erweiterungen der medizinischen Basiskonzepte, gewährleisten zu können, wurde der Archetypen-basierte Ansatz von OpenEHR mit einer vernetzten Datenstruktur (gerichtete, typisierte Kanten und Knoten) umgesetzt. Archetypen werden mit Hilfe des implementierten Objektmodells jeweils als Baum (*out-tree*) mit einer Wurzel realisiert.

Ein Archetyp beschreibt dabei ein medizinisches Konzept (bspw. Blutdruck) als Zusammenstellung von Grunddatentypen (im Prototyp die Datentypen `string`, `int`, `real`, `time`, `text`, `coded_text`, `boolean`, `xml` und `byte64`) und ggf. anderen Archetypen mit Kardinalitäten, gültigen Wertebereichen und Bedingungen. Das instantiierte Objektmodell für einen definierten Archetypen kann jederzeit über den Aufruf der Funktion `toXML()` im Wurzelobjekt in ein XML-Dokument umgewandelt werden. Anhang C zeigt die prototypische Umsetzung der Archetypen „Blutdruck" und „Arterieller Druck".

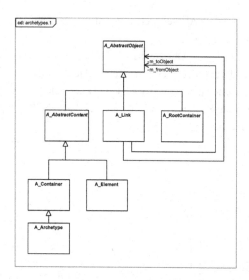

Abbildung 52: Objektmodell für die Repräsentation von Archetypen
(Quelle: eigene Darstellung)

Darauf aufbauend ist ein Aktives Dokument zunächst eine Sammlung von verschiedenen Objektgruppen. Jede Objektgruppe leitet sich dabei aus einem definierten Archetypen ab und referenziert diese „Archetyp-Schablone" im Wurzelelement der Objektgruppe. Abbildung 53 verdeutlicht diesen Sachverhalt: In der linken Grafik werden die Objektgruppen lediglich durch ihr jeweiliges Wurzelobjekt repräsentiert, die Grafik rechts zeigt eine detaillierte Sicht auf die Objekte in den Objektgruppen.

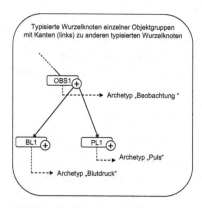
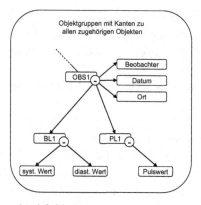

Abbildung 53: Objektstruktur eines Aktiven Dokuments (vereinfacht)
(Quelle: eigene Darstellung)

Jedes Objekt kann über seinen Vaterknoten rekursiv seinem Archetypen zugeordnet und damit auch ontologisch mit Hilfe der Metainformationen des jeweiligen Archetypen ausgewertet

werden. Abbildung 54 zeigt die Kernobjekte eines Aktiven Dokuments, deren Objektmodell
dem Modell für die Repräsentation von Archetypen folgt.

Das Objektmodell erlaubt die Generierung beliebiger Objekte der Klasse Link. Ein solches
Linkobjekt repräsentiert einen Verweis und verbindet zwei beliebige Objekte des Modells.
Dadurch können bspw. auch Link-Objekte selber durch ein anderes Link-Objekt referenziert
werden und es besteht die Möglichkeit, sowohl Knoten wie auch Kanten des durch die Link-
Objekte entstehenden Netzwerkes zu annotieren.

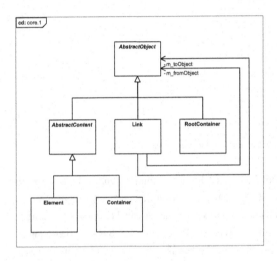

Abbildung 54: Objektmodell für Aktive Dokumente
(Quelle: eigene Darstellung)

Der Archetyp de.aktive-dokumente.archetype.SYMBOLIC_LINK nutzt diese Eigenschaft
und erlaubt, bestehende Objekte in andere Strukturen, ähnlich einem symbolischen Link in
Unix Dateisystemen, einzubinden. Dabei zwingt die Nutzung dieses Archetyps das System,
weitere Metainformationen (wer hat den Link wann und warum erzeugt?) einzufordern. Auf
diese Weise können bestehende Informationsobjekte aus anderen Strukturen referenziert werden.

Der Prototyp verarbeitet symbolische Links und ersetzt sie für den Benutzer transparent durch
das jeweilige Objekt, auf das verwiesen wird. Dadurch kann ein Untersuchungsergebnis
bspw. originär zu einer Laboruntersuchung im Rahmen einer bestimmten Klinikepisode angelegt worden sein und durch einen symbolischen Link zu einer Diagnose zugeordnet werden.
Innerhalb der Akte können verschiedene Sichten bzw. Strukturbäume auf Basis verschiedener
Archetypen angelegt werden, die auf die gleichen Objekte verweisen und diese entsprechend
anders strukturieren. Objektgruppen, die über einen symbolischen Link in Strukturen eingebunden werden, können bei einer Aktivierung wieder in ihrem Originalkontext angezeigt wer-

den und erlauben die Anzeige aller relevanten Informationen des symbolischen Links. Abbildung 55 zeigt die Nutzung einer solchen Link-Konstruktion, bei der von einem vereinfachten Diagnose-Archetyp auf einen Blutdruck in einer Zeitserie verwiesen wird.

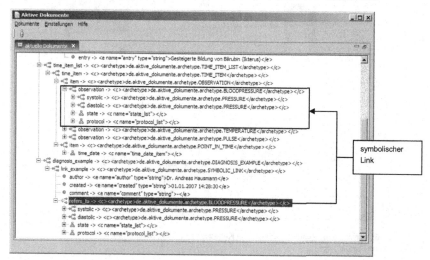

Abbildung 55: Symbolischer Link auf eine Objektstruktur
(Quelle: eigene Darstellung)

Durch die Nutzung symbolischer Links hat der Benutzer die Möglichkeit, jedes Objekt mit einem Kommentar zu verbinden. Kommentare leiten sich aus dem Archetyp `de.aktive-dokumente.archetype.GENERAL_COMMENT` ab und verwenden symbolische Links für einen Verweis auf die kommentierten Objekte.

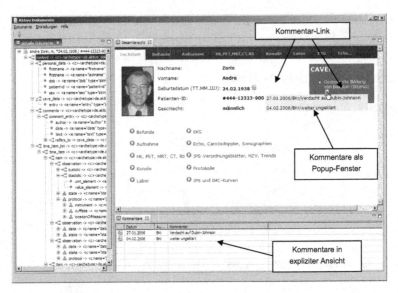

Abbildung 56: Verschiedene Repräsentationen von Kommentaren in der Benutzeroberfläche
(Quelle: eigene Darstellung)

Durch die Nutzung von Links wird aus der Baumstruktur ein Netzwerk mit möglichen Zyklen, was insbesondere bei der Serialisierung beachtet werden muss. Jedes Objekt wird daher einem eindeutigen Vaterobjekt zugeordnet, was zu einer grundlegenden Baumstruktur ohne Zyklen führt.

Abbildung 57: Anzeige vorhandener Kommentare in der Baum-Darstellung durch Decorator-Icon
(Quelle: eigene Darstellung)

Auf dieser Basis kann durch die Nutzung symbolischer Verknüpfungen ein beliebig komplexes Beziehungsnetzwerk (auch mit Zyklen) aufgebaut werden. Jedes Zielobjekt eines Verweises kennt auch alle verweisenden Objekte. So kann bspw. ausgewertet werden, ob auf ein Objekt Kommentarverweise gesetzt sind (vgl. Abbildung 57).

7.3.1.2 Aufbereitung für unterschiedliche Zielgruppen/Nutzerpräferenzen

Das System arbeitet, u.a. durch die konsequente Nutzung von Archetypen, mit einer klaren Trennung zwischen Inhalts-, Struktur- und Präsentationsebene. Die gewählten Technologiekomponenten und die zugrundeliegende Plattform bieten eine Vielzahl von Möglichkeiten, die Aufbereitung der Daten in Abhängigkeit von Nutzerpräferenzen vorzunehmen. Im Folgenden wird aufgezeigt, wie Nutzerpräferenzen für die Auswahl von Inhalten, für die Strukturierung der Informationen und für die Darstellung der Informationen im Prototyp genutzt werden können. Abschließend wird gezeigt, wie Benutzerpräferenzen mit den geeigneten Konzepten der Rich Client Platform zusammenspielen können.

Die Präferenzen des Nutzers werden im Prototyp neben seinem privaten Schlüssel als Schlüssel-Wert Paar in einer XML-Datei gespeichert. Diese Datei kann der Benutzer bspw. in seinem privaten Verzeichnis oder auf einem Memorystick ablegen und für andere physische Umgebungen nutzen. Die Daten aus dieser Datei können von jeder Aktiven Komponente abgerufen und in Interaktion mit dem Benutzer verändert bzw. ergänzt werden.

Neben Komponenten-spezifischen Präferenzen werden für den Nutzer zusätzlich Basisparameter (wie bspw. die o. g. Rolle oder allgemeine Präferenzen, wie Bildschirmfarben oder gewünschte Kontraste) abgelegt, die die Komponenten aktiv abfragen und für den Benutzer daraus Vorschläge ableiten können. Bspw. kann der Benutzer eine sehr detaillierte Sicht mit vielen Informationen auf einen Blick präferieren: die entsprechende Komponente kann daraus einen Vorschlag für den Nutzer ableiten, den dieser bei der ersten Nutzung der Komponente interaktiv bestätigen oder verwerfen kann.

Prototypisch wurden u.a. die Rollen „Ärztliches Personal" und „Pflegepersonal" definiert, die der Nutzer in seinem Profil festlegen kann und die Auswirkungen auf die Selektion und Aufbereitung der Informationen haben (vgl. Abbildung 58). Die für die Darstellung der Gesamtakte, d.h. für den Archetyp de.aktive-dokumente.archetypes.EHR_RECORD verantwortliche Komponente arbeitet mit zwei verschiedenen default-Sichten für die beiden Rollen *Ärztliches Personal* und *Pflegepersonal*.

Abbildung 58: Benutzerpräferenzen, Prototyp „Aktive Dokumente"
(Quelle: eigene Darstellung)

Besitzt der Nutzer die Rolle *Ärztliches Personal*, bekommt er eine Übersicht der Gesamtakte mit einzelnen Tabulatoren für die relevanten Dokumententypen angezeigt (vgl. Abbildung 59) während für die Rolle *Pflegepersonal* eine default-Ansicht mit einer Kardex-ähnlichen Übersicht über die letzten Pflegedetails des Patienten angezeigt wird (vgl. Abbildung 60). Der Nutzer kann dieses default-Verhalten in den Präferenz-Einstellungen der Komponente ändern und bspw. auch als Pfleger eine Anzeige der Gesamtakte wählen.

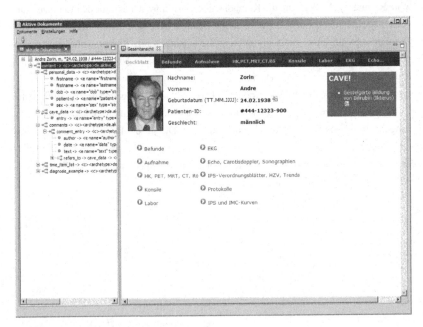

Abbildung 59: Arztsicht (ähnlich KARDEX)
(Quelle: eigene Darstellung, Prototyp „Aktive Dokumente")

In den Standardsichten hat der Nutzer weiter die Möglichkeit, auf die Selektion der Inhalte Einfluss zu nehmen und die Strukturierung sowie die Präsentation der Informationen anzupassen. Die Beispielkomponente erlaubt es bspw. in der Kardex-Sicht, bestimmte Informationen auszublenden bzw. einzublenden und erlaubt in der Arzt-Ansicht, Filter und Reihenfolgen der angezeigten Informationen individuell anzupassen.

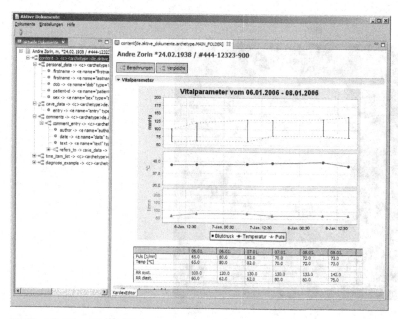

Abbildung 60: Pflegesicht (ähnlich KARDEX)
(Quelle: eigene Darstellung, Prototyp „Aktive Dokumente")

Neben der Darstellung der Informationen kann eine Komponente die Eingabe von Informationen von den Präferenzen des Nutzers abhängig machen und entsprechende Werkzeuge ein- sowie ausblenden. Eclipse selber bietet dafür einen Adapter-Mechanismus, der abhängig von Kontextparametern UI-Elemente ein- bzw. ausblenden kann (vgl. Gamma / Beck 2004, S.353f.). Zu diesen UI-Elementen zählen neben Buttons auch Menüeinträge und individuelle Elemente, so dass eine sehr filigrane kontextabhängige Anpassung der Oberfläche möglich wird.

7.3.1.3   Unterstützung unterschiedlicher Datenformate

Für die Nutzung unterschiedlicher Datenformate wurde für den Prototyp die Komponente DICOM2JPG entwickelt. Diese Aktive Komponente stellt einen Service zur Verfügung, der Bilder, die im medizinische Datenformat für bildgebende Verfahren DICOM (*Digital Imaging and Communications in Medicine)* abgelegt sind, darstellen und in ein standardisiertes JPEG-Format (*Joint Photographic Experts Group*) umwandeln und zurückliefern kann. Die

entsprechende Komponente kann lokal eingebunden und genutzt werden, mit einem Dokument an eine Zielumgebung geschickt und dort integriert werden oder den Umwandlungs-
dienst über einen Web Service anderen Teilnehmern anbieten. Details zur variablen Nutzung
dieser Aktiven Komponente und die prototypische Umsetzung dieser Variabilität werden im
nachfolgenden Kapitel 7.3.2.3 behandelt.

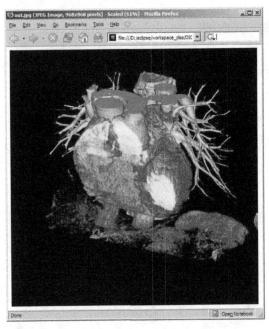

Abbildung 61: DICOM Bild[4] nach Umwandlung und Speicherung als Datei
durch Aktive Komponente DICOM2JPG
(Quelle: eigene Darstellung, Prototyp „Aktive Dokumente")

Durch die Nutzung von Archetypen für die Verwaltung von Daten können die Formatangaben
als Meta-Informationen im jeweiligen Archetyp gespeichert werden. Für die Speicherung von
Daten für bildgebende Verfahren wurde prototypisch der Archetyp `de.aktive_dokumen-`
`te.archetypes.IMAGE` angelegt. Die hier gezeigte Komponente nutzt diesen Archetyp und
wandelt eine Objektgruppe gleichen Archetyps in ein anderes Bildformat mit abgewandelten
Formatangaben in den jeweiligen Metainformationen um. Listing 4 und Listing 5 zeigen einen relevanten XML-Output vor und nach der Umwandlung in das JPG-Format.

```
<container name="de.aktive_dokumente.archetype.IMAGE"
    archetypeRef="de.aktive_dokumente.archetype.IMAGE"
    version="1.0">
    <link name="image_metadata">
```

---

[4]   DICOM-Daten mit freundlicher Genehmigung der Universitätsklinik Großhadern und Siemens Medical
      Solutions: 3D-Rekonstruktion des Herzens, mit Blick in Herzkammer und Vorhof.

```
<container name="de.aktive_dokumente.archetype.IMAGE.METADATA"
   archetypeRef="de.aktive_dokumente.archetype.IMAGE.METADATA"
   version="1.0">
   <link name="basic_image_param">
      <container name="basic_image_param">
         <link name="file_name">
            <element name="file_name" type="string">image.dcm</element>
         </link>
         <link name="format_type">
            <element name="format_type" type="string">DICOM</element>
         </link>
         <link name="compression">
            <element name="compression" type="string">LZW</element>
         </link>
         <link name="version">
            <element name="version" type="string">3.0.2</element>
         </link>
         <link name="width">
            <element name="width" type="int">1600</element>
         </link>
         <link name="">
            <element name="height" type="int">1200</element>
         </link>
         ...
```

Listing 4: DICOM-Daten vor Umwandlung als XML-Output
(Quelle: eigene Darstellung, Prototyp „Aktive Dokumente")

```
<container name="de.aktive_dokumente.archetype.IMAGE"
   archetypeRef="de.aktive_dokumente.archetype.IMAGE" version="1.0">
   <link name="image_metadata">
      <container name="de.aktive_dokumente.archetype.IMAGE.METADATA"
         archetypeRef="de.aktive_dokumente.archetype.IMAGE.METADATA"
         version="1.0">
         <link name="basic_image_param">
            <container name="basic_image_param">
               <link name="file_name">
                  <element name="file_name" type="string">image.jpg</element>
               </link>
               <link name="format_type">
                  <element name="format_type" type="string">JFIF</element>
               </link>
               <link name="compression">
                  <element name="compression" type="string">JPG</element>
               </link>
               <link name="version">
                  <element name="version" type="string">1.02</element>
               </link>
               <link name="width">
                  <element name="width" type="int">1600</element>
               </link>
               <link name="">
                  <element name="height" type="int">1200</element>
               </link>
               ...
```

Listing 5: DICOM-Daten nach Umwandlung in das JPG-Format als XML-Output
(Quelle: eigene Darstellung, Prototyp „Aktive Dokumente")

Intern werden die Bilddaten im Format UTF8 Base64 abgelegt, wodurch sie sehr einfach mit Hilfe von XML verarbeitet werden können. Dieses Format bedarf einer Kodierung bzw. Dekodierung bei jeder Nutzung, was einen erheblichen Geschwindigkeitsverlust nach sich zieht aber eine sehr einfache Handhabung im Prototyp erlaubt.

```
[...]
<link name="image_data">
   <container name="de.aktive_dokumente.archetype.IMAGE.DATA"
   archetypeRef="de.aktive_dokumente.archetype.IMAGE.DATA"
   version="1.0">
      <link name="encoding">
         <element name="encoding" type="string">BASE64</element>
      </link>
      <link name="data">
         <element name="data"
            type="base64">AZTEFGFSGFSGFGFGHSFGH[...]</element>
      </link>
   </container>
</link>
[...]
```

Listing 6:Speicherung der Daten mit Hilfe der BASE64-Codierung
(Quelle: eigene Darstellung, Prototyp „Aktive Dokumente")

7.3.1.4 Unterstützung unterschiedlicher Sprachen/Terminologien

Durch die Nutzung von Archetypen und Aktiven Komponenten, die mit bestimmten Archetypen zusammen arbeiten, können Aktive Komponenten sowohl für die Ausgabe als auch für
die Eingabe von Daten unter Berücksichtigung aller im Archetyp gespeicherten Terminolo-
gieverweise und Restriktionen Verwendung finden. Prototypisch wurde hierzu eine Eingabe-
Komponente für einen Testarchetyp angelegt, der bei einzelnen Feldern die Nutzung einer
definierten Terminologie unterstützt. Der Editor für diesen Archetyp wurde mehrsprachig
realisiert und ist in der Lage, auf die jeweilige Sprachübersetzung der Terminologie zurückzugreifen. Für die Terminologie selber wurde eine weitere Komponente realisiert, die eine
einfache Terminologie mehrsprachig verwaltet und in der Lage ist, die verwendeten Begriffe
in eine zweite Terminologie zu überführen. Dieser Service wurde auf Basis einer einfachen
Terminologie realisiert, die als XML-File dynamisch eingelesen werden kann. Abbildung 62
zeigt den Editor in deutscher und in englischer Sprache.

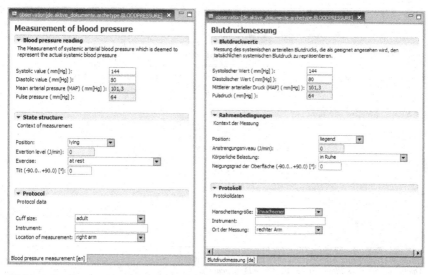

Abbildung 62: Editor in deutscher und englischer Sprache
(Quelle: eigene Darstellung, Prototyp „Aktive Dokumente")

Listing 7 zeigt einen Ausschnitt des Aktiven Dokuments mit dem codierten Textelement at1001 nach einer Auswahl *„sitzend"* durch den Nutzer. Das Textelement kann mit der lokalisierten Version des Archetypen (vgl. Listing 8) codiert werden und mit der entsprechenden Terminologie (vgl. Listing 9) in eine andere Sprache übertragen werden.

```
<aktives_dokument>
      ...
      <link name="position" id="21">
            <container name="position_item" id="22">
            <link name="value_element" id="23">
                  <element name="value" type="coded_text"
                  id="24">at1001</element>
            </link>
            </container>
      </link>
      ...
</actives_dokument>
```

Listing 7: Codiertes Textelement at1001
(Quelle: eigene Darstellung, Prototyp „Aktive Dokumente")

```
<archetype>
      [...]
      <container name="position_item" isArchetype="0">
            <description>The position of the patient at the time of measuring
                        blood pressure</description>
            <link name="value_element" min="1" max="1">
                  <element name="value" type="coded_text">
                        <content></content>
                        <constraint>at1000,at1001,at1002,at1003</constraint>
                        <default>at1001</default>
                  </element>
            </link>
      </container>
```

```
[...]
<container name="local_terminology">
    <link name="term_element>
        <term_element name="at1000" type="coded_text"
                    language="en">
            <description>Stehend zum Zeitpunkt der
                        Blutdruckmessung </description>
            <text>Stehend</text>
        </term_element>
    </link>
    <link name="term_element>
        <term_element name="at1001" type="coded_text"
                    language="en">
            <description>Sitzend zum Zeitpunkt der
                        Blutdruckmessung
            </description>
            <text>sitzend</text>
        </term_element>
    </link>
    ...
</container>
[...]
</archetype>
```

Listing 8: Lokalisierter Archetyp mit integrierter Terminologie
(Quelle: eigene Darstellung, Prototyp „Aktive Dokumente")

```
<terminology archetype="de.aktive_dokumente.archetype.BLOODPRESSURE"
            version="1.?">
    [...]
    <term_element name="at1001">
        <translation language="en">
            <description>Sitting on bed or chair at the
            time of blood pressure measurement</description>
            <text>Sitting</text>
        </translation>
        <translation language="de">
            <description>Sitzend zum Zeitpunkt der
                        Blutdruckmessung</description>
            <text>Sitzend</text>
        </translation>
        <external_term_binding>
            <type>[SNOMED-CT/2003)]</type>
            <ref>163020007</ref>
        </external_term_binding>
    </term_element>
    [...]
</terminology>
```

Listing 9: Ausschnitt aus einer Terminologie
(Quelle: eigene Darstellung, Prototyp „Aktive Dokumente")

7.3.1.5   Unterstützung von Zugriffsebenen, Steuerung von Informationszugängen und Veschlüsselung/Signatur von Datenobjekten

Der Aufbau beliebig komplexer, netzwerkartiger Strukturen auf Basis des Informationsbestandes erfolgt durch die Nutzung der oben dargestellten Verknüpfungsmöglichkeiten mit
Instanzen des Objekttyps Link und damit arbeitender Archetypen. Entsprechende Strukturen
können vom Urheber auch unterzeichnet und verschlüsselt werden, wobei die nicht originär
erzeugten Daten, die lediglich mit einem symbolischen Link in die Struktur eingebunden wer-

den, lediglich für die Überprüfung der Gesamtstruktur unterzeichnet, aber nicht verschlüsselt werden können.

Über die Nutzung des LDAP-Servers kann auf die öffentlichen Schlüssel anderer Kollegen zugegriffen werden. Damit können die Daten zielgerichtet für einen oder mehrere Kollegen verschlüsselt werden.

Der Nutzer kann eine neue Struktur anlegen und besitzt die Möglichkeit, die angelegte Struktur als *privat* zu deklarieren. Bei einer Speicherung des Dokuments wird diese Struktur dann entsprechend mit dem öffentlichen Schlüssel des Nutzers verschlüsselt und im Archetyp `de.aktive_dokumente.archetype.ENCRYPTED_STRUCTURE` gekapselt abgelegt. Ebenso kann ein Schlüssel erzeugt und für mehrere Empfänger verschlüsselt werden. Abbildung 63 zeigt den Dialog für die Verschlüsselung einer Struktur für mehrere Personen: die entsprechenden Personendaten wie auch deren Schlüssel werden dabei vom zentralen LDAP-Server erfragt.

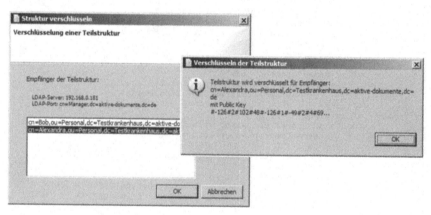

Abbildung 63: Verschlüsselung einer Teilstruktur
(Quelle: eigene Darstellung, Prototyp „Aktive Dokumente")

Für die Verschlüsselung wurde auf das Java Security Paket mit dem Provider `legions-ofthebountycastle` zurückgegriffen, da hier im Gegensatz zum SUN-Provider ein unproblematischer Austausch der Schlüssel zwischen Unix-Systemen und dem Java Key Storage-Format erfolgen konnte. Ein entsprechend verschlüsseltes Dokument bzw. eine Teilstruktur wird beispielhaft in Listing 10 gezeigt.

```
[...]
  <link name="observation" id="1">
    <container name="de.aktive_dokumente.archetype.encrypted_structure"
            id="6"
            archetypeRef=
              "de.aktive_dokumente.archetype.encrypted_structure">
      <link name="encrypted_structure" id="7">
        <container name="enctrypted_structure" id="8">
          <link name="root_structure" id="9">
```

```
        <element name="root_structure"
            id="10">de.aktive_dokumente.archetype.observation</element>
    </link>
    <link name="receiver" id="12">
        <container name="receiver" id="13">
            <link name="fullname" id="14">
                <element name="fullname" id="15">
                    cn=Alexandra,ou=Personal,dc=Testkrankenhaus,
                    dc=aktive-dokumente,dc=de</element>
            </link>
            <link name="encrypted_key" id="16">
                <element name="encrypted_key" type="base64"
                    id="17">FgHGhagz87[...]216732g</encrypted_key>
            </link>
        </container>
    </link>
    <link name="receiver" id="17">
        <container name="receiver" id="18">
            <link name="fullname" id="19">
                <element name="fullname" id="20">
                    cn=Bob,ou=Personal,dc=Testkrankenhaus,
                    dc=aktive-dokumente,dc=de</element>
            </link>
            <link name="encrypted_key" id="21">
                <element name="encrypted_key" type="base64"
                    id="22">AAuz78er1Ee[...]Pogh78de</encrypted_key>
            </link>
        </container>
    </link>
    <link name="content" id="23">
        <element name="content" type="base64"
            id="24">TTrqtrw62566[...]</element>
    </link>
    </container>
    <container name="decrypted_structure" id="25">
        <link name="decrypted_structure" id="110">
            <container
                name="de.aktive_dokumente.archetype.OBSERVATION"
                id="112"
                archetypeRef=
                    "de.aktive_dokumente.archetype.OBSERVATION">
                <link name="observation" id="113" primary="1">
                    [...]
                </link>
            </container>
        </link>
    </container>
    </link>
    </container>
</link>
[...]
```

Listing 10: Ausschnitt einer verschlüsselten Struktur mit zwei Empfänger-Schlüsseln
(Quelle: eigene Darstellung, Prototyp „Aktive Dokumente")

7.3.1.6 Änderungshistorie

Änderungen im Datenbestand werden grundsätzlich transaktionsorientiert durchgeführt um
einen inkonsistenten Zustand des Datenbestandes zu verhindern. Darüber hinaus können keine Daten aus der Akte gelöscht werden. Lediglich eine Markierung von Objekten als „gelöscht" oder „modifiziert" ist möglich. Wird ein Objekt modifiziert oder gelöscht, legt das
System zunächst eine Kopie des originalen Objekts an und modifiziert das Originalobjekt

bzw. markiert es als gelöscht. Anschließend wird die Kopie in einen Archetyp `de.aktive-_dokumente.archetypes.PREDECESSOR` integriert und mit dem modifizierten Objekt verbunden. Das System stellt für den Benutzer immer die aktuellste Version des Objekts dar und erlaubt durch die verlinkten Verweise auf die älteren Versionen ein „Rollback" zu jedem beliebigen Zeitpunkt. Abbildung 64 zeigt dieses Schema für die Änderung eines Elements.

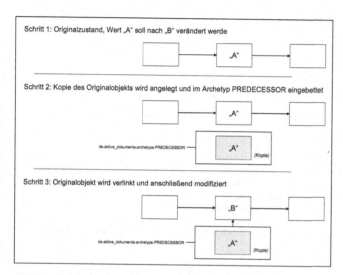

Abbildung 64: Management der Änderungshistorie
(Quelle: eigene Darstellung)

Das beschriebene System wurde prototypisch umgesetzt, bedarf aber für den produktiven Einsatz einer grundlegenden Überarbeitung, da sich eine Reihe offener Fragen in Bezug auf eine effiziente und transaktionssichere Modifikation ganzer Objektstrukturen auftaten.

Für medizinische Unterlagen wird der Modifikation von Datenbeständen eine untergeordnete Rolle zukommen, da die Akte eher ein Sammlung von Dokumenten ist, die ständig um neue Daten erweitert und nur in Ausnahmefällen modifiziert bzw. in Teilen gelöscht wird.

7.3.1.7   Speicherung von Informationen Aktiver Komponenten

Für Konfigurationsparameter spezifischer Aktiver Komponenten existieren Archetypen, die es dem Benutzer erlauben, diese im jeweiligen Dokument abzuspeichern. Im Prototyp wurde hierzu ein Prüfungsmechanismus als Aktive Komponente realisiert, die bei Eingabe und Modifikation bestimmter Felder aktiviert wird. Der Benutzer wird bei Eingabe eines Blutdruck-Wertes per Popup-Window darauf hingewiesen, dass der Patient unter einer chronischen Hypotonie leidet. Für die Aktive Komponente werden hierzu Eingabefelder in Editoren spezifiziert, bei deren Aktivierung der Benutzer mit einem Hinweis auf die Krankheit vor der jeweiligen Eingabe gewarnt wird. Die Konfiguration dieser Parameter wird mit dem Archetyp `de.aktive-dokumente.archetypes.watchdog_fields` zusammen mit dem Dokument ge-

speichert und bei einer Nutzung des Dokuments geladen und aktiviert. Listing 11 zeigt die
Speicherung der Konfigurationswerte (mit einem scriptbasierten Teil) im Dokument.

```
[…]
<container name="rule">
    <link name="field">
        <element
name="fieldname">bloodpressure.pressure.systolic</element>
    </link>
    <link name="actions">
        <element name="actions">ON_EXIT</element>
    </link>
    <link name="script">
        <element name="script">
            <![CDATA[
            if ($field.value > 120) then
            {
                alert ("Patient leidet unter chronischer Hypotonie!")
            }
            ]]>
        </element>
    </link>
</container>
[…]
```

Listing 11: Speicherung der Konfigurationsparameter im Aktiven Dokument
(Quelle: eigene Darstellung, Prototyp „Aktive Dokumente")

Abbildung 65 zeigt die Aktivierung der Komponente im Kontext des entsprechenden Ein-
gabefeldes.

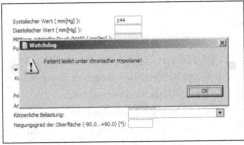

Abbildung 65: Aktive Komponente WATCHDOG
(Quelle: eigene Darstellung)

7.3.2   Szenario II – Aktive Komponenten

Die gewählte Eclipse-Technologie unterstützt mit dem Mechanismus von *extensions* die Dynamisierung und gegenseitige Nutzung von Komponenten (Plugins) die wiederum OSGi-
Bundles kapseln. Aktive Komponenten werden grundsätzlich als Plugins und damit auch als
OSGi-Bundles implementiert und können nach der OSGi-Spezifikation von beliebigen Quellen (File, Datenstrom, URL-Adresse) geladen und anschließend aktiviert und auch wieder
entladen werden (für eine detaillierte Darstellung siehe die OSGi-Spezifikation unter (OSGi
2003)). Dabei kann jede Komponente sogenannte *extension points*, d.h. für andere Kompo-

nenten sichtbare Schnittstellen, definieren. Für diese Schnittstellen können dann andere Komponenten etwas „beitragen" (engl. „*to contribute"* → *contribution*), indem sie eine auf den *extension point* passende *extension* definieren.

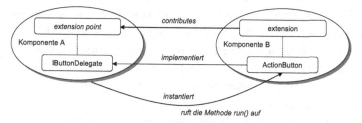

Abbildung 66: Der *extension*-Mechanismus der Eclipse Plattform
(Quelle: eigene Darstellung, in Anlehnung an (Lemieux / McAffer 2006))

Eine Komponente kann einen Button mit dahinterliegendem Code definieren und diesen als *extension* für den entsprechen *extension point* der Plattform definieren. Über einen Registrierungsmechanismus wird festgestellt, dass ein neuer „Beitrag" für den definierten *extension point* existiert hängen: Die Plattform registriert den entsprechenden Button, zeigt ihn in der geforderten Menüleiste an und führt bei einem Klick auf den Button den definierten Code in der beitragenden Komponente aus. *Extension points* und *extensions* werden deklarativ per XML in der Manifest-Datei einer Komponente definiert. Auf der einen Seite (*extension point*) wird dabei festgelegt, welche Klasse für die Verarbeitung von *extensions* zuständig ist (d.h. welche Klasse in der Plattform die Erweiterungen anderer Komponenten behandelt und Buttons im Menü darstellt). Auf der anderen Seite (*extension*) kann definiert werden, zu welchem *extension point* etwas wie beigetragen wird (d.h. welches Icon der Button haben soll und welche Klasse nach dem Klick auf den Button von Seiten der Plattform wieder aufgerufen werden muss). Der grundsätzliche Mechanismus wird in Abbildung 66 noch einmal implementierungsnah dargestellt. Dabei teilt Komponente B der Komponente A mit, dass sie einen entsprechenden Button der Klasse `ActionButton` (die das Interface `IButtonDelegate` und damit auch die Methode `run()` implementiert) angezeigt haben will. Komponente A registriert den Button und zeigt ihn dem Benutzer im gewünschten Menükontext an. Klickt der Nutzer auf den Button, wird darauf hin die Klasse `ActionButton` instantiiert und die Methode `run()` der Instanz aufgerufen.

Der hier am Beispiel vorgestellte Mechanismus ist dabei ein elementares „Bindemittel" zwischen den geladenen Komponenten in der Eclipse Umgebung. Daneben bietet die darunter liegende OSGi-Schicht noch weitere Methoden an, um die Dienste einer Komponente für andere Komponenten verfügbar zu machen.

7.3.2.1   Bereitstellung unterschiedlicher Werkzeuge für die Benutzergruppen

Wie in Kapitel 7.3.1.2 oben beschrieben kann eine Komponente mit Hilfe von *contributions* abhängig von der Rolle des Benutzers Elemente der Benutzerschnittstelle wie Werkzeug-icons, Ansichten, Menüpunkte etc. ein- sowie ausblenden. Neben der individuellen Konfiguration und der kontext- bzw. rollenabhängigen Bereitstellung bietet die Eclipse Plattform die Definition so genannter Perspektiven. Eine Perspektive repräsentiert eine spezifische Sicht auf die Daten und ist eine Zusammenstellung von individuell konfigurierten Ansichten- und Eingabeelementen der Plattform. Perspektiven setzen dabei u.a. die folgenden drei Konzepte um (für eine ausführliche Diskussion des Konzepts vgl. auch Springgay (2001)):

• Filterung von Informationen

• Aufgabenorientierte Zusammenstellung von Informationen und Werkzeugen

• Bereitstellung von unterschiedlichen Sichten auf die Daten

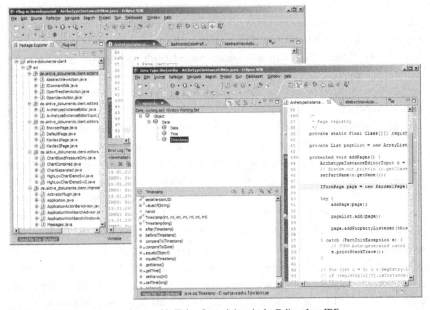

Abbildung 67: Nutzung von zwei unterschiedlichen Perspektiven in der Eclipse Java IDE
(Quelle: eigene Darstellung)

Perspektiven bieten sich für eine rollen- bzw. kontextspezifische Anpassung der Benutzer-oberfläche im Rahmen dieser Arbeit an und wurden bereits in Kapitel 7.3.1.2 für die Implementierung von zwei unterschiedlichen Sichten für die Rollen *Ärztliches Personal* und *Pflegepersonal* genutzt. Hierbei wurde für Ärzte eine kategorisierte Sicht auf alle Elemente der Akte realisiert während das Pflegepersonal eine KARDEX-ähnliche Sicht auf die pflegerelevanten Daten bekommt. Aufgabenorientierte Perspektiven sind ebenso denkbar und werden beispielweise im Rahmen der Java-Entwicklungsumgebung auf Basis von Eclipse für spezifische Programmieraufgaben wie Abhängigkeitsanalysen o. ä. realisiert.

Daneben können, wie in Kapitel 7.3.1.2 beschrieben, als Plugins realisierte Aktive Komponenten mit Hilfe von so genannten *contributions* an definierten Stellen innerhalb der Plattform ihre Werkzeuge anbieten.

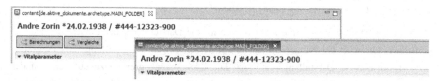

Abbildung 68: Anzeige von Werkzeugen abhängig von der Rolle des Patienten
(Quelle: eigene Darstellung)

Neben einer Definition, wie ein entsprechendes Icon für das Werkzeug aussehen soll, kann genau definiert werden, unter welchen Bedingungen das Werkzeug wo erscheinen soll, d.h. kontextabhängig von Benutzerrolle und evtl. anderen Parametern wird das Werkzeug dem Benutzer angeboten. Ein Teilnehmer mit der Rolle *Pflegepersonal* bekommt bspw. zwei Werkzeuge für die Unterstützung von Pflegeaufgaben angezeigt (vgl. Abbildung 68).

7.3.2.2 Aktive Kommunikation mit dem Benutzer und anderen Komponenten

Jede Komponente ist in der Lage, mit anderen Komponenten zu interagieren und kann bestimmte Dienste dem Benutzer aber auch anderen Komponenten zur Verfügung stellen. Dafür registriert eine entsprechende Komponente im OSGi Kontext einen oder mehrere Dienste, die andere Komponenten nutzen können. Listing 12 registriert einen solchen Service im OSGi-Kontext explizit, eine Registrierung mit Hilfe von Konfigurationsdateien im Eclipse Framework ist ebenfalls möglich.

```
public interface IExampleService {
        public String getCapitalizedString (String aString);
}
```

```
public class ExampleService implements IExampleService {

        public String getCapitalizedString(String aString) {
                return aString.toUpperCase();
        }
}
```

```
public class Activator extends Plugin {
    [...]
    }
    public void start(BundleContext context) throws Exception {
        super.start(context);
        IExampleService exampleService = new ExampleService ();
        ServiceRegistration registration = context.registerService(
                IExampleService.class.getName(), exampleService, null);
    }
    [...]
```

Listing 12: Explizite Registrierung eines Dienstes im OSGi Framework
(Quelle: eigene Darstellung, Prototyp „Aktive Dokumente")

Im Prototyp benötigt die Aktive Komponente für die Darstellung einer Fieberkurve Zugriff auf die Präferenzen des Nutzers in Bezug auf dessen gewählte Einstellung für eine grafik- bzw. textorientierte Darstellungspräferenz. Die Komponente greift dazu auf den von der Komponente PREFERENCES angebotenen Service zu und versucht, den Parameter *display-preference* als *graphic-oriented* oder *text-oriented* zu identifizieren. Gibt es keine solche Präferenz, wird der Benutzer gebeten, für die Zukunft eine entsprechende Präferenz einzugeben: dazu ruft die Komponente wieder einen entsprechenden Dienst der Präferenz-Komponente auf, die den Benutzer auffordert, die entsprechende Auswahl zu treffen und diese Auswahl in der Präferenzen des Benutzers speichert. Den Benutzer kann auch die Eingabe einer Präferenz verweigern: In diesem Fall besitzt die Komponente ein Default-Verhalten. Dieses Verhalten wird auch gewählt, wenn der entsprechende Dienst für die Verwaltung von Präferenzeinstellungen nicht lokal verfügbar ist. Ist ein Dienst nicht vorhanden, kann dieser auch auf anderen Plattformen gesucht werden und wahlweise entfernt aufgerufen oder in die aktuelle Umgebung als Aktive Komponente migriert werden. Auch ist die Lieferung einer Aktiven Komponente als Teil des Dokuments denkbar: die beschriebenen Szenarien für die Integration von Diensten werden im nächsten Kapitel im Detail beschrieben.

7.3.2.3 Dynamisierung der Einbindung Aktiver Komponenten

Über den im Eingang beschriebenen Plugin-Mechanismus hinaus greift der Prototyp die in Kapitel 6.3.4.3 beschriebene Flexibilität in Bezug auf den Grad der Einbindung einer Aktiven Komponente auf. Im Folgenden wird dies am Beispiel der bereits in Kapitel 7.3.1.3 vorgestellten Komponente DICOM2JPG erläutert. Die verschiedenen im Rahmen des Prototypen realisierten Alternativen für die Verteilung Aktiver Komponenten werden im Folgenden kurz technisch skizziert.

Bereitstellung einer Komponente durch andere Plattform oder durch zentrales Repository
Ist die vorhandene Komponente nicht lokal verfügbar können im Netzwerk andere Plattformen nach dieser Komponente angefragt werden. Dazu stellt jede Plattform eine Übersicht ihrer aktuell verwendeten Komponenten in den JavaSpace (siehe Kapitel 7.2.2) ein und bietet ein Web Service Interface, das den Download der entsprechenden Komponente anbietet. Eine Plattform kann die entsprechende Aktive Komponente als Plugin herunterladen und zur Laufzeit dynamisch einbinden.

Abbildung 69 zeigt eine Abfrage aller im Netz angebotenen Dienste und Komponenten mit der Möglichkeit, eine Aktive Komponente herunter zu laden.

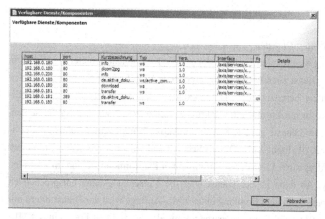

Abbildung 69: Abfrage von Diensten und Komponenten
(Quelle: eigene Darstellung, Prototyp „Aktive Dokumente")

Bei einer manuellen oder automatischen Migration wird über das in Kapitel 7.2.2 beschriebene Interface eine XML-basierte Anfrage an die jeweilige Plattform gestellt. Diese serialisiert die als JAR-File vorliegende Komponente (ein OSGi-Plugin mit entsprechenden Class-Dateien und Konfigurationsparametern) und gibt sie in einem XML-File als Base64-verschlüsselter Textblock, ggf. ergänzt um eine Signatur, zurück. Dieser Textblock wird von der anfragenden Plattform, ggf. nach einer Überprüfung der Signatur, entschlüsselt und als entsprechendes Plugin in der Plattform installiert und gestartet. Anschließend registriert die empfangende Plattform im zentralen JavaSpace, dass sie nun selber über die jeweilige Komponente verfügt und stellt sie anderen Plattformen über das beschriebene Interface zur Verfügung.

Bereitstellung einer Komponente durch Serialisierung in ein Aktives Dokument
Neben der Bereitstellung einer Komponente durch eine Plattform oder ein zentrales Repository kann die Aktive Komponente auch in ein Dokument serialisiert werden. Hierzu kann bspw. die empfangende Plattform vor einer Versendung des Dokuments auf dort bereits installierte Aktive Komponenten geprüft werden. Liegen benötigte Komponenten dort nicht vor, können diese mit Hilfe des Archetyps `de.aktive-dokumente.archetypen.active-component` in das Dokument serialisiert und mit dem Dokument ausgeliefert werden.

Bereitstellung von lokalen Diensten
Neben der lokalen Verfügbarkeit als OSGi Plugin kann eine Komponente anderen Komponenten ihre Dienste lokal zur Verfügung stellen. Dazu registriert die Komponente Services im lokalen Kontext: Andere Komponenten haben anschließend die Möglichkeit, das Vorhanden-

sein sowohl der Komponente als auch der entsprechenden Dienste lokal abzuprüfen und nach
erfolgreicher Prüfung die jeweiligen Dienste zu nutzen. Die Registrierung der Dienste erfolgt
analog zu Listing 12.

Bereitstellung von entfernten Diensten

Neben der Bereitstellung von lokalen Diensten für andere Komponenten bietet die Plattform
die Möglichkeit, jeden Dienst auch über die entsprechende Web Service Schnittstelle jedem
anderen Netzwerkbenutzer bereitzustellen. Dafür kann sie den entsprechenden Veröffentli-
chungsdienst der Plattform nutzen und die Funktionen im Netzwerk zur Verfügung stellen.
Für die zu veröffentlichten Dienste generiert dafür die Aktive Komponente „PublishingServi-
ce" ein entsprechendes XML-Input/XML-Output-Schema und registriert den Dienst mit einer
Beschreibung in der abfragbaren Liste der veröffentlichten Plattformdienste und im zentralen
JavaSpaces Repository. Ab dann ist der Dienst über die Versendung einer entsprechenden
XML-Anfrage erreichbar. Nach dem Empfang einer XML-Anfrage wird der Dienst intern mit
den übergebenen Parametern und Daten abgearbeitet und das Ergebnis in Form eines XML-
Dokuments an die anfragende Plattform zurück gesendet.

Bereitstellung von entfernten Diensten über ein Service-Proxy

Die oben genannte Möglichkeit wird im Prototyp mit der möglichen Bereitstellung so genannter Service-Proxies ergänzt: Hierbei arbeitet eine Aktive Komponente mit ein oder mehreren abgeleiteten Service-Komponenten zusammen. Diese werden mit Hilfe der oben beschriebenen Alternativen auf die Zielplattform transferiert und dort aktiviert. Sie stellen dann
die benötigten Funktionen lokal zur Verfügung, bauen aber im Hintergrund eine Verbindung
zu einer Plattform auf, die die vollständige Aktive Komponente im Einsatz hat. Mit ihnen
kann eine effiziente Übertragung von Daten oder eine Live-Anbindung an Remote-Systeme
realisiert werden. Im Prototyp wurde die Anbindung an ein Lotus Domino System mit Hilfe
der Kombination Service Proxy/Aktive Komponente realisiert. Dabei wird die Aktive Komponente auf einer Plattform installiert, die Zugang zu einem Lotus Domino System besitzt.
Mit Hilfe der Proxy-Komponente kann jede andere Plattform über diese Aktive Komponente
auf Lotus Domino wie auf ein lokales System zugreifen.

7.3.3 Szenario III – Kommunikation mit der Umgebung und Nutzung von Kontextinformationen

Die vorgestellte Gesamtsystemarchitektur bietet die Möglichkeit, Kontext-Komponenten, Aggregator-Komponenten und Interpreter-Komponenten als Aktive Komponenten flexibel in die
Plattform zu integrieren und erlaubt darüber hinaus die Kapselung etwaiger Sensoren, die mit
dem Host-Rechner oder einem anderen Host-Device verbunden sind. Die Architektur erlaubt
auf der Basis von OSGi die problemlose Anbindung physikalischer Sensoren im Sinne von

Bardram (Bardram 2004), allerdings wurde im Rahmen des Prototypen auf einfache ausgewählte Kontextparameter wie Zeit- und Nutzerinformationen zurück gegriffen.

7.3.3.1 Aktive Auswertung von Kontextparametern

Im Prototyp ist die oben beschriebene Komponente, die die Präferenzen des Nutzers zurückgibt, als Kontext-Provider in Anlehnung an Kapitel 2.1.4.6 realisiert. Daneben können der aktuelle Status des Benutzers, seine Aktivitätshistorie und Kontextparameter wie Uhrzeit und Datum von jeweiligen Komponenten als weitere Kontext-Provider in standardisierter Form als Eigenschaft-Wert-Paare zurückgeliefert werden.

Für eine aktive Auswertung der Kontextparameter kann der Zeitkontext in Verbindung mit der jeweiligen Rolle des Nutzers ausgewertet und regelmäßig überprüft werden, ob bestimmte Medikationen in die Akte eingetragen wurden. Hat der Benutzer die Rolle *Ärztliches Personal* inne, wird er lediglich darauf hingewiesen, hat er die Rolle *Pflegepersonal* inne, muss er aktiv die Medikation bestätigen oder die Eingabe dieser Daten verschieben.

Ein Scheduler erlaubt darüber hinaus die zeitgesteuerte Aktivierung von Komponenten nach einem Zeitschema (ähnlich dem `crontab` in Unix). Nachdem sich eine Aktive Komponente hier registriert hat, wird über ihr Interface `ITimer` die Funktion `timedRun ()` gemäß gewünschtem Zeitschema aufgerufen. Das dabei verwendete Listener-Pattern findet ebenso Verwendung bei der Abfrage von Kontextparametern. Dabei bekundet eine Aktive Komponente Interesse an einem oder mehreren Kontext-Parametern und registriert sich beim Kontextmanager. Bei jeder Generierung, Änderung und Löschung dieser Kontext-Parameter wird die Aktive Komponente anschließend immer über die jeweils neuen Werte der interessierenden Parameter informiert. Listing 13 zeigt das Gerüst der Klasse `ContextManager`: Dabei registriert sich jede interessierte Komponente für eine oder mehrere `ContextProvider`. Jeder `ContextProvider` meldet dem `ContextManager` Wertänderungen und dieser gibt diese Änderung an die interessierten (und damit auch registrierten) Komponenten über einen Aufruf der Funktion *hasChanged(...)* weiter.

```
package de.aktive_dokumente.contextmanager;

public class ContextManager {

[…]

    private HashMap <IContextProvider,HashSet<IContextChanged>> m_map
        = new HashMap <IContextProvider, HashSet<IContextChanged>> ();
[…]
    public synchronized void registerInterestedParty
        (IContextChanged aInterestedParty, IContextProvider aContextProvider) {
        HashSet <IContextChanged> set;
        if (m_map.get(aContextProvider)==null) {
            set = new HashSet <IContextChanged> ();
            m_map.put(aContextProvider, new HashSet <IContextChanged> ());
        } else {
            set = m_map.get(aContextProvider);
        }
        set.add(aInterestedParty);
    }
[…]
```

```
public void notify (IContextProvider aContextProvider, IContextParameter
    aContextParameter, IContextValue aOldValue, IContextValue aNewValue)
{
    HashSet <IContextChanged> set = m_map.get(aContextProvider);
    if (set!=null) {
        for (IContextChanged interestedParty : set) {
            interestedParty.hasChanged(aContextProvider, aContextParameter,
                aOldValue, aNewValue);
        }
    }
}
```

Listing 13: Gerüst der Klasse ContextManager
(Quelle: eigene Darstellung, Prototyp „Aktive Dokumente")

7.3.3.2 Kontextbezogene Anpassung der Benutzeroberfläche

Kapitel 7.3.2.1 beschreibt die Möglichkeiten, in Abhängigkeit von Benutzerrollen bspw. einzelne Werkzeuge oder Perspektiven anzuzeigen bzw. Objekte zu bearbeiten. Im Zusammenspiel mit der im letzten Kapitel beschriebenen Technik, Aktive Komponenten mit der Änderung von Kontextparametern zu verknüpfen, lassen sich beliebige Kombinationen in Bezug auf eine kontextbezogene Anpassung der Oberfläche realisieren. Der Rollenwechsel zu einem Arzt zwischen 07:00 Uhr und 10:00 Uhr kann bspw. mit einer Visite verknüpft werden.

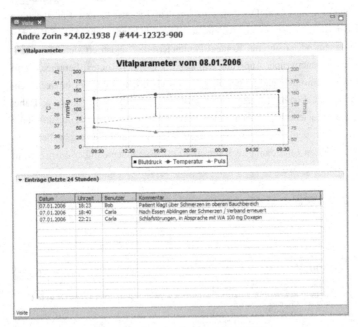

Abbildung 70: Perspektive der Komponente DAILY_WARD_ROUND
(Quelle: eigene Darstellung)

Die Komponente DAILY_WARD_ROUND stellt eine vorbereitete Perspektive (vgl. Abbildung 70) bereit, die alle Anmerkungen des medizinischen Personals der letzten 24 Stunden am Bildschirm zusammen mit einer Wertekurve der Vitalparameter anzeigt.

7.3.3.3 Beibehaltung einer Analogie zur Papierwelt

Da das Aktive Dokument aus einer Sammlung von Objektgruppen besteht, die jeweils einem Archetyp zugeordnet werden können, kann jede Aktive Komponente, die für die Darstellung eines Archetyps verantwortlich ist, auch eine zur Papierakte analoge Form der Darstellung realisieren. Mit Hilfe geeigneter XSLT-Transformationen lassen sich so die Strukturen und Inhalte des Aktiven Dokuments zusammen mit Funktionen, die ein Vor- und Zurückblättern innerhalb des Dokumentes simulieren, erzeugen. Kapitel 7.3.1.2 zeigte bereits eine mit Hilfe einer XSLT-Transformation erzeugte Ansicht auf das Gesamtdokument. Bei durchgehender Bereitstellung von geeigneten Stylesheets läßt sich auf diese Art ein *Blättern* durch die Ge-samtakte und auch die Transformation in ein PDF-Dokument auf einfache Art erzeugen. Abbildung 71 zeigt die Schritte einer solchen Transformation im Detail. Dabei wird das Akti-ve Dokument mit der Methode toXML() zunächst in ein XML-Dokument umgewandelt und die für die Ansicht relevanten Daten mit Hilfe einer parametrisierten XSLT-Transformation gefiltert. Die so erzeugten Daten werden dann mit Hilfe einer XSLT(/FOP)-Transformation in ein papiernahes PDF-Format oder in XHTML umgewandelt, das anschließend mit Hilfe von Cascading Style Sheets (CSS) bildschirmgerecht aufbereitet wird.

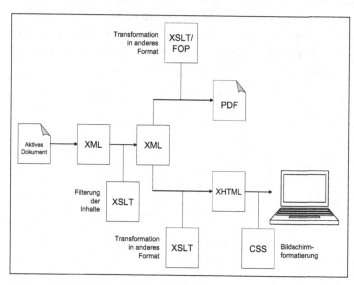

Abbildung 71: Transformation in Papier ähnliche Form
(Quelle: eigene Darstellung)

Bei der Erzeugung von HTML werden dabei bspw. Bilder generiert und interaktive Buttons („vor", „zurück", „nächste Seite" etc.) im HTML-Code erzeugt. Die Realisierung dieser Möglichkeiten erforderte im Prototyp den Einsatz eines eigenen Servlet-Containers: Der generierte HTML-Code verweist für interaktive Elemente und Grafiken auf Servlets zusammen mit entsprechenden Parametern, die wiederum die jeweilige Aktive Komponente in Bezug auf die Darstellung der nächsten Seite o. ä. triggern.

7.3.4 Szenario IV – Migration und Prozessunterstützung

Insbesondere im Hinblick auf die aktuellen Überlegungen zu serviceorientierten Architekturen bietet sich die Plattform für die Unterstützung verteilter Prozesse an. Im Rahmen einer Servicebus-basierten Infrastruktur kann dabei jeder Host seine Dienste über den Bus den andern Teilnehmern anbieten. Für die professionelle Unterstützung unternehmensweiter Prozesse bedarf es dabei einer Modellierung der relevanten Prozesse und der Implementierung mit Hilfe geeigneter Workflow-Bibliotheken (vgl. ARIS, jBPM o. ä.). Die im Folgenden dargestellten Unterstützungsmöglichkeiten deuten die durch Aktive Dokumente darüber hinaus realisierbaren Potentiale an.

7.3.4.1 Unterstützung von Prozessmustern

Der Prototyp realisiert mit der Komponente PROCESS_PATTERN die Unterstützung eines einfachen Prozessmusters im Stil eines Umlaufzettels. Ein Benutzer kann hierbei einen einfachen, sequentiellen Workflow-Prozess mit vordefinierten Funktionen wie „signieren", „übereinstimmen/ablehnen" und „kommentieren" definieren. Die entsprechenden Funktionen können mit erforderlichen Personen bzw. Rollen verknüpft werden. Abbildung 72 zeigt den entsprechenden Editor für die genannten Elemente, die zu einem einfachen Prozessmuster zusammengestellt werden können.

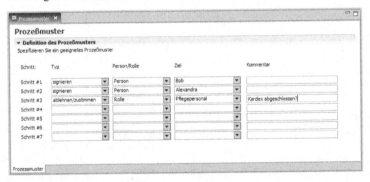

Abbildung 72: Editor für die Komponente PROCESS_PATTERN
(Quelle: eigene Darstellung)

Das Dokument speichert die Definition und die Ergebnisse dieses Prozessmusters im Dokument mit Hilfe des Archetyps `de.aktive_dokumente.archetypes.process_pattern` ab und weist den aktuellen Bearbeiter in regelmäßigen Abständen bzw. bei der Migration des Dokumentes in eine andere Umgebung darauf hin, welche Schritte noch ausgeführt werden müssen. Ebenso ist es denkbar, dass die Komponente auch in der Lage ist, im LDAP-Verzeichnis einen entsprechenden Benutzer mit definierter Rolle zu suchen und ihn in einer automatisch generierten E-Mail zu bitten, das Dokument anzufordern um die erforderliche Aktion auszuführen. Der angesproche Benutzer kann so entweder das Dokument auf seine Plattform anfordern oder sich in der aktuellen Plattform anmelden und die Aktion ausführen. Bei der Migration in eine andere Umgebung unterstützen dabei die in 7.3.4.3 vorgestellten Dienste.

7.3.4.2 Ad-Hoc Workflow-Unterstützung

Aufträge im System können mit Hilfe der in Kapitel 7.3.2.2 und Kapitel 7.3.2.1 aufgeführten Technologien realisiert werden. Der Prototyp stellt dafür die Aktive Komponente ADHOC bereit, der seine Daten mit Hilfe des Archetyps `de.aktive_dokumente.archetypes.com-ponents.ad_hoc` im Dokument ablegt. Listing 14 zeigt die Definition einer einfachen Aufga-be, die vom Benutzer, der die geforderte Rolle (in diesem Fall die Rolle *Pflegepersonal*) inne hat, als *erledigt* bestätigt und ggf. kommentiert werden kann.

```
<link name="ad_hoc_task" id="400" primary="1">
    <container name="de.aktive_dokumente.archetype.AD_HOC" id="401"
              ArchetypeRef="de.aktive_dokumente.archetype.components.ad_hoc">
        <link name="requested_role_person" id="402" primary="1">
            <element name="entry" type="string" id="403">Pflegepersonal</element>
        </link>
        <link name="task" id="404" primary="1">
            <container name="task" id="405">
                <link name="type" id="406" primary="1">
                    <element name="entry" type="string" id="407">todo</element>
                </link>
                <link name="content" id="408" primary="1">
                    <element name="entry" type="string" id="409">Bitte Blutdruck
                        kontrollieren.</element>
                </link>
                <link name="author" id="410" primary="1">
                    <element name="entry" type="string" id="411">Dr. Bob</element>
                </link>
            </container>
        </link>
        <link name="state" id="412" primary="1">
            <container name="state" id="413">
                <link name="state" id="414" primary="1">
                    <element name="entry" type="string" id="415">on hold</element>
                </link>
            </container>
        </link>
    </container>
</link>
```

Listing 14: Definition eines einfachen Ad-hoc-Tasks
(Quelle: eigene Darstellung, Prototyp „Aktive Dokumente")

Abbildung 73 zeigt den Editor für eine solche Aufgabe. Für die Realisierung der Komponente kann die in Kapitel 7.3.3.1 beschriebene Technologie verwendet werden. Dabei registriert sich die Komponente ADHOC bei dem zentralen Kontextmanager und bekundet Interesse für ein Wechsel des jeweiligen Parameters *Benutzerrolle*, ggf. in Verbindung mit einer regelmä-ßigen, zeitgesteuerten Abfrage der aktuellen Rolle des Benutzers.

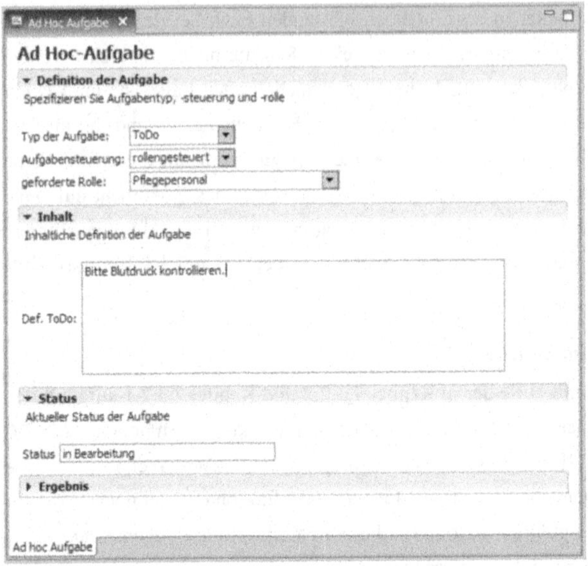

Abbildung 73: Editor für einen einfachen Ad-hoc-Tasks
(Quelle: eigene Darstellung)

7.3.4.3 Vorausschauende/nachschauende Unterstützung bei Prozessschritten und Migration in andere Umgebungen

Der Prototyp stellt für jede Plattform die Aktive Komponente INFO zur Verfügung. Diese stellt über den in Kapitel 7.2.2 beschriebenen Web Service-basierten Dienst Funktionen bereit, die alle installierten Aktiven Komponenten der Plattform beschreiben, die Aktiven Dokumente in der Plattform kurz auflisten und kategorisieren und weitere Informationen zur jeweiligen Umgebung (Hardware, Bildschirmauflösung etc.) bereitstellen.

Will der Benutzer ein Aktives Dokument auf eine Zielplattform migrieren bzw. fordert ein Benutzer der Zielplattform ein Aktives Dokument an, greift die Aktive Komponente MIGRATION_SUPPORT in der Quellplattform auf den Informationsservice der Zielplattform zu. Im Prototyp werden dabei alle Komponenten der Zielplattform untersucht. Dort vorhandene Komponenten werden aus dem Aktiven Dokument entnommen und fehlende Aktive Komponenten der Zielplattform in das Aktive Dokument serialisiert bevor es von der Quellplattform in die Zielplattform migriert. Damit wird sicher gestellt, dass alle erforderlichen Komponenten mit jeweiligen Abhängigkeiten auf der Zielplattform zur Verfügung stehen.

7.4 Erfahrungen, Nutzenpotentiale und Grenzen

Das folgende Kapitel fasst wichtige Erfahrungen aus dem Prototyping-Prozess und aus dem prototypischen Einsatz der Plattform zusammen und diskutiert anschließend allgemeine und technikspezifische Nutzenpotentiale der realisierten Telekooperationsumgebung. Abgeschlossen wird das Kapitel mit einer Diskussion der Herausforderungen und Grenzen der Umgebung.

7.4.1 Erfahrungen aus dem Prototyping-Prozess

Neben der realisierten und im Rahmen dieser Arbeit detailliert skizzierten Telekooperationsumgebung wurden im Rahmen des Prototypenbaus Erfahrungen aus anderen Projekten eingebracht, die zunächst kurz dargestellt werden. Anschließend erfolgt eine Diskussion der Erfahrungen, gegliedert in die Bereiche Komplexität, Stabilität, Performanz und Erweiterbarkeit, Benutzerschnittstellen und die Kombination alternativer Technologien.

7.4.1.1 Historie der Prototypen

Die im Rahmen dieser Arbeit gewählten Auswahlkriterien und die daraus folgenden Entscheidungen für einzelne Technologiekomponenten wurden maßgeblich aus dem Bau verschiedener Prototypen auf Basis einer Reihe von Technologien und aus Praxisprojekten gewonnen. Einige wichtige Projekte und Technologien im durchlaufenen Auswahlprozess werden im Folgenden kurz skizziert und bewertet:

Aglets

Aglets sind ein von der IBM entwickeltes Java-basiertes Framework für mobile Agenten (vgl. (IBM 2003)). Aglets sind Java-Objekte, die sich von Host zu Host bewegen und mittels Nachrichtenaustauschs auf Basis einer eigenen Sprache miteinander kommunizieren können. Aglets unterstützen Dispatching und Retraction als zwei Arten der Mobilität. Beim Dispatching wird die Ausführung des Aglets innerhalb der aktuellen Umgebung beendet und der auf dem Heap verfügbare Objektzustand des Aglets serialisiert. Zusammen mit dem Code wird dieser dann zu einer neuen Agentenplattform übertragen und dort rekonstruiert. In der neuen Umgebung beginnt dann die Ausführung am Standardeinstiegspunkt. Bei Retraction wird ein Aglet von einer anderen Plattform angefordert und in gleicher Weise migriert. Aglets wurden zum Test einer Agentenplattform unter Java mit Unterstützung starker Migration im Sinne von Kapitel 3.1.4ff. getestet. Wie in Kapitel 3.1.5 dargelegt, wurde bei der Realisierung Aktiver Dokumente auf den Einsatz mobiler Agenten verzichtet.

Grasshopper

Grasshopper ist eine von der Firma IKV++ entwickelte Java-basierte Agentenplattform. Auf Basis dieser Plattform wurde im Rahmen einer Forschungsarbeit (vgl. Neumann (2000)) die sichere Verschlüsselung und der Transport von Java-Agenten mit PKI-Komponenten realisiert. Die Migration eines Agenten erfolgt in dieser Plattform ebenfalls durch Serialisierung, die Kommunikation der Agenten untereinander wird in Grasshopper sehr gut unterstützt. Genau wie Aglets wurde Grasshopper als Plattform für mobile Agenten bei der Realisierung Aktiver Dokumente nicht berücksichtigt. Die Ergebnisse der Forschungsarbeit flossen jedoch in die Betrachtungen zur Sicherheit und Übertragung Aktiver Komponenten ein.

Lotus Notes / Domino

Lotus Notes / Domino ist eine dokumentenzentrierte Groupwareplattform (Wilczek / Krcmar 2001). Anders als bei den Agentenplattformen handelt es sich bei Lotus Notes / Domino um eine fertige Telekooperationsumgebung, die flexibel mit Java bzw. einem Basic-Dialekt (LotusScript) erweiterbar bzw. programmierbar ist. Leider reicht die Flexibilität dieser Plattform nicht aus, um Aktive Komponenten zu entwickeln, die problemlos mit Dokumenten verknüpft bzw. mit diesen integriert werden können. Da die Funktionalitäten in Bezug auf ein Dokument immer an die jeweilige Datenbank geknüpft sind, aus der das Dokument aufgerufen wird, müsste Notes eine dynamische Erweiterung der jeweiligen Datenbank zur Laufzeit erlauben.

Elektronische Gesundheitsakte der iMEDIC GmbH

Die iMEDIC GmbH entwickelte zwischen 2000 und 2002 eine patientengeführte Gesundheitsakte auf Basis einer 3-tier J2EE-Architektur. Hierbei wurden Erfahrungen mit dem Einsatz von J2EE-Containern (Orion, JBoss, WebSphere) in Verbindung mit relationalen Datenbanken für die Speicherung und Verwaltung medizinischer Informationsbestände gesammelt. Abbildung 74 skizziert die dafür eingesetzte Infrastruktur.

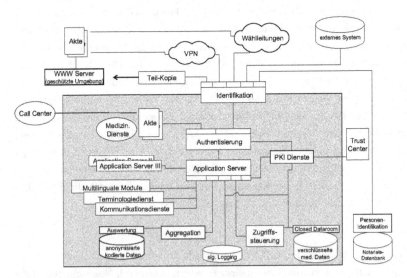

Abbildung 74: Infrastruktur Gesundheitsakte iMEDIC GmbH
(Quelle: eigene Darstellung)

Das verwendete Datenmodell lehnt sich an die Ergebnisse des GEHR-Projektes (Loyd 1995) und propagierte die Nutzung von Archetypen. Die für eine zentrale Datenhaltung sinnvolle Technologie wurde im Rahmen dieser Arbeit auch für eine dezentrale Datenhaltung im Sinne Aktiver Dokumente diskutiert (vgl. Kapitel 6.3.3.1), für den Einsatz im Prototypen aber verworfen. Ergebnisse und Erfahrungen in Bezug auf die Auswahl der Komponenten und die Verwendung von Archetypen konnten dagegen berücksichtigt werden.

7.4.1.2 Komplexität der Plattform, Stabilität, Performanz und Erweiterbarkeit

Die Eclipse-Technologie, speziell die Entwicklung einer eigenen Umgebung auf Basis von Eclipse RCP, ist relativ komplex und implementiert eine große Anzahl von Designmustern. Die deskriptive Konfiguration von Komponenten mit Hilfe so genannter „Plugin-Deskriptoren" und die Strategie, Erweiterungen in die Plattform „dazusteuern" zu können (als *contribution*) und in den selbstentwickelten Plugins eigene „Erweiterungsschnittstellen" (*extension points*) zu definieren, öffnen die Plattform für die Integration beliebiger Java-basierter Werkzeuge und Bibliotheken. Eclipse wurde für Erweiterbarkeit konzipiert und davon profitierte auch der Prototyp im erheblichen Masse, allerdings zum Preis einer relativ flachen Lernkurve. Die OSGi-Plattform stellt ein fertiges Betriebssystem für Komponenten bereit, was den Implementierungsaufwand erheblich senkte.

Dennoch bleibt die Komplexität für das Management einer flexiblen Anzahl unterschiedlicher Werkzeuge und Komponenten innerhalb einer Plattform hoch. Insbesondere die Erweiterung um die Bereitstellung von Diensten für andere Plattformen und die Unterstützung plattform-übergreifender Migrationsprozesse von Dokumenten mit Aktiven Komponenten en über das Netzwerk konnten nur prototypisch realisiert werden: eine Realisierung mit bspw. 100 Instanzen im Feld und einer realistischen Anzahl Aktiver Komponenten deuten auf Herausforderungen im Bereich Performanz und Lastverteilung hin.

Die Kombination von Standardprodukten aus dem Open Source Bereich wurde durch die vorhandene gute Dokumentation der Einzelkomponenten und viele Informationen in Fachartikeln, Internet-Foren und Newsgroups erheblich erleichtert. Durch den Einsatz etablierter Technologien und Komponenten gelang es, das Konzept mit einer Plattform zu realisieren, die eine sehr hohe Stabilität und gute Performanz aufweist. Unter anderem ist dies auf das ausgereifte OSGi-Framework zurück zu führen, das auch als Unterbau der sich zur Zeit weltweit durchsetzenden Eclipse-basierten Java Entwicklungsplattform Eclipse JDT dient und auf eine entsprechend große Anzahl Entwicklungshelfer und auf unzählige freiwillige (und unfreiwillige) Testnutzer zurückgreifen kann.

Speicherfootprint und CPU-Usage der reinen OSGi-Umgebung war sehr gering. Je nach Anzahl und Art der implementierten Aktiven Komponenten variiert der Bedarf, wobei die Plattform selber mit der Technologie des „Lazy Loadings" von Komponenten (d.h. der Bereitstellung erst bei wirklicher Nutzung) hervorragend skaliert. Die drei größten Herausforderungen bei der Arbeit mit der gewählten Technologie existieren auf drei Ebenen.

Sie lassen sich stichwortartig überschreiben mit

- hoher Komplexität
- Orchestrierung von (Dritt-)Komponenten
- Classloader-Problematik

Hohe Komplexität

Die Arbeit mit OSGi, der RCP Plattform und anderen vorgestellten Komponenten benötigt neben technischen Verständnis eine hohe Abstraktionsfähigkeit und entsprechende Erfahrung, um die Komponenten effizient miteinander einzusetzen. Im Rahmen dieser Arbeit konnte zwar Erfahrung aufgebaut werden, aber gerade die Gespräche mit Experten über verschiedene Aspekte der Realisierung zeigten oft, dass die verfügbaren Möglichkeiten der Komponenten nur ansatzweise ausgereizt werden konnten. Die gesamte Mächtigkeit der Plattform lässt sich nur als äußerst erfahrener Spezialist erschließen. Alternativ können für eine Domäne auch Werkzeuge und Leitlinien erstellt werden, die es dem Domänenspezialisten ermöglichen, seine Ideen umzusetzen.

Orchestrierung von (Dritt-)Komponenten

Diese Thematik steht stellvertretend für eine Ebene zwischen Konzept und konkreten Problemstellungen bei der Implementierung der Technologie. Die eingesetzten Open Source Komponenten sind nicht aus einer Hand und verfolgen teilweise sehr unterschiedlich Philosophien, wie Dinge konzeptionell und auch praktisch umgesetzt werden sollen. Der kombinierte Einsatz solcher Komponenten benötigt daher ein tiefes Verständnis jeder einzelnen Komponenten, der sich leider (und dann meist sehr schmerzlich) erst nach einer intensiven Nutzung in der Kombination erschließt. Die Verbindung von Konzepten des OSGi-Frameworks mit Komponenten, die eine monolithische Systemarchitektur voraussetzen, ist sehr mühselig und überraschungsintensiv. Dennoch lassen sich auch hier elegante Lösungen, bspw. mit der Umwidmung eines HTTP-Servers als Aktive Komponente bzw. Plugin finden. Andere Bibliotheken (bspw. Log4J) erfordern dagegen eine Kapselung von Komponenten in eine OSGi-konforme Hülle.

Classloader-Problematik

Dieses Stichwort steht stellvertretend für eine Reihe spezieller Detailprobleme, die sich erst bei der Implementierung ergaben. Insbesondere bei Realisierung der Migration einer Aktiven Komponente und damit der Einbindung einer gesamten Klassenhierarchie, die der Plattform vorher unbekannt war, kommt es zu `ClassNotFound`-Fehlern. Trotz der Nutzung der von OSGi zur Verfügung gestellten Mechanismen trifft man bei Einbindung externer Bibliotheken häufig auf diesen Fehler und muss sich dann intensiv um den entsprechenden Context-Loader kümmern bzw. den Aufruf der Komponente mit einem expliziten Classloader verbinden (vgl. Blewitt 2006).

Im Rahmen dieser Arbeit zeigte sich, dass OSGi in Verbindung mit der Eclipse-Plattform eine Vielzahl weiterer Möglichkeiten für die Implementierung einer flexiblen, komponentenorientierten Architektur bietet, die im Rahmen dieser Arbeit auch nicht annährend ausgeschöpft werden konnte und von denen sich viele erst während der praktischen Arbeit ergaben.

7.4.1.3   Benutzerschnittstellen

Die genutzten GUI-Komponenten des Rich Clients auf Basis von SWT zeigten im Gegensatz zu C++-basierenden Windows-Applikationen keine Unterschiede hinsichtlich der Geschwindigkeit und ließen die Oberfläche, im Gegensatz zum typischen Java AWT-Look & Feel, wie eine native Windows- bzw. Linux GTK-Anwendung erscheinen. Bei Praxisprojekten mit SWT zeigte sich auch, dass mit der Benutzung der Rich Client Plattform eine „Professionalitätsvermutung" des Nutzers einhergeht: Einer entsprechend professionell gestalteten Plattform sieht der Benutzer zunächst nicht den prototypischen Charakter an. Leider existiert noch keine empirische Studie zu dieser These in Bezug auf SWT und AWT.

Die Eclipse-spezifischen Konzepte wie *Perspektiven*, *Editoren*, *Views* etc. eignen sich sehr gut für dokumentenzentrierte Anwendungen und insbesondere *Perspektiven* erlauben eine einfache und präferenzgesteuerte Gliederung der Oberfläche.

Die Publikation der Plattform über HTTP wird im Prototyp nur rudimentär unterstützt: Mit Ajax-basierten Web-Komponenten auf Basis von JFace (auf der Ebene von SWT) zeigen erste Produkte aber schon heute die Möglichkeiten, eine Eclipse-basierte Plattform über HTTP/HTML und einen Browser bedienen zu lassen, ohne die Applikation komplett umschreiben zu müssen (vgl. dazu bspw. die RAP-Technologie (Innoopract 2006)).

7.4.1.4   Alternative Nutzung etablierter Technologien

Im Rahmen des Prototyps wurden etablierte Technologien in neuer Kombination für ein Nutzungsszenario eingesetzt, für das keines der Komponenten spezifisch entwickelt wurde. Die folgenden im Prototyp realisierten Konzepte bieten rückblickend Potential für eine weitere Evaluierung in anderen Projekten:

- Web Services auf Basis von Axis, gesichert mit XML Encryption, die zur Auslieferung von OSGi-Komponenten genutzt werden

- OSGi-Komponenten, die ihre Dienste anderen Plattformen über ein Web Service Protokoll zur Verfügung stellen

- Serialisierung von Komponenten (als Bytecode) und Zuständen von Komponenten in XML-Dokumenten

- Transaktionsorientierte Verwaltung der Dokumentendaten durch Prevayler

- Flexibles Komponentenframework, das das zu bearbeitende Material für die Auslieferung der Komponenten nutzt

- OSGi-Komponenten, die in der Plattform gleichzeitig als Server- und als Client-Komponenten genutzt werden und die Plattform *gleichzeitig* als Server und als Client erscheinen lassen

Mit Betrachtung der aktuellen Projekte im Eclipse-Umfeld sind insbesondere das Thema OS-Gi-Komponenten auf dem Server (sog. Rich Server Platform, vgl. (Gehner 2006)) bzw. der Einsatz der Plattform als Client *und* als Server von Interesse. Die Auslieferung von Plugin-Komponenten über das Netz ist mittlerweile in dem Eclipse-integrierten Update Service realisiert.

7.4.2 Nutzenpotentiale

Im Folgenden werden wichtige Nutzenpotentiale der realisierten Plattform, unterschieden in allgemeine und technikspezifische Potentiale, diskutiert.

7.4.2.1 Allgemein

Davenport und Short (Davenport / Short 1990, S. 11ff) beschreiben eine Kategorisierung von Einsatzmöglichkeiten der IKT. Anhand einzelner Einsatzpotentiale von IKT identifiziert Davenport (Davenport 1993, 50ff.) deren organisatorische Auswirkungen bzw. deren Nutzen. Davenport unterscheidet dabei unterschiedliche Nutzenpotentiale der Informations- und Kommunikationstechnologie (Davenport / Short 1990, 50ff); vgl. (Geier 1999, 79ff.). Das System liefert einen Beitrag für die Automatisierung von Prozessen indem es dabei unterstützt, durch entsprechende Aktive Komponenten den Patientenweg zu standardisieren und effizient zu begleiten. Informationen können grafisch aufbereitet mit einer Vielzahl von Werkzeugen analysiert und Aufgaben durch die flexible Einbindung spezialisierter Werkzeuge effizienter erledigt werden. Eine dem Nutzer angepasste Bereitstellung *aller* patientenbezogenen Informationen hilft zusätzlich bei der Routinearbeit und der Entscheidungsfindung. Die von Davenport diskutierte Fähigkeit der IKT, Informationen unterschiedlicher Formate und Strukturierungsgrade zu handhaben und somit eine Unterstützung komplexer Aufgaben zu ermöglichen und zusammenzufassen wird durch die Nutzung der flexiblen Datenstruktur auf Basis von Archetypen unterstützt.

Die Einbeziehung von Kontextinformationen ist technisch vorbereitet, bedarf aber in einer Verbindung mit physikalischen Kontextsensoren geeigneter Szenarien, die in der betrachteten Domäne nicht offensichtlich wurden: Andere Domänen bzw. Einsatzszenarien mögen hier geeigneter sein.

Auf der Basis der erarbeiteten Konzepte kann eine domänenspezifische Plattform entwickelt werden, die den extremen Anforderungen des Gesundheitswesens in Bezug auf die Vielfalt der benötigten Werkzeuge, auf die Flexibilität von Datenformaten und auf die Anpassung an die unterschiedlichen Akteure im Health Care Team gewachsen ist.

7.4.2.2 Technikspezifisch

Aus technologischer Sicht konnten mit dem Prototypen eine Reihe von Ideen erfolgreich realisiert werden, die bei der Entwicklung einer Arbeits- bzw. Kooperationsplattform für die medizinische Domäne weiterverfolgt werden können.

Durch die Nutzung und Versionierung von Archetypen mit darauf abgestimmten Werkzeugen wird es möglich, beliebig flexible Datenstrukturen zusammen mit einer Ontologie zu verarbeiten. Diese Werkzeuge werden durch Aktive Komponenten realisiert, mit denen das System „on the fly" aktualisiert und erweitert werden kann. Die flexible Architektur erlaubt darüber hinaus (bis auf einige Basiskomponenten) den kompletten Austausch aller Komponenten.

Aktuelle Trends der Softwarebranche (Serviceorientierung, Komponentenframeworks) konnten mit dem Prototypen erfolgreich verbunden werden und der Gedanke der Serviceorientierung wird hier um die Auslieferung des gesamten Service-Providers bzw. der entsprechenden Aktiven Komponente erweitert. Einer solchen Verteilung mag insbesondere bei Ansätzen zum Thema Grid-Computing in Bezug auf die Ausnutzung von Ressourcen eine interessante Rolle zukommen.

Die Nutzung von Java in Verbindung mit OSGi ermöglicht die einfache Portierung von Teilen des Systems auf andere Einheiten, bspw. auf mobile Geräte wie Handhelds oder Telefone, Server oder integrierte Systeme.

Das System kann durch die Migration von Aktiven Dokumenten auch offline genutzt werden, ein Replikationsmechanismus wäre allerdings im Detail zu erarbeiten. Die Möglichkeit einer redundanten Installation und Bereitstellung des gleichen Dienstes auf mehreren Rechnern erhöht zusätzlich die Ausfallsicherheit und erlaubt die Nutzung in einem Grid.

7.4.3 Technische Herausforderungen und Grenzen

Aufgrund der hohen Komplexität der eingesetzten Technologiekomponenten kann diese Arbeit lediglich Ideen und Anhaltspunkte für die Entwicklung einer Kooperationsplattform für das Gesundheitssystem bieten. Einer erfolgreichen Nutzung des Prototypen in der Praxis steht die große Anzahl von zu implementierenden Werkzeugen und Ansichten für den erfolgreichen Einsatz im echten Klinikbetrieb gegenüber. Ein möglicher Schritt für die Etablierung einer solchen Plattform ist die Erarbeitung von offenen Datenformaten und Schnittstellen für die Entwicklung Aktiver Komponenten.

Ein großes Dilemma der hier vorgestellten, flexiblen Architektur ist insbesondere die Verteilung der Aktiven Dokumente als Träger aller relevanten Informationen für die Patienten auf eine Vielzahl von Host-Geräten. Für den Einsatz in der stationären Versorgung wird einer Lösung, die den Datenbestand des Patienten sukzessive auf verschiedene Host-Systeme wandern lässt, nur dann eine Chance eingeräumt, wenn es eine Möglichkeit gibt, auch bei Ausfall eines einzelnen Systems, auf dem sich die Patientenakte als Aktives Dokument zuletzt befunden hat, den Datenstand des Dokumentes vor der letzten Transaktion rekonstruieren zu können. Dazu existieren verschiedene Lösungsstrategien, von denen eine hier kurz vorgestellt wird:

Vor einer Migration wird der letzte Stand des Dokuments auf einem Host A (Quelle) zwischengespeichert, das Dokument wird zum Host B (Ziel 1) migriert und lokal so lange vorgehalten, bis das Dokument von Host B (Ziel 1) auf einen weiteren Host C (Ziel 2) weiter migriert wird. Host B hält zu diesem Zeitpunkt eine lokale Kopie, während die lokale Kopie auf Host A gelöscht werden kann.

Alle Transaktionen in Bezug auf das Dokument werden in eine lokale Datenbank (bspw. des aktuellen Hosts B) geschrieben und zeitgleich an ein zweites System (bspw. an das entsprechende Quellsystem Host A) gesendet. Bei Ausfall von Host B kann die temporäre Zwischenkopie des Dokumentes vom Host A gelesen und anhand der zwischengespeicherten Transaktionen wiederhergestellt werden.

Eine Modifikation dieser Strategie sieht die Etablierung eines zentralisierten Backupsystems vor, auf dem jeweils der letzte Stand eines Dokuments vor seinem Transfer auf einen anderen Host sowie alle laufenden Transaktionen als Kopie gespeichert werden müssen. Eine Zwischenspeicherung der Dokumente ist theoretisch nicht erforderlich, da aus einer lückenlosen Transaktionshistorie jeder Stand des Dokumentes wiederhergestellt werden kann. Gerade der Einsatz einer PKI und die verteilte, verschlüsselte Speicherung der Dokumente und Komponenten stellen ein große Herausforderung für eine solche Strategie dar, die aber auch bei zentralisierten Systemen nicht unterschätzt werden darf.

Die Offline-Nutzung eines Aktiven Dokuments, bspw. zur Nutzung auf einem mobilen Device ohne Netzanbindung, wird nur für den Fall empfohlen, bei dem das Dokument ausschließlich gelesen oder Modifikationen vorgenommen werden, bei denen der Nutzer explizit ein Verlustrisiko der Daten in Kauf nehmen möchte.

Die Dezentralität der Datenhaltung erschwert die Einhaltung von Datenschutzbestimmungen. Insbesondere die physische Sicherung eines zentralen Systems vor Diebstahl ist natürlich leichter als die Sicherung einer Vielzahl von Host-Rechnern. Dem ist aber entgegen zu halten, dass bei Diebstahl eines Host-Systems nur ein Bruchteil der Datenbestände nach außen gelangt. Die Entschlüsselung der Daten ist bei einer guten PKI-Infrastruktur und einer entsprechend starken Verschlüsselung der Daten auf den Rechnern allerdings in beiden Szenarien schwierig.

Durch den Einsatz Aktiver Komponenten auf den einzelnen Host-Systemen ist die Gefahr gegeben, dass sich Aktive Komponenten gegenseitig behindern bzw. die Ressourcen des Host-Rechners extrem in Anspruch nehmen und die Architektur, ähnlich wie einem Agentensystem, nicht skaliert. Diese Gefahr ist grundsätzlich gegeben, wird aber durch die erforderliche explizite Zustimmung des Starts einer Aktiven Komponente auf dem Hostrechner und die vorherige Möglichkeit des Checks der auf dem Zielrechner vorhandenen und laufenden Aktiven Komponenten gemildert. Ein Aktives Dokument kann nicht selber migrieren: es kann lediglich einen Wunsch nach Migration äußern, der dann von der Zielplattform erfüllt wird.

8 Zusammenfassung, Fazit und Ausblick

Ziel der vorliegenden Arbeit war die Entwicklung, prototypische Realisierung und Bewertung des neuartigen Konzeptes *Aktives Dokument* vor dem Hintergrund einer geeignet erscheinenden Domäne für die Unterstützung kooperativer Arbeit. Die gefundenen Antworten auf die Forschungsfragen werden im folgenden Kapitel 8.1 zusammengefasst. Kapitel 8.2 resümiert darüber hinaus weitere Ergebnisse, die im Rahmen des Forschungsprozesses zur Beantwortung der Kernfragen erzielt wurden und einen eigenständigen Charakter haben. Kapitel 8.3 zieht ein kritisches Fazit und leitet den Ausblick in Kapitel 8.4 ein, der die Potentiale des Konzeptes im Kontext klinischer Informationssysteme aufzeigt und offene Forschungsfragen systematisiert.

8.1 Beantwortung der Forschungsfragen

Die Arbeit wurde durch die folgenden drei Forschungsfragen strukturiert:

- *Forschungsfrage 1:* Was ist ein Aktives Dokument für die Unterstützung kooperativer Arbeit

- *Forschungsfrage 2:* Wie können kooperative Aufgabenstellungen aus der Praxis durch den Einsatz Aktiver Dokumente unterstützt werden?

- *Forschungsfrage 3:* Mit welchen technischen Komponenten lassen sich die mit Aktiven Dokumenten verbundenen Konzepte umsetzen?

Im Folgenden werden die Strategien zur Beantwortung der Fragen und die im Rahmen dieser Arbeit gefundenen Antworten noch einmal kurz zusammengefasst.

8.1.1 Aktive Dokumente für die Unterstützung kooperativer Arbeit

Zur Beantwortung der ersten Forschungsfrage wurden die Eigenschaften eines Aktiven Dokuments als gemeinsames Material herausgearbeitet, die ein Potential zur Unterstützung verschiedener Bereiche von Kooperationsarbeit bieten. Dabei wurde ein Aktives Dokument folgendermaßen definiert:

*Ein **Aktives Dokument** ist ein digitales Dokument, das in der Lage ist, die Anforderungen an gemeinsames Material zur Unterstützung kooperativer Tätigkeiten zu erfüllen. Indem das Dokument selbst zum Akteur werden kann, unterstützt es Koordinationsfunktionen und kann, abhängig von seinem Inhalt und Umgebungsparametern, definierte, auf den Kontext abgestimmte Dienste anbieten, und, abhängig von den Restriktionen der Laufzeitumgebung, einen Prozess starten.*

In Kapitel 2.2 ff. wurden hierzu die Eigenschaften gemeinsamen Materials diskutiert. Nach einer Abgrenzung der Begriffe „Dokument" und „digitales Dokument" konnte die Eignung digitaler Dokumente als gemeinsames Material konstatiert werden. Die zusätzliche Entkopplung der Funktionen und Werkzeuge von dem umgebenden Informationssystem, die die Verwendung digitaler Dokumente als gemeinsames Material für die Kooperation ermöglichen, und die Integration dieser Eigenschaften in das digitale Dokument werden als wichtiger

Schritt zur Bereitstellung autonomer, gemeinsamer Materialien für die Zusammenarbeit gesehen und manifestiert sich in dem Konzept Aktiver Dokumente.

Die enge Integration Aktiver Komponenten mit Dokumentinhalten und die sehr eingeschränkte Autonomie grenzen ein Aktives Dokument von einem Agenten ab. Aktive Komponenten können als Inhalt eines Aktiven Dokumentes transportiert werden und die Zielumgebung als eigenständige Softwarekomponente erweitern. Von daher entsprechen Aktive Komponenten dem Konzept einer Komponente im Sinne komponentenbasierter Entwicklung von Software mit Deployment auf Basis migrationsfähiger Aktiver Dokumente.

8.1.2 Aktive Dokumente für kooperativen Aufgabenstellungen in der Medizin

Zur Vorbereitung einer Beantwortung der zweiten Forschungsfragen nach einer Unterstützung kooperativer Aufgabenstellungen werden die Unterstützungsmöglichkeiten Aktiver Dokumente systematisiert und den vier (nicht überschneidungsfreien) Bereichen *interne Datenrepräsentation*, *Aktive Komponenten*, *Kommunikationswerkzeuge* und *Migration und Prozessunterstützung* zugeordnet. Im Rahmen der vier Bereiche wurden Kernanforderungen an Aktive Dokumente und an eine Telekooperationsumgebung formuliert und auf dieser Basis Szenarien erarbeitet, die eine bessere Unterstützung kooperativer Arbeit in verschiedenen Bereichen vermuten ließen. Viele Aspekte der Szenarien leiteten u.a. die Untersuchungen in der Domäne und ließen sich in praxisnahen Aufgabenstellungen manifestierten.

Durch ein exploratives Forschungsdesign konnten Aspekte der erarbeiteten Szenarien in der Praxis überprüft, abgeändert und ergänzt werden. Dabei zeigte sich, dass Teile der Patientenakte im Sinne eines gemeinsamen Materials im Kooperationsprozess des *health care teams* genutzt werden. Das Ergebnis dieser Analyse konnte in konkrete Aufgabenstellungen überführt werden, die systematisiert und bei der Entwicklung des Prototypen aufgegriffen wurden. Die Aufgabenstellungen geben Hinweise auf praxisrelevante Unterstützungsmöglichkeiten der Kooperationsarbeit durch die Eigenschaften Aktiver Dokumente und konkretisieren die vorher in den Szenarien angedeuteten Alternativen. Kontexte spielen bei dieser Unterstützung nur eine untergeordnete Rolle. Die pragmatische Abbildung vieler *KARDEX*-Funktionalitäten durch aktive Eigenschaften eines Dokuments besitzt deutlich mehr Potential für eine verbesserte Unterstützung der Kooperationstätigkeit.

8.1.3 Ergebnisse der Architekturkonzeption und der prototypischen Realisierung

Die dritte Forschungsfrage bezieht sich auf die technischen Komponenten zur Umsetzung der mit einem Âktiven Dokument verbundenen Konzepte. Hierzu wurden Host-Systeme als Container für Aktive Dokumente und eine dafür geeignete Telekooperationsumgebung konzipiert und prototypisch realisiert. Die gesamte Infrastruktur basiert dabei auf Standardkomponenten, die sich im Industrieeinsatz bewährt haben und zur erfolgreichen Umsetzung des Konzepts verknüpft werden. Die prototypische Umsetzung der verschiedenen erarbeiteten Szenarien wurde in Kapitel 7.3 realisiert und im Detail beschrieben. Die vorgeschlagene Architektur ließ sich dabei mit Hilfe der ausgesuchten Technologiekomponenten erfolgreich umsetzen.

Insbesondere die Realisierung einer Ontologie durch eine Archetyp-basierte Beschreibung von Dokumentteilstrukturen lässt eine einfache Erweiterung um neue Konzepte und die Entwicklung und Integration darauf basierender Werkzeuge zu. Die untersuchten Konzepte Aktiver Dokumente ließen sich mit dem im OSGi-Framework propagierten Bundle-bzw. Plugin-Konzept in Verbindung mit der Eclipse Rich Client Platform sehr gut abbilden. Das Lifecycle-Management der Host-Plattformen wird durch die verfügbare Infrastruktur sehr gut unterstützt während die Plattform selbst eine stabile Basis für die Entwicklung Aktiver Komponenten bietet. Im Hinblick auf die Integration der Konzepte in eine zukünftige Web Service Infrastruktur wurden die dort propagierten Protokolle im Prototyp erfolgreich eingesetzt.

8.2 Weitere Ergebnisse

Neben der Beantwortung der Kernfragen wurden im Rahmen des Forschungsprozesses weitere Fragen aufgeworfen und Ergebnisse erarbeitet, die im Folgenden kurz resümiert werden.

8.2.1 Nutzung von Kontext

Bei der Diskussion der Grundlagen wurde ein relativ großes Potential im Konzept *Kontext* und damit verbundener Nutzungsszenarien für die Unterstützung kooperativer Arbeit vermutet. Mit einer ausführlichen Betrachtung des Konzeptes erwies es sich allerdings als schwierig, Kontext zu operationalisieren und innerhalb eines Telekooperationssystems für die Kooperationsarbeit sinnvoll zu nutzen. In Bezug auf die Datenmodellierung zeigt sich Kontext im Sinne des beschriebenen Beispiels aus dem Projekt OpenEHR als sehr hilfreich: Ein Datum steht im Kontext einer Messung, diese wiederum kann einem Untersuchungskontext zugeordnet werden, und die Untersuchung lässt sich ihrerseits dem Kontext einer Krankheitsepisode zuordnen. In der Literatur zeigte sich die Verbindung von einer Rolle innerhalb der Organisation mit aktuellen Orten und physikalischen Objekten wie Bett oder Medikamentendosierer im Sinne von Bardram (2004, 1576f.) als eine der wenigen Kombinationen, in denen Kontextparameter sinnvoll zur Ableitung aktueller Aufgaben und Unterstützung medizinischer Arbeit herangezogen werden konnten.

Die Vermutung, dass man mit geeigneten Kontextparametern in der medizinischen Arbeit schnell auf die Arbeitskontexte der Kooperationspartner schließen kann, erwies sich insbesondere in den Fallstudien als schwierig. Auch die Unterstützungsmöglichkeiten bei einem sicheren Rückschluss auf einen bestimmten Arbeitskontext sind eher limitiert: So gab es nur sehr beschränkte Anforderungen an die Bereitstellung kontextspezifischer Sichten oder Werkzeuge. Die Berücksichtigung individueller Nutzerprofile in Bezug auf die Bereitstellung elektronischer Werkzeuge oder für globale Einstellungen der Arbeitsoberfläche war hier eher ein Thema: Aber auch dort muss die elektronische Unterstützung sehr zurückhaltend sein, muss sich doch bei einem entsprechenden Arbeitsdruck in der Domäne dem Nutzer eine erwartungskonforme und möglichst immer gleiche Oberfläche bieten.

8.2.2   Eignung einer flexiblen Architektur für das Gesundheitswesen

Die einzelnen Systeme im Gesundheitswesen sind extrem heterogen und eine Homogenisierung der Systemlandschaft ist auch in den nächsten Jahren nicht zu erwarten. Dieses führt zu einer Gesamt- bzw. Partiallösung, die eine Reihe von Adaptern zu verschiedensten Systemen nutzen muss. Gemeinsame Ontologien, Ontologie-Adapter, Terminologie-Server, Meta-Verzeichnisse etc. sind dabei Lösungsansätze, die durch ein Aktives Dokument flexibel, service- und komponentenorientiert unterstützt werden können. Eine flexible Plattform mit spezifisch einsetzbaren und austauschbaren Werkzeugen für die unterschiedlichen Anwendergruppen auf Basis einer erweiterbaren Architektur muss eine Integration solcher Basiskomponenten vorsehen und wird durch das dargestellte Konzept einer Telekooperationsumgebung auf Basis Aktiver Dokumente unterstützt. Ein Aktives Dokument unterstützt zudem elektronische Signaturen und Datenverschlüsselung und stellt die Daten auf beliebigen Endgeräten zur Verfügung.

Die erfolgreiche weltweite Etablierung der Eclipse-Plattform und verwandter Projekte zeigen, dass sich auf Basis dieser Technologie Plattformen für spezifische Domänen herausbilden werden, von denen eine das Gesundheitssystem sein wird.

8.2.3   Ausschöpfung des Potentials im Gesundheitswesen

Das Potential einer elektronischen Patientenakte, sei es in Form einer elektronischen Gesundheitskarte oder eines Aktiven Dokumentes, wird sich erst durch die Anpassung einer Vielzahl unterschiedlicher Rahmenbedingungen voll ausschöpfen und analysieren lassen. Angefangen von der eindeutigen Klärung aller Haftungsfragen bei Nutzung von ePA-Informationen durch den Behandler bis hin zu einer Anpassung der Vergütungsrichtlinien. In Anbetracht der mächtigen Gruppen im Gesundheitswesen und der extrem starken Lobbyarbeit kann man konstatieren, dass es trotz Vorhandensein aller relevanten Technologien in Deutschland und Europa in den letzten 10 Jahren lediglich zur flächendeckenden Ausgabe und Nutzung einer Versichertenkarte mit 15 statisch befüllten Datenfeldern gekommen ist, und auch die Verzögerungen bei der Einführung der Gesundheitskarte nicht nur auf technische Probleme zurückzuführen sind.

8.3 Fazit

Die Medizin, als wissensintensive Domäne mit einer extrem hohen Anzahl unterschiedlicher Konzepte und Datenformate, benötigt eine flexible und offene Datenstruktur, die jederzeit erweitert und geändert werden kann. Ontologien in Verbindung mit sich etablierenden Konzepten wie den hier vorgestellten Archetypen bieten die Möglichkeit, neues Wissen und neue Konzepte schnell und ohne Änderung von Datenbankenschemata abzubilden. Die für die Verarbeitung dieser Archetypen benötigten aktualisierten, erweiterten bzw. neuen Komponenten können anschließend als Aktive Komponenten entweder mit dem Dokument oder mit einem Update-Prozess auf die Zielplattform der Nutzer gelangen. Die hier vorgestellten Technologien, insbesondere die Eclipse-Plattform mit dem Konzept der *contributions* und der losen Kopplung von Plugins, kommt dabei dieser Vorstellung sehr nahe und konnte erfolgreich im Prototyp genutzt werden. Allerdings konnten dabei die sich bietenden technischen Möglichkeiten, von denen sich viele erst während der praktischen Arbeit erschlossen, nicht annähernd ausgeschöpft werden. Trotz der sich nicht erfüllten Erwartung in Bezug auf die erfolgreiche Nutzung von Kontexten für die kooperative Arbeit in der betrachteten Domäne stellt die Architektur Mechanismen bereit, Kontextinformationen in geeigneten Szenarien, möglicherweise erst in Verbindung mit fortschreitender GPS- und RFID-Technologie, zu nutzen.

Das Potential einer elektronischen Patientenakte wird sich erst durch die Anpassung einer Vielzahl unterschiedlicher Rahmenbedingungen voll ausschöpfen und analysieren lassen. Das Projekt der Telematikinfrastruktur für eine Gesundheitskarte in Deutschland zeigt dabei allerdings mehr als deutlich auf, wie weit man, nicht zuletzt durch die unterschiedlichen Interessenlagen der beteiligten Gruppen, von einer optimalen Ausschöpfung dieses Potentials entfernt ist.

8.4 Ausblick

Im Gegensatz zu monolithischen Krankenhausinformationssystemen, die Schnittstellen zu einer Vielzahl unterschiedlicher Systeme besitzen, bietet der hier vorgestellte Ansatz den Rahmen für eine flexible und erweiterbare Telekooperationsplattform im Gesundheitswesen. Gerade der Open Source Ansatz in Verbindung mit der OSGi-Technologie und der Eclipse-Plattform haben dabei das Potential, mit der Unterstützung einer globalisierten Gruppe von Entwicklern die nächste Generation von Informationssystemen für das Gesundheitswesen zu etablieren. Ende 2006 wurde das Projekt *Open Healthcare Framework* (vgl. The Eclipse Foundation 2006) unter dem Mantel der Eclipse Foundation gegründet. Zur gleichen Zeit erfolgten die ersten Diskussionen im OpenEHR-Projekt, die Idee der Archetypen mit diesem Framework zu verbinden. Beide Ereignisse deuten auf den aktuellen Weg in Richtung komponentenorientierter Architektur auf Basis von Eclipse-Technologie durch die international engagierten Vorreiter in diesem Feld. Ebenso lassen sie die positive Wahrnehmung der in der vorliegenden Arbeit kombinierten Komponententechnologien in Verbindung mit Archetypen für die Etablierung einer zukünftigen Telekooperationsplattform erkennen. Die oben diskutierten politischen Motive insbesondere im deutschen Gesundheitswesen lassen allerdings vermuten, dass der Schritt zu einer national einheitlichen Struktur einer elektronischen Patientenakte mit einer Unterstützung durch die Open Source Gemeinschaft mit großen Hindernissen verbunden sein wird.

Einige der hier untersuchten Aspekte wie bspw. die Migration Aktiver Dokumente oder die Verarbeitung von Kontextinformationen werden wahrscheinlich erst mit der Etablierung einer flächendeckenden und permanenten Vernetzung bzw. mit einer erfolgreichen Nutzung von GPS- und RFID-Technologien im Gesundheitswesen erfolgreich untersucht und realisiert werden können. Auch steht die Nutzung der hier beschriebenen Technologien in der Domäne

Gesundheitswesen noch am Anfang. Gerade die beiden letztgenannten Punkte deuten auf weiteren Forschungsbedarf in zwei überaus interessanten und zukunftsweisenden Feldern hin. So liegt die Frage nahe, ob und wie aktuelle Hardware- und Softwaretechnologien sowie physikalische Sensoren aus dem Umfeld des Ubiquitous Computing im Medizinumfeld im Hinblick auf die Unterstützung von medizinischen Kontexten erfolgreich eingesetzt werden können. Auf ähnlich technischer Ebene können die hier vorgestellten Ideen, insbesondere die Nutzung der beschriebenen OSGi-/Eclipse-basierten Komponententechnologie in Verbindung mit Archetypen, auf ihre Eignung in Bezug auf den Aufbau der Telematikinfrastruktur für die Gesundheitskarte in Deutschland untersucht werden. Dabei wäre insbesondere der mögliche Einsatz in verschiedenen Sektoren (etwa niedergelassene Ärzte, Kliniken, Versicherungen) zu prüfen. Eine übergeordnete und mehr ökonomisch bzw. politisch motivierte Fragestellung ergibt sich aus dem im Rahmen dieser Arbeit vorgestellten Technologieumfeld und zielt auf die Bewertung von Open Source Ansätzen für die Konzeption, Implementierung und den Betrieb einer elektronischen Patientenakte ab. Unter anderem könnten hier Geschäftsmodelle aus dem Open Source Bereich auf eine Übertragung in den Gesundheitsmarkt hin evaluiert werden. Mit der vorhandenen Dynamik in der Medizin mögen Open Source und die damit verbundenen Konzepte das Potential haben, einigen der wichtigsten Herausforderungen im Gesundheitswesen der Zukunft erfolgreich zu begegnen.

Literaturverzeichnis

ABDA (2005): Zahlen, Daten, Fakten. In: http://www.abda.de/zdf.html, zugegriffen am 12.12.2005.

Abowd, G. D. et al. (1997): Cyberguide: A mobile context-aware tour guide. In: ACM Wireless Networks, Vol. 5 (1997) Nr. 3, S. 421-433.

Adelhard, K.; Nissen-Meyer, S.; Reiser, M. (1999): Aspekte der elektronischen Krankenakte in der Radiologie. In: Der Radiologe, Vol. 39 (1999) Nr. 3, S. 310-315.

Ahonen, H. et al. (1996): Intelligent Assembly of Structured Documents. Department of Computer Science, University of Helsinki, Helsinki 1996.

Akman, V.; Surav, M. (1997): The Use of Situation Theory in Context Modeling. In: Computational Intelligence: An International Journal, Vol. 13 (1997) Nr. 3, S. 427-438.

Alavi, M. (1984): An assessment of the prototyping approach to information systems development. In: Communications of the ACM, Vol. 27 (1984) Nr. 6, S. 556-563.

Alexander, C. et al. (1977): A Pattern Language. Oxford University Press, New York 1977.

Allen, P.; Frost, S. (1998): Component-Based Development for Enterprise Systems. Cambridge University Press, Cambridge 1998.

Alur, D.; Crupi, J.; Malks, D. (2001): Core J2EE Patterns. Prentice Hall / Sun Microsystems Press, Upper Saddle River, NJ 2001.

Anderson, B. (1999): Document Imaging and Workflow Technology Saves $1.2 Million Annually. In: Health Management Technology, Vol. 20 (1999) Nr. 11, S. 18-22.

Apache Wiki (2007): Which products use Axis? In: http://wiki.apache.org/ws/FrontPage/Axis/Axis BeingUsed, zugegriffen am 18.02.2007.

Bakken, D. E. (2003): Middleware. In: Encyclopedia of Distributed Computing. Hrsg.: Kluwer Academic Press, 2003.

Baldauf, M.; Dustdar, S. (2004): A Survey on Context-aware systems. Information Systems Institute, Technical University of Vienna, Wien 2004.

Balzert, H. (1996): Lehrbuch der Software-Technik. Spektrum, Heidelberg; Berlin; Oxford 1996.

Banavar, G. et al. (1999): A case for message oriented middleware. In: Lecture Notes in Computer Science, Vol. 1693, 1999. S. 1-18.

Bannon, L. J.; Schmidt, K. (1991): CSCW: Four Characters in Search of an Author. In: Studies in Computer Supported Cooperative Work: Theory, Practice and Design. Hrsg.: Benford, S. D.; Bowers, J. M. Elsevier Science Publishers, B.V., The Netherlands 1991.

Bardram, J. E. (2004): Applications of Context-Aware Computing in Hospital Work – Examples and Design Principles. ACM Symposium on Applied Computing (ACM SAC) 2004, ACM Press, 2004, S. 1574-1579.

Barthe, M. (1991): ERGO-METH: Principles of a methodology of computerization aiming at integrate results of cognitive ergonomy in an approach of design to improve the utility of interactive software in management. Paris 1991.

Barwise, J.; Perry, J. (1983): Situations and Attitudes. MIT-Bradford, Cambridge 1983.

Bastien, C. (1992): Le décalage entre logique et connaissances. In: Le Courrier du CNRS, Numéro Spécial "Sciences Cognitives", Vol. 79 (1992), S. 38.

Bates, B.; Berger, M.; Mühlhauser, I. (1989): Kapitel 17: Klinisches Denken - Von der Erhebung der Befunde zur Planung von Doagnostik und Therapie. In: Klinische Untersuchung des Patienten. Hrsg.: Schattauer, Stuttgart 1989, S. 459-489.

Bäumer, D. et al. (1997): Framework Development for Large Systems. In: Communications of the ACM, Vol. 40 (1997) Nr. 10.

Balzert, H. (1996): Lehrbuch der Software-Technik. Spektrum, Heidelberg; Berlin; Oxford 1996.

Beale, T. (2002): Archetypes: Constraint-based domain models for future-proof information systems. Northeastern University, Boston, Seattle, Washington, USA 2002.

Beale, T. (2006): The GEHR object model architecture. In: http://www.openehr.org/gehr_australia/-gehr_gom.pdf, zugegriffen am 01.09.2006.

Beale, T.; Goodchild, A.; Heard, S. (2006): EHR Design Principles. In: http://titanium.dstc.edu.au/health-papers.shtml, zugegriffen am 21.09.2006.

Beale, T.; Heard, S. (2006): An Ontological Landscape - terminology, archetypes, information models in perspective. Ocean Informatics, 2006.

Becker, K.; Metschl, M. (1999): Der sichere Weg zur Telemedizin. In: Telemedizinführer Deutschland - Ausgabe 2000. Hrsg.: Jäckel, A. Deutsches Medizin Forum, Bad Nauheim 1999, S. 20-22.

Bederson, B. B. (1995): Audio augmented reality: A prototype automated tour guide. ACM Press, New York, NY 1995.

Beigl, M. (2000): MemoClip: A location based remembrance appliance. In: Personal Technologies, Vol. 4 (2000) Nr. 4.

Berners-Lee, T.; Hendler, J.; Lassila, O. (2001): The Semantic Web. In: Scientific American, Vol. (2001) May 2001.

Binder, W.; Roth, V. (2002): Secure mobile agent systems using Java: Where are we heading. Seventeenth ACM Symposium on Applied Computing (SAC-2002), Madrid, Spain 2002.

Birrell, A.; Jones, M.; Wobber, E. (1987): A simple and efficient implementation of a small database In: Proceedings of the eleventh ACM Symposium on Operating systems principles Hrsg.: ACM Press, Austin, Texas, United States 1987 S. 149-154

Birrell, A. D.; Nelson, B. J. (1984): Implementing Remote Procedure Calls. In: ACM Transactions on Computer Systems, Vol. 2 (1984) Nr. 1, S. 39-59

Bischofberger, W.; Pomberger, G. (1992): Prototyping-Oriented Software Development - Concepts and Tools. Springer, Berlin, Heidelberg, New York 1992.

BKK Bundesverband: Anzahl der Krankenkassen in der GKV, 1980 - Dezember 2004. In: http://www.bkk.de/tools/download.php?file=/bkk/psfile/downloaddatei//1/Entwickung41597bec46 806.pdf&name=05-11-24-Anzahl%20der%20KK1980%20-%2010-05.pdf&id=490&nodeid=490, zugegriffen am 01.03.2005

Blackburn, S. (1994): The Oxford dictionary of philosophy. Oxford University Press, Oxford, UK 1994.

Blewitt, A. (2006): Eclipse - a tale of two VMs (and many classloaders). In: eclipsezone.com, Vol. (2006), zugegriffen am 16.12.2006.

Blitz (2007): Homepage des Blitz Projekts. In: http://www.dancres.org/blitz/, zugegriffen am 17.02.2007.

Blohm, H. (1980): Kooperation. In: HWO. Hrsg.: Grochla, E. Stuttgart 1980, S. 1111-1117.

Bock, M. (1992): Das halbstrukturierte-leitfadenorientierte Tiefeninterview. In: Analyse verbaler Daten. Über den Umgang mit qualitativen Daten. Hrsg.: Hoffmeyer-Zlotnik, J. H. P. Westdeutscher Verlag, Wiesbaden 1992, S. 90-109.

Bodenreider, O. (2001): Medical Ontology Research (Report to the Board of Scientific Counselors). Lister Hill National Center for Biomedical Communications, Bethesda, Maryland 2001.

Bolter, J. D. (1991): Writing space: the computer, hypertext, and the history of writing. Lawrence Erlbaum Associates, Inc., 1991.

Bompani, L.; Ciancarini, P.; Vitali, F. (1999): Active Documents in XML. ACM SigWeb Newsletter Vol. 8,1, 1999, S. 27-32.

Booch, G. (1991): Object-Oriented Design with Applications. Benjamin Cummings, Redwood City, CA, USA 1991.

Booch, G.; Rumbaugh, J.; Jacobson, I. (1999): The Unified Modeling Language User Guide. Addison-Wesley, Reading, MA 1999.

Borchers, D. (2004): Gesunder Datenschutz bei der Gesundheitskarte fraglich. Heise News. In: http://www.heise.de/newsticker/meldung/48370, zugegriffen am 25.08.2004.

Borchers, D. (2005): Elektronische Gesundheitskarte: Karte ist rechtlich gut abgesichert, aber .... Heise News. In: http://www.heise.de/newsticker/meldung/55601, zugegriffen am 22.01.2006.

Borghoff, U. M. et al. (2003): Langzeitarchivierung. dpunkt.verlag, Heidelberg 2003.

Bornschein-Grass, C. (1995): Groupware und computergestützte Zusammenarbeit: Wirkungsbereiche und Potentiale. Gabler Edition Wissenschaft, Wiesbaden 1995.

Brachman, R. J. (1979): On the epistemological status of semantic networks. In: Associative Networks: Representation and Use of Knowledge by Computers. Hrsg.: Findler, N. V. Academic Press, Orlando 1979, S. 3-50.

Braun, W. (1991): Kooperation im Unternehmen - Organisation und Steuerung von Innovationen. Wiesbaden 1991.

Brézillon, P. (1999): Context in problem solving: A survey. In: The Knowledge Engineering Review, Vol. 14 (1999) Nr. 1, S. 1-34.

Brickley, D.; Guha, R. V. (1999): Resource Description Framework (RDF) Schema Specification. Proposed Recommendation, World Wide Web Consortium. In: Vol. (1999) Nr. S.

Briet, S. (1951): Qu'est-ce que la documentation. In: EDIT, 1951.

Broekstra, J. et al. (2000): Adding formal semantics to the web: building on top of RDF schema. In: SemWeb 2000, Lisbon, Portugal 2000.

Brüggemann-Klein, A.: Elektronisches Publizieren - Document Engineering im World Wide Web. In: http://www11.in.tum.de/~brueggem/Vorlesungen/epWS2003/Folien/26, zugegriffen am 20.12.2003.

Buckland, M. K. (1997): What is a "document"? In: Journal of the American Society of Information Science, Vol. 48 (1997) Nr. 9, S. 804-809.

Bundesamt für Sicherheit in der Informationstechnik (1995): Chipkarte im Gesundheitswesen - Technikfolgenabschätzung zur Sicherheit in der Informationstechnik. Bundesanzeiger, Köln 1995.

Bundesärztekammer: Ergebnisse der Ärztestatistik zum 31. Dezember 2004. In: http://www.bundes-aerztekammer.de/30/Aerztestatistik/03Statistik2004/index.html, zugegriffen am 12.12.2004.

Bundesbeauftragte für den Datenschutz (1999): Auszug aus dem Tätigkeitsbericht 1997-1998. In: Telemedizinführer Deutschland - Ausgabe 2000. Hrsg.: Jäckel, A. Deutsches Medizin Forum, Bad Nauheim 1999.

Bürkle, U.; Gryczan, G.; Züllighoven, H. (1995): Object-Oriented System Development in a Banking Project: Methodology, Experience, and Conclusions. In: Human-Computer Interaction, Special Issue: Empirical Studies of Object-Oriented Design, Vol. 10 (1995) Nr. 2 & 3, S. 293-336

Cahour, B.; Karsenty, L. (1993): Context of dialogue: a cognitive point of view. LAFORIA, University Paris 6, Paris, Frankreich 1993.

Capretz, L. F. (2003): A brief history of the object-oriented approach. In: ACM SIGSOFT Software Engineering Notes, Vol. 28 (2003) Nr. 2, S. 6.

Cavalcanti, M. (1993): Les mondes possibles dans les systèmes de production : un métalangage pour la gestion d'hypothèses et le raisonnement non-monotone. Diss., Université Paris-Sud 1993.

Chandrasekaran, B.; Josephson, J.; Benjamins, R. (1998): The Ontology of Tasks and Methods. Banff, Canada 1998.

Chang, S.-K.; Znati, T. (2001): Adlet: an active document abstraction for multimedia informationfusion. In: IEEE Transactions on Knowledge and Data Engineering, Vol. 13 (2001) Nr. 1.

Chen, G.; Kotz, D. (2000): A Survey of Context-Aware Mobile Computing Research. Dept. of Computer Science, Dartmouth College, 2000.

Chen, H.; Finin, T.; Anupam, J. (2004): An Ontology for Context-Aware Pervasive Computing Environments. In: Knowledge Engineering Review, Special Issue on Ontologies for Distributed Systems.

Chyna, J. T. (2000): Electronic Medical Record. In: Health Care Executive, Vol. 15 (2000) Nr. 4, S. 14-20.

Ciancarini, P.; Tolksdorf, R.; Zambonelli, F. (2002): Coordination middleware for XML-centric applications. In: 2002 ACM symposium on Applied computing, Madrid, Spain 2002.

Citeseer (2005): Citeseer Homepage. In: http://citeseer.ist.psu.edu/cs, zugegriffen am 18.08.2005.

Clancey, W. J. (1995): The Learning Process in the Epistemology of Medical Information. In: Methods of Information in Medicine, Vol. 34(1/2) (1995) Nr. S. 122-130.

Coffey, R. J. et al. (1992): An introduction to critical paths. In: Quality Management in Health Care, Vol. 1 (1992) Nr. 1, S. 45-54.

Cohen, F. (1987): Computer Viruses: Theory and Experiments. In: Computers & Security, Vol. 6 (1987) February 1987, S. 22-35.

Connolly, D.: Web Ontology (WebONT) Working Group Charter. In: http://www.w3.org/2002/11/swv2/charters/WebOntologyCharter, zugegriffen am 31.01.2005.

Côté, R. A.; Rothwell, D. J.; Palotay, J. L. (1993): The Systematized Nomenclature of Human and Veterinary Medicine - SNOMED International. American Veterinary Medical Association, Schaumburg/IL 1993.

Covell, D. G.; Uman, G. C.; Manning, P. R. (1985): Information needs and office practice: Are they being met? In: Annals of Internal Medicine, Vol. 103 (1985), S 596-599.

Cross, M. (2000): Europe's Wrestling with Electronic Patient Record. In: Document World, Vol. 5 (2000) Nr. 4, S. 30-33.

Crystal, D. (1997): A dictionary of linguistics and phonetics. 4th edition, Blackwell Publishers, Oxford, UK 1997.

Dahl, O.-J.; Myhrhaug, B.; Nygaard, K. (1970): SIMULA 67 common base language. Norwegian Computing Center, Oslo 1970.

Dansky, K. H. et al. (1999): Electronic Medical Records: Are Physicians Ready? In: Journal of Healthcare Management, Vol. 44 (1999) Nr. 6, S. 440-455.

Davenport, T. H.; Short, J. (1990): The New Industrial Engineering: Information Technology and Business Process Redesign. In: Sloan Management Review, Vol. 32 (1990) Nr. Summer 1990, S. 11-27,

Davenport, T. H. (1993): Process Innovation: Reengineering Work Through Information Technology. Boston 1993.

Davies, N. et al. (1997): Limbo: A tuple space based platform for adaptive mobile applications. In: Proceedings of the International Conference on Open Distributed Processing/Distributed Platforms (ICODP/ICDP '97), Toronto, Canada 1997, S. 291-302.

Davis, A. M. (1992): Operational Prototyping: A new Development Approach. In: IEEE Software, Vol. 9 (1992) Nr. 5, S. 70-78.

Day, M. (2001): Metadata in a nutshell. In: Information Europe, Vol. 6 (2001) Nr. 2.

Deugo, D. et al. (1999): Communication as a Means to Differentiate Objects, Components and Agents. Proceedings of Technology of Object-Oriented Languages & Systems (TOOLS-30 USA'99), IEEE Computer Society Press, 1999.

Dey, A. K.; Abowd, G. D. (2000): Towards a better understanding of context and contextawareness. Workshop on the What, Who, Where, When and How of Context-Awareness, affiliated with the CHI 2000 Conference on Human Factors in Computer Systems, ACM Press, New York, NY 2000.

Dey, A. K.; Abowd, G. D. (2000): The Context Toolkit: Aiding the Development of Context-Aware Applications. Workshop on Software Engineering for Wearable and Pervasive Computing, Limerick, Ireland 2000.

Dick, R. S.; Steen, E. B.; D.E., D. (1997): The Computer-Based Patient Record - An Essential Technology for Health Care. National Academy Press, Washington, D.C. 1997.

Dickman, A. (1995): Two-Tier Versus Three-Tier Apps. In: Informationweek, Vol. (1995) Nr. 553, S. 74-80.

Dietzel, G. T. W. (1999): Chancen und Probleme der Telematik-Entwicklung in Deutschland: Was kann vom Aktionsforum Telematik im Gesundheitswesen erwartet werden? In: Telemedizin - Grundlagen - Perspektiven - Systeme - Anwendungen. Hrsg.: Handels, H.; Pöppl, S. Shaker Verlag, Aachen 1999, S. 93-101.

DIMDI: ICD-10-German Modification, Version 2005. In: http://www.dimdi.de/de/klassi/diagnosen/icd10/htmlgm2005/fr-icd.htm, zugegriffen am 21.11.2004.

DIMDI 2007: Die elektronische Gesundheitskarte. In: http://www.dimdi.de/static/de/ehealth/karte/-index.html, zugegriffen am 16.02.2007.

Dourish, P. et al. (2000): A programming model for active documents. The 13th annual ACM symposium on User interface software and technology, San Diego, California, United States 2000.

Dourish, P. et al. (2000): Extending document management systems with active properties. In: ACM Transactions on Information Systems, Vol. (2000).

Dublincore (2006): Homepage dublincore.org. In: http://dublincore.org, zugegriffen am 18.05.2006.

Dudeck, J. (2004): Neuere Entwicklungen in SNOMED. Terminologie als Schlüssel zum Verstehen. Jahrestagung 2004 der HL7-Benutzergruppe in Deutschland e. V. HL7 Benutzergruppe Göttingen, Göttingen 2004.

Dujat, C. (1996): Zur digital-optischen Archivierung von medizinischen Dokumenten im Krankenhaus. Universität Heidelberg, Institut für Medizinische Biometrie und Informatik, Heidelberg 1996.

Eckardt, J. (2003): Integrierte Klinische Pfade - Grundlagen und Fallstricke bei der Einführung im Krankenhaus. Ulm 2003.

Edgar, N.; Rapicault, P. (2005): Developing for the Rich Client Platform. Burlingame, CA, USA 2005.

Edmondson, W. H.; Meech, J. F. (1993): A model of context for human-computer interaction. LA-FORIA, University Paris 6, 1993.

Edwards, K.; Rodden, T. (2001): Jini Example By Example. Prentice Hall PTR, 2001.

Eisenhardt, K. M. (1989): Building Theories from Case Study Research. In: Academy of Management Review, Vol. 14 (1989) Nr. 4, S. 532-550.

Elfering, I. (1999a): Vernetzte Kooperationen brauchen eine schnelle und umfassende Behandlungs-dokumentation aus der ambulanten und stationären Versorgung. In: Telemedizinführer Deutschland - Ausgabe 2000. Hrsg.: Jäckel, A. Deutsches Medizin Forum, Bad Nauheim 1999a, S. 188-195.

Elfering, I. (1999b): Die elektronische Patientenakte - Anforderungen an eine praxisnahe Lösung. In: Deutsches Ärzteblatt, Vol. 96. Jg. (1999) (1999b) Nr. 18, S. 6-8.

Ellsässer, K.-H.; Köhler, C. O. (1993): Shared Care: Konzept einer verteilten Pflege - Kurz- und langfristige Perspektiven in Europa. In: Informatik, Biometrie und Epidemiologie in Medizin und Biologie, Vol. 24 (1993) Nr. H.4, S. 188-198.

Ellsässer, K.-H.; Köhler, C. O. (1994): Smart Card als Patientenkarte. In: Medizinische Dokumentation und Information - Handbuch für Klinik und Praxis. Hrsg.: Ellsässer, K.-H.; Köhler, C. O. Ecomed Verlagsgesellschaft AG & Co. KG, Landsberg 1994, S. 1-35.

Fayad, M. E.; Schmidt, D. C.; Johnson, R. E. (1997): Object-Oriented Application Frameworks: Problems and Perspectives. Wiley, NY 1997.

Feiner, S. et al. (1997): A Touring Machine: Prototyping 3D mobile augmented reality systems for exploring the urban environment. In: Personal Technologies, Vol. 1 (1997) Nr. 4, S. 208-217.

Fensel, D. et al. (2000): OIL in a nutshell. Lecture Notes in Artificial Intelligence, LNAI, Springer-Verlag, 2000.

FGDC (2006): Metadata. In: http://www.fgdc.gov/metadata/contstan.html, zugegriffen am 18.05.2006.

Floerkemeier, C.; Lampe, M.; Schoch, T. (2003): The Smart Box Concept for Ubiquitous Computing Environments. Grenoble 2003.

Floyd, C. (1984): A Systematic Look at Prototyping. In: Approaches to Prototyping. Hrsg.: Budde, R. et al. Springer, Berlin, Heidelberg, New York, Tokyo 1984.

Floyd, C. (1992): Software Development as Reality Construction. In: Software Development and Reality Construction. Hrsg.: Floyd, C. et al. Springer Verlag, Berlin, Heidelberg, New York, Paris, Tokyo, Hong Kong, Barcelona, Budapest 1992, S. 86-100.

Floyd, C.; Klaeren, H. (1999): Informatik als Praxis und Wissenschaft. Universität Tübingen, Hrsg. Johannes Busse, Tübingen 1999.

Foster, I.; Kesselman, C. (1999): Computational Grids. In: The Grid: Blueprint for a New Computing Infrastructure. Hrsg.: Morgan-Kaufman, San Francisco, Calif. 1999.

Franconi, E. (2002): Description Logics for Conceptual Design, Information Access, and Ontology Integration: Research Trends. Chia, Sardinia (Italy) 2002.

Frank, U. (1998): Wissenschaftstheoretische Herausforderungen der Wirtschaftsinformatik. In: Innovation in der Betriebswirtschaftslehre. Hrsg.: Gerum, E. Gabler, Wiesbaden 1998, S. 91-118.

Franklin, S.; Graesser, A. (1996): Is it an Agent, or just a Program?: A Taxonomy for Autonomous Agents. 1193, Springer-Verlag, 1996.

Fraunhofer Institute (2005): Spezifikation der Lösungsarchitektur zur Umsetzung der Anwendungen der elektronischen Gesundheitskarte, Version 1.0. 2005.

Freeman, E.; Hupfer, S. H.; Arnold, K. (1999): JavaSpaces Principles, Patterns, and Practice. Addison-Wesley Professional, 1999.

Friedrichs, J. (1990): Methoden empirischer Sozialforschung. 14. Auflage, Westdeutscher Verlag GmbH, Opladen 1990.

Fuggetta, A.; Picco, G. P.; Vigna, G. (1998): Understanding Code Mobility. In: IEEE Transactions on Software Engineering, Vol. 24 (1998) Nr. 5, S. 342-361.

Fujinami, K.; Nakajima, T. (2005): Towards system software for physical space applications. In: Proceedings of the 2005 ACM symposium on Applied computing, ACM Press, Santa Fe, New Mexico 2005 S. 1613-1620.

Gamma, E. et al. (1995): Design patterns : Elements of Reusable Object-Oriented Software. Addison-Wesley, Boston, Mass. 1995.

Gamma, E.; Beck, K. (2004): Contributing to Eclipse: principles, patterns, and plug-ins. Addison-Wesley Longman, Amsterdam 2004.

Garshol, L. M. (2003): Living with topic maps and RDF. London 2003.

Gehner, W.: Proposal for Rich Server Platform – User Interface Framework (RSP-UI). In: http://www.eclipse.org/proposals/rsp/, zugegriffen am 14.03.2006.

Geier, C. (1999): Optimierung der Informationstechnologie bei BPR-Projekten. Diss., Universität Hohenheim 1999.

Gelernter, D.; Bernstein, A. J. (1982): Distributed Communication via Global Buffer. Proceedings of the ACM Principles of Distributed Computing Conference, 1982, S. 10-18.

Gelernter, D. (1985): Generative communication in Linda. In: ACM Trans. Program. Lang. Syst. , Vol. 7 (1985), Nr. 1, S. 80-112.

Gerber, P.; Wicki, O. (1995): Stadien und Einteilungen in der Medizin. 2. Aufl., Thieme, Stuttgart 1995.

Gerlinger, T. (2002): Zwischen Korporatismus und Wettbewerb: Gesundheitspolitische Steuerung im Wandel. Veröffentlichungsreihe der Arbeitsgruppe Public Health (Wissenschaftszentrum Berlin für Sozialforschung), Berlin, P02-204.

Giek, J. (2000): Die elektronische Patientenakte - "rechnet" sich ihr Einsatz? - Versuch einer betriebswirtschaftlichen Analyse. Diplomarbeit, Universität Hohenheim, 2000.

Girtler, R. (1992): Methoden der qualitativen Sozialforschung: Anleitung zur Feldarbeit. Böhlau, Wien, etc. 1992.

Goldberg, A.; Robson, D. (1983): Smalltalk-80: The Language and Its Implementation. Addison-Wesley, Reading, MA 1983.

Goldberg, H. V. (2000): Electronic Medical Records and Patient Privacy. In: Health Care Manager, Vol. 18 (2000) Nr. 3, S. 63-69.

Goldfarb, C. F. (1991): The SGML Handbook. Oxford University Press, Inc, 1991.

Grid Computing Information Centre: GRID Infoware. In: http://www.gridcomputing.com/, zugegriffen am 15.09.2006.

Gruber, T. R. (1993a): A translation approach to portable ontologies. In: Knowledge Acquisition, Vol. 5 (1993a) Nr. 2, S. 199-220.

Gruber, T. R. (1993b): Toward principles for the design of ontologies used for knowledge sharing. Padua workshop on Formal Ontology, Padua 1993b.

Gryczan, G.; Wiegand, F.; Züllighoven, H. (1997): Objektorientierte Dokumenttypen & Prototypen zur Unterstützung kooperativer Tätigkeiten. In: ACM-Tagungsband PB'97 Prototypen für Benutzungsschnittstellen, 19, 1997, S. 19-26.

Gu, T. et al. (2004): A Middleware for Context-Aware Mobile Services. Milan, Italy 2004.

Gustavsen, R. M. (2002): Condor – a framework for mobility based context-aware applications. Dissertation, Universität Oslo 2002.

Haas, P. (1998): Patientenorientierte Versorgungsläufe und ihre Vernetzung - Überblick. In: Telematik-Anwendungen im Gesundheitswesen: Nutzungsfelder, Verbesserungspotentiale und Handlungsempfehlungen - Schlussbericht der Arbeitsgruppe 7, Forum Info 2000. Hrsg.: Gesundheit, D. B. f. Nomos Verlagsgesellschaft, Baden Baden 1998, S. 119-124.

Haas, P. (1999): Krankenhausinformationssysteme als strategischer Erfolgsfaktor unseres Gesundheitswesens. In: Das Krankenhaus, Vol. 91. Jg. (1999) (1999) Nr. 7, S. 450-455.

Hall, Rick (2004): RE: General information about OSGi / KF [Newsgroup Eintrag]. In: http://www. knopflerfish.org/listarchive/0160.html, zugegriffen am 26.09.2006.

Harter, A. et al. (2002): The Anatomy of a Context-Aware Application. In: Wireless Networks, Vol. 8 (2002) Nr. 2-3, S. 187-197.

Health-Comm GmbH: Cloverleaf - Der Kommunikationsserver. In: http://www.health-comm.de/ html/cloverleaf.html, zugegriffen am 12.12.2005.

Hendler, J.; McGuinness, D. L. (2000): The DARPA Agent Markup Language. In: IEEE Intelligent Systems, Vol. 16 (2000) Nr. 6, S. 67-73.

Hermanek, P. et al. (1993): TNM-Klassifikation maligner Tumoren. Springer, Berlin 1993.

Herrmann, T. (2001): Kommunikation und Kooperation. In: CSCW-Kompendium. Hrsg.: Schwabe, G.; Streitz, N.; Unland, R. Springer, Berlin 2001, S. 15-25.

Herrmanns, H. (1995): Narratives Interview. In: Handbuch qualitative Sozialforschung. Hrsg.: Flick, U. et al. 2. Aufl., PVU, München 1995, S. 182-185.

Hesse, W.: Ontologie(n). In: http://www.gi-ev.de/informatik/lexikon/inf-lex-ontologien.shtml#litera-049, zugegriffen am 31.01.2005.

Hibernate (2007): Homepage des Projekts Hibernate. In: http://www.hibernate.org/, zugegriffen am 18.02.2007.

Hildebrand, C. et al. (1999): DIABCARD - Ein auf Chipkarten basierendes Informationssystem für Diabetiker. In: Telemedizinführer Deutschland - Ausgabe 2000. Hrsg.: Jäckel, A. Deutsches Medizin Forum, Bad Nauheim 1999, S. 146-149.

HL7 (2007): HL7 Homepage. In: http://www.hl7.org, zugegriffen am 05.01.2007.

HL7 Australia (2006): HL7 CCOW V1.5 Draft Standard. HL7 Australia, 2006.

Hoare, C. A. R. (1974): Monitors: an operating system structuring concept. In: Communications of the ACM, Vol. 17 (1974) Nr. 10, S. 549-557.

Hoen, F. R. (1998): Praxis-Software, elektronische Karteikarte und Online-Kommunikation. In: Der Computer-Führer für Ärzte - Ausgabe 1999. Hrsg.: 7. Aufl., Dietzenbach 1998, S. 18-24.

Hofer, T. et al. (2003): Context-Awareness on Mobile Devices - the Hydrogen Approach. Proceedings of the 36th Hawai'i International Conference on System Sciences (HICSS'03), Minitrack on Mobile Distributed Information Systems, Hilton Waikoloa Village, Big Island, Hawaii 2003.

Hopf, C. (1995): Qualitative Interviews in der Sozialforschung. Ein Überblick. In: Handbuch qualitative Sozialforschung. Hrsg.: Flick, U. et al. 2. Aufl., Psychologie Verlags Union, München 1995, S. 177-182.

Hopkins, J. (2000): Component primer. In: Communications of the ACM, Vol. 43 (2000) Nr. 10, S. 27-30.

Horrdige, M. et. al. (2004): A Practical Guide To Building OWL Ontologies Using The Protégé-OWL Plugin and CO-ODE Tools. In: http://www.code.org/resources/tutorials/ProtegeOWL-Tutorial.pdf, zugegriffen am 06.03.2006.

Horrocks, I.; van Harmelen, F.; Patel-Schneider, P.: DAML+OIL (March 2001). In: http://www.daml.org/2001/03/daml+oil-index.html, zugegriffen am 31.01.2005.

Horwitz, S.; Prins, J.; Reps, T. (1989): Integrating noninterfering versions of programs In: ACM Trans. Program. Lang. Syst. , Vol. 11 (1989) Nr. 3 S. 345-387

Höß, O.; Müller, T. (2004): Erarbeitung einer Strategie zur Einführung der Gesundheitskarte. bit4Health Konsortium, IBM, 2004.

Hudson, D.; Johnson, J. (1994): Client-Server Goes Business Critical. The Standish Group International, Dennis, MA 1994.

Humphreys, B. L.; Lindberg, D. A. B. (1993): The UMLS project: making the conceptual connection between users and the information they need. In: Bulletin of the Medical Library Association, Vol. 81 (1993) Nr. 2, S. 170.

Hurwitz, J. (1998): Objects vs. Components. In: DBMS Online, Vol. 11 (1998) Nr. 5.

IBM: Homepage Aglets-Projekt. In: http://www.trl.ibm.com/aglets/, zugegriffen am 21.3.2003.

IBM: TSpaces - Intelligent Connectionware. In: http://www.almaden.ibm.com/cs/TSpaces/, zugegriffen am 21.10.2005.

Information, D. I. f. M. D. u. (2005): Deutsches Institut für Medizinische Dokumentation und Information: UMLS. In: http://www.dimdi.de/de/klassi/mesh_umls/umls/index.htm, zugegriffen am 11.12.2005.

Innoopract: Yoxos On Demand. In: http://www.yoxos.com/ondemand/, zugegriffen am 21.11.2006.

ISO (2006): ISO/DIS 13606-1 Part 1: Reference model. In: http://www.iso.org/, zugegriffen am 20.01.2006.

Jäckel, A.; Schollmayer, A.; Dudeck, J. (1999): Einführung in die Chancen und Voraussetzungen von Telematikanendungen im Gesundheitswesen. In: Telemedizinführer Deutschland - Ausgabe 2000. Hrsg.: Jäckel, A. Deutsches Medizin Forum, Bad Nauheim 1999.

Jameson, A. (2003): Adaptive interfaces and agents. In: The human-computer interaction handbook: fundamentals, evolving technologies and emerging applications. Hrsg.: Jacko, J. A.; Sears, A. Lawrence Erlbaum Associates, Inc., Mahwah, NJ, USA 2003, S. 305-330.

Jendrock, E. et al.: The Java EE 5 Tutorial. In: http://java.sun.com/javaee/5/docs/tutorial/doc/, zugegriffen am 21.03.2005.

Jennings, N.; Wooldridge, M. (1998): Applications of Intelligent Agents. In: Agent Technology Foundations, Applications, and Markets. Hrsg.: Jennings, N.; Wooldridge, M., Springer-Verlag, Berlin 1998, S. 3-26.

Johansen, R. (1988): Groupware: Computer support for business teams. The Free Press, New York 1988.

Kalyanpur, A. et al. (2004): Automatic Mapping of OWL Ontologies into Java. In: Proceedings of SEKE 2004, 2004, S. 98-103.

Kampe, D. M. (1998): Sind Krankenhausinformationssysteme vergleichbar? Auswahl und Entscheidung beim Kauf von Informationssystemen. In: Das Krankenhaus, Vol. 90. Jg. (1998), Nr. 11, 1998, S. 674-677.

Kaplan, B.; Lundsgaarde, H. P. (1996): Towards an Evaluation of an Integrated Clinical Imaging System: Identifying Clinical Benefits. In: Methods of Information in Medicine, Vol. 35 (1996) Nr. 4, S. 221-229.

Kawsar, F.; Fujinami, K.; Nakajima, T. (2005): Augmenting everyday life with sentient artefacts. In: Proceedings of the 2005 joint conference on Smart objects and ambient intelligence: innovative context-aware services: usages and technologies Hrsg.: ACM Press, Grenoble, France 2005 S. 141-146.

Keil-Slawik, R. (1992): Artifacts in Software Design. In: Software Development and Reality Construction. Hrsg.: Floyd, C. et al. Springer Verlag, Berlin, Heidelberg, New York, Paris, Tokyo, Hong Kong, Barcelona, Budapest 1992, S. 168-188.

Kilic, O.; Bicer, V.; Dogac, A. (2006): Mapping Archetypes to OWL. Middle East Technical University, Ankara, Türkei 2006.

Klar, R.; Graubner, B. (1997): Medizinische Dokumentation. In: Medizinische Informatik, Biometrie und Epidemiologie. Hrsg.: Seelos, H.-J. Gruyter, Berlin 1997.

Knopflerfish (2007): Homepage des Projektes Knopflerfish. In: http://www.knopflerfish.org, zugegriffen am 18.02.2007.

Koch, C. (2005): A New Blueprint for the Enterprise. In: CIO Magazine, Vol. (2005) March 2005.

Koller, S.; Wagner, G. (1975): Handbuch der medizinischen Dokumentation und Datenverarbeitung. Schattauer, Stuttgart 1975.

Korpipää, P. et al. (2003): Managing Context Information in Mobile Devices. In: IEEE Pervasive Computing, Vol. (2003).

Kotz, D.; Gray, R. S. (1999): Mobile Agents and the Future of the Internet. In: ACM Operating Systems Review, Vol. 33 (1999) Nr. 3, S. 7-13.

Krämer, T.; Rapp, R.; Krämer, K.-L. (1999): Von der Planung zur Realisierung einer elektronischen Patientenakte. In: Der Orthopäde, Vol. (1999) Nr. 3, S. 218-226.

Krcmar, H.; Schwabe, G. (1998): Telekooperation - Eine Chance für neue Arbeitsformen in innovativen Organisationen. In: Wissensmanagement - Schritte zum intelligenten Unternehmen. Hrsg.: Bürgel, H. D. Berlin et al. 1998, S. 93-107.

Krcmar, H. (2004): Informationsmanagement. 4., überarb. u. erw. Aufl., Berlin, Heidelberg, New York 2000.

Kröpke, R.; Geis, I. (1997): Elektronische Archivierung und digitaler Dokumentenaustausch im Krankenhaus - Konzeptionelle und rechtliche Aspekte. In: Das Krankenhaus, Vol. 89 (1997) Nr. 3, S. 118-122.

Kubicek, H. (1977): Heuristische Bezugsrahmen und heuristisch angelegte Forschungsdesigns als Elemente einer Konstruktionsstrategie empirischer Forschung. In: Empirische und handlungstheoretische Forschungskonzeption in der Betriebswirtschaftslehre: Bericht über die Tagung in Aachen, März 1976. Hrsg.: Köhler, Richard, 1977.

Kuhn, T. S. (1996): The Structure of Scientific Revolutions. 3rd, University of Chicago Press, 1996.

KZBV: Zahnärztliche Versorgung 2004 - Daten und Fakten. In: http://www.bzaek.de/service/oav10/grafik/jkr03021739-1.pdf, zugegriffen am 12.12.

LaMarca, A. et al. (1999): Taking the Work out of Workflow: Mechanisms for Document-Centered Collaboration. In: Proceedings of the Sixth European Conference on Computer-Supported Cooperative Work ECSCW '99. Kopenhagen, Dänemark 1999.

Lamming, M.; Flynn, M. (1994): Forget-me-not: Intimate computing in support of human memory. In: FRIEND 21: International Symposium on Next Generation Human Interfaces, Tokyo 1994, S. 125-128.

Lange, D. B.; Oshima, M. (1999): Seven good reasons for mobile agents. In: Communications of the ACM, Vol. 42 (1999) Nr. 3, S. 88-89.

Langley, P. (1999): User modeling in adaptive interfaces. Springer, Banff, Alberta 1999.

Lee, B. G.; Chang, K. H.; Narayanan, N. H. (1998): An integrated approach to version control management in computer supported collaborative writing. In: ACM-SE 36: Proceedings of the 36th annual Southeast regional conference. ACM Press 1998, S. 34-43.

Leech, G. (1981): Semantics: the study of meaning. 2nd edition, Penguin, Harmondsworth, UK 1981.

Leiner, F. et al. (1999): Medizinische Dokumentation - Lehrbuch und Leitfaden für die Praxis. 3. Aufl., Schattauer Verlagsgesellschaft mbH, Stuttgart 1999.

Lemieux, J.-M.; McAffer, J. (2006): Rich Client Application Development - A Tutorial. EclipseCon 2006.

Levy, D. M. (1988): Topics in document research. In: Proceedings of the ACM conference on Document processing systems. ACM Press, Santa Fe, New Mexiko, USA 1988, S. 187-193.

Levy, D. M. (1994): Fixed or fluid? document stability and new media. ACM Press New York, NY, USA, Edinburgh, Scotland 1994.

Liebscher, T.; Müller, T.; Ocke, S. (2004): Erarbeitung einer Strategie zur Einführung der Gesundheitskarte - Existierende Anwendungslandschaften. Projektgruppe bIT4health, 2004.

Lilienthal, C.; Züllighoven, H. (1997): Application-oriented usage quality: the tools and materials approach. In: interactions, Vol. 4 (1997) Nr. 6, S. 35-41

Liskov, B. et al. (1977): Abstraction mechanisms in CLU. In: Communications of the ACM, Vol. 20 (1977) Nr. 8, S. 564-576

Liu, Z.; Stork, D. G. (2000): Is paperless really more? In: Communications of the ACM, Vol. 43 (2000) Nr. 11, S. 94-97.

Loyd, D. (1995): GEHR Architecture - Deliverables 19, 20, 24. Centre for Health Informatics and Multiprofessional Education - University College London, London 1995.

Ludwig, C. A. (1997): Die Problemliste im computerbasierten Patientendossier. In: Praxis (Schweizerische Rundschau für Medizin), Vol. 86. Jg. (1997) Nr. Heft 3, S. 55-58.

Mae-Wan, H.; Popp, F.-A.; Warnke, U. (1994): Bioelectrodynamics and Biocommunication. World Scientific Pub Co., Singapore; River Edge, NJ 1994.

Magnusson, B.; Asklund, U.; Minör, S. (1993): Fine-grained revision control for collaborative software development. In: Proceedings of the 1st ACM SIGSOFT symposium on Foundations of software engineering. ACM Press, Los Angeles, California, United States 1993, S. 33-41.

Malone, T. W.; Crowston, K. (1990): What is coordination theory and how can it help design cooperative work systems? In: Proceedings of the conference on Computer-supported cooperative work. ACM Press, 1990, S. 357-370.

Marmasse, N.; Schmandt, C. (2000): Location aware information delivery with comMotion. Springer Verlag, Heidelberg, Germany 2000.

Marquardt, K. et al. (1996): Ein effizientes Krankenhausinformationssystem (KIS) am Beispiel der Justus-Liebig-Universität Gießen. In: Das Krankenhaus, Vol. 88. Jg. 1996, Nr. 9, S. 106-114

Maskery, H.; Meads, J. (1992): Context: In the eyes of users and in computer systems. In: SIGCHI Bulletin, Vol. 24 (1992) Nr. 2, S. 12-21.

Matthies, H. K. et al. (1999): Telemedizin-Anwendungen für Patienten und Ärzte. In: Telemedizin - Grundlagen - Perspektiven - Systeme - Anwendungen. Hrsg.: Handels, H.; Pöppl, S. Shaker Verlag, Aachen 1999, S. 93-101.

Mayhew, P. J.; Dearnley, P. A. (1987): An Alternative Prototyping Classification. In: The Computer Journal, Vol. 40 (1987) Nr. 6, S. 481-484.

McCarthy, J. (1993): Notes on Formalizing Contexts. Morgan Kaufmann, San Mateo, California 1993.

McCarthy, J. F.; Anagost, T. D. (2000): EventManager: Support for the peripheral awareness of events. Springer Verlag, Heidelberg, Germany 2000.

McDermid, J. (1993): Introduction and Overview to Part II. In: Software Engineering Reference Book. Hrsg.: McDermid, J. Oxford 1993.

McGuire, W. (1981): Theoretical Foundations of Campaigns. In: Public Communication Campaigns. Hrsg.: Rice, R.; Paisley, W. Sage, 1981.

McPhee, K. (1996): Design Theory and Software Design. The University of Alberta, Department of Computing Science, Edmonton, Alberta, Canada 1996.

Medicine, U. S. N. L. o.: FAQs: Inclusion of SNOMED CT in the UMLS. In: http://www.nlm.nih.gov/research/umls/Snomed/snomed_faq.html, zugegriffen am 14.01.2005.

Medicine, U. S. N. L. o. (2004): UMLS Knowledge Sources - Documentation.

Merkens, H. (1992): Teilnehmende Beobachtung. Analysen von Protokollen teilnehmender Beobachter. In: Analyse verbaler Daten. Über den Umgang mit qualitativen Daten. Hrsg.: Hoffmeyer-Zlotnik, J. H. P. Westdeutscher Verlag, Wiesbaden 1992, S. 216-247.

Microsoft Corporation: Active Documents / Visual C++ Concepts: Adding Functionality. In: http://msdn.microsoft.com/library/default.asp?url=/library/en.us/vccore/html/vcconactivedocuments.as p, zugegriffen am 10.07.2005.

Miller, E. et al.: Semantic Web. In: http://www.w3.org/2001/sw/, zugegriffen am 31.01.2005.

Minsky, M. (1975): A framework for representing knowledge. In: The Psychology of Computer Vision. Hrsg.: Winston, P. H. McGraw-Hill, New York 1975, S. 211-277.

Müllges, K. (1997): Die multimediale Patientenakte. In: Deutsches Ärzteblatt, Vol. 94. Jg. (1997) (1997) Nr. 46, S. 74-75

Najda, L. (2001): Informations- und Kommunikationstechnologie in der Unternehmensberatung. Gabler, Wiesbaden 2001.

Nelson, J. (1999): Programming Mobile Objects With Java. John Wiley & Sons, Inc., New York, NY, USA 1999.

Neumann, T. (2000): Sicherheitsaspekte einer Architektur für aktive Dokumente in offenen Netzwerken. Diplomarbeit, Universität Hohenheim, 2000.

o. V. (137): La terminologie de la documentation. In: Cooperation Intellectuelle, Vol. (137) Nr. 77, S. 228-240.

o. V.: Jena – A Semantic Web Framework for Java (Documentation). In: http://jena.sourceforge.net/ documentation.html, zugegriffen am 31.01.2005.

o.V.: Language Feature Comparison. In: http://www.daml.org/language/features.html, zugegriffen am 31.01.2005.

Object Management Group (2007): Corba. In: http://www.omg.org/gettingstarted/specintro.htm#-CORBA, zugegriffen am 14.02.2007.

Object Management Group: Object Constraint Language Specification, Version 2.0. In: http://www.omg.org/technology/documents/formal/ocl.htm, zugegriffen am 15.08.2006.

Ocean Informatics: Archetype Repository. In: http://oceaninformatics.biz/archetypes/index_en.html, zugegriffen am 21.02.2006.

Olsen, J. (1994): Electronic journal literature: implications for scholars. Meckler Corporation, 1994.

Oracle (2007): Oracle TimesTen In-Memory Database. In: http://www.oracle.com/database/times ten.html, zugegriffen am 18.02.2007.

Oscar (2007): Homepage des Projektes Oscar. In: http://oscar.objectweb.org/, zugegriffen am 18.02.2007.

OSGi (2003): Open Service Gateway Initiative: OSGi Service Platform Specification Version 3.0. In: http://www.osgi.org/osgi_technology/download_specs.asp?section=2#Release_3, zugegriffen am 19.02.2007.

OSM GmbH: e*gate Informationsserver. In: http://www.osm-gmbh.de/egate/highlights/page1.htm, zugegriffen am 12.12.2005.

Oswald, H.; Hafner, K.; Fleck, E. (1996): Breite Basis für Kooperation - Die elektronische Patientenakte als Grundlage für ein optimiertes Gesundheitswesen. In: Krankenhausumschau, Vol. 65. Jg. (1996) (1996) Nr. 1, S. 11-17.

Otlet, P. (1934): Traité de documentation. Editiones Mundaneum, Brüssel 1934.

Pascoe, J.; Ryan, N. S. (1998): Human-Computer-Giraffe Interaction – HCI in the field. Glasgow, Scotland 1998.

Patrick, P. (2005): Impact of SOA on enterprise information architectures In: Proceedings of the 2005 ACM SIGMOD international conference on Management of data Hrsg.: ACM Press, Baltimore, Maryland 2005 S. 844-848.

Pepper, S.: Topic Maps and RDF: A first cut. In: http://www.ontopia.net/topicmaps/materials/rdf.html, zugegriffen am 21.11.2005.

Pisello, T. (2006): Is There Real Business Value Behind the Hype of SOA? In: Computerword, Vol. (2006) June 2006.

Pommerening, K.: Zugriff auf Patientendaten im Krankenhaus. In: http://mz98.imsd.uni-mainz.de/AGDatenschutz/Empfehlungen/Zugriff.html, zugegriffen am 21.10.2005.

Prekop, P.; Burnett, M. (2003): Activities, context and ubiquitous computing. In: Computer Communications, Vol. 26 (2003) Nr. 11, S. 1168-1176.

Prevayler (2007): Homepage des Projekts Prevayler. In: http://www.prevayler.org/, zugegriffen am 18.02.2007.

Price, C.; Spackman, K. (2000): SNOMED clinical terms. In: British Journal of Healthcare Computing & Information Management, Vol. 17 (2000) Nr. 3, S. 27-31.

Protégé (2007): Homepage des Protégé-Projekts. In: http://protege.stanford.edu, zugegriffen am 18.02.2007.

Quillian, M. (1968): Semantic memory. In: Semantic Information Processing,. Hrsg.: Minsky, M. MIT Press, Cambridge, MA 1968, S. 227-270.

Rector, A. L. (1999): Clinical Terminology: Why is it so Hard. In: Methods of Information in Medicine, Vol. 38 (1999) Nr. S. 239–252.

Reichwald, R.; Möslein, K. (1996): Telearbeit und Telekooperation. In: Neue Organisationsformen im Unternehmen. Ein Handbuch für das moderne Management. Hrsg.: Bullinger, H. J.; Warnecke, H.-J. Springer, Berlin u.a, 1996.

Reichwald, R. et al. (1998): Telekooperation - Verteilte Arbeits- und Organisationsformen. Springer-Verlag, Berlin et al. 1998.

Reiß, M. (1995): Kooperation (Handbuchbeitrag). In: Lexikon der Betriebswirtschaftslehre. Hrsg.: 3. Aufl., München - Wien 1995.

Rekimoto, J. (1999): Time-Machine Computing: A time-centric approach for the information environment. ACM Press, New York, NY 1999.

Rhodes, B. J. (1997): The wearable remembrance agent. IEEE Press, In: 1st International Symposium on Wearable Computers (ISWC'97), Los Alamitos, CA 1997, S. 123-128.

Richardson, R. J. et al. (2002): Position Paper for the development of eHealth in Europe. A position paper prepared by Thematic Working Group 2 "eHealth and Telemedicine" of the European Health Telematics Association. European Health Telematics Association (EHTEL), 2002.

Rittel, H. W. J.; Weber, M. M. (1973): Dilemmas in a general theory of planning. In: Policy Sciences, Vol. 4 (1973) Nr. S. 155-169.

Roland Berger & Partner GmbH (1997): Telematik im Gesundheitswesen - Perspektiven der Telemedizin in Deutschland. Roland Berger & Partner GmbH, München 1997.

Roth, V. (2001): Programming Satan's agents. In: Proc 1st International Workshop on Secure Mobile Multi-Agent Systems, Montreal, Canada 2001.

Roth, V. (2002): Empowering Mobile Software Agents. In: Proc. 6th IEEE Mobile Agents Conference, Hrsg.: Suri, N, Vol. 2535, Springer Verlag 2002, S. 47-63.

Rumbaugh, J. et al. (1991): Object-Oriented Modeling and Design. Prentice-Hall, Englewood Cliffs, New Jersey 1991.

Salber, D.; Dey, A. K.; Abowd, G. D. (1999): The Context Toolkit: Aiding the development of context-enabled applications. In: CHI'99, 1999, S 434-441.

Salfeld, R. (2001): Informationstechnologie - Einsatz im Gesundheitswesen. In: Salfeld, R. Wettke, J.: Die Zukunft des deutschen Gesundheitswesens - Perspektiven und Konzepte, Springer, Berlin 2001.

Sandholzer, U. (1990): Informationstechnik und innerbetriebliche Kooperation. Anforderungen an Informationstechniken aus der Perspektive organisierter innerbetrieblicher Kooperation. REA-Verlag, Hummeltal 1990.

Sauvola, J.; Kauniskangas, H. (1999): Active Multimedia Documents. Fifth International Conference on Document Analysis and Recognition, Bangalore, India 1999, S. 21-24.

Schamber, L. (1996): What Is a Document? Rethinking the Concept in Uneasy Times. In: Journal of the American Society for Information Science, Vol. 47 (1996) Nr. S. 669-671

Schefe, P. (1999): Softwaretechnik und Erkenntnistheorie. In: Informatik Spektrum, Vol. (1999) Nr. 22, S. 122-135.

Schelter, W. (1994): Zur Diskussion: Gesundheitswesen 2000 - Struktur und Finanzierung; Vorschläge für ein soziales Gesundheitswesen. ÖTV, Stuttgart 1994.

Schilit, B.; Adams, N.; Want, R. (1994): Context-aware Computing Applications. Proc. Workshop on Mobile Computing Systems and Applications, Santa Cruz, CA 1994.

Schließke, P.; Wasem, J. (2006): Ökonomische Aspekte der elektronischen Gesundheitskarte. In: Telemedizinführer Deutschland. Hrsg.: Jäckel, A. Bad Nauheim 2006, S. 29-33.

Schmidt, A.; Takaluoma, A.; Mäntyjärvi, J. (2000): Context-aware telephony over WAP. In: Personal Technologies, Vol. 4 (2000) Nr. 4, S. 225-229.

Schmittner, S. (2000): Informationsversorgung im Bereich Health Care - Rechtliche Aspekte und Konsequenzen für die IT-Sicherheit. Diplomarbeit, Lehrstuhl für Wirtschaftsinformatik, Universität Hohenheim 2000.

Schmücker, P.; Dujat, C. (1996): Rechnergestützte Dokumentenverwaltung und Optische Archivierung: Der Weg zur digitalen Krankenakte. In: Das Krankenhaus, Vol. 88. Jg. (1996) (1996) Nr. 3, S. 98-105

Schmücker, P. (1997): Dokumentenmanagement- und Archivierungssysteme: ein Weg zur elektronischen Patientenakte: Anforderungen und Realisierungsstand. In: Medizinische Dokumentation und Information. Hrsg.: Köhler, C. O.; Ellsässer, K.-H. Ecomed Verlagsgesellschaft AG & Co. KG, Landsberg 1997, S. 1-11.

Schmücker, P. et al. (1998): Die elektronische Patientenakte - Ziele, Strukturen, Präsentation und Integration. In: Informatik, Biometrie und Epidemiologie in Medizin und Biologie, Vol. 29. Jg. 1998, Heft 3-4, S. 221-241.

Schneier, B. (1996): Applied Cryptography. Second Edition, John Wiley and Sons. Inc., 1996.

Schrage, M. (1990): Shared Minds: The New Technologies of Collaboration. Random House, New York 1990.

Schreiber, F. A. (1994): Is Time a Real Time? An Overview of Time Ontology in Informatics. In: Real Time Computing. Hrsg.: Halang, W. A.; Stoyenko, A. D. NATO-ASI Vol. F127, Springer Verlag, 1994, S. 283-307.

Schug, S. H. et al. (1998): Verzahnung ambulanter und stationärer Versorgung. In: Telematik-Anwendungen im Gesundheitswesen: Nutzungsfelder, Verbesserungspotentiale und Handlungsempfehlungen - Schlussbericht der Arbeitsgruppe 7, Forum Info 2000. Hrsg.: Gesundheit, D. B. f. Nomos Verlagsgesellschaft, Baden Baden 1998, S. 124-133.

Schwabe, G. (1995): Objekte der Gruppenarbeit. Ein Konzept für das Computer Aided Team. Gabler, Wiesbaden 1995.

Schwabe, G.; Krcmar, H. (1996): Der Needs Driven Approach - Eine Methode zur Gestaltung von Telekooperation. Springer: Heidelberg, Stuttgart-Hohenheim 1996.

Schwing, C. (1997): EDV im Krankenhaus - Digitalisierung hilft Informationskosten im Krankenhaus einzusparen - Ziel ist die multimediale Krankenakte. In: Das Krankenhaus, Vol. 89. Jg. (1997) (1997) Nr. 5, S. 285-287

Seelos, H.-J. (1997): Medizinische Informatik, Biometrie und Epidemiologie. de Gruyter, Berlin 1997.

Shannon, C.; Weaver, W. (1949): The Mathematical Theory of Communication. University of Illinois Press, Urbana 1949.

Shortliffe, E. H. et al. (1973): An artificial intelligence program to advise physicians regarding antimicrobial therapy. In: Computers and Biomedical Research, Vol. 6 (1973) Nr. S. 544-560.

Snelting, G. (1998): Paul Feyerabend und die Softwaretechnologie. In: Informatik Spektrum, Vol. 21 (1998) Nr. 5, S. 273-276.

Sowa, J. F. (1999): Knowledge Representation: Logical, Philosophical, and Computational Foundations. Brooks Cole Publishing Co., Pacific Grove, CA 1999.

Spitta, T. (1993): Sechs Jahre Anwendungsentwicklung mit Prototyping. Bonn 1993.

Spreckelsen, C.; Spitzer, K. (2002): Entscheidungsunterstützende Systeme und wissensbasierte Methoden in der Medizin. In: Handbuch der medizinischen Informatik. Hrsg.: Lehmann, T. M.; Muthe zu Bexten, E. Hansen, München; Wien 2002, S. 103-169.

Springgay, D.: Using Perspectives in the Eclipse UI. In: http://www.eclipse.org/articles/using-perspectives/PerspectiveArticle.html, zugegriffen am 28.07.2006.

Stake, R. E. (1994): Case Studies. In: Handbook of Qualitative Research. Hrsg.: Denzin, N. K.; Lincoln, Y. S. Sage Publications, Thousand Oaks, London et al 1994, S. 236-247.

Statistisches Bundesamt: Gesundheitsberichterstattung des Bundes. In: http://www.gbe-bund.de/, zugegriffen am 01.05.2005.

Steinke, S. (1995): Middleware Meets the Network. In: LAN: The Network Solutions Magazine, Vol. 10 (1995), Nr. 13, S. 56.

Steinmüller, W. (1993): Informationstechnologie in der Gesellschaft. Wiss. Buchgesellschaft, Darmstadt 1993.

Stock, S. et al. (2002): Institutionen des Gesundheitswesens und deren Verflechtung (Healthmanagement). In: Handbuch der medizinischen Informatik. Hrsg.: Lehmann, T. M.; Meyer zu Bexten, E. Carl Hanser, München, Wien 2002.

Sun Microsystems: Java Platform, Enterprise Edition (Java EE) 5 Specifications. In: http://java.sun.com/j2ee/5.0, zugegriffen am 21.10.2006.

Szyperski, C. (1998): Component Software - Beyond Object-Oriented Programming. Addison-Wesley, Reading, MA 1998a.

Tan, H. K.; Moreau, L. (2001): Trust Relationships in a Mobile Agent System. Proceedings of Fifth IEEE International Conference on Mobile Agents, Vol. 2240, 2001, S. 15-30.

Tanenbaum, A. S.; Van Steen, M. (2002): Distributed Systems - Principles and Paradigms. Pearson Education Internatiol, Amsterdam 2002.

Tate, G. (1990): Prototyping: Helping to Build the Right Software. In: Information and Software Technology, Vol. 42 (1990) Nr. 4, S. 237-244.

TEI-C (2006): TEI-C Webseite. In: http://www.tei-c.org, zugegriffen am 18.05.2006.

Terry, K. (1999): Electronic Medical Records Make Sense - at least. In: Medical Economics, Vol. 76 (1999) Nr. 10, S. 134-153

Tervo-Pellikka, R. (1995): Grundlagen des rechtlichen Rahmens von Datenschutz und Datensicherheit in Europa. In: Datenschutz in medizinischen Informationssystemen. Hrsg.: Blobel, B., Vieweg & Sohn, Braunschweig, Wiesbaden 1995, S. 19-28.

The Eclipse Foundation (2007): Eclipse.org Homepage. In: http://www.eclipse.org/, zugegriffen am 13.01.2007.

The Eclipse Foundation (2007a): Open Healthcare Framework (OHF) Project. In: http://www.eclipse.org/ohf/, zugegriffen am 23.11.2006.

Theodoulidis, C. I.; Loucopoulos, P. (1991): The time dimension in conceptual modelling. In: Information Systems, Vol. 16 (1991) Nr. 3, S. 273-300.

Tilley, C.; Willis, J.: The Unified Medical Languages System: What is it and how to use it? In: http://umlsinfo.nlm.nih.gov/UMLS_Basics.pdf, zugegriffen am 14.01.2005.

Uslu, A.; Stausberg, J. (2006): Nutzen und Kosten der Elektronischen Patientenakte. In: Telemedizinführer Deutschland, Ausgabe 2006. Hrsg.: Jäckel, A. Bad Nauheim 2006, S. 151-155.

van Bemmel, J. H. (1999): Toward a Virtual Electronic Patient Record. In: MD-Computing, Vol. 16 (1999) Nr. 6, S. 20-21.

van Eimeren, W.; Hohberg, W. (1998): Telematikplattform: Ansatz, Komponenten, Funktionen und Schritte zu ihrer Realisierung. In: Telematik-Anwendungen im Gesundheitswesen: Nutzungsfelder, Verbesserungspotentiale und Handlungsempfehlungen - Schlussbericht der Arbeitsgruppe 7, Forum Info 2000. Hrsg.: Gesundheit, D. B. f. Nomos Verlagsgesellschaft, Baden Baden 1998, S. 124-133.

van Heijst, G.; Schreiber, A. T.; Wielinga, B. J. (1997): Using Explicit Ontologies in KBS Development. In: International Journal of Human-Computer Studies, Vol. 46 (1997) Nr. 2-3, S. 182-292.

Verband der privaten Krankenversicherung e.V.: Die private Krankenversicherung 2003/2004. In: http://www.pkv.de/downloads/Zb04.pdf, zugegriffen am 12.12.2005.

Vigna, G. (2004): Mobile Agents: Ten Reasons For Failure. Proceedings of the IEEE International Conference on Mobile Data Management (MDM '04), Berkeley, CA 2004, S. 289-299.

Voelker, G. M.; Bershad, B. N. (1994): Mobisaic - An Information System for a Mobile Wireless Computing Environment. Proceedings of the First IEEE Workshop on Mobile Computing Systems and Applications, Santa Cruz, CA, 1994.

W3C (2007): Homepage W3C. In: http://www.w3.org/, zugegriffen am 23.01.2007.

Waegemann, C. P. (2000): Spotlight on Healthcare - Document Imaging in Healthcare - One piece of the puzzle in creating electronic patient record system. In: Inform, Vol. 14 (2000) Nr. 1, S. 8-10.

Waegemann, C. P. (2002): Status Report 2002: Electronic Health Records. Medical Records Institute, Boston, M.A. 2002. In: http://www.medrecinst.com/uploadedFiles/MRILibrary/StatusReport.pdf, zugegriffen am 19.01.2007.

Waldo, J. (2001): Mobile code, distributed computing, and agents. In: Intelligent Systems, IEEE, Vol. 16 (2001) Nr. 2, S. 10-12.

Wallnau, K.; Foreman, J. (1997): Object Request Broker. Carnegie Mellon - Software Engineering Institute, zugegriffen am 10.03.2003.

Want, R. et al. (1992): The Active Badge location system. In: ACM Transactions on Information Systems, Vol. 10 (1992) Nr. 1, S. 91-102.

Want, R. et al. (1995): An Overview of the ParcTab Ubiquitous Computing Experiment. In: IEEE Personal Communications, Vol. 2 (1995) Nr. 6, S. 28-43.

Warda, F.; Noelle, G. (2002): Telemedizin und eHealth in Deutschland: Materialien und Empfehlungen für eine nationale Telematikplattform. Köln 2002.

Wegner, P. (1987): Dimensions of object-based language design. Proceedings of the Second Conference on Object-Oriented Programming Systems, Languages, and Applications (OOPSLA '87), Vol. 22, Orlando, Florida 1987, S. 168-182.

Weiser, M. (1991): The computer for the 21st century. In: Scientific American, Vol. 265 (1991) Nr. 3, S. 66-75.

Weld, D. S. et al. (2003): Automatically Personalizing User Interfaces. In: IJCAI 2003, Vol. (2003), Acapulco, Mexico, 2003.

Wellbrock, R. (1994): Chancen und Risiken des Einsatzes maschinenlesbarer Patientenkarten. In: Datenschutz und Datensicherheit: Recht und Sicherheit in Informationsverarbeitung und Kommunikation, Vol. 18., Jg. 1994, Nr. 2, S. 70-74.

Werle, P.; Hansson, K.; Kilander, F. (1999): Agentifying Information: Active Documents to Support Work Processes in Heterogeneous and Distributed Environments. PCC Workshop, Lund 1999.

Werle, P. et al. (2001): A Ubiquitous Service Environment with Active Documents for Teamwork Support. In: Lecture Notes in Computer Science, Vol. 2201 (2001) Nr. S. 139-155.

Wilczek, S.; Krcmar, H. (2001): Betriebliche Groupwareplattformen. In: CSCW-Kompendium - Lehr- und Handbuch zum computerunterstützten kooperativen Arbeiten. Hrsg.: Schwabe, G.; Streitz, N.; Unland, R. Springer, Berlin, Heidelberg, New York 2001, S. 310-320.

Wilczek, S.; Mendler, D. (2005): WebRCP - RCP-Anwendungen mit Java Web Start starten. In: Eclipse Magazin, Vol. 5 (2005).

Wingert, F. (1984): SNOMED - Systematisierte Nomenklatur der Medizin. Springer, Berlin 1984.

Wunderer, R.; Grunwald, W.; Moldenhauer, P. (1980): Führungslehre II. Kooperative Führung. de Gruyter, Berlin, New York 1980.

Wunderer, R. (1991): Kooperation - Gestaltungsprinzipien und Steuerung der Zusammenarbeit zwischen Organisationseinheiten. CE Poeschel Verlag, Stuttgart 1991.

Wyckoff, P. et al. (1998): T spaces. In: IBM Systems Journal, Vol. August 1998 (1998) Nr. 3, S. 454-474.

XML (2007): Extensible Markup Language (XML). In: http://www.w3.org/XML/, zugegriffen am 12.12.2005.

Yin, R. K. (1994): Case Study Research - Design and Methods. Sage Publication, Thousand Oaks, London et al. 1994.

Zaiß, A. et al. (2002): Medizinische Dokumentation, Terminologie und Linguistik. In: Handbuch der Medizinischen Informatik. Hrsg.: Lehmann, T. M.; Meyer zu Bexten, E. Carl Hanser, München, Wien 2002, S. 45-102.

Zerbe, S. (2000): Globale Teams. Gabler, Wiesbaden 2000.

Anhang

Anhang A – Kardex (Auszug)

Reitersystem ——
(am Kopf der Mappe)

Mo | Di | Mi | Do | Fr | Sa | So | A | B | C

Anhang B – Nutzung einer OWL-basierten Ontologie am Beispiel des Konzepts „Blutdruck" (Auszug)

Auszug aus der Ontologie (Teil „Blutdruck"):

```
...
<owl:Ontology rdf:about=""/>
<owl:Class rdf:ID="Measurement"/>
<owl:Class rdf:ID="Person">
  <rdfs:subClassOf>
    <owl:Class rdf:ID="Actor"/>
  </rdfs:subClassOf>
</owl:Class>
<owl:Class rdf:ID="PressureValue">
  <rdfs:subClassOf>
    <owl:Class rdf:ID="DataItem"/>
  </rdfs:subClassOf>
</owl:Class>
<owl:Class rdf:ID="Group">
  <rdfs:subClassOf rdf:resource="#Actor"/>
</owl:Class>
<owl:Class rdf:ID="Organisation">
  <rdfs:subClassOf rdf:resource="#Actor"/>
</owl:Class>
<owl:Class rdf:ID="DateTimeValue">
  <rdfs:subClassOf rdf:resource="#DataItem"/>
</owl:Class>
<owl:Class rdf:ID="Agent">
  <rdfs:subClassOf rdf:resource="#Actor"/>
</owl:Class>
<owl:Class rdf:ID="Bloodpressure">
  <rdfs:subClassOf rdf:resource="#Measurement"/>
</owl:Class>
<owl:ObjectProperty rdf:ID="hasActor">
  <rdfs:domain rdf:resource="#Measurement"/>
  <rdfs:range rdf:resource="#Actor"/>
  <rdf:type rdf:resource="http://www.w3.org/2002/07/owl#FunctionalProperty"/>
</owl:ObjectProperty>
<owl:ObjectProperty rdf:ID="hasDiastolicValue">
  <rdfs:range rdf:resource="#PressureValue"/>
  <rdfs:domain rdf:resource="#Bloodpressure"/>
  <rdf:type rdf:resource="http://www.w3.org/2002/07/owl#FunctionalProperty"/>
</owl:ObjectProperty>
<owl:DatatypeProperty rdf:ID="uidProperty">
  <rdfs:range rdf:resource="http://www.w3.org/2001/XMLSchema#string"/>
  <rdfs:domain rdf:resource="#Actor"/>
  <rdf:type rdf:resource="http://www.w3.org/2002/07/owl#FunctionalProperty"/>
</owl:DatatypeProperty>
<owl:FunctionalProperty rdf:ID="hasDateTime">
  <rdf:type rdf:resource="http://www.w3.org/2002/07/owl#ObjectProperty"/>
  <rdfs:domain rdf:resource="#Measurement"/>
  <rdfs:range rdf:resource="#DateTimeValue"/>
</owl:FunctionalProperty>
<owl:FunctionalProperty rdf:ID="firstNameProperty">
  <rdfs:range rdf:resource="http://www.w3.org/2001/XMLSchema#string"/>
  <rdfs:domain rdf:resource="#Person"/>
  <rdf:type rdf:resource="http://www.w3.org/2002/07/owl#DatatypeProperty"/>
</owl:FunctionalProperty>
<owl:FunctionalProperty rdf:ID="lastNameProperty">
  <rdfs:domain rdf:resource="#Person"/>
  <rdf:type rdf:resource="http://www.w3.org/2002/07/owl#DatatypeProperty"/>
  <rdfs:range rdf:resource="http://www.w3.org/2001/XMLSchema#string"/>
</owl:FunctionalProperty>
<owl:FunctionalProperty rdf:ID="hasSystolicValue">
  <rdfs:range rdf:resource="#PressureValue"/>
  <rdf:type rdf:resource="http://www.w3.org/2002/07/owl#ObjectProperty"/>
  <rdfs:domain rdf:resource="#Bloodpressure"/>
</owl:FunctionalProperty>
```

```
<owl:FunctionalProperty rdf:ID="dateTimeProperty">
  <rdfs:domain rdf:resource="#DateTimeValue"/>
  <rdf:type rdf:resource="http://www.w3.org/2002/07/owl#DatatypeProperty"/>
  <rdfs:range rdf:resource="http://www.w3.org/2001/XMLSchema#dateTime"/>
</owl:FunctionalProperty>
<owl:FunctionalProperty rdf:ID="titleProperty">
  <rdfs:range rdf:resource="http://www.w3.org/2001/XMLSchema#string"/>
  <rdf:type rdf:resource="http://www.w3.org/2002/07/owl#DatatypeProperty"/>
</owl:FunctionalProperty>
<owl:FunctionalProperty rdf:ID="pressureProperty">
  <rdfs:domain rdf:resource="#PressureValue"/>
  <rdfs:range rdf:resource="http://www.w3.org/2001/XMLSchema#int"/>
  <rdf:type rdf:resource="http://www.w3.org/2002/07/owl#DatatypeProperty"/>
</owl:FunctionalProperty>
```

Verarbeitung der Ontologie-Konzepte mit Hilfe geeigneter Klassen (hier „Blutdruck") in Java:

```
import edu.stanford.smi.protegex.owl.model.*;

/**
 * Source OWL Class: http://www.imedic.de/ontologies/activedocs.owl#Bloodpressure
 *
 * @version 1.0
 */

public interface Bloodpressure extends Measurement {

    // Property http://www.imedic.de/ontologies/activedocs.owl#hasDiastolicValue

    PressureValue getHasDiastolicValue();

    RDFProperty getHasDiastolicValueProperty();

    boolean hasHasDiastolicValue();

    void setHasDiastolicValue(PressureValue newHasDiastolicValue);


    // Property http://www.imedic.de/ontologies/activedocs.owl#hasSystolicValue

    PressureValue getHasSystolicValue();

    RDFProperty getHasSystolicValueProperty();

    boolean hasHasSystolicValue();

    void setHasSystolicValue(PressureValue newHasSystolicValue);

}
```

Anhang C – Archetyp und Archetyp-Instantiierung am Beispiel des Konzepts „Blutdruck" (Auszug)

Der Archetyp de.aktive_dokumente.archetype.BLOODPRESSURE

```xml
<!-- ======================= -->
<!-- ARCHETYPE BLOODPRESSURE -->
<!-- ======================= -->
<archetype name="de.aktive_dokumente.archetype.BLOODPRESSURE">
    <version>1.0</version>
    <description>The measurement of systemic arterial blood pressure
                 which is deemed to represent the actual systemic
                 blood pressure</description>
    <author></author>
    <archetypelink name="systolic" min="1" max="1" list="1">
        <allowed_archetype>de.aktive_dokumente.archetype.PRESSURE
        </allowed_archetype>
    </archetypelink>
    <archetypelink name="diastolic" min="1" max="1">
      <allowed_archetype>de.aktive_dokumente.archetype.PRESSURE
      </allowed_arche type>
    </archetypelink>
    <link name="state" min="1" max="1">
      <container name="state_list" isArchetype="0">
        <link name="position" min="0" max="1">
          <container name="position_item" isArchetype="0">
            <description>The position of the patient at the time of
                         measuring blood pressure</description>
            <link name="value_element" min="1" max="1">
              <element name="value" type="coded_text">
                <content></content>
                <constraint>Standing|Sitting|Reclining|
                            Lying</constraint>
              </element> <!-- value -->
            </link>
          </container>
        </link>
        <link name="exertionLevel" min="0" max="1">
          <container name="exertionLevel_item" isArchetype="0">
            <description>The level of exertion at the time of taking the
                         measurement</description>
            <link name="units_element" min="1" max="1">
              <element name="units" type="string">
                <content></content>
                <constraint>{J/min}</constraint>
              </element> <!-- units -->
            </link>
            <link name="value_element" min="1" max="1">
              <element name="value" type="real">
                <content></content>
                <constraint>{0.0..1000.0}</constraint>
              </element> <!-- value -->
            </link>
          </container>
        </link>
        <link name="exercise" min="0" max="1">
          <container name="exercise_item" isArchetype="0">
            <description>The classification of the exercise
                         level</description>
            <link name="value_element" min="1" max="1">
              <element name="value" type="coded_text">
                <content></content>
                <constraint>At rest|Post-exercise|During
                            exercise</constraint>
```

```
            </element> <!-- value -->
          </link>
        </container>
      </link>
    </container>
  </link>
  <link name="protocol" min="0" max="1">
    <container name="protocol_list" isArchetype="0">
      <link name="instrument" min="0" max="1">
        <container name="instrument_item" isArchetype="0">
          <description>The instrument used to measure the blood
                       pressure</description>
          <link name="value_element" min="1" max="1">
            <element name="value" type="text">
              <content></content>
              <constraint>[instrument name]</constraint>
            </element> <!-- value -->
          </link>
        </container>
      </link>
      <link name="cuffsize" min="0" max="1">
        <container name="cuffsize_item" isArchetype="0">
          <description>The size of the cuff if a sphygmomanometer is
                       used</description>
          <link name="value_element" min="1" max="1">
            <element name="value" type="coded_text">
              <content></content>
              <constraint>Appropriate for age|Wide for age|
                          Small for age>/constraint>
            </element> <!-- value -->
          </link>
        </container>
      </link>
      <link name="locationOfMeasurement" min="0" max="1">
        <container name="locationOfMeasurement_item" isArchetype="0">
          <description>The site of the measurement of the blood
                       pressure</description>
          <link name="value_element" min="1" max="1">
            <element name="value" type="string">
              <content></content>
              <constraint>Right arm|Left arm|Right leg|Left leg|
                          Intra-arterial</constraint>
            </element> <!-- value -->
          </link>
        </container>
      </link>
    </container>
  </link>
</archetype>
```

Instanz des Archetyps de.aktive_dokumente.archetype.BLOODPRESSURE

```xml
<!-- ============================== -->
<!--INSTANZ ARCHETYPE BLOODPRESSURE -->
<!-- ============================== -->
<container name="de.aktive_dokumente.archetype.BLOODPRESSURE"
   id="8" archetypeRef="de.aktive_dokumente.archetype.BLOODPRESSURE">
  <link name="systolic" id="9" primary="1">
    <container name="de.aktive_dokumente.archetype.PRESSURE" id="10"
       archetypeRef="de.aktive_dokumente.archetype.PRESSURE">
      <link name="unit_element" id="11" primary="1">
        <element name="unit" type="string" id="12" />
      </link>
      <link name="value_element" id="13" primary="1">
        <element name="value" type="real" id="14" />
      </link>
    </container>
    <!--de.aktive_dokumente.archetype.PRESSURE-->
  </link>
  <link name="diastolic" id="15" primary="1">
    <container name="de.aktive_dokumente.archetype.PRESSURE" id="16" ar-
chetypeRef="de.aktive_dokumente.archetype.PRESSURE">
      <link name="unit_element" id="17" primary="1">
        <element name="unit" type="string" id="18" />
      </link>
      <link name="value_element" id="19" primary="1">
        <element name="value" type="real" id="20" />
      </link>
    </container>
    <!--de.aktive_dokumente.archetype.PRESSURE-->
  </link>
  <link name="state" id="21" primary="1">
    <container name="state_list" id="22">
      <link name="position" id="23" primary="1">
        <container name="position_item" id="24">
          <link name="value_element" id="25" primary="1">
            <element name="value" type="coded_text" id="26" />
          </link>
        </container>
        <!--position_item-->
      </link>
      <link name="exertionLevel" id="27" primary="1">
        <container name="exertionLevel_item" id="28">
          <link name="units_element" id="29" primary="1">
            <element name="units" type="string" id="30" />
          </link>
          <link name="value_element" id="31" primary="1">
            <element name="value" type="real" id="32" />
          </link>
        </container>
        <!--exertionLevel_item-->
      </link>
      <link name="exercise" id="33" primary="1">
        <container name="exercise_item" id="34">
          <link name="value_element" id="35" primary="1">
            <element name="value" type="coded_text" id="36" />
          </link>
        </container>
        <!--exercise_item-->
      </link>
    </container>
    <!--state_list-->
  </link>
  <link name="protocol" id="37" primary="1">
    <container name="protocol_list" id="38">
      <link name="instrument" id="39" primary="1">
```

```
        <container name="instrument_item" id="40">
          <link name="value_element" id="41" primary="1">
            <element name="value" type="text" id="42" />
          </link>
        </container>
        <!--instrument_item-->
      </link>
      <link name="cuffsize" id="43" primary="1">
        <container name="cuffsize_item" id="44">
          <link name="value_element" id="45" primary="1">
            <element name="value" type="coded_text" id="46" />
          </link>
        </container>
        <!--cuffsize_item-->
      </link>
      <link name="locationOfMeasurement" id="47" primary="1">
        <container name="locationOfMeasurement_item" id="48">
          <link name="value_element" id="49" primary="1">
            <element name="value" type="string" id="50" />
          </link>
        </container>
        <!--locationOfMeasurement_item-->
      </link>
    </container>
    <!--protocol_list-->
  </link>
</container>
```